中国増値税の実務詳解

Value-added Tax in China

公認会計士
近藤義雄［著］
KONDO Yoshio

千倉書房

はじめに

　中国においてビジネスを行うには，増値税と営業税の知識が必要不可欠です。中国企業と契約交渉を行う時には，その契約条件と密接に関係する増値税と営業税の理解がなければ，交渉相手と対等に議論することはできません。

　また，現地法人を運営する時には，営業部門と経理部門の管理職から相談を受けた場合に，増値税と営業税の実務処理を理解していなければ，現場に即した指示を出すことができません。

　中国では，逆鞘利益返還取引という中国特有の商慣習があります。逆鞘利益返還取引とは，中国語では「平銷返利行為」（ピンシャオ・ファンリ・シンウェイ）といい，もともとは生産企業が商業企業にその商業企業が顧客に販売する価格より高い価格で商品を販売する取引をいいます。

　商業企業は販売価格より高い仕入価格で商品を購入しますので，その仕入販売取引だけを見ると完全に赤字になります。しかし，その代償として生産企業は商業企業に別途，利益を返還する形で，商業企業の商品販売損失を上回る利益相当額を補填する取引を行います。

　中国の増値税と営業税は，このような中国の商慣習や商業実務を前提として構築されています。また，増値税と営業税の「発票」に象徴されているように，中国の商業実務は増値税と営業税の影響を色濃く反映しています。

　発票は，日本でいう領収書と請求書の両方の機能を持っていますが，実は単なる取引証憑ではなく，この発票がなければ企業は仕入や売上を記帳することもできません。中国の発票は取引の証明書の機能も持っています。

　さらに増値税には専用発票があります。売上税から仕入税を控除するためには仕入取引の増値税専用発票を取得する必要があり，この専用発票は税務局の認証を受けなければなりません。認証手続は複雑でかなり面倒な事務作業ですが，税務局で認証されなければ，企業は仕入税額控除が認められず過大な税金負担が発生します。このように，中国の増値税の実務を理解することは，企業運営にとって重要であり，中国ビジネスを理解することにも通じています。

中国の国務院は，2008年11月5日に第34回常務会議を開催して，増値税暫定条例，営業税暫定条例，消費税暫定条例を改正し，2009年1月1日から実施しました。この税制改正の背景には，当時の中国経済が産業構造の高度化を目指して，IT，エネルギー，資源開発，交通運輸分野への大幅な固定資産投資を必要としていた状況があります。

改正前の増値税暫定条例では，固定資産を購入した時に支払う増値税は固定資産の原価に計上されて企業のコスト負担となっていました。巨額の固定資産投資を推進させるためには，固定資産の購入に係る増値税を仕入税額として売上税から控除させることにより，企業の増値税負担を大幅に軽減させることが必要でした。

しかし，中国の増値税改正の直接のきっかけは，米国発の国際金融危機でした。国際金融危機による中国経済の不況に対処するために，中国政府は国内の投資需要を喚起する有効な景気刺激策として，固定資産投資の仕入税額控除を認める増値税の改正を行い，1,200億元の減税政策を実施したのです。同時に，営業税や消費税も改正して課税ベースを拡大しました。

本書は，2009年に実施された増値税，営業税，消費税の暫定条例とその実施細則およびその後に公布された税務法規に基づいて，重要な改正事項を網羅的に解説しています。もちろん，税制改正前に制定されて現在でも有効な重要事項についても解説しています。

本書は4章で構成されており，第1章では，これら流通税の基本にある発票の徹底的な解説を行い，改正税法の概要を紹介しています。

第2章では，改正税法で最も重要な問題である，固定資産の仕入税額控除，輸入設備免税と国産設備還付，営業税の国内役務の問題等を解説しています。同時に，これらの実務に伴う会計処理を具体的に紹介しています。

運輸業務は増値税と営業税にまたがる取引実務です。今後さらに重要となる国際運輸と物流企業の最新の税務も紹介しています。外国投資商業企業の実務はすでに定着していますが，最近の改正事項を織り込んでいます。

第3章は，増値税の輸出還付免税の実務を体系的に解説しています。増値税の輸出還付免税には，生産企業の免税控除還付方法，非生産企業の還付免税方

法，小規模納税者や来料加工の免税方法等があります。

　これらの輸出還付免税方法と取引形態と企業の関係を説明した上で，輸出還付率の調整と輸出還付廃止の動向を紹介しています。生産企業に適用されている免税控除還付方法については，実務で必要な申告手続，適用上の留意事項，実際の月次の税務計算と会計処理を具体的に分かり易く解説しています。

　第4章では，保税制度と加工貿易を総合的に取り上げました。中国の保税制度は現在でも拡大整備が続けられており，現在の保税制度と保税区域を体系的に紹介しています。

　実務としては，保税区域と増値税の関係，加工貿易と保税区と増値税の関係が最も気になるところですので，これらの税務上の取り扱いについて網羅的に解説しました。

　本書の内容には，私がこれまでに著した著書，論文，雑誌記事等のうち増値税と営業税にかかわるすべての重要事項を掲載しています。特に，増値税については，増値税のすべてを徹底的に記述しています。

　これらの内容には過去の経緯が織り込まれており，時間の経過にしたがって変遷していく中国の租税政策が概観されています。これは現在の中国の税務を理解するためには，歴史的な視点に立って税務法規を検証することが必要だからです。

　中国では2006年以降，増値税と営業税の法律法規は頻繁に改廃が行われています。これまでの法規改廃によって増値税と営業税の法規体系はかなり複雑な構成となっています。すでに失効した法規の各条項を除外して，現在有効な条項のみを確認する作業は容易ではありません。

　本書は2010年5月末現在で有効な法律法規に基づいて記述しています。ただし，すべての内容を完全に誤りなく記述することは大変難しいことですので，実務を進めるにあたっては事前に現地の関係当局にご確認ください。

　また，本書の内容は中央政府の法律法規に準拠して記述されています。各地方政府の税務当局の実務と異なる場合がありえますが，中央政府の財政部と国家税務総局の関係法規がどのように規定しているかを把握することが大切であると理解しています。

本書は，中国で事業展開している日本企業の本社と中国の現地法人，駐在事務所等の関係者と実務担当者の方に，実務で役立つ有用な情報を提供することを目的としています。日本企業の視点に立って，中国の増値税と営業税を体系的かつ実務的に記述しました。記述内容はかなり具体的でありあるいは詳細に過ぎるかもしれませんが，中国における実務に対応しうることを念頭においています。

　本書は，私の28年にわたる実務経験と知識を集約したものですが，中国において実際の業務に携わっている皆様の一助となることを祈っています。
　最後に，本書の出版にご尽力をいただいた千倉書房の川口理恵氏，黒羽夏彦氏と関係者の皆様に心より御礼申し上げます。

2010年6月20日

近藤　義雄

目　　次

はじめに

第1章　流通税の概要 ―――――――――――― 1
1　流通税と発票 ……………………………… 1
(1) 増値税と営業税　1
① 中国の増値税　1
② 増値税と営業税の発票　4
(2) 発票の管理制度　10
① 発票の管理　10
② 発票の購入受領と発行　15
③ 発票の保管と管理　17
(3) 増値税専用発票　19
① 専用発票　19
② 専用発票の発行　23
③ 専用発票の認証　25
④ 専用発票の廃棄と申請　29
⑤ 赤字発行申請　31
⑥ 発票認証と赤字発票　36
⑦ 専用発票の紛失　39
⑧ 虚偽発行と小規模納税者　41
(4) 営業税の発票　42
① 普通発票と専業発票　42
② 運輸専用発票　46
(5) 農産品の専用発票　52
① 農産品の買付け　52
② 免税農産品の買付証憑　54
(6) 2008年の流通税改革　56

① 流通税の改正　56

　　　② 増値税の改正　57

　　　③ 営業税の改正　59

　　　④ 消費税の改正　59

2　増値税の概要…………………………………………60

(1)　納税者と課税項目　60

　　　① 増値税の納税者　60

　　　② みなし販売行為　61

(2)　混合販売と兼営　65

　　　① 混合販売　65

　　　② 兼営　66

(3)　一般納税者と小規模納税者　68

　　　① 一般納税者と小規模納税者　68

　　　② 一般納税者の資格認定　71

　　　③ 納税補導期間管理　75

(4)　税率と税額計算　78

　　　① 増値税の税率　78

　　　② 一般納税者の税額計算　79

　　　③ 小規模納税者の税額計算　82

　　　④ 輸入貨物の税額計算　82

(5)　仕入税額控除　82

　　　① 仕入税額　82

　　　② 控除不能仕入税額　83

　　　③ 固定資産仕入税額　86

(6)　売上控除項目と兼営混合販売　87

　　　① 売上返品，値引，割引　87

　　　② 混合販売と兼営の税額計算　88

(7)　減免税項目と課税起算点　88

　　　① 免税項目　88

　　　② 課税起算点　89

(8) **申告納税と源泉徴収**　90
　　　　① 申告納付と納税場所　90
　　　　② 源泉徴収と税関代理徴収　92
　　　　③ 納税義務の発生時期　92
3 営業税の概要……………………………………94
　　(1) **納税者と課税項目**　94
　　　　① 営業税の納税者　94
　　　　② 混合販売と兼営　96
　　(2) **税率と税額計算**　97
　　　　① 税率と税額計算　97
　　　　② 営業額　98
　　(3) **免税項目と課税起算点**　101
　　　　① 免税項目　101
　　　　② 課税起算点　103
　　(4) **申告と納税**　104
　　　　① 申告納付と納税場所　104
　　　　② 源泉徴収義務者　105
　　　　③ 納税義務の発生時期　105
4 消費税の概要……………………………………106
　　(1) **納税者と課税消費品**　106
　　　　① 納税者と税率　106
　　　　② 課税消費品の販売額　109
　　(2) **税額計算**　111
　　　　① 税額計算の方法　111
　　　　② 自己使用品の税額計算　112
　　　　③ 委託加工品の税額計算　113
　　　　④ 輸入品の税額計算　115
　　(3) **消費税の申告と納税**　115
　　　　① 申告納付と代理納付　115
　　　　② 納税場所　117

③ 納税義務の発生時期　118

第2章　流通税の実務 ─────────────── 121
1　増値税の実務 …………………………………… 121
(1) 増値税の簡易課税政策　121
① 簡易課税政策　121
② 中古貨物の販売額と納付税額　126
(2) 固定資産の仕入税額控除　128
① 仕入税額控除　128
② 控除不能仕入税額　129
③ 経過措置　130
(3) 流通税の会計処理　131
① 増値税の会計処理　132
② 営業税の会計処理　140
③ 消費税の会計処理　141
(4) 固定資産仕入税額の会計処理　149
① 会計科目　149
② 会計仕訳　150
(5) 輸入設備免税と国産設備還付　158
① 最近の輸入設備免税政策　158
② 輸入設備免税政策　161
③ 重大技術設備装置　164
④ 外資研究開発センター　169
⑤ 外国政府借款および国際金融組織借款　174
⑥ 設備転売と来料加工設備　175

2　営業税の実務 …………………………………… 177
(1) 営業税の税目範囲　177
① 営業税税目注釈　177
② 増値税と営業税の不動産の範囲　187
③ 営業税の免税規定　188

(2) **営業税の国内役務** 190
　　　　① 国内役務の区分原則 190
　　　　② 日本消費税の役務提供取引 198
　　　　③ 無形資産 202
　　　　④ 不動産の販売 210
　　(3) **国際運輸業と物流企業** 212
　　　　① 船舶運輸業務 212
　　　　② 運輸代理業務 214
　　　　③ 物流企業 216
　3 外国投資商業企業 ……………………………………… 217
　　(1) **外国投資商業企業の設立認可** 217
　　　　① 外国投資商業領域管理弁法 217
　　　　② 外国投資企業の流通経営範囲拡大 224
　　　　③ 審査批准権限の地方政府委譲 225
　　(2) **保税区貿易商社** 227
　　　　① 保税区企業 227
　　　　② 増値税の輸出還付手続 229
　　　　③ 小型商業貿易卸売企業 230

第3章　増値税の輸出還付免税制度 ── 233
　1 輸出還付免税の関連法規……………………………………… 233
　　(1) **輸出還付免税** 233
　　　　① 主要関連法規 233
　　　　② 輸出還付免税の基本法規 235
　　(2) **生産企業** 242
　　　　① 自社生産貨物 242
　　　　② 免税控除還付方法の計算 245
　　　　③ 免税方法 248
　　(3) **還付免税申告と税金還付証憑** 249
　　　　① 輸出企業の還付免税申告 249

② 生産企業の免税控除還付申告　252
　　　③ 輸出外貨回収照合証　253
　　　④ 税収納付領収書　255
　　　⑤ 代理輸出貨物証明書　257
　　　⑥ 企業別の輸出税金還付証憑　258
　（4）みなし国内販売　259
　　　① 生産企業のみなし国内販売　259
　　　② 輸出企業のみなし国内販売　260
　　　③ 税金還付免税の取消処理　263
　　　④ 税金還付免税の申告期限　264
　（5）非生産企業　266
　　　① 対外貿易経営者　266
　　　② 非生産企業の還付免税方法　267
　　　③ 輸出貨物税金還付免税管理弁法　268
　　　④ 外国貿易企業のみなし国内販売貨物　271
　（6）取引形態と輸出税金還付　272
　　　① 輸出入経営権のある生産企業　272
　　　② 外国貿易企業　275
　　　③ 輸出入経営権のない生産企業　279
　　　④ 小規模納税者　280
　　　⑤ 工事請負会社　280
　　　⑥ 進料加工と来料加工　281
2　輸出還付率調整と輸出還付廃止 …………………… 285
　（1）輸出還付政策　285
　　　① 主要関係法規　285
　　　② 2003年10月以前の輸出還付政策　287
　　　③ 2003年10月の還付率引下げと還付廃止　289
　　　④ IT製品の輸出促進と環境資源の輸出抑制　292
　（2）黄金プラチナ政策と白銀政策　293
　　　① 黄金プラチナ政策　293

② 白銀政策　296
　(3) 輸出還付政策の変遷　296
　　　① 2005年以降の輸出還付政策　296
　　　② 2008年7月以降の輸出還付政策　298
　(4) 輸出還付廃止と輸出免税政策　300
　　　① 輸出還付廃止と輸出免税政策　300
　　　② 輸出還付廃止の税額計算　305
3 輸出還付免税制度 ……………………………………… 307
　(1) 対外貿易経営権と国内流通権　307
　　　① 輸出入経営権と対外貿易経営権　307
　　　② 国内流通権　309
　(2) 輸出還付免税制度の概要　311
　　　① 免税控除還付方法　311
　　　② 免税還付方法　314
　　　③ 免税方法と免税控除還付方法　314
　(3) 企業別の輸出還付免税方法　315
　　　① 生産企業　315
　　　② 外国貿易企業　317
　　　③ 外国投資性公司　319
　　　④ 外国投資性公司の地域統括本部　322
　　　⑤ 外国投資輸出買付センター　325
　　　⑥ 外国投資商業企業と対外貿易公司　325
　　　⑦ 小規模納税者　326
　　　⑧ ファイナンスリース企業　327
4 免税控除還付方法 ……………………………………… 328
　(1) 納税申告と還付申告　328
　　　① 申告手続の流れ　328
　　　② 納税申告と還付申告　329
　　　③ 申告と電算システム　337
　(2) 免税控除還付方法の留意事項　341

　　　　① 免税控除還付方法の月次計算式　341
　　　　② 免税控除還付計算上の留意事項　343
　　(3) **免税控除還付申告と会計処理**　349
　　　　① 仮説例　349
　　　　② 月次計算　352
　　　　③ 仮説例の検証　360

第4章　保税制度と加工貿易 ────────── 363

1　保税制度 ……………………………………………… 363
　(1) **保税制度の概要**　363
　　　① 保税場所　364
　　　② 加工貿易　366
　　　③ 保税区域　366
　(2) **保税倉庫と輸出監督管理倉庫**　370
　　　① 保税倉庫管理規定　370
　　　② 輸出監督管理倉庫　373
　(3) **加工貿易**　374
　　　① 加工貿易の監督管理制度　374
　　　② 加工貿易監督管理弁法　378
　　　③ 加工貿易の保税政策　383
　(4) **深加工結転**　384
　　　① 加工貿易の深加工結転　384
　　　② 輸出加工区の深加工結転　387

2　保税区域 ……………………………………………… 390
　(1) **保税区**　390
　　　① 保税区税関監督管理弁法　390
　　　② 保税区取引の監督管理　391
　(2) **輸出加工区**　394
　　　① 輸出加工区監督管理弁法　394
　　　② 加工区と区外との取引　396

(3) 保税物流園区　398
　　　　① 保税物流園区の概要　398
　　　　② 保税園区取引の監督管理　399
　　(4) 保税港区　402
　　　　① 保税港区管理暫定弁法　402
　　　　② 保税港区と国外を搬出入する貨物　402
　　　　③ 保税港区と区外を搬出入する貨物　404
　　　　④ 保税港区内の貨物　406
　　(5) 保税区域の外貨管理　407
　　　　① 外貨管理弁法　407
　　　　② 保税区域と国外区外の取引　409
　　　　③ 輸出入代金照合手続　410
　　　　④ 国内取引　411

3　保税区域と増値税 ……………………………………… 411
　　(1) 保税倉庫と輸出監督管理倉庫　411
　　　　① 入庫即税金還付暫定管理弁法　411
　　　　② 進料加工貿易免税証明書　413
　　(2) 輸出加工区　414
　　　　① 輸出加工区税収管理暫定弁法　414
　　　　② 保税物流機能実験の輸出加工区　415
　　(3) 保税港区と保税物流園区　416
　　　　① 保税物流園区と輸出加工区管理規定　416
　　　　② 洋山保税港区と珠海アモイ越境工業区珠海園区　417
　　(4) 保税物流中心　417
　　　　① 蘇州工業園区保税物流中心　417
　　　　② 保税物流中心（B型実験）租税管理弁法　418
　　　　③ 保税物流中心（B型実験）の拡大適用　420
　　　　④ 上海西北物流園区等の17の保税物流中心　420
　　(5) 国内仕入材料と保税区域　421
　　　　① 国内仕入原材料の輸出税金還付免税　421

② 輸出税金還付証憑　422
　　　③ 輸出税金還付率の調整　423
 4　加工貿易と保税区 …………………………………… 424
　(1)　**来料加工貿易**　424
　　　① 加工貿易の保税政策　424
　　　② 外国貿易企業の来料加工　426
　(2)　**進料加工貿易**　427
　　　① 生産企業の進料加工貿易　427
　　　② 非生産企業の再委託進料加工　430
　(3)　**保税区と加工貿易**　433
　　　① 保税区から区外への委託加工　433
　　　② 保税区外から保税区への委託加工　434
　　　③ 国内調達の区外委託加工　435
　(4)　**保税区と輸出還付免税**　435
　　　① 保税区搬入と輸出還付免税　435
　　　② 輸出入経営権と外国貿易経営権　437

◆第1章◆

流通税の概要

1　流通税と発票

(1)　増値税と営業税

① 　中国の増値税

1)　中国の増値税と日本の消費税

　中国で流通税といえば，増値税，営業税，消費税の3つがある。増値税は貨物の販売と加工役務，営業税は役務の提供，無形資産の譲渡，不動産の販売，消費税は高級品，奢侈品等の消費を課税対象としている。

　中国の増値税と営業税は，その性格は多少異なるが日本の消費税の課税対象と重なっている。中国の消費税は日本の昔の物品税の課税対象と重なっている。

　中国の増値税と営業税の性格を理解するために，はじめに日本の消費税と比較して，その課税範囲と課税対象を説明する。日本の消費税は，日本国内において法人または個人事業主が事業として対価を得て行った資産の譲渡と貸付および役務の提供に対して課税される。資産には特許権，商標権等の無形資産も含まれており，また，外国貨物を保税地域から引き取る輸入者もその課税貨物について消費税の納税義務を負う者とされている。このように消費税の課税対象には，資産の譲渡・貸付と役務提供，貨物の輸入が含まれている。

　これに対して，中国の増値税は日本の消費税と同様に付加価値税であるが，課税対象が主に貨物の販売と輸入に限定されており，資産の貸付と役務提供は増値税ではなく営業税の課税対象とされている。もう少し厳密に言えば，増値

税の課税対象は貨物の販売と輸入以外では，役務提供として加工，修理，整備が課税対象となっている。増値税の課税役務は加工，修理，整備に限定されており，それ以外の役務は営業税の課税役務とされている。

営業税の課税対象は役務提供としては，交通運輸業，建設業，金融保険業，郵便電話通信業，文化体育業，娯楽業，サービス業があり，役務提供以外では無形資産の譲渡，不動産の販売が含まれている。日本の消費税でいう資産の譲渡または貸付の一部は増値税の課税対象ではなく，営業税の税目であるサービス業の中のリース業および無形資産の譲渡に含まれている。

日本の消費税と中国の増値税・営業税を概略的に比較するため，それぞれの課税取引，非課税取引，免税取引，不課税取引を図表1-1に示している。

図表1-1　日本の消費税と中国の増値税・営業税の比較

	日本の消費税	中国の増値税	中国の営業税
課税取引	資産の譲渡，資産の貸付，貨物の輸入，役務の提供（土木工事，修繕，運送，）	貨物の販売，貨物の輸入，加工（委託加工含む）・修理整備の役務	交通運輸業，建設業，金融保険業，郵便電話通信業，文化体育業，娯楽業，サービス業，無形資産の譲渡，不動産の販売
非課税取引	土地の譲渡および貸付，有価証券等の譲渡，利子，保証料，居住用住宅の貸付，社会保険料等	従業員に対する役務提供，個人取引	従業員に対する課税役務，社会保険料等の公的費用
免税取引	貨物の輸出	貨物の輸出	―
不課税取引	国外取引，個人資産の譲渡等，無償取引，利益配当等	国外取引	―

2）　増値税の仕入税額控除

増値税は日本の消費税と同じく売上税から仕入税を控除した差額を納税するものである。ある中国企業が商品（50元）を仕入れた時には，商品代金（50

元）と一緒に仕入増値税（代金50元×増値税税率17％＝8.5元）を仕入先に支払う。その企業は仕入増値税を支払う時に，仕入先から増値税専用発票（増値税専用領収書，増値税専用インボイス）を受け取る。中国の増値税のシステムは日本の消費税が帳簿方式であるのに対してインボイス方式を採用しており，仕入税額控除を行う時にこの増値税専用発票がなければ仕入税額控除ができないシステムになっている。

　企業が商品を販売した時には，商品代金（100元）と一緒に売上増値税（代金100元×増値税税率17％＝17元）を受け取る。企業はこの売上税17元から仕入税8.5元を控除した差額8.5元を税務局に納税する。増値税17元は商品の購入者が負担しており，日本の消費税と同じく税金の負担者は最終消費者になる。

　これに対して営業税は取引高税である。例えば，ある企業が営業税の課税役務を提供して100元の売上を計上した時は，その企業が営業税（100元×5％＝5元）を税務局に納税する。営業税はその企業の売上高の控除項目になり，その企業は営業税の納税義務者であるとともに負担者ともなる。

　このように増値税と営業税はその税金の負担者と税金計算とが異なっている。すなわち増値税は負担者と納税者が別であり，営業税は負担者と納税者が同一である。さらに重要なことは，増値税には売上税から仕入税を控除する仕入税額控除があるが営業税には仕入税額控除がないことである。現実には過去において，営業税の課税対象である交通運輸業，建設業，不動産業等のいくつかの業種において，増値税と営業税の二重課税の問題が発生した。

　例えば，交通運輸業で言えば，中国内陸部で生産された部品を沿海部に輸送して沿海部の輸出メーカーが製品に組入れて海外に販売する場合には，運送料金に対して3％の営業税が運送業者に課税される。沿海部の輸出メーカーが製品を輸出するときには，取引全体で見れば運送料金の営業税はあくまで運送業者の税金コストとして残り営業税は輸送コストの一部を構成する。また，運送料金が実質的に税込みで処理されれば，税金相当額は輸出メーカーにおいて輸送コストとなり，中国の輸出製品の国際競争力に影響する。

　このため，中国の税務当局は2003年11月から交通運輸業に対して特別の措置を実施している。従来どおり運輸業者に対しては営業税を課税するが，運送料金を支払う企業に対して特別の増値税貨物運輸発票を発行し，運送料金を支払

った企業がその貨物運輸業発票を税務局に提出すれば、運送料金の7％の仕入税額控除ができるように制度改正を行った。

日本の消費税は、このような役務提供も消費税の課税対象に含めているため、仕入税額控除をそのまま適用することができ、中国の営業税のような税金コストの負担増加の問題はない。

このように中国の営業税は課税役務を提供する企業毎に課税されるため、それぞれの取引段階毎に営業税が課税される仕組みになっている。このため、特別な措置を取らない限り、二重課税、過重課税の問題が残ることになる。

このほか、前述したように日本の消費税の課税対象には、資産の貸付と役務提供が含まれているが、仕入税額控除の対象となる課税仕入れについても日本と中国では異なっている。

日本の課税仕入には、原材料、商品の仕入、固定資産の購入、加工、運輸サービス、電気、水道、ガスの供給等が含まれているが、中国の増値税では役務提供の営業税について仕入税額控除は原則としてできない。日本の消費税では役務にかかる仕入税も税額控除の対象となっている。

② 増値税と営業税の発票
1）発票

中国では、取引を行った時には代金の受領と引き換えに支払者に対して発票を発行する。発票は意味としては、インボイスすなわち請求書の機能も持っているが、領収書の機能も同時に持っており請求書兼領収書である。この発票には増値税と営業税の発票がある。また、増値税の発票には普通発票と専用発票がある。

中国では、発票と一般の領収書は区別されている。発票は、国内取引において貨物の販売と役務の提供取引で、売上、仕入、経費等を計上する根拠証憑とされており、一般の領収書は、単なる資金授受の証明資料にすぎない。一般の領収書だけでは、企業は売上と仕入原価と経費に計上することができない。企業会計で取引を計上する根拠証憑は原則として発票であり、一般領収書は取引の根拠証憑になりえない。

ただし、国外取引については発票が発行されることはないので、取引当事者

の署名等がある合法的，合理的な領収書であれば取引を計上する根拠証憑となる。

　発票には，営業税と増値税の発票がある。営業税の発票には，一般の普通発票，特定業種が使用する専業発票，特定の目的のために使用する専用発票，仕入税額控除に使用できる運輸発票がある。運輸発票は発行する運輸業者にとっては3％の営業税を納税するための発票であり，運輸発票を取得する企業にとっては7％の増値税の仕入税額控除を行うための根拠証憑である。

　これらの営業税の発票は増値税の専用発票と対比する場合には，すべて普通発票に分類される。増値税の発票には普通発票と専用発票がある。増値税の普通発票は増値税の小規模納税者が発行する。増値税の一般納税者は専用発票を発行し，専用発票を発行できない場合，例えば，増値税の免税項目を販売した場合，取得した時にその仕入税額を固定資産に計上した中古固定資産等を売却した場合には，増値税の一般納税者であっても普通発票を発行する。

　農業生産者は農産品を販売するときには増値税が免税とされているが，この免税の農産品を購入する増値税の一般納税者は，農業生産者から農産品買付発票を取得して，買付価額を（1+13％）でグロスアップした価額に13％を乗じた増値税額を仕入税額控除することができる。この農産品の仕入税額控除の根拠証憑として買付発票がある。この買付発票も普通発票に含まれる。

図表1-2　発票の種類と例示

	発票の種類	発行者	備　考
営業税	一般普通発票	営業税の納税者	一般の発票
	専業発票	商業小売統一発票，商業卸売統一発票，工業企業製品販売統一発票，機動車販売統一発票，二輪車販売統一発票，保険業専用発票，運輸業統一発票，建設業統一発票，不動産販売統一発票，銀行代理費用回収業務専用発票，通関代理業専用発票等	特定業種
	専用発票	広告費用精算証票	特定目的発票

	運輸専用精算証票（運輸発票）	運輸業者（運輸業者は3％の営業税納税）	7％の税額控除
増値税	普通発票	小規模納税者	
		一般納税者が専用発票を発行しない場合	免税，中古資産
	農産品買付発票	農業生産者は増値税免税	13％税額控除
	増値税専用発票	一般納税者	専用発票

図表1-3　普通発票と専用発票

	普通発票	増値税専用発票
印刷企業	省，自治区，直轄市別に指定	国家税務総局指定（コンピュータ処理）
発行者	税務登記した納税者 税務未登記の納税者も申請可	増値税の一般納税者 小規模納税者は税務機関が代理発行
記載金額	税込金額	税引金額（価額と増値税額を別記）
発票綴り	三連綴り（存根[控]，発票，記帳）	三連綴り（記帳，発票，控除）
発票の機能	取引双方の取引計上根拠証憑 運輸発票，農産品買付発票を除いて，仕入税額控除不能	取引双方の取引計上根拠証憑 仕入税額控除の根拠証憑
違法処罰	輸出還付，仕入税額控除を除いて，虚偽発行は犯罪を構成せず，最高で7年	虚偽発行は犯罪を構成し，最高で死刑判決可能

　増値税の納付税額は，売上税から仕入税を控除した差額である。売上税から控除できる仕入税は，日本の消費税のように会計帳簿に記録された仕入税額ではなく，仕入先から取得した増値税専用発票上に記載されている増値税額とされている。

　日本の場合には，はじめに請求書が発行されて代金が入金した後に領収書を発行する商業習慣であるが，中国の発票はこのような意味における請求書だけでもなければ領収書だけでもないようである。状況によっては，代金を受領す

る前に発行されることもあれば，代金受領後に発行されることもある。

　また，日本の請求書・領収書と異なり，発票そのものは税務機関が印刷する権限を有しており，民間が自由に発行できるものではない。普通発票も専用発票も税務機関が印刷または指定したものでなければ，正規の会計証憑および税務証憑としては認められない。

　現在では増値税の専用発票はコンピュータ化されており，税務機関の指定した発票の発行ソフトと専用機器を使用して電子化された発票がプリントアウトされ，同じく電子化されたデータ資料と照合されるシステムが使用されている。

　中国の増値税は日本の消費税で採用しているような帳簿方式ではなく，インボイス方式により仕入税額控除が行われている。したがって，増値税専用発票を入手しなければ仕入税額控除ができない制度になっている。この結果，仕入代金を支払うときには必ず増値税の専用発票を入手しなければならない。このことは売り手の立場に立って言えば，売上代金を回収して初めて増値税の専用発票を売り先に発行することを意味しており，一般的には売上代金の回収と増値税専用発票の発行が引き換えで行われることになる。

　増値税では，増値税の納税義務の発生時期すなわち増値税における売上計上の認識時期については，販売方法別に規定している。例えば，通常の直接販売では，物品を出荷したかどうかにかかわらず，売上代金を回収したか，または売上代金取立証憑を取得した上で，貨物引換証を相手に引き渡した時点が売上の計上時期とされている。代金の取立依頼または銀行に代金取立を依頼する方法で物品を販売した場合は，物品を出荷した上で売上代金の取立依頼手続を完了した日が売上の計上時期とされている。

　掛売りおよび割賦販売で物品を販売した場合は，契約で約定した代金回収期日が売上の計上時期とされている。代金を前受けした上で物品を販売した場合は，物品の出荷日が売上計上日である。代理販売を委託した場合は，委託先から代理販売精算書を回収した日に売上計上すべきものとされている。

　このように，増値税の納税義務が発生する物品の売上計上基準は，物品の出荷基準ではなく売上代金の回収基準によるものとされていることから，一般的傾向として上場会社以外の一般企業では，売上の計上は商製品を出荷した時点

ではなく、売上代金が回収された時点まで引き伸ばす会計慣行が存在している。

納税資金の観点からは、出荷基準で売上計上してまだ代金の回収がないまま増値税を申告納付する場合は、売上代金とともに回収すべき売上税の入金がない時点で納税しなければならず、早期に売上計上すれば納税資金は自分で調達しなければならない。

また、仕入代金の支払いが行われていなければ仕入税額控除を行うための増値税専用発票も入手することができず、仕入税額控除もできないことになる。このような売上税の回収がなく仕入税額控除ができない状況で増値税の納税申告納付を行う場合には、売上税の納税資金は自ら負担することになる。このため、一般的には仕入代金を支払って専用発票を入手し仕入税額控除ができる状況になった上で、売上代金と売上税を回収した時点で売上計上する会計慣行も存在している。

2) 商慣習と会計と税務

このような会計実務は、税法の影響によるものばかりではなく、中国の商慣習にも基づいたものである。前述したような銀行による代金取立手続は中国独特の売上代金回収方法である。また、信用経済がまだ充分に発達していない中国では、得意先から債権を現金で回収しない限り自らの債務も支払わない商慣習が定着している。販売代理店を経由して自社製品を販売する場合には、販売代理店が得意先から代金を回収しない限り、販売代理店から代金を回収することはできない。現在でも中国では、信用販売ではなく代金前受方式による販売がもっとも有力な販売方法とされている経済状況もある。

このように増値税の現行規定と中国の商慣習により、代金回収基準による売上計上の実務が一般的に行われる傾向にあるが、外資系企業に適用されている企業会計制度は、旧来の売上計上基準を大幅に改め、国際会計基準に準拠した売上計上基準（収益認識基準）を採用した。

現行の企業会計制度における収益認識基準は、商品販売について次の条件をすべて満たす場合に収益を認識すべきものとしている。

1. 企業がすでに商品の所有権上の主要なリスクと報酬（便益）を購入者

側に移転していること。
2．通常，所有権と関連する継続管理権を企業が保留しておらず，また，販売済み商品に対する支配も実施していないこと。
3．取引と関連する経済利益が企業に流入しうること。
4．関連する収入および原価が確実に測定できること。

　この定義だけでは具体的に何を指しているのか理解しにくいが，この収益認識基準は国際会計基準に準拠したものとなっており，分かりやすく言えば，過去の収益認識が現金の回収により収益を認識していた現金基準から，商品の出荷という事実に基づいた発生基準に収益の認識基準が変わり，さらには契約に基づいて収益を認識できるという契約基準による収益認識基準に移行したものと言える。
　上記の商品販売における4つの認識基準は，収益を認識するときには商品の所有権に伴うリスク（在庫リスク，資金リスク等）と便益（中国では報酬と翻訳しており，最近では経済的価値とも呼ばれている）が買手に移転していること，商品を販売した後にその商品を継続して管理していないこと，またはその商品に対する支配を行っていないこと，経済利益の流入すなわち商品販売代金の回収可能性が高いこと，商品販売の収入金額と原価金額を測定できることが収益認識の条件となっている。
　例えば，従来のように商品を出荷しただけでは，商品のリスクと便益が移転したものとは言えず，買手がその商品を入庫して検収し代金の支払いを承認した段階ではじめて，商品のリスクと便益が買手に移転し，買手が商品を支配しており，代金の回収が確実となり，売手は確定した売上金額と売上原価を計上することができる。
　現行の企業所得税法では，企業の販売収入の認識は，発生主義の原則と形式より実質を重視する原則を遵守すると規定しており，発生主義と実質主義の原則により販売収入を認識するが，これらの原則の例外規定も想定している。
　企業会計制度と企業所得税法の商品販売収入の認識基準を比較すると，商品所有権上の主要なリスクと報酬（便益）が買手に移転することについては，同一の認識基準となっているが，税法では商品販売契約がすでに締結されること

が基本条件に加味されている。商品の継続的管理権と有効な支配の喪失，販売収入金額と原価の測定可能性も同一の認識基準となっている。

　企業会計制度と企業所得税法の収益認識基準の基本的な相違は，企業所得税法では経済的利益の流入が収益認識基準から除外されていることにある。経済的利益の流入とは，販売商品代金の回収可能性が回収不能性よりも大きいこと，すなわち商品販売代金の回収可能性が50％を超えていることをいうものとされている。

　企業会計制度では，企業が販売した商品が商品販売契約の約定に合致しており，取引証憑を買手に引き渡して，買手が支払を承諾した時に経済的利益の流入可能性が満足される。しかし，企業所得税法から見れば，経済的利益の流入は収益認識には関係しない。商品のリスクと便益が移転し，買手が商品を支配して，販売代金と原価が確定したならば収益を認識すべきものとされている。

　さらに，企業所得税法では発票に関する税務通知が存在する。企業所得税の税務通知では増値税の専用発票を取得していなければ原価と費用の計上を認めないとする規定があり，代金を支払う前は増値税の専用発票が入手できないため，物品を購入したにもかかわらず会計処理を行うことができない実務も存在している。

　これは一部には増値税発票の偽造発行，不正取得が横行している状況から，正式な増値税専用発票を取得した後でなければ，原価と費用の計上を認めないとする強制措置であるが，このような規制が逆に会計処理を遅らせる一因ともなっている。実務的には物品を取得した段階で資産を仮計上して，増値税専用発票を取得した段階で本計上するなりして対応している。

　このように増値税は，増値税の専用発票が重要な役割を果たしていることから，増値税専用発票の取得により売上計上と仕入計上の実務が行われる傾向があり，企業会計処理と企業所得税の実務にかなりの影響を及ぼしている。

(2) 発票の管理制度

① 発票の管理

1) 発票の管理方法

中国の発票管理法規には，主に次のものがある。

1．中華人民共和国発票管理弁法
　　1993年12月23日　財政部
2．中華人民共和国発票管理弁法実施細則
　　1993年12月28日　国家税務総局　国税発［1993］第157号
3．「増値税専用発票使用規定」の修正に関する通知
　　2006年10月17日　国家税務総局　国税発［2006］156号
4．増値税専用発票使用規定の修正に関する補充通知
　　2007年2月16日　国家税務総局　国税発［2007］18号

　これらの管理法規によれば，発票とは，商品の売買，サービスの提供または引受およびその他の経営活動に従事する中で，発行し，受け取る代金受領支払証憑をいうものとされている。ここで発票は単なる代金の受領を証明する領収書と言うだけではなく，特別な場合に購入者と源泉徴収者が個人に支払う場合に支払者が代金支払証憑として発行する発票もある。
　発票の管理とは，中国国内において発票を印刷，購入，発行，取得，保管する単位と個人に対する発票の管理をいい，中国政府の国家税務総局が中国全国の発票管理に対して統一的に責任を持っている。
　したがって，発票には国家税務総局が全国的に定めた印章が押印または印刷されており，全国統一発票監督制定印と名づけられている。地方政府が印刷制定することが認められている発票には，省，自治区，直轄市の国家税務局と地方税務局の印章が押印または印刷されている。
　発票には普通発票と専用発票があるが，専用発票とは増値税の一般納税者が貨物を販売または増値税の課税役務（加工役務）を提供して発行する発票をいい，購入者が増値税を支払いかつ増値税の関係規定により増値税仕入税額を控除することのできる証憑である。
　普通発票にはないが，増値税専用発票については仕入税額控除があるため，偽造防止税額控除システムと最高発行限度額管理の二つの管理システムがある。増値税の一般納税者は増値税偽造防止税額控除システムを通して専用発票を使用する。この使用の意味には，紙質の専用発票とこれに関係する電子データの購入，発行，交付，認証が含まれている。

偽造防止税額控除システムとは，国務院が同意して推進している専用設備と汎用設備を使用し，暗証数字と電子メモリの技術を運用して専用発票を管理するコンピュータ管理システムをいう。専用設備とは，金税カード，ＩＣカード，カード読取装置とその他設備をいい，汎用設備とは，コンピュータ，プリンター，モニターとその他の設備をいうものとされている。

　専用発票については最高発行限度額管理が行われている。最高発行限度額とは，単一の専用発票が発行する販売額合計が一定の上限金額を超えることができないことをいう。最高発行限度額は，一般納税者が申請して税務機関が法により審査批准する。一般納税者が最高発行限度額を申請する時は，「最高発票発行限度額申請表」を記載して税務機関に提出する。

　最高発行限度額が10万元以下の場合は，区県級税務機関が審査批准する。最高発行限度額が100万元の場合は，地市級税務機関が審査批准する。最高発行限度額が1,000万元以上の場合は，省級税務機関が審査批准する。偽造防止税額控除システムの具体的な運用業務は区県級税務機関が責任を負うものとされている。

　税務機関が審査批准する最高発行限度額は実地照合調査を行う。使用を批准した最高発行限度額が10万元以下の場合は，区県級税務機関が人員を派遣して実地照合調査を行う。使用を批准した最高発行限度額が100万元の場合は，地市級税務機関が人員を派遣して実地照合調査を行う。使用を批准した最高発行限度額が1,000万元の場合は，地市級税務機関が人員を派遣して実地照合調査を行った後に，照合調査資料を省級税務機関に報告して審査照合を行う。

2）　発票綴り

　発票の基本的な綴りは，三連綴りであり，第１連綴りは控え綴り（存根）として発行者が調査用に保存留保する。第２連綴りは発票綴り（発票）として，受領者が代金支払または代金受領の原始証憑とする。第３連綴りは記帳綴り（記帳）として，発行者が記帳の原始証憑とする。

図表1-4　普通発票の例示

```
基本3枚綴り
　1枚目　控え綴り（存根—赤色）　　発行者が検査に備えるために保管
　2枚目　発票綴り（発票—茶褐色）　購入者が領収証憑として使用
　3枚目　記帳綴り（記帳—黒色）　　発行者が売上げの記帳証憑として使用
その他3枚綴り
　4枚目　統計綴り（統計）　発行者が統計用の証憑として使用
　5枚目　倉庫綴り（倉庫）　発行者が倉庫出荷控えの証憑として保管
　6枚目　社外綴り（社外）　発行者が社外出荷控えとして検証用に保管
```

　増値税専用発票の基本綴りには，さらに控除綴りが含まれ，受領者が税額を控除する証憑とする。増値税専用発票以外は，県（市）以上の税務機関が必要に応じて適当に綴りを増減し，かつその用途を決定することができるものとされている。

　上記の1993年の発票管理弁法の規定に対して，2006年の増値税専用発票使用規定においては，増値税専用発票の基本綴りは3連綴り，すなわち記帳綴り発票綴り，控除綴りとされた。記帳綴りは，販売者が販売収入と増値税売上税額を処理するための記帳証憑とする。発票綴りは，購入者が仕入原価と増値税仕入税額を処理するための記帳証憑とする。控除綴りは，購入者が主管税務機関に報告して認証と調査に備えるための証憑とする。その他の綴りの用途は，一般納税者が自ら決定するものとされた。

図表1-5　増値税専用発票の例示

```
基本4枚綴り
　1枚目　記帳綴り（記帳）　販売者が売上と売上税を処理する記帳証憑
　2枚目　発票綴り（発票）　購入者が仕入と仕入税を処理する記帳証憑
　3枚目　控除綴り（控除）　購入者が仕入税額控除を処理する根拠証憑
その他3枚綴り
　4枚目　控え綴り（存根）　発行者が検査に備えるために保管
　5枚目　統計綴り（統計）　発行者が統計用の証憑として使用
　6枚目　倉庫綴り（倉庫）　発行者が倉庫出荷控えの証憑として保管
　7枚目　社外綴り（社外）　発行者が社外出荷控えとして検証用に保管
```

図表1-6　発票の保管者

販売者	購入者
記帳綴り（売上と売上税の記帳証憑）	発票綴り（仕入と仕入税の記帳証憑） 控除綴り（仕入税額の認証と保存用）

3)　発票の記載内容

図表1-7　増値税専用発票の例示

```
  1234567890          北京市増値税専用発票           NO. 0000000
発行日：    年  月  日        発票綴り
┌─────┬──────────────┬─────┐
│     │     名称     │     │
│購入 ├──────────────┤ 暗号 │
│単位 │  納税者識別番号  │ 区  │
│     ├──────────────┤     │
│     │   住所，電話   │     │
│     ├──────────────┤     │
│     │ 口座開設銀行と口座番号 │     │
├─────┴───┬───┬───┬───┬───┬───┬───┬───┤
│貨物または課税役務の│規格│単位│数量│単価│金額│税率│税額│
│    名称      │型番│   │   │   │   │   │   │
│              │   │   │   │   │   │   │   │
│    合　計    │   │   │   │   │   │   │   │
├──────┬───┴┬──┬──┬──┬──┬──┬──┬───┤
│ 課税価格合計 │ 拾 │万│千│百│拾│元│角│分 ¥    │
├─────┬──┴──────┬──┬─────────┤
│     │    名称     │    │              │
│販売 ├──────────┤ 備 │              │
│単位 │ 納税者識別番号   │ 考 │              │
│     ├──────────┤    │              │
│     │  住所，電話   │    │              │
│     ├──────────┤    │              │
│     │口座開設銀行と口座番号│    │              │
└─────┴──────────┴────┴──────────┘
 受取人：     照合：      票発行者：    販売単位：（印章）
```

　発票の基本的な内容には，発票の名称，通し番号，綴り番号と用途，顧客名称，口座開設銀行と口座番号，商品名称と経営項目，測定単位，数量，単価，漢字とアラビア数字の金額，発行者，発行日，発行単位（個人）名称（印）等が含まれる。

税金の代理控除，代理受領，委託代理徴収がある場合は，その発票の内容には代理控除，代理受領，委託代理徴収した税種の税率と代理控除，代理受領，委託代理徴収した税額が含まれる。

増値税専用発票にはさらに，貨物購入者の住所，貨物購入者の税務登記番号，増値税の税率，税額，貨物販売者の名称，住所とその税務登記番号も含まれる。

② **発票の購入受領と発行**
1) **発票の購入と受領**

税務登記を行った増値税または営業税の納税者は，税務登記証を受領した後に，主管税務機関で発票の購入受領を申請する。発票の購入受領を申請する納税者は，発票購入申請書を提出し，担当者の身分証明書，税務登記証書またはその他の関係証明書および財務印章または発票専用印の印影を提供し，主管税務機関は審査照合した後に，発票購入受領簿を発行する。

発票を購入受領する納税者は，発票購入受領簿が批准した種類，数量と発票購入方法に基づいて，主管税務機関で発票を購入受領する。発票購入受領簿の内容には，発票を使用する単位と個人の名称，所属業種，経済類型，発票購入方法，批准した購入発票の種類，発票の名称，購入受領日，購入許可数量，開始と最終の番号，規定違反記録，購入受領者の署名（押印），発給した税務機関（押印）等の内容が含まれる。

税務登記証を取得する必要のない納税者が発票を必要とする場合は，上述した手続で，主管税務機関に発票の購入受領を申請することができる。

増値税専用発票の購入受領を申請する納税者は，証明書を提出する時に「増値税一般納税者」の確認専用印章のある税務登記証（副本）を提出しなければならず，増値税一般納税者以外と増値税の小規模納税者は，増値税専用発票を購入受領することはできないものとされている。

発票を臨時使用する必要のある納税者は，直接，税務機関で申請処理することができる。臨時にその省，自治区，直轄市以外で経営活動に従事する納税者は，所在地の税務機関の証明書に基づいて，経営地の税務機関で経営地の発票の購入受領を申請しなければならない。臨時にその省，自治区，直轄市以内の

市，県を跨って経営活動に従事して発票を購入受領する方法は，省，自治区，直轄市の税務機関が規定するものとされている。

　税務機関は，外地の省，自治区，直轄市からその管轄地区に臨時の経営活動に従事する納税者が発票の購入受領を申請した場合については，これに対して保証人の提供，または発票を購入受領する発票の額面限度額と数量制限，１万元以内の保証金の納付，期限に発票を取り消すことを要求することができるものとされている。

2）発票の発行

　商品販売，サービス提供とその他の経営活動に従事する納税者は，対外的に営業取引を発生して代金を受領した場合は，代金受領者が代金支払者に発票を発行する。特別な場合には，代金支払者が代金受領者に発票を発行することもある。ここで特別な場合とは，購入者と源泉徴収義務者が個人に代金を支払う時に発行する発票をいうものとされている。

　逆に，すべての単位と生産，経営活動に従事する個人が，商品購入，サービス引受およびその他の経営に従事する時に代金を支払った場合は，代金受領者から発票を取得しなければならないことが規定されている。発票を取得する時は，品名と金額の変更を要求することはできない。

　発票の発行は原則として取引１件別に発行しなければならないが，消費者個人に小額商品を小売する場合または零細サービスを提供する場合は，１件別に発票を発行することを免除することができ，省級税務機関が決定するものとされている。

　規定に適合しない発票は，財務の売上証憑とすることはできず，いかなる単位と個人も受取を拒否する権利を有する。規定に適合しない発票とは，発行または取得した発票が，税務機関の監督制定を受けていない場合，または記載項目に不備があり，内容が真実ではなく，文字が不明瞭で，財務印章または発票専用印の押印がなく，偽造，廃棄された等のその他の適合しない発票をいう。

　発票を発行する単位と個人は，経営取引を発生させて営業収入を認識した時は発票を必ず発行しなければならない。経営取引を発生させていなければ，発票を発行することは一律に認められない。

　発票の発行は，規定の期限，順序，各欄別に，全部の連次を一括して事実の

とおり発行し，かつ単位財務印章または発票専用印を押印する。単位と個人が発票を発行する時は，番号順に記載発行し，記載項目は完備し，内容は真実で，文字は明瞭で，すべての綴りを一度に複写し，押印内容は完全に一致し，かつ発票綴りと控除綴りには単位の財務印章または発票専用印が押印されていなければならない。

コンピュータを使用して発票を発行する場合は，主管税務機関の批准を受け，かつ税務機関が統一的に監督制定した機械出力発票を使用し，発行した後の控え綴りは番号順に装丁して製本するものとされている。

いかなる単位と個人も発票を借用，譲渡，代理発行することはできない。税務機関の批准を受けないで，使用する発票を損壊することはできない。専業発票の使用範囲を自ら拡大することはできない。発票，発票の監督制定印と発票偽造防止専用品の投機転売は禁止されている。なお，専業発票とは，国有の金融，郵便電話，鉄道，民間航空，道路運輸，水上運輸等に従事する特別業種で使用される発票である。

③ 発票の保管と管理
1) 発票の保管

発票は，購入受領した単位と個人がその省，自治区，直轄市内で発行することに限定されている。発票は，他の省，自治区，直轄市内で発行することはできないものとされている。また，省，自治区，直轄市の税務機関は，管轄地域内における市，県を跨いで発票を発行する方法を規定することができる。

いかなる単位と個人も批准を受けないで，規定した使用区域を跨いで白地の発票を携帯，郵送，運送することができない。白地の発票を携帯，郵送，運送して入出国することも禁止されている。

発票を発行する単位と個人は，発票使用登記制度を確立し，発票登記簿を設置し，かつ定期的に主管税務機関に発票の使用状況を報告する。

発票を発行する単位と個人は，税務登記の変更または抹消を行うと同時に，発票と発票購入受領簿の変更，取消の手続を行う。

発票を発行する単位と個人は，税務機関の規定により発票を在庫保管しなければならず，みだりに毀損することはできない。発行した発票の控え綴りと発

票登記簿は，5年間保存する。保存期間が満了した場合は，税務機関の検査を受けた後に毀損するものとされている。

発票を使用する単位と個人は，発票を保管し，紛失してはならないものとされている。紛失した場合は，紛失日に書面により主管税務機関に報告し，かつ新聞紙とテレビ等のメディア媒体上で廃棄とする声明を公告する。

2) 発票の検査

税務機関は発票管理において下記の検査を行う権利を有するものとされている。

1. 発票の印刷，購入受領，発行，取得と保管の状況の検査
2. 発票検査の抽出
3. 発票と関係する証憑，資料の査閲，複製
4. 発票と関係する問題と状況の当事者各方への質問
5. 発票案件の調査時に，案件と関係する状況と資料について，記録，録音，映像，写真撮影と複製することができる

発票を印刷，使用する単位と個人は，税務機関の法による検査を必ず受けなければならず，事実のとおり状況を表示し，関係資料を提出し，拒絶，隠匿欺瞞することはできない。

単位と個人が中国国外から取得する納税と関係する発票または証憑は，税務機関が納税審査時に疑義を有する場合は，その国外の公証機関または登録会計士の確認証明書の提出を要求することができ，税務機関の審査照合認可を受けた後に，記帳として処理する証憑とすることができる。

税務機関が発票検査において発票の控え綴りと発票綴りの記載状況を照合する必要がある時は，発票または発票の控え綴りを所有している単位に発票の記載状況を提出させて照合することができ，関係する単位は事実のとおり記載し，期限までに報告しなければならないものとされている。

3) 罰則

発票管理法規に違反する行為には次のものが含まれる。

1. 規定どおりに発票を印刷または発票偽造防止専用品を生産しない場合

2．規定どおりに発票を購入受領しない場合
3．規定どおりに発票を発行しない場合
4．規定どおりに発票を取得しない場合
5．規定どおりに発票を保管しない場合
6．規定どおりに税務機関の検査を受け入れない場合

　上記の行為のいずれか一つがある単位と個人については，税務機関が期限までに修正を命令し，違法所得を没収し，1万元以下の罰金に併せて処することができる。前項に列記した二つまたは二つ以上の行為がある場合は，それぞれに処罰することができる。

　白地の発票を違法に携帯，郵送，運送または在庫した場合は，税務機関は発票を取り消し，違法所得を没収し，1万元以下の罰金に併せて処することができる。

　発票を無断で印刷し，偽造し，変造し，投機的に売買し，発票監督制定印，発票偽造防止専用品を無断で制作した場合は，税務機関が法により封印し，封印を破棄または毀損した場合には，違法所得と犯罪道具を没収し，1万元以上5万元以下の罰金に併せて処することができる。犯罪を構成する場合は，法により刑事責任を追及する。

　発票管理法規に違反し，その他単位または個人に税金の未納付，過少納付または詐取をもたらした場合は，税務機関が違法所得を没収し，未納付，過少納付または詐取した税金の2倍以下の罰金に併せて処することができる。

(3) 増値税専用発票

① 専用発票

1) 専用発票の関係法規

増値税専用発票に関係する主要法規は，次のとおりである。

1．中華人民共和国増値税暫定条例
　2008年11月10日国務院令第538号
2．増値税専用発票使用規定の修正に関する通知
　2006年10月17日国家税務総局発布　国税発［2006］156号

3．増値税専用発票使用規定の修正に関する補充通知
　2007年2月16日国家税務総局発布　国税発［2007］18号
4．増値税一般納税義務者が取得する税額控除偽造防止システムで発行した増値税専用発票の仕入税額控除問題に関する通知
　2003年2月14日国家税務総局発布　国税発［2003］17号
5．納税者の値引行為の赤字増値税専用発票発行問題に関する通知
　2006年12月29日国家税務総局発布　国税函［2006］1279号
6．小規模企業の販売貨物または課税役務の税務所が代理発行する増値税専用発票の認可を取り消した後の関連問題に関する通知
　2004年7月14日国家税務総局発布　国税函［2004］895号

2)　一般納税者と小規模納税者

　増値税暫定条例第21条では，増値税の納税者が貨物または課税役務を販売した場合は，増値税専用発票を請求する買手に増値税専用発票を発行し，かつ増値税専用発票上に販売額と売上税額を区分明記しなければならないと規定している。下記のいずれか一つに該当する場合は，増値税専用発票を発行することはできないものとされている。

1．消費者個人に貨物または課税役務を販売する場合
2．貨物または課税役務の販売に免税規定を適用する場合
3．小規模納税者が貨物または課税役務を販売する場合

　ここでは，増値税の納税者が消費者個人に貨物等を販売する場合，免税貨物等を販売する場合と小規模納税者が貨物等を販売する場合には，その販売先に増値税の専用発票を発行することはできないとされている。
　増値税の小規模納税者とは，下記のいずれかの基準に該当する増値税の納税者であり，小規模納税者以外の納税者を増値税の一般納税者という。

1．貨物の生産または増値税の課税役務の提供に従事する納税者，および貨物の生産または増値税の課税役務の提供に従事することを主としかつ貨物の卸売または小売を兼営する納税者で，年間増値税課税販売額が50万元以下である場合

2．上記1以外の納税者で，年間課税販売額が80万元以下である場合

　増値税の小規模納税者に対しては，簡易課税方法が適用され，小規模納税者は，その販売額に徴収率（3％）を乗じた増値税税額を納付するだけであり，貨物等の販売時に増値税の専用発票を発行することはできず，貨物等の仕入税額も売上税から控除することができない。

図表1-8　一般納税者と小規模納税者

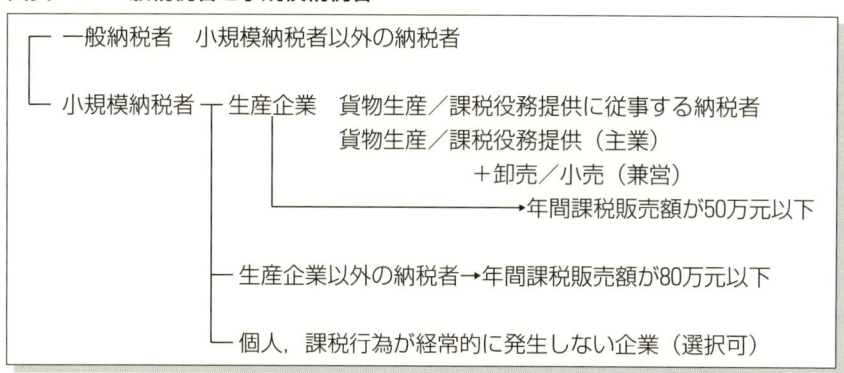

```
┌─ 一般納税者　小規模納税者以外の納税者
│
└─ 小規模納税者 ┬─ 生産企業 ┬─ 貨物生産／課税役務提供に従事する納税者
                │            │
                │            └─ 貨物生産／課税役務提供（主業）
                │                ＋卸売／小売（兼営）
                │                        → 年間課税販売額が50万元以下
                │
                ├─ 生産企業以外の納税者 → 年間課税販売額が80万元以下
                │
                └─ 個人，課税行為が経常的に発生しない企業（選択可）
```

　次に，上記の関係通知により，増値税専用発票の取扱手続を説明する。まず初めに前述した内容と重なるが，増値税専用発票，税額控除偽造防止システム，最高発行限度額管理システムを再度紹介する。

3）　専用発票と税額控除システム

　増値税専用発票とは，増値税の一般納税者が貨物を販売または増値税の課税役務（加工役務）を提供して発行する発票をいい，購入者が増値税を支払いかつ増値税の関係規定により増値税仕入税額を控除することのできる証憑である。

　増値税専用発票については仕入税額控除があるため，偽造防止税額控除システムと最高発行限度額管理の二つの管理システムがある。増値税の一般納税者は増値税偽造防止税額控除システムを通して専用発票を使用する。この使用の意味には，紙質の専用発票とこれに関係する電子データの購入，発行，交付，認証が含まれている。

偽造防止税額控除システムとは，国務院が同意して推進している専用設備と汎用設備を使用し，暗証数字と電子メモリの技術を運用して専用発票を管理するコンピュータ管理システムをいう。専用設備とは，金税カード，ICカード，カード読取装置とその他設備をいい，汎用設備とは，コンピュータ，プリンター，モニターとその他の設備をいうものとされている。

専用発票については最高発行限度額管理が行われている。最高発行限度額とは，単一の専用発票が発行する販売額合計が一定の上限金額を超えることができないことをいう。最高発行限度額は，一般納税者が申請して税務機関が法により審査批准する。一般納税者が最高発行限度額を申請する時は，「最高発票発行限度額申請表」を記載して税務機関に提出する。

4) 専用発票の発行開始と購入

一般納税者は専用設備を購入した後に，「最高発票発行限度額申請表」，「発票購入簿」により主管税務機関で発行開始手続を行う。発行開始とは，主管税務機関が一般納税者の下記情報を空白の金税カードとICカードにインプットする行為をいう。

1. 企業名称
2. 税務登記コード
3. 発行限度額
4. 発票購入限度数量
5. 発票購入者の姓名，暗証番号
6. 発票発行機器の数量
7. 国家税務総局が定めるその他情報

一般納税者は，「発票購入簿」，ICカードと担当者の身分証明書を根拠として専用発票を購入する（規定7）。一般納税者に下記のいずれか一つの状況がある場合は，専用発票を購入することはできない。

1. 会計処理が不健全で，税務機関に増値税の売上税額，仕入税額，納付税額のデータとその他の関係する増値税税務資料を正確に提供することができない場合

2．「租税徴収管理法」が定める租税違法行為があり，税務機関の処理を受入拒否した場合
3．下記の行為のいずれか一つがあり，税務機関が期限を指定して改善を命令したが改善しない場合
　1　増値税専用発票を虚偽発行した場合
　2　専用発票を私的に印刷した場合
　3　税務機関以外の単位と個人から専用発票を購入した場合
　4　他人の専用発票を借用した場合
　5　規定どおりに記載と押印のない専用発票を発行した場合
　6　規定どおりに専用発票と専用設備を保管しない場合
　7　規定どおりに偽造防止税額控除システムの発行変更処理を申請しなかった場合
　8　規定による税務機関の検査を受け入れなかった場合

上記6の専用発票と専用設備を保管しない場合とは，下記のいずれか一つの状況がある場合をいう。

1．専用発票と専用設備を保管する専門担当者を設置しない場合
2．税務機関の要求どおりに専用発票と専用設備を設置しない場合
3．認証照合した専用発票の控除綴り，「認証結果通知書」と「認証結果明細書」を製本しなかった場合
4．税務機関の検査を受けないで，専用発票の基本的な綴りをみだりに破棄した場合

　上記の状況がある場合で専用発票を購入した場合には，主管税務機関はその残っている専用発票とICカードを暫定的に差し止める。

② **専用発票の発行**

1)　発行管理
　一般納税者が貨物を販売または課税役務を提供した場合は，購入者に専用発票を発行する。商業企業の一般納税者が煙草，酒，食品，服飾，靴・帽子（労

働保護専用部品を含まない), 化粧品等の消費品を小売した場合は, 専用発票を発行することはできない。増値税の小規模納税者が専用発票を発行する必要がある場合は, 主管税務機関に代理発行を申請することができる。免税貨物を販売する場合は専用発票を発行することができないが, 法律, 法規と国家税務総局が別途定める場合は除かれる。

専用発票は下記のとおりに発行しなければならない。

> 1. 項目が整っており, 実際の取引と一致照合すること。
> 2. 筆跡はきれいに, 線から外れたり錯綜してはならない。
> 3. 発票綴りと控除綴りは財務専用印または発票専用印が押印されていること。
> 4. 増値税の納税義務の発生時期に発行すること。

上記に該当しない専用発票については, 購入者は受け取りを拒否する権利を有するものとされている。このように, 実際の取引内容と一致しない専用発票, 販売者の財務専用印等が押印されていない専用発票, 代金の授受等による増値税の納税義務が発生した時期以外に発行された専用発票は, 無効な専用発票として仕入税額控除ができないため, 購入者はその受け取りを拒否することができる。

専用発票は取引別に発行されるが, 一般納税者が貨物を販売または課税役務を提供する場合は, 専用発票を合算発行することができる。専用発票を合算発行する場合は, 同時に偽造防止税額控除システムが発行する「貨物販売または課税役務提供明細書」を使用し, かつ財務専用印または発票専用印を押印する。

2) 専用発票発行者の税務報告

一般納税者が専用発票を発行する場合は, 増値税の納税申告期間内に主管税務機関に税務報告しなければならず, 申告帰属月度内においては数回に分けて主管税務機関に税務報告することができる。税務報告とは, 納税者がICカードまたはICカードとFDを持参して税務機関に発票発行電子データを提出することをいう。

ICカードまたはFDの品質等の原因により税務報告できない場合は, ICカ

ード，FDを交換しなければならない。ハードディスクの損壊，金税カード等の交換等の原因により正常に税務報告できない場合は，発行したが税務機関に税務報告していない専用発票の記帳綴りの原本またはコピーを提出して，主管税務機関が発票発行データを追加入力する。

③ 専用発票の認証
1) 仕入税額控除

専用発票を取得した増値税の一般納税者（購入者）は，専用発票を根拠として仕入税額控除を行うことができる。増値税仕入税額の控除に使用する専用発票は，税務機関の認証一致を受けなければならない。認証一致した専用発票は，購入者の記帳証憑としなければならず，販売者に返還することはできない。

一般納税者が控除を申請する偽造防止税額控除システムが発行する増値税専用発票は，その専用発票発行日から180日以内に税務機関に認証を受けなければならず，そうでない場合には仕入税額の控除が認められない。

一般納税者が認証を通過した偽造防止税額控除システムが発行する増値税の専用発票は，認証通過した当月において増値税の関連規定により当期仕入税額を計算し，かつ控除を申告しなければならず，そうでない場合は仕入税額の控除は認められない。

2) 専用発票の認証

認証とは，税務機関が偽造防止税額控除システムを通して専用発票に記載されたデータについて識別，認識することをいう。

1．認証不能

税務機関の認証を受けて，下記のいずれか一つの状況がある場合は，増値税仕入税額の控除証憑とすることはできず，税務機関は原本を返還し，購入者は販売者に専用発票を再発行することを要求することができる。

> 1　認証不能
>
>   認証不能とは，専用発票に記載された暗号文または明文が識別できないで，認証結果を生ずることができないことをいう。

2 納税者識別番号の認証不一致
　納税者識別番号の認証不一致とは，専用発票に記載された購入者の納税者識別番号に誤りがあることをいう。
3 専用発票のコード，番号の認証不一致
　専用発票のコード，番号の認証不一致とは，専用発票に記載された暗号文の解釈後に，明文のコードまたは番号と一致しないことをいう。

　認証できなかった発票の返却後に認証期間を経過した場合の再発行については，販売者が増値税専用発票を購入者に引き渡した後に，購入者が認証時に暗号区の発票番号と発票に明記された番号が一致していなかったため認証不能となった場合で，販売者に専用発票を返却したが，その時期が180日の認証期間を超えている場合にも，購入者は販売者に専用発票を返却して再発行することを要求することができ，販売者は専用発票を再発行することができる。

2．認証不合格

　税務機関の認証を受けて，下記のいずれか一つの状況がある場合は，増値税仕入税額の控除証憑とすることは暫定的にできず，税務機関は原本を拘留し，原因を調査解明して，状況に応じて処理を行う。

1 重複認証
　重複認証とは，すでに認証を受けて一致した同一の専用発票を再度認証することをいう。
2 暗号文の誤記
　暗号文の誤記とは，専用発票に記載された暗号文が解釈できないことをいう。
3 認証不一致
　認証不一致とは，納税者の識別番号に誤りがあり，または専用発票に記載された暗号文が解釈された後に明文と一致しないことをいう。ここでいう認証不一致には，上述した納税者識別番号の認証不一致と専用発票のコード，番号の認証不一致は含まない。上述した認証不一致は認証作業そのものが不可能なことをいい，ここでいう認証不一致

は認証した後に不一致であることが判明したものをいう。
4　失効した専用発票
　　失効した専用発票とは，認証時の専用発票がすでに失効として登記された専用発票をいう。

以上の認証の流れと認証の結果について要約すれば，下記のとおりとなる。

図表1-9　認証の流れ

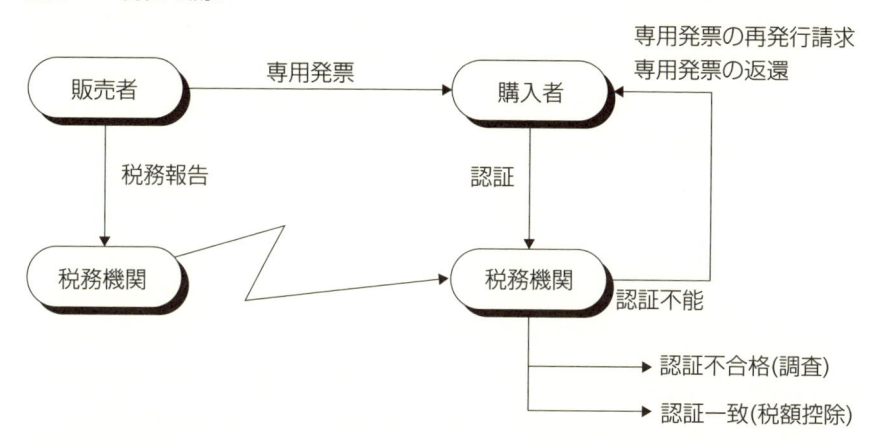

```
                                    専用発票の再発行請求
                                    専用発票の返還
  ┌─────┐   専用発票    ┌─────┐
  │ 販売者 │ ──────────→ │ 購入者 │ ←─────────┐
  └─────┘              └─────┘            │
      │                    │                │
      │ 税務報告           │ 認証           │
      ↓                    ↓                │
  ┌─────┐              ┌─────┐            │
  │税務機関│              │税務機関│ ──認証不能──┘
  └─────┘              └─────┘
                            │
                            ├──→ 認証不合格(調査)
                            └──→ 認証一致(税額控除)
```

（認証の結果）
　　認証不能―認証作業そのものができないこと，専用発票を販売者に返還，再発行を請求
　　認証不能（専用発票の暗号文，明文が識別できないこと）
　　納税者識別番号の認証不一致（専用発票の購入者納税者識別番号の誤記）
　　専用発票のコード番号の認証不一致（専用発票の暗号文解釈後に不一致）

　　認証不合格―認証した結果の専用発票の不合格，税務機関が専用発票を拘留，調査
　　重複認証（すでに認証を受けて一致した同一専用発票を再認証すること）
　　暗号文の誤記（専用発票に記載された暗号文が解釈できないこと）
　　認証不一致（認証後に納税者識別番号の誤記,暗号文と明文の不一致あり）

失効専用発票―認証時の専用発票がすでに失効登記された専用発票

3) 認証の期限

2009年に国家税務総局は「増値税の税額控除証憑の控除期限に関係する問題に関する通知」を公布して，それまで90日であった認証の期限を180日に延長した。その詳細は次のとおりである。

2003年以来，国家税務総局は増値税専用発票等の税額控除証憑について90日の申告控除期限の管理措置を継続して実施し，増値税の徴収管理情報システムの運行の品質を高めて，納税者に適時申告を督促することについて積極的な作用を及ぼしてきた。近年来，一部の納税者と税務機関は現在の90日申告控除期限が比較的短いため，一部の納税者は税額控除証憑の期限を過ぎて申告することにより仕入税額が控除できないと報告された。納税者の実際問題を解決し，租税徴収管理を強化するため，検討の結果，ここに関係問題について下記のとおり通知する。

> 増値税の一般納税者は，2010年1月1日以後に発行した増値税専用発票，道路国内河川貨物運輸業統一発票および機動車輛販売統一発票を取得した場合は，発行の日から180日以内に税務機関で認証を行い，かつ認証を通過した翌月の申告期限内に，主管税務機関で仕入税額の控除を申告する。
>
> 税関の輸入増値税専用納付書（税関納付書）の「先照合後控除」管理方法を実行する増値税一般納税者が2010年1月1日以後に発行する税関納付書を取得した場合は，発行の日から180日以内に主管税務機関に「税関納付証憑控除リスト」（ハードコピーと電子データ）を提出して比較照合審査を申請する。
>
> 税関納付書の「先照合後控除」管理方法を実行していない増値税一般納税者が2010年1月1日以後に発行する税関納付書を取得した場合は，発行の日から180日後の第一回目の納税申告期限が終了する以前に，主管税務機関で仕入税額の控除を申告する。
>
> 増値税一般納税者が2010年1月1日以後に発行した増値税専用発票，道路国内河川貨物運輸業統一発票，機動車輛販売統一発票および税関納付書

を取得して，規定の一定期限内に税務機関で認証，控除申告または審査照合の申請を行わない場合は，合法的な増値税の税額控除証憑とすることはできず，仕入税額控除を計算することはできない。

④ 専用発票の廃棄と申請

1) 販売者による専用発票の廃棄

一般納税者が専用発票を発行した月に，売上返品，発行した発票に誤りがある等の状況が発生した場合で，回収して受け取った発票綴り，控除綴りが廃棄条件に該当した場合には，廃棄として処理する。発行時に誤りを発見した場合は，即時に廃棄することができる。

専用発票を廃棄するには，偽造防止税額控除システムの中の相応する電子データを「廃棄」として処理し，紙質の専用発票（プラントアウトしていない専用発票を含む）の各綴り上に「廃棄」の文字を明記し，すべての綴りを保存する必要がある。

廃棄条件とは，下記の状況がすべて存在する場合をいう。

1. 返品の発票綴り，控除綴りを受け取った時期が，販売者が発票を発行した月を跨っていないこと。
2. 販売者が税務処理未了でありかつ記帳していないこと。
3. 購入者がまだ認証していないかまたは認証結果が「納税者識別コード認証不一致」，「専用発票コード，番号認証不一致」であること。

税務処理とは，税金を申告する前にICカードまたはICカードとFDを使用して電子データを取り込むことをいう。

2) 販売者と購入者の赤字発行申請

増値税の専用発票は，販売者が専用発票を発行してから180日以内に購入者が税務機関の認証を受けて認証に合格しなければ，購入者は仕入税額控除を受けることができない。専用発票が発行後180日以内に認証されなかった場合に仕入税額控除ができないという規制が，専用発票の廃棄処理と赤字専用発票の発行処理に重要な意味をもたらしている。

すなわち，当初発行した専用発票に誤記があった場合には，そのままでは購入者は専用発票の認証を受けることができず，仕入税額控除ができなくなる。専用発票の誤記を修正する方法には，一つは当初発行した専用発票を廃棄処理して，新たに修正後の専用発票を再発行する方法がある。これが専用発票の廃棄処理を行うことのメリットであり，廃棄処理によって再発行した専用発票がその認証期間内に認証一致すれば，購入者は仕入税額控除を行うことができる。

もう一つの方法は，赤字専用発票の発行により当初の専用発票をすべて取り消すか，またはその記載内容と金額を修正する方法である。2006年までは赤字専用発票の発行は，当初発行した青字専用発票と記載内容，金額が完全に一致した赤字専用発票しか発行することができなかった。2007年の改正後の増値税専用発票使用規定によって，当初発行した青字専用発票と異なる記載内容と金額の赤字専用発票の発行が認められるようになった。

この改正により，当初発行した専用発票の誤記修正，売上返品または売上値引による専用発票の売上修正がより容易に行えるようになった。赤字専用発票の発行によって，当初の専用発票をそのまま活用して当初の仕入税額控除の処理を取り消すことなく，新たに発行された赤字専用発票を所定の手続で認証させることにより，180日以内の認証期間内に誤記の修正，売上返品と売上値引の赤字処理を行うことが可能となった。

専用発票の廃棄条件については，まず，貨物等の販売者が専用発票を発行して，専用発票を購入者に引き渡していない場合には，発行後すぐに専用発票を廃棄処理することができる。このように販売者が専用発票を購入者に引き渡していない場合にも，販売者は赤字専用発票を発行することができる。販売者による赤字専用発票の発行については後述する。

また，専用発票を購入者に引き渡した後でも，専用発票を発行した同月に発票綴りと控除綴りを回収して，販売者側の税務報告と記帳処理がまだ終了しておらず，購入者側がまだ認証していないかまたは認証結果が納税者識別番号，専用発票のコードと番号の認証不一致である場合には，販売者は専用発票を廃棄処理することができる。

認証作業の結果が認証不能，納税者識別番号の認証不一致，専用発票のコー

ドと番号の認証不一致のいずれかとなった場合には，購入者は当初の専用発票を販売者に返還して専用発票の再発行を要求することになる。販売者は回収した専用発票の発票綴りと控除綴りを廃棄処理して，新たに専用発票を再発行することになる。

しかし，専用発票の廃棄条件を満たすことができなくなった場合，すなわち，専用発票の発票綴りと控除綴りの回収が発行月の翌月以降になった場合，販売者側の電子データの税務報告と売上の記帳処理が終了した場合，または，購入者側が180日の認証期間内に認証できなかった場合，当初の専用発票発行の翌月以降に専用発票の誤記が発見された場合，専用発票発行の翌月以降に売上返品や売上値引が発生した場合等のいずれかとなったときには，販売者は専用発票を廃棄処理して専用発票を再発行することはできない。

このような状況になった場合には，購入者は自ら赤字専用発票の発行をその税務機関に申請して，税務機関から取得した赤字発行通知書を販売者に引き渡して，販売者に赤字専門発票を発行させて赤字専門発票を取得することになる。このように赤字専門発票の発行については，販売者による発行申請と購入者による発行申請がある。

⑤ 赤字発行申請
1) 販売者の赤字発行申請
１．発票誤記による受取拒否

発行した発票に誤記があり，購入者が専用発票の受取を拒否した場合は，販売者は専用発票の認証期間内に主管税務機関で申請書を記載し，かつ申請書上に具体的な原因と相対応する青字専用発票の情報を記載し，同時に購入者が作成した受取拒否の理由，誤謬の具体的な項目と正確な内容を明記した書面による資料を提供して，主管税務機関は審査確認した後に通知書を発行する。販売者は通知書を根拠として赤字専用発票を発行する。

増値税の専用発票が発行された後に，価格問題で売買当事者が合意に至らず，販売者が専用発票の再発行を拒絶して，購入者が税額控除できないまま認証期限を超えた場合には，認証ができないので，赤字発行の申請も行うことができないとされている。

図表1-10　発票誤記による購入者の受取拒否

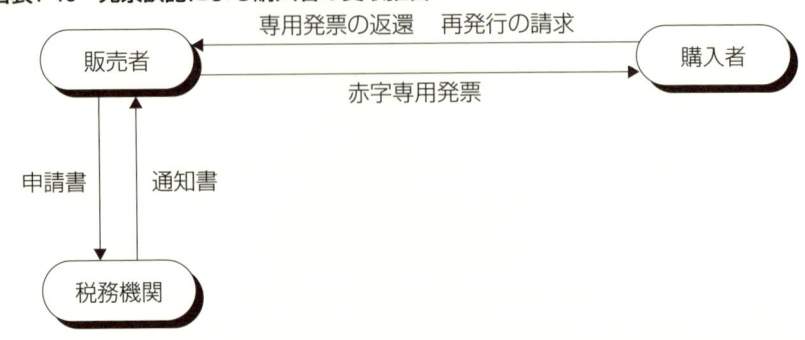

```
                  専用発票の返還　再発行の請求
     ┌─────┐ ←──────────────────── ┌─────┐
     │ 販売者 │                                │ 購入者 │
     └─────┘ ──────────────────→ └─────┘
         ↑↓        赤字専用発票
   申請書 │ │ 通知書
         │ │
     ┌─────┐
     │税務機関│
     └─────┘
```

　すなわち，価格交渉で合意できなかった場合は，発行した発票に誤記があり購入者が発票の受取を拒否した場合に該当するが，販売者が認証期限内に赤字専用発票の発行申請を行う必要があり，販売者が認証期限内に合意しない限り赤字専用発票の発行はできないことになる。

2．発票誤記による未交付

　発行した発票に誤りがある等の原因により専用発票を購入者に交付していない場合は，販売者は誤りのある専用発票を発行した翌月内に主管税務機関で申請書を記載し，かつ申請書上に具体的な原因と相対応する青字専用発票の情報を記載し，同時に販売者が作成した具体的な理由，誤謬の具体的な項目と正確な内容を明記した書面による資料を提出して，主管税務機関は審査確認した後に通知書を発行する。販売者は通知書を根拠として赤字専用発票を発行する。

　販売者は専用発票の認証期間内に主管税務機関で申請書を提出
　販売者が専用発票を購入者に交付していない場合にも同一手続

2）　購入者の赤字発行申請

赤字発行の時期と内容

認証前の赤字発行　　購入者が購入した貨物が増値税税額の控除項目範囲
　　　　　　　　　　に属さないで，取得した専用発票が認証を受けてい
　　　　　　　　　　ない場合
認証不能の赤字発行　専用発票の控除綴り，発票綴りが認証できない場合
認証不合格の赤字発行　認証を受けた結果が「納税者識別番号が認証不一

図表1-11 専用発票の発行後の売上返品，売上値引，発票の誤記

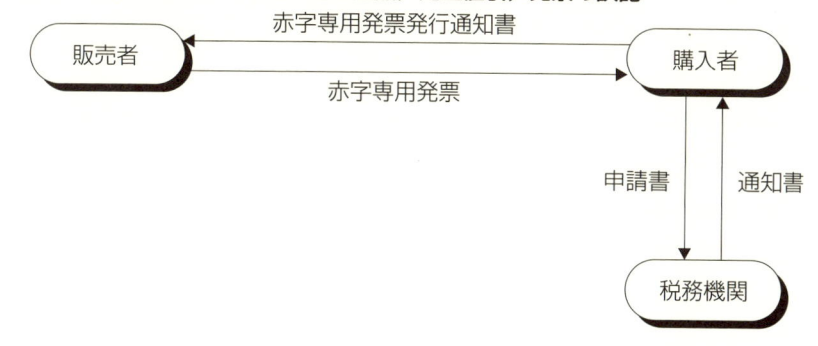

```
                  赤字専用発票発行通知書
   ┌─────┐  ←─────────────────  ┌─────┐
   │ 販売者 │                           │ 購入者 │
   └─────┘  ─────────────────→  └─────┘
                  赤字専用発票                │  ↑
                                          申請書│  │通知書
                                              ↓  │
                                           ┌─────┐
                                           │税務機関│
                                           └─────┘
```

　　　　　　　　　　　　　　致」，「専用発票のコード，番号の認証不一致」である場合

認証一致の赤字発行　　　認証を受けた結果が「認証一致」でありかつ増値税の仕入税額をすでに控除していた場合　→　仕入税額控除の取消処理が必要

　一般納税者が専用発票を取得した後に，売上返品，発行した発票に誤記がある等の状況が発生したが廃棄条件に該当しない場合，または売上の一部返品による売上値引が発生した場合は，購入者は主管税務機関で「赤字増値税専用発票発行申請書」（申請書）を記載する。「申請書」に対応する青字専用発票は税務機関の認証を受けたものでなければならない。

　購入者による赤字発票の発行申請には，売上返品，発票誤記，売上値引が含まれているが，売上商品の品質不良による賠償金の支払いについても，購入者による赤字発票の処理が行われる。企業が貨物を販売した後に，購入者に品質賠償金を支払った場合は，実質的に売上値引に属するものであり，購入者がその税務機関に赤字増値税専用発票申請書を記載して届け出て，販売者が購入者の提供した赤字発行通知書に基づいて，税額控除偽造防止システム上では売上のマイナスとして赤字専用発票を発行しなければならない。

　合理的な損耗または非正常損失の発生は，当初の専用発票の廃棄処理による専用発票の再発行または赤字専用発票の発行申請の範囲に属するものではない

ため，専用発票の発行は必要とされない。ただし，販売者の責任で非正常損失が構成された場合は，購入者と協議して売上返品または売上値引の処理が行われる。

棚卸資産を仕入れたときに棚卸資産の実際入庫数量と専用発票の数量が一致していなかった場合には，その貨物の受入時の発票誤記または売上返品，売上値引等によるものであれば，購入者が赤字専用発票発行申請書をその税務機関に提出して赤字専用発票発行通知書を取得して，販売者がその通知書に基づいて赤字専用発票を発行する。

なお，売上返品または売上値引が発生した場合は，下記により処理を行うほかに，販売者は赤字専用発票を発行した後に，その取引に相対応する記帳証憑の写しを主管税務機関に提出して届出しなければならない。

1．認証前の赤字発行

購入者が購入した貨物が増値税税額の控除項目範囲に属さないで，取得した専用発票が認証を受けていない場合は，購入者が申請書を記載し，かつ申請書上に具体的原因と相対応する青字専用発票の情報を記載して，主管税務機関が審査した後に通知書を発行する。購入者は仕入税額振替の処理を行わない。

2．認証不能の赤字発行

専用発票の控除綴り，発票綴りが認証できない場合は，購入者が「赤字増値税専用発票発行申請書」を記載し，かつ申請書上で具体的な原因と相対応する青字専用発票の情報を記載して，主管税務機関が審査した後に「赤字増値税専用発票発行通知書」（通知書）を発行する。購入者は仕入税額振替の処理を行わない。

3．認証一致の赤字発行

認証を受けた結果が「認証一致」でありかつ増値税の仕入税額をすでに控除していた場合は，一般納税者は申請書を記載する時に対応する青字専用発票の情報を記載しない。

購入者は，「通知書」に記載された増値税税額を，暫定的に当期仕入税額から未控除の増値税仕入税額の当期に計上可能な仕入税額に振り替えなければならず，販売者が発行する赤字専用発票を取得した後に，保存した「通知書」と一緒にして記帳証憑とする。これは青字専用発票で仕入税額控除が行われてい

るので，赤字発行通知書で仕入税額控除の振戻処理を行い，その記帳証憑として赤字発行の「通知書」と赤字専用発票を保管するものである。

専用発票発行後180日以内に購入者が認証手続を行って認証一致となった専用発票について，発行後180日を超えた時に税務機関の調査で専用発票の誤記が発見された場合には，この認証一致の赤字発効が認められる。

4．認証不合格の赤字発行

認証を受けた結果が「納税者識別番号が認証不一致」，「専用発票のコード，番号の認証不一致」である場合は，一般納税者は申請書に記載する時に，相対応する青字専用発票の情報を記載する。なお，当初の認証を受けた結果が「納税者識別番号が認証不一致」，「専用発票のコード，番号の認証不一致」であった場合で，一般納税者が「申請書」に記載する時に，相対応する青字専用発票の情報を記載した場合には，当初の青字専用発票が税務処理されていないため，「通知書」に記載された増値税税額による仕入税額の振戻処理は行う必要がない。

5．申請書と通知書

「申請書」は一式2連綴りで，第1綴りは購入者が保存し，第2綴りは購入者の主管税務機関が保存する。「申請書」は一般納税者の財務専用印を押印しなければならない。主管税務機関は一般納税者が記載する「申請書」に対して審査を行った後に，「赤字増値税専用発票発行通知書」（通知書）を交付する。「通知書」は「申請書」と一対でなければならない。

「通知書」は一式3連綴りで，第1綴りは購入者の主管税務機関が保存し，第2綴りは購入者が交付した販売者が保存し，第3綴りは購入者が保存する。「通知書」は主管税務機関印を押印しなければならない。「通知書」は月別に製本し，かつ専用発票の保管管理規定を比較参照する。

販売者は購入者が提供した「通知書」を根拠として赤字専用発票を発行し，偽造防止システムの中で売上をマイナスで発行する。赤字専用発票は「通知書」と一対でなければならない。

⑥ 発票認証と赤字発票

1) 赤字発票

　増値税専用発票の規定では，当初の専用発票が廃棄処理条件を満たさないで廃棄処理できない場合でも，購入者側が税務機関の認証を受けて，専用発票が認証不能となるか，納税者識別番号の認証不一致，専用発票のコードまたは発票番号の認証不一致のいずれかに該当する場合には，税務機関は当初の専用発票を購入者に返還して，購入者は販売者に専用発票の再発行を要求することができると規定している。

　しかし，当初の専用発票を廃棄処理できないまま，新たに専用発票を再発行することは専用発票の二重発行となり，実際にはこのような場合には専用発票の再発行はできないことになる。専用発票の二重発行を避けるためには，赤字専用発票の発行申請が取るべき方法である。

　しかしながら，現行の専用発票の規定では，下記のとおり，認証前の赤字発行，認証不能の赤字発行，認証一致の赤字発行の3通りの場合にのみ赤字発行が認められており，これらの3つの条件を満たさない場合には，赤字発行そのものが認められない制度となっている。

> 1．認証前の赤字発行
> 　　購入者が購入した貨物が増値税税額の控除項目範囲に属さないで，取得した専用発票が認証を受けていない場合
> 2．認証不能の赤字発行
> 　　専用発票の控除綴り，発票綴りが認証できない場合
> 3．認証一致の赤字発行
> 　　認証を受けた結果が認証一致である場合

　したがって，1．増値税の仕入税額控除の範囲に該当するが認証期間内に認証を受けなかった場合，2．認証を受けた結果が納税者識別番号，専用発票の番号，コードの認証不一致の場合には，赤字専用発票の発行申請は認められない。

　増値税の専用発票は，その発行日から180日間の認証期間内に認証が行われない場合には，その専用発票は仕入税額控除ができない。例えば，貨物の販売

者と購入者との間で，最後まで価格交渉が難航して価格が合意されないまま，最終消費者との納入期限の関係から，取り敢えず，貨物の受け渡しと概算価格による代金の支払いが行われたケースを想定する。

販売者は概算価格による増値税の専用発票を一旦発行して購入者に引き渡すが，購入者は最終合意価格による専用発票の再発行を要求して，概算価格による専用発票の受け取りを拒否したとする。最終価格交渉が長引いている内に180日の認証期間が経過した場合には，概算価格を修正するための赤字専用発票を発行できなくなる。

このようなケースは，発行した専用発票に誤記があり，購入者が専用発票の受け取りを拒否した場合に該当するものとされている。現行の増値税専用発票の規定では，販売者は専用発票の「認証期間内」にその税務機関で申請書を記載して，申請書上に具体的な理由と対応する青字専用発票の情報を記載し，同時に購入者が作成した受取拒否の理由，誤記の具体的な項目と正確な内容を明記した書面による資料を税務機関に提供して，その税務機関が審査した後に販売者に赤字発行通知書を発行する手続となっている。

このように増値税の専用発票が発行された後に，価格問題等で売買当事者が合意に至らず，購入者がその受取を拒否して販売者が専用発票の再発行を拒絶した場合は，購入者が仕入税額控除をできないまま180日の認証期間を超えたならば，認証そのものができず，また，赤字専用発票の発行申請も行うことができないため，仕入税額控除を行うための解決方法がない。

なお，180日の認証期間内に購入者によって認証手続が行われて認証不能となった場合には，専用発票の再発行が認められるが，廃棄条件を満たさないため当初の専用発票の廃棄処分は認められないため，専用発票の再発行は実効性がないものと考えられる。

例えば，販売者が増値税専用発票を購入者に引き渡した後に，購入者が認証時に専用発票の暗号区の発票番号と発票に明記された番号が一致していなかったため認証不能となった場合で，販売者に専用発票を返却したが，その時期が180日の認証期間を超えている場合には，購入者は販売者に専用発票を返却して再発行することを要求することができ，販売者は専用発票を再発行することができるが，その認証期間を超えている場合には，当初の専用発票は廃棄処分

できない。

　このように現行の専用発票の規定は，当初の専用発票の廃棄処分ができなくなった場合に，赤字専用発票の発行をより容易に行えるように改善すべきであると思われる。

　例えば，地方政府の規定であるが，当初の専用発票が廃棄処分できなかった場合には，次の範囲で赤字専用発票の発行を税務機関に要求することができるものとした。

　購入者が専用発票を取得した後に，売上返品，発票の誤記等が発生した場合で廃棄条件に該当しない場合，および販売者が数回にわたり増値税を納税し，納税した発票が当月に廃棄処理できなかった場合，または販売貨物の一部に返品が発生した場合と売上値引が発生した場合には，税務機関に赤字専用発票の発行を申請することができる。

　2)　市価下落による赤字専用発票の発行

　市場価格が下落した等の原因によって，納税者に発生した売上値引または値引行為については，納税者が貨物を販売しかつ購入者に増値税専用発票を発行した後に，購入者が一定期間内に貨物を購入した累計が一定数量に達した場合，または市場価格が下落した等の原因により，販売者が購入者に相応の価格優遇または補償等の値引，値引を与えた場合には，販売者は現行の「増値税専用発票使用規定」の関係規定により赤字増値税専用発票を発行することができるとされている。

　3)　逆鞘利益返還行為

　上記の取引事例として，商業企業が貨物供給業者から受け取る利益返還収入について，商業企業は利益返還収入を受け取ったときに専用発票を発行するのではなく，貨物供給業者が赤字専用発票を発行して，商業企業がその赤字専用発票を根拠として当期の増値税仕入税額と相殺し，同時に当期の販売原価と相殺すべきである。

　なお，利益返還収入とは，商品の販売数量，販売金額と一定の割合，一定の金額，数量計算によって返還される各種の収入であり，逆鞘利益返還行為の関係規定により増値税の仕入税額と相殺すべきものとされている。これに対して，商品販売数量，販売金額と必然的な関係がなく，かつ商業企業が貨物供給

業者に一定の役務を提供することによる収入については，増値税ではなく，営業税の課税対象とされている。例えば，入場費，広告販売促進費，棚揃え費，展示費，管理費等は，逆鞘利益返還収入ではなく，営業税の課税役務として営業税の課税項目となる。

　逆鞘利益返還行為とは，生産企業が商業企業にその商業企業が得意先または消費者に販売する価格以上で商品を販売する取引をいい，中国固有の商業慣習である。

　すなわち，商業企業はその販売価格または販売価格を超える金額で生産企業から商品を購入し，仕入価格が販売価格と同額かまたは仕入価格が販売価格より高い金額で仕入するため，その仕入販売取引だけを見ると商業企業は当然のことながら赤字になる。その代償として生産企業は利益を商業企業に別途返還する形で，商業企業の商品売買差額と利益相当額を補填する。このような逆鞘取引は，中国では現在でも通常の取引活動として増加する傾向にある。

　逆鞘取引では，生産企業が商業企業に利益を返還する方法には幾種類かの方法があり，最も一般的な方法としては赤字と利益の相当部分を別途，金銭で支払う方法がある。このほかに商品等の現物で利益を返還する方法，また生産企業が商業企業に投資（出資）する方法等もある。

　しかし，このような逆鞘取引の中には，利益返還方法として商品現物を贈与の形で支給する方法があり，また類似の商品を売買してその売買取引では増値税の専用発票を発行しないで会計帳簿にも記録しない脱税，租税回避目的で行なわれるものもあるようである。

⑦　専用発票の紛失
1)　発票綴りと控除綴りを認証前に紛失した場合
　紛失前に認証を受けていない場合は，購入者は販売者の提供した相応する専用発票の記帳綴りの写しを根拠として，主管税務機関で認証を行い，認証一致した専用発票の記帳綴りの写しと販売者所在地の主管税務機関の発行した「増値税専用発票紛失報告証明書」を根拠として，購入者の主管税務機関で審査同意を受けた後に，増値税仕入税額の控除証憑とすることができる。

2) 発票綴りと控除綴りを認証一致後に紛失した場合

一般納税者が発行した専用発票の発票綴りと控除綴りを紛失した場合で，紛失前に認証一致していた場合には，購入者は販売者の提供した相応する専用発票の記帳綴りの写しと販売者の所在地の主管税務機関が発行した「増値税専用発票紛失報告証明書」を根拠として，購入者の主管税務機関の審査同意を受けた後に，増値税仕入税額の控除証憑とすることができる。

3) 控除綴りを認証前に紛失した場合

紛失前に認証を受けていない場合は，専用発票の発票綴りを使用して主管税務機関で認証することができ，専用発票の発票綴りの写しを調査用に保存することができる。

4) 控除綴りを認証一致後に紛失した場合

一般納税者がすでに発行した専用発票の控除綴りを紛失した場合で，紛失前に認証一致していた場合には，専用発票の発票綴りの写しを調査用として保存することができる。

5) 発票綴りを紛失した場合

一般納税者がすでに発行した発票の発票綴りを紛失した場合は，専用発票控除綴りを記帳証憑とすることができ，専用発票控除綴りの写しを調査用に保存することができる。

6) 控除綴りの代用

専用発票の控除綴りで認証できない場合は，専用発票の発票綴りを主管税務機関の認証に使用することができる。専用発票の発票綴りの写しを調査用に保存する。

図表1-12 発票の保管者と認証に必要な発票の綴り

販売者	購入者
記帳綴り（売上と売上税の記帳証憑）	発票綴り（仕入と仕入税の記帳証憑） 控除綴り（仕入税額の認証と保存用）
発票綴りと控除綴りを認証前に紛失	記帳綴りの写しで認証を受ける。 増値税専用発票紛失報告証明書

発票綴りと控除綴りを認証一致後に紛失	記帳綴りの写し 増値税専用発票紛失報告証明書
控除綴りを認証前に紛失	発票綴りで認証を受ける。 発票綴りの写しを調査用に保存
控除綴りを認証一致後に紛失した場合	発票綴りの写しを調査用に保存

⑧ 虚偽発行と小規模納税者

1) 専用発票の虚偽発行

　増値税の専用発票については，商取引の展開によって思わぬ結果をもたらすことがある。その一つに専用発票の虚偽発行の問題がある。例えば，価格交渉が難航した取引事例の場合では，当初発行した専用発票は購入者が受け取りを拒否して販売者に返却されたが，認証期間が経過してしまったので赤字専用発票を発行することができない。

　この場合には，販売者は当初の専用発票の税務報告を行うことにより売上税を納税しているが，購入者はその専用発票の認証を受けなかったので永久に仕入税額控除を受けることができない。したがって，販売者と購入者で協議して，止むを得ず，もう一つ同じ専用発票を発行してその認証期間内に二つの合計した取引金額をまとめて修正する赤字専用発票を発行することとした。このような税務処理を行うことによって，どのような結果になるかを検討する。

　増値税の関係規定では，貨物の売買取引が存在しないかまたは増値税の加工役務の提供取引が存在しないにもかかわらず，他人のために，または自己のために，増値税専用発票を発行する行為は，増値税専用発票の虚偽発行の行為に該当して，法により処罰される。

　上記の例示のように，当初の専用発票と同じ専用発票を発行する行為は取引事実が存在しないで専用発票を虚偽発行する行為に該当するため，販売者側と購入者側の両方が法により処罰されると同時に，租税徴収管理法により，購入者の行為は仕入税額控除を行うことによってこれを脱税とみなされて，控除した税金の追徴と脱税金額の5倍以下の罰金等が課される。

　中国の増値税実務は，専用発票によって仕入税額控除ができるため，虚偽の専用発票が数多く発行され，虚偽の専用発票の売買取引等も横行していることから，専用発票の虚偽発行に対して厳しい刑罰と追徴と罰金が課されている。

日本の消費税とはまったく異なる処罰の法規があり，専用発票の取り扱いには十分な留意が必要である。

2) 小規模納税者と専用発票

増値税暫定条例第21条では，小規模納税者は増値税専用発票を発行することができないが，小規模納税者にとっては，購入者が仕入税額控除できないため専用発票を発行できない小規模納税者を取引から除外する等の不利な状況があるため，税務所が小規模納税者のために専用発票を代理発行する制度が確立されている。

増値税の小規模納税者が専用発票を発行する必要がある場合は，主管税務機関に代理発行を申請することができる。税務機関は小規模納税者のために専用発票を代理発行して赤字専用発票を発行する必要がある場合は，一般納税者の赤字専用発票を発行する処理方法を比較参照して，通知書第2連綴りを代理発行した税務機関に交付する。

主管税務機関が小規模納税者（小規模納税者の中の企業的な単位およびその他の小規模納税者を含む）のために専用発票を代理発行するときは，専用発票の「単価」欄と「金額」欄にそれぞれ増値税額を含まない単価と販売額を記入しなければならない。「税率」欄に増値税の課税率の3％を記入しなければならない。「税額」欄に販売額別の課税率により計算した増値税税額を記入する。増値税の一般納税者が税務機関の代理発行した専用発票を取得した後は，専用発票上で記入した税額を仕入税額とする。主管税務機関が小規模納税者のために専用発票を代理発行するときは，代理発行した専用発票上に明記された税額により増値税を課税する。

(4) 営業税の発票

① 普通発票と専業発票

1) 発票種類の簡素化と様式の統一

次頁の表のように，営業税の発票には次の種類がある。普通発票は専業発票，専用発票，運輸発票以外の一般に使用される営業税の発票である。

専業発票とは，国有の金融，保険企業の預金貸付，為替，振込の証憑，国有の郵政，電気通信企業の郵便切手，郵便，電話交換，電報の証憑，国有の鉄

道，民間航空企業と運輸部門の国有の道路，水上運送企業の旅客切符，貨物切符をいう。上記の単位が非国有単位と個人に請け負い，リースして国有と民間の形式で経営または採用して使用する専業発票，および上記の単位のその他の発票は，全国統一監督制定印は，税務機関が統一管理するものとされている。

営業税の普通発票と専業発票は全国で統一したものが使用されていない。次頁の表に記載した専業発票は中国で使用されている発票の例示を示したものであり，各地方によって発票の名称，規格，様式，発行方法等は異なっている。

2009年に，国家税務総局は「全国普通発票の票種の簡素化と統一様式の業務実施方案」を発表して，下記のとおり，営業税の普通発票と専業発票について発票の種類の簡素化と様式の統一化を行うことを決定した。

図表1-13　営業税の発票

	中発票の種類	発行者	備　考
営業税	一般普通発票	営業税の納税者	一般の発票
	専業発票	商業小売統一発票，商業卸売統一発票，工業企業製品販売統一発票，機動車販売統一発票，二輪車販売統一発票，保険業専用発票，運輸業統一発票，建設業統一発票，不動産販売統一発票，銀行代理費用回収業務専用発票，通関代理業専用発票等	特定業種
	専用発票	広告費用精算証票	特定目的発票
	運輸専用精算証票（運輸発票）	運輸業者（運輸業者は３％の営業税納税）	７％の税額控除

2) 全国普通発票の票種の簡素化と統一様式の業務実施方案

普通発票の簡素化と様式の統一化の必要性については，発票で税源を押さえることが租税徴収管理上の重要項目であるとし，普通発票は種類も多く手書きの発票も割合が高く税金の徴収管理が困難となっている。虚偽の発票が発生する余地が多い。普通発票の種類が多いことは納税者にとっても不便である。発

票の様式を統一化すれば，税源の監督管理に有効であり，発票の情報管理も実現するとしている。

実施方案の制定趣旨は，普通発票（専業発票を含む）の管理を強化し規範化して，租税情報化の発展要求に適応させるため，「発票種類の簡素化，様式の統一化，プラットホームの確立，インターネットによる発行」を目標として，営業税の全国における普通発票（営業税の専業発票を含み，増値税普通発票を含まない）の種類の簡素化と様式の統一化を図るものである。

実施方案の基本的な流れは，発票で税源を監督管理できるようになったら，次に，税金管理の情報化に移行する予定となっている。税源の監督管理の原則は，発票の種類を簡素化し様式を統一することであり，プリンタによる印刷を強化し手書きを制限し，普通発票の汎用性と適用性を高めることにある。

簡素化の具体的な方法については，次のように規定している。発票の記載と発行の方法には，汎用プリンタ発票，汎用手書発票，汎用定額発票の3種類となる。

1．汎用プリンタ発票

汎用プリンタ発票は水平出力式発票と巻紙式発票に分かれる。汎用プリンタ発票の基本は3枚綴りで，控え綴り（存根聯），発票（発票聯），記帳（記帳聯），各地方で実際の状況に応じて綴りを増減する。

税務総局は，全国統一様式の普通発票の規格と発票発行ソフトを発布したが，その他の発票については各地方又は業種主管部門（協会）で，発票発行ソフトを開発する。例えば，保険業専用発票（生命保険発票を含む），銀行業代理費用回収専用発票，国際貨物運輸代理業専用発票，通関代理業専用発票等である。

巻紙式発票にはタクシー発票がある。

2．汎用手書発票

手書発票には千元版と百元版の2種類がある。手書発票の基本は3枚綴りで，控え綴り（存根聯），発票（発票聯），記帳（記帳聯）である。

3．汎用定額発票

定額発票には，1元，2元，5元，10元，20元，50元，100元の7種類の額面金額がある。定額発票の綴りは並列2綴りであり，控え綴り（存根聯），発

票（発票聯）である。懸賞金付発票は並列3綴りであり，控え綴り（存根聯），発票（発票聯），賞金引換綴り（兌奨聯）である。

3) 発票の簡素化と統一化の具体的スケジュール

2009年に，国家税務総局は「全国統一様式発票の引継問題に関する通知」を公布して，専業発票の統一化に向けて，現行の発票のうち暫定的に旧様式を保留する発票と，簡素化と統一化を進める発票を区分して，廃止する発票については2010年12月31日まで使用することができるが，2011年1月1日から新版の統一汎用発票を使用するものとした。

この税務通知では，保険業専用発票，保険仲介サービス統一発票，国際貨物運輸代理業専用発票，国際航空旅客運輸専用発票，国際海運業運輸専用発票，国際海運業船舶代理専用発票，鉄道旅客食堂車定額発票，銀行代理費用回収業務専用発票，通関代理業専用発票および中国太平洋生命保険株式有限会社，中国生命保険株式有限会社等の7社の生命保険を冠した発票と全国統一様式発票の票種をどのように引き継ぐかの問題について，次のとおり明確にした。

1．暫定的に現行発票が継続的に使用される発票

現行税制と特殊業種の管理の必要性を保証するため，旧統一様式の票種の中で暫定的に7種類を留保する，すなわち，発票引換証票，機動車販売統一発票，二輪車販売統一発票，道路国内河川貨物運輸統一発票（自己発行，代理発行），建設業統一発票（自己発行，代理発行），不動産販売統一発票（自己発行，代理発行），電子航空運輸旅客チケットについては，現行の発票が今後も使用される。

2．簡便化が必要な票種と使用開始する新版発票規格

実施方案の規定に基づいて，上記暫定的に留保が必要な票種を除いて，その他の票種は廃止して，汎用発票を統一使用する。

1　税務機関代理発行発票は，実施方案の関係規定により汎用水平プリンター方式発票を採用する。

2　保険業発票（保険仲介サービス発票を含む）は，汎用水平プリンター方式発票を採用する。

3　国際貨物運輸代理業発票，国際海運業船舶代理発票，国際海運業発

票は，汎用水平プリンタ方式発票を採用する。
4　国際航空旅客運輸専用発票，電子航空運輸旅客チケットは実施管理に入れる。
5　鉄道旅客食堂車定額発票は汎用定額発票を採用する。
6　銀行代理費用回収業務発票は，汎用水平プリンタ方式発票または巻紙発票を採用する。
7　通関代理業発票は，汎用水平プリンタ方式発票を採用する。

② 運輸専用発票
1) 運輸発票

2003年11月1日から貨物運輸業者に対する課税管理と運輸専用発票の新しい制度が実施された。国家税務総局は「貨物運輸業租税徴収管理に関する通知」を公布して，新たに「貨物運輸業営業税課税管理試行弁法」，「運輸発票増値税控除管理試行弁法」等の関係法規を整備した。これらの関係規定によれば，中華人民共和国国内において公共道路，内国河川の貨物運輸役務を提供する単位と個人は営業税の交通運輸業の納税義務者である。

貨物運輸業者は，運輸収入に対して交通運輸業の税率3％を乗じた営業税を納税するが，顧客に対しては増値税の貨物運輸業発票（運輸発票，運輸費用精算証票）を発行することができる。

運輸業者の顧客である増値税の一般納税義務者は，その運輸発票を取得して

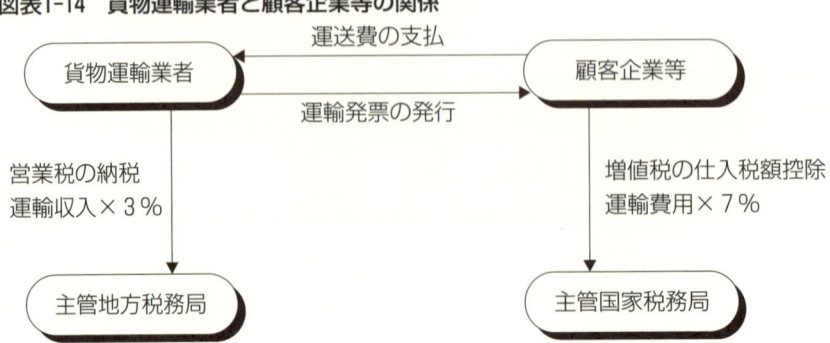

図表1-14　貨物運輸業者と顧客企業等の関係

```
                    運送費の支払
   ┌─────────┐ ←──────────── ┌─────────┐
   │貨物運輸業者│                │顧客企業等│
   └─────────┘ ────────────→ └─────────┘
        │          運輸発票の発行         │
        │                                │
 営業税の納税                      増値税の仕入税額控除
 運輸収入×3％                      運輸費用×7％
        ↓                                ↓
   ┌─────────┐                ┌─────────┐
   │主管地方税務局│                │主管国家税務局│
   └─────────┘                └─────────┘
```

自らの増値税の納税申告において運輸費用の7％に相当する税額を増値税の仕入税額として控除することができる制度である。

ここで営業税の納税義務者である貨物運輸業者とは，中国国内において公共道路，国内河川の貨物運輸役務を提供する単位（法人等）と個人（個人工商業者その他の貨物運輸業を経営する個人を含む）である。国内河川には，内海と近海の貨物運輸も含まれる。貨物運輸役務には，鉄道運輸，航空運輸，パイプライン運輸，海洋運輸，道路運輸，国内河川運輸がある。

2) 運輸発票の発行者

1．自社発行納税義務者

「貨物運輸業営業税課税管理試行弁法」によれば，貨物運輸業の営業税納税義務者は，所定の認定手続を受けることによって運輸発票を発行することができる。運輸発票を発行する営業税納税義務者には，自社発行納税義務者と代理発行納税義務者がある。

自社発行納税義務者とは，下記の所定の条件に適合する貨物運輸業者であり，主管の地方税務局に貨物運輸業発票の購入と発行を申請する納税義務者である。

1	交渉行政管理部門が発行した営業許可証，地方税務局が発行した税務登記証，交通管理部門が発行した道路運輸経営許可証，水路運輸許可証を所有すること
2	年間貨物役務提供金額が20万元以上（新設企業を除く）
3	固定的な事務の場所，例えば，賃貸事務所，賃貸期間は1年以上必須
4	銀行で決済口座を開設していること
5	運輸手段を自己装備しており，貨物運輸役務を提供すること
6	帳簿設置が整備され，発票管理弁法の規定により発票の保管，使用とその他の証憑等の資料を妥当に処理し，財務会計制度と税務局の要求により営業収入，営業原価，税金，営業利益を正確に計算し，規定により主管税務機関に各種税金を正常に申告納税できること

自社発行納税義務者には個人，受注者，借手，受託者は含まれないものとされている。貨物運輸に従事する請負人，経営請負リースの借手，名義借人と個

人運輸業者は自社発行納税義務者になることはできない。

　鉄道運輸，パイプライン運輸，国際海洋運輸の業務，荷卸搬送運輸と公共道路，国内河川の顧客運輸業務の納税者は自社発行納税義務者の資格認定は必要がなく，貨物運輸業発票リストの提出も必要とされない。

2．物流単位

　自己装備の車両を利用して運輸役務を提供するとともにその他の役務も同時に提供する単位は，自社発行納税義務者の条件に該当する場合は，自社発行納税義務者として認定することができる。その他の役務とは，運輸貨物に対して選別，整理，包装，倉庫保管，荷卸搬送等の役務を行うことをいう。

　自社発行する物流役務単位は，物流業務を展開する場合には，その収入の性質別に分別計算しなければならず，運輸役務を提供して取得する運輸収入は「交通運輸業」の税目で営業税を課税し，貨物運輸業発票を発行する。その他役務を提供して取得する収入は，「サービス業」の税目で営業税を課税し，サービス業発票を発行する。規定どおりにその課税収入を分別計算しない場合は，一律にサービス業の税目で営業税を課税する。

3．代理発行納税義務者

　代理発行納税義務者とは，地方税務局または省級の地方税務局の認可を受けた仲介機構に運輸発票の代理発行を委託する納税義務者である。

　代理発行単位が，代理発行物流役務単位のために代理発行するときも，上述の物流会社の原則により発票を代理発行する。

3）営業税の課税標準

　自社発行納税義務者に対して，営業税の課税は帳簿審査徴収課税方式が実行されている。自社発行納税義務者が発行する運輸発票に明記されている運輸費用とその他の価額外費用に対して，一律に交通運輸業の3％で営業税が課税される。同時に，営業税額の7％の都市擁護建設税，営業税額の3％の教育費附加も課税される。

　なお，自社発行納税義務者が下請業者等を利用して連合運輸業務を行った場合は，その貨物所有者から受け取った運送費およびその他の価額外費用からその他の連合運輸協力業者に支払った運送費を控除した残額を営業額として営業税を計算し徴収課税するものとされている。

代理発行納税義務者に対しては定期定額徴収課税方式が実施され，貨物運輸業発票を代理発行するときに，代理発行発票金額の3％で営業税が課税され，同時に，営業税額の7％の都市擁護建設税，営業税額の3％の教育費附加が課税され，代理発行発票金額の3.3％の予納所得税も課税される。予納所得税は年度末時に精算される。ただし，代理発行納税義務者に推定課税企業所得税法弁法が実行されている場合は，年度末の精算は行われない。

地方税務局または仲介機構が運輸発票を代理発行するときは，代理発行する運輸発票に明記されている運送費とその他の価格外費用により即時に営業税，所得税および附加費用を徴収課税し，年度終了時に定期定額業者に対して次の方法で精算が行われている。

1. 発票発行金額が定額より大きい場合は，発票発行金額を課税金額の根拠とし，翌年度に査定する定期定額の根拠とする。定期定額どおり税額が納付されていれば，期別に徴収された定期定額の税金を納税者に還付するか，または翌期の税額から控除する。
2. 発票発行金額が定額より小さい場合は，定額の金額により税額を徴収課税する。定期定額どおり税額が納付されていれば，発票を代理発行するときに徴収課税した税金の金額を納税者に還付するか，または翌期の税額から控除する。

4) 運輸発票による仕入税額控除

1．運輸発票の取得

増値税の一般納税者は運輸発票を取得することにより仕入税額控除を行うことができるが，運輸発票の取得とは次に該当する場合をいうものとされている。

1　納税者が貨物を外部購入し運輸費用を支払って，運輸費用精算発票を取得すること。
2　納税者が課税貨物を販売して運輸費用を支払って，運輸費用精算発票を取得すること。なお，運輸費用精算発票に含まれる立替運送費は運輸費用に含まれないが，立替運送費とは，課税貨物の購入者宛に発行

された運輸発票で，その運輸発票が購入者に渡されている部分の運送費をいう。

2．税額控除が認められる運輸発票
仕入税額控除が認められる運輸発票は次のものに限られている。

1 貨物運輸業者が運輸役務を提供して自社発行した運輸発票
2 貨物運輸業者の主管の地方税務局が貨物運輸業者または個人のために代理発行した運輸発票
3 省級地方税務局が認可した仲介機構が貨物運輸業者または個人のために代理発行した運輸発票

したがって，上記2と3以外の者が貨物運輸業者または個人のために代理発行した運輸発票は仕入税額控除が認められない。

3．運輸発票の税額控除条件
国家税務総局は，仕入税額控除が認められる運輸発票の条件には次のものがあるとしている。

1 運輸発票の合法性
　　増値税の一般納税者が貨物を外部購入した場合と貨物を販売した場合に運輸費用を支払って，控除が認められる運輸費用精算証憑（普通発票）とは，国営鉄道，民間航空，道路運輸と水上運輸の単位が発行する貨物発票，および貨物運輸に従事する非国有の運輸単位が発行する全国統一発票監督制定印が押印された貨物発票をいう。仕入税額控除の計算が認められる貨物運輸発票の種類には，増値税一般納税者が取得する貨物運輸定額発票は含まれない。
2 運輸発票に明記された控除項目の規定適合性
　　控除が認められる貨物運輸費用とは，運輸単位が発行した貨物発票に明記された運送費，建設基金をいい，運送費に付随して支払う荷造費，保険費等のその他の雑費は含まない。
3 貨物購入発票との整合性
　　貨物運輸発票の内容は貨物購入発票の内容と整合性があり一致して

いなければならない。仕入税額控除計算が認められる貨物運輸発票は，その貨物発送人，貨物受取人，発送地，到着地，運送方法，貨物種類，貨物数量，運輸単位，運送金額等の項目記載が必ず整合していなければならず，貨物購入発票上に列記した関係項目は必ず一致しなければならず，そうでない場合には控除が認められない。
4　運輸費用価格の合理性
　　納税者が貨物を購入，販売して支払う運輸費用が著しく高い場合には，審査を受けて合理的ではない場合には，控除が認められない。

5）　仕入税額控除の申告

　増値税の一般納税者は運輸発票で仕入税額控除を行う場合は，運輸発票の他に増値税運輸発票税額控除リストを提出しなければならない。この増値税運輸発票控除リストは書類と電子データの両方を提出または伝送する必要があり，このリストを提出できない場合または内容が不完全な場合には，運輸発票による仕入税額控除は認められないこととなっている。

　増値税運輸発票税額控除リストには，運輸役務別に，運輸発票の番号，発行日，貨物運輸業者の名称と納税者番号，運輸業者の主管税務局の名称と番号，運輸費用金額，仕入税額控除が認められる運輸費用金額，税額控除計算された仕入税額が記載され，仕入税額控除が認められる運輸費用金額に7％を乗じて仕入税額控除計算した仕入税額が計算されるようになっている。なお，このリストの仕入税額と通常の増値税申告資料における該当の仕入税額の照合が行われる。

　仕入税額控除の申告期限については，運輸発票の発行日から180日以内に主管の国家税務局に仕入税額控除を申告しなければならず，180日を超えた場合には仕入税額控除は認められない。

6）　国際運輸役務の免税

　2010年4月に，財政部と国家税務総局は，「国際運輸役務営業税免税に関する通知」を公布して，下記の国際運輸役務については，2010年1月1日から営業税を免税とした。

> 1　国内において積載運輸した旅客または貨物を出国させること
> 2　国外において積載運輸した旅客または貨物を入国させること
> 3　国外において発生した旅客または貨物を積載運輸する行為

　この免税通知は2010年1月1日から執行し，2010年1月1日からこの通知文書が到達した日までに課税した免税を認めるべき営業税の税額は納税者がその後に納付すべき営業税の税額から控除するかまたは税金還付を認めた。

(5) 農産品の専用発票

① 農産品の買付け

1) 農業生産者

　増値税暫定条例では，農業生産者が販売する自作農産品について増値税が免税とされている。一般の貨物販売に対しては17％の税率で増値税が課税されるが，農業支援のために農業生産者が自ら生産した農産品を直接販売する取引に対しては増値税が免除されている。

　農業生産者が販売する自作農産品とは，植物の植栽と収穫，動物の飼育と捕獲に直接従事する単位と個人が自作した初級農産品をいう。外部から購入した農産品を外部に販売する取引は，その商品が農産品に属するものであっても農業生産者の自作農産品の販売には該当しないため増値税の免税対象にはならない。免税農産品となるには二つの条件を満たす必要がある。一つは農業生産者が自ら生産した初級農産品であることと，二つは農業生産者がその農産品を自ら販売することである。

　農業生産者が免税農産品を販売した場合に，その販売取引に対して増値税が免税とされるが，この免税農産品を買い付ける側の企業の税務処理について，増値税暫定条例では，増値税の一般納税者（買付企業等）が免税農産品を購入したときには，その購入価格に13％の控除率を乗じた金額を増値税の仕入税額とすることが規定されている。

　例えば，農業生産者が免税農産品を100で買付企業に販売した場合には，買付企業は100の買付代金を農業生産者に支払い，100に13％の控除率を乗じた13を仕入税額とする。農業生産者は増値税を課税されていないが，農産品を買い

付けた企業は，100の買付代金のうち13を仕入増値税とし，残りの87を農産品の仕入価格として計上することになる。

　増値税の税務では，原則として，売上増値税から税額控除できる仕入増値税については増値税専用発票を入手しなければならない。増値税の基本原則として，仕入の増値税専用発票がない場合には仕入税額控除が認められず，中国では発票がなければ仕入計上そのものが認められなくなる。しかし，農業生産者の免税農産品を買い付ける場合には，この増値税専用発票の入手は必ずしも税務処理の要件とはされていない。増値税暫定条例実施細則第19条では，専用発票の代わりに，農産品買付発票と農産品販売発票が仕入税額控除証憑とされている。

　増値税の原則的な処理では，増値税の一般納税者は売上税額から控除が認められる仕入税額については，販売者から取得する増値税専用発票上に明記された増値税額を限度額として仕入税額控除が認められている。しかし，農産品を買い付ける時には零細な農業生産者から小額で購入することが多く，農業生産者そのものが免税事業者であるため，農業生産者が増値税の専用発票を発行することはありえない。

2) 穀物供給企業の増値税専用発票

　国有の穀物買付企業は，農業生産者に代って増値税の専用発票を発行することができる。しかも，国有穀物買付企業が販売する穀物に対しては増値税が免税とされている。国有穀物供給企業は農業生産者から初級農産品（穀物）を購入する時に増値税が免税とされるだけではなく，国有穀物供給企業がその穀物を増値税の一般納税者に販売する時にも増値税が免税とされている。

　例えば，国有穀物供給企業から100元で穀物を購入する企業は，その増値税専用発票に記載された穀物価格100元に13％の控除率を乗じて13元の仕入税額控除を行うことができる。国有穀物供給企業は，穀物を免税で販売でき増値税専用発票を発行できる特権を持った免税企業であり，中国語の名称は国有糧食収購販売企業という。糧食とは，主食の総称であり，小麦，米穀，高粱，大豆等の穀物を指す。

② **免税農産品の買付証憑**

1) **買付証憑**

　農業生産者は一般的に零細事業主であり販売金額も小額な免税事業者であるため，増値税の専用発票または普通発票でさえも発行することはない。このような実情を反映して，国家税務総局は1995年に地方の国家税務局が各地の実情にあった免税農産品の買付証憑（買付発票）に関する規定を公布するよう定めた。これを受けて，各地方政府の国家税務局では，農産品の買付証憑の発行，使用，保管，監督管理に関する暫定規則または通知を公布して各地でそれぞれ実施している。

　この買付証憑は，増値税発票管理弁法と同様に，各地方政府の国家税務局が買付証憑を統一的に印刷して免税農産品の買付者に支給し，その発行，使用，保管，監督管理を行うものである。買付証憑とは，増値税の一般納税者である買付者が免税農産品の買付けを行うときに，その販売者である農業生産者から増値税の専用発票または普通発票を取得できない場合に限って自ら発行し使用することができる。

　買付証憑を発行し使用する買付者は，通常は農産品の買付業者，農産品の加工生産企業等であり，農業生産者から免税農産品を購入する企業はすべて買付者として買付証憑を使用することができるが，各地方の国家税務局に登記し届け出する必要がある。

　買付者はその地方政府の国家税務局から買付証憑綴りを購入して，自ら買付証憑に必要事項を記載して発行し，増値税の仕入税額控除証憑として使用することができる。買付証憑は基本的に4連綴りであり，一枚目は買付者が自社用に保管し，2枚目は買付者の記帳証憑となり，3枚目は買付者の仕入税額控除証憑として使用し，4枚目は免税農産品の販売者である農業生産者に渡すものである。

　すなわち，買付証憑は免税農産品を購入した買付者（増値税の一般納税者）が，農業生産者から増値税の専用発票や普通発票を取得できないときに，自ら買付証憑を作成して農業生産者に発行するとともに，自分で仕入税額控除するための税額控除証憑である。

　買付証憑の管理弁法は各地方政府単位でその地域の実情に合わせて制定され

ているため，各地方によってその発行管理監督制度が異なっている。例えば，2003年に雲南省で公布された農産品増値税控除証憑に関する税務通知では次のように規定されている。

　増値税の仕入税額控除の有効証憑は，増値税専用発票と税関の増値税代理納付証憑のほかに，煙草買付発票，農産品買付統一発票，農産品販売専用発票，普通発票がある。税関の増値税代理納付証憑とは，貨物を輸入したときに税関に納付した増値税を証明する納税証憑であり，増値税専用発票と同じ類のものである。

　雲南省の増値税一般納税者は，雲南省の範囲内においては農産品を購入した時は煙草買付発票，農産品買付統一発票を作成するか，または農産品販売専用発票を取得しなければならない。一般納税者が買付証憑を発行する対象は，免税農産品を販売する農業生産者と農産品を経営する小規模納税者である。買付証憑を渡す相手は，農業生産者と小規模納税者に限定されている。

　これとは逆に，雲南省の農業生産者が一般納税者に免税農産品を販売する場合と農産品を経営する小規模納税者が一般納税者に農産品を販売する場合には，農産品販売専用発票が発行される。農産品販売専用発票を発行できない時は，その購入者である一般納税者が農産品買付統一発票を自ら発行することができる。

　このように各地のさまざまな状況に応じて，仕入税額控除証憑の優先順位として，増値税の専用発票，普通発票，煙草買付発票，農産品買付統一発票，農産品販売専用発票の順で仕入税額控除のための証憑の使用が定められている。

2）買付証憑の税務問題

　買付証憑（買付発票）については様々な税務問題が発生している。例えば，買付証憑は農業生産者から免税農産品を買い付けた時に，買付者が自ら作成し使用するものであるが，零細な農業生産者からの買付けではなく，買付専門の仲介業者から大量に買い付けた場合にも，自ら買付証憑を作成して仕入税額控除を行っている事例がある。買付仲介業者は免税事業者ではないため，買付仲介業者の販売取引から増値税の課税取引となるが，この取引をも免税取引として処理する結果となっている。

　また，買付仲介業者が農業生産者から100元で買い付けて加工生産企業に100

元で販売したとすれば，買付仲介業者は実際には100元－87元＝13元の利益を計上し，資金も13元が残ることになる。しかし，売上税額は100元×13％＝13元で販売先から代金と合わせて113元を入金するため，売上税額と仕入税額は同額の13元となるため増値税の納税額は発生しない。これは増値税の免税システムそのものの問題点でもあり，買付仲介業者は免税事業者ではないが実質的に免税が行われる結果となっている。

このほかにも，買付証憑を使用する企業が税務登記を行わないで，勝手に買付証憑を使用してもこれを調査する税務局員が少ないため実質的に管理できない状況があり，虚偽の買付証憑の使用等の税務問題が多発しているようである。

現在，各地方の国家税務局がこのような税務問題を解決するために，買付証憑を増値税発票と同じ管理レベルに強化すること，買付証憑の金額欄から大量買付けのための高額な10万元を廃止して，零細農業生産者用の1万元以下の小額の金額欄にすること，大量発行できないように発行枚数の発行限度管理等の改善措置が各地で試行錯誤的に行われている。

(6) 2008年の流通税改革

① 流通税の改正

2008年11月5日に，国務院の第34会常務会議で旧流通税の改正案が通過決議され，新たな増値税，営業税，消費税の暫定条例が制定されて2008年11月10日に国務院令として公布され，12月15日にはその実施細則がそれぞれ改定されて財政部，国家税務総局令として公布された。いずれも2009年1月1日から施行されている。

> 1．中華人民共和国増値税暫定条例
> 　　2008年11月10日　国務院令第134号
> 　　中華人民共和国増値税暫定条例実施細則
> 　　2008年12月15日　財政部，国家税務総局令第50号令
> 2．中華人民共和国営業税暫定条例
> 　　2008年11月10日　国務院令第540号

中華人民共和国営業税暫定条例実施細則
2008年12月15日　財政部，国家税務総局令第52号令
3．中華人民共和国消費税暫定条例
2008年11月10日　国務院令第539号
中華人民共和国消費税暫定条例実施細則
2008年12月15日　財政部，国家税務総局令第51号令

② 増値税の改正
1) 固定資産の仕入税額控除

旧法では，購入した固定資産の仕入税額は売上税額から控除することができないものとされていたが，新法ではこの条項が削除されることになり，固定資産の仕入税額の控除が認められた。

ただし，税額控除が認められる固定資産の範囲には制限がかけられ，使用期間が12ヶ月を超える機器，機械，運輸工具とその他の生産経営と関係する設備，工具，器具等とされ，営業税の課税対象である土地，建物等の不動産について仕入税額控除は認められていない。

2) 増値税と営業税の混合販売行為と兼営

増値税の課税行為である貨物の販売と，営業税の課税役務が関係することを混合販売行為といい，旧法では混合販売行為においては増値税か営業税のいずれかで課税することとされていたが，新法では，より合理的な課税を行うため，貨物の販売と建設業役務の混合販売においては区分計算を行い，それぞれ増値税と営業税を課税するものとした。

また，増値税の課税行為と営業税の課税行為を兼営する場合に，旧法では，納税者が区分計算しない場合または正確に区分計算できない場合には，国家税務局がその販売額または営業額を査定するものとしていたが，二重課税の問題が発生していたため，増値税については国家税務局が営業税については地方税務局がそれぞれ査定し，二重課税が発生しないよう改善された。

3) 免税農業品の控除率

増値税が免税される農産品を購入した場合は，旧法では，免税農産品の買値に10％の控除率を乗じた金額を仕入税額として控除していたが，新法では，農

産品買付発票または販売発票上に明記された農産品の買値と13％の控除率により計算した仕入税額を控除できるものとされた。なお，13％の控除率増値税専用発票または税関輸入増値税専用納付書を取得した場合には通常の仕入税額の計算を行うものとされた。

4) 小規模納税者の税率

小規模納税者の納付税額は，その販売額に課税率を乗じたものであるが，旧法の課税率は，工業6％，商業4％とされていたが，新法では3％に軽減された。

5) 輸入設備免税規定の廃止

旧法では，来料加工，部品輸入組立（来件装配）と補償貿易に必要な輸入設備についてのいわゆる委託加工の輸入設備の免税規定があったが，新法では，固定資産の仕入税額控除が認められたことに対応して輸入設備の増値税の免税は必要なくなったため，委託加工の輸入設備の免税規定に限らず，外国投資企業の投資総額の範囲内による輸入設備の免税規定等の輸入増値税の免税規定はそのほとんどが廃止された。

図表1-15　輸入設備免税政策

No	輸入設備免税政策の種類	備　考
1	外国投資企業の投資総額範囲内の輸入設備	2009年1月1日から輸入増値税は課税輸入関税は免税継続経過措置
2	外国投資企業の既存設備更新の輸入設備	
3	外国投資研究開発センターの輸入設備	
4	加工貿易の無価格輸入設備	2008年11月までにプロジェクト確認書を取得し2009年6月までに輸入通関したものは，関税と増値税の免税を継続
5	外国政府借款と国際金融組織借款の輸入設備	
6	ソフトウェア企業の輸入設備	
7	集積電子回路企業の輸入設備	
8	都市軌道交通プロジェクトの輸入設備	
9	中西部地区外国投資優勢産業プロジェクト輸入設備	増値税免税継続措置中西部地区優勢産業国家発展奨励内外投資
10	国家発展奨励国内外資投資プロジェクトの輸入設備	
11	その他	

③ 営業税の改正
1) 国内取引の課税範囲拡大

旧法では，中国国内において営業税の課税役務を提供する者，無形資産を譲渡する者，不動産を販売する者が営業税の納税義務者とされていたが，新法では，営業税の課税役務の提供者または引受者が中国国内に所在する場合に，中国国内役務として営業税を課税することに変更された。営業税の中国国内役務の定義は，旧法の役務発生地の原則から新法の収入源泉地の原則に変更された。

財政部と国家税務総局は，この定義変更について次のようにコメントした。役務発生地の原則は，例えば，中国国外機構が中国国内のために建設設計，コンサルタント等を提供する場合のように一定の役務について国内で発生したかどうかを区分することが困難であり，同時に，中国の租税主権を保証し，国際的なその他の国家の国内役務についての区分原則を参照して，国内役務決定の原則を役務が国内において発生することから役務の提供者または引受者が国内に所在することに修正した。

この新たな国内役務の区分原則によれば，役務の発生地に関係なく，役務の提供者かまたは引受者のいずれかが中国国内に所在する場合に営業税が課税されることになり，営業税の課税範囲は大幅に拡大された。

2) 増値税と営業税の混合販売行為と兼営

増値税の箇所で説明した内容と同じである。

3) 合法有効証憑

新たに合法有効証憑が規定され，国内取引における発票，国外取引における署名入り領収書等が正式な領収書となった。

④ 消費税の改正
1) 課税消費品と課税方法の変更

一部の課税消費品の品目と税率を調整し，金銀首飾りの小売段階での課税を開始し，課税方法に複合課税方法を採用し，航空燃料油等に計量換算基準を導入した。

2) 増値税の改正に伴なう変更

消費税の納税者は同時に増値税の納税者であるため,増値税の納税義務の発生時期,外貨の人民元換算方法,価額外費用等の規定を増値税に合わせて修正した。

2　増値税の概要

(1) 納税者と課税項目

① 増値税の納税者

中国国内において貨物を販売し,または加工,修理整備の役務を提供し,および貨物を輸入する単位と個人が,増値税の納税者となる。

ここで単位とは,企業,行政単位,事業単位,軍事単位,社会団体とその他の単位をいい,個人とは個人事業主とその他の個人をいう。単位がその他の単位または個人に経営をリースするかまたは請け負わせる場合は,賃貸人または請負人を納税者とする。

中国国内において貨物を販売し,または加工,修理整備の役務を提供するとは,次のものをいう。

1．貨物を販売する発送地または所在地が国内にあること。
2．提供する課税役務が国内で発生すること。

このように貨物の発送地または所在地,役務提供地が中国国内である場合に増値税の納税義務が発生する。増値税の納税義務は発生地主義によっている。

貨物とは,有形動産をいい,電力,熱力,気体を含むので,貨物の販売者以外に電気,ガス,水道等の供給業者も増値税の納税者となる。

増値税でいう加工とは,貨物の加工を受託すること,すなわち委託者が原料と主要材料を提供し,受託者が委託者の要求により,貨物を製造することにより加工費を受け取る取引をいう。また,修理整備とは,損傷した貨物と機能を喪失した貨物に対して修復を行うことを受託することをいい,その原状と機能を回復させる取引をいう。

このように増値税の課税項目には，貨物の販売と加工修理整備による役務提供があり，後者の加工修理整備とは主に生産に関係する課税役務であり営業税の課税役務であるサービスとは性格を異にするものである。
　増値税の課税項目である貨物の販売とは，貨物の所有権を有償譲渡することをいう。ただし，貨物の所有権の有償譲渡以外の取引であっても後述するみなし貨物販売行為に該当するものであれば，増値税の課税項目となる。加工，修理整備の役務の提供も，有償で課税役務を提供することをいう。
　ただし，雇用関係による有償の役務提供は増値税の課税役務にはならない。例えば，単位または個人事業主が招聘雇用した工員がその単位または雇用主のために加工，修理整備の役務を提供することは含まれない。有償とは，購入者から貨幣，貨物またはその他の経済利益を取得することをいう。

図表1-16　増値税の納税者

課税項目	取引の発生地	納税者
貨物の販売	貨物の発送地／所在地が中国国内	単位 個人 経営リース賃貸人 経営リース請負人
加工，修理整備役務	役務提供地が中国国内	
貨物の輸入	輸入地が中国国内	

② みなし販売行為

　増値税の課税行為である貨物の販売は，貨物の所有権を有償で譲渡することが前提となっているが，下記のように有償譲渡以外の取引についても増値税の課税販売がある。単位または個人事業主の下記の行為は，貨物の販売とみなして増値税が課税される。

> 1．貨物をその他の単位または個人に引き渡して代理販売させること。
> 2．代理販売貨物を販売すること。
> 3．二つ以上の機構を設立し，かつ統一計算を実行する納税者は，貨物を一つの機構からその他の機構に移送して販売に使用すること，ただし，関係する機構が同一県（市）に設立されている場合を除く。
> 4．自社生産または委託加工の貨物を増値税非課税項目に使用すること。

5. 自社生産，委託加工の貨物を集団福利または個人消費に使用すること。
6. 自社生産，委託加工または購入した貨物を投資として，その他の単位または個人事業主に提供すること。
7. 自社生産，委託加工または購入した貨物を株主または出資者に分配すること。
8. 自社生産，委託加工または購入した貨物をその他の単位または個人に無償贈与すること。

1) 貨物の有償販売

貨物の販売とは，貨物の所有権を有償譲渡することである。

図表1-17 有償譲渡の例示

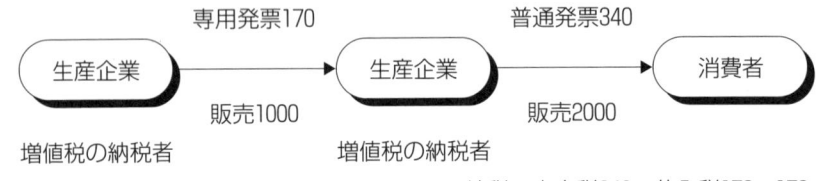

```
                専用発票170              普通発票340
  ┌──────┐              ┌──────┐              ┌──────┐
  │生産企業│─────────────→│生産企業│─────────────→│消費者 │
  └──────┘              └──────┘              └──────┘
                販売1000                販売2000
  増値税の納税者         増値税の納税者
                                納税＝売上税340－仕入税170＝170
```

貨物の有償譲渡以外の課税取引には，貨物のみなし販売がある。

2) 委託販売貨物の引渡と販売

1. 販売方式による代理販売

図表1-18

```
                売買                    売買
  ┌──────┐              ┌──────┐              ┌──────┐
  │委託企業│─────────────→│受託企業│─────────────→│消費者 │
  └──────┘              └──────┘              └──────┘
                専用発票                普通発票
  増値税の納税者         増値税の納税者
```

2．手数料方式による代理販売
図表1-19

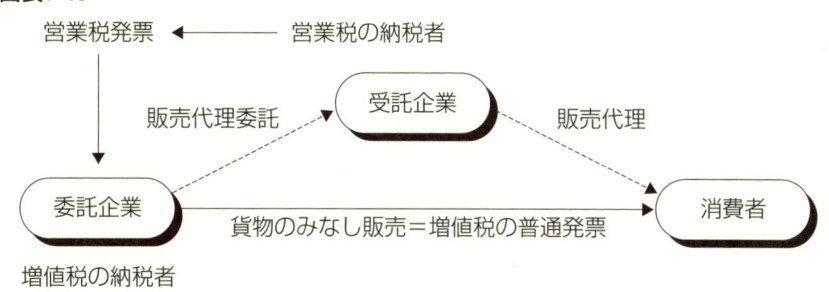

```
     営業税発票 ◀────── 営業税の納税者
         │
         ▼        販売代理委託          販売代理
      委託企業 ------------→ 受託企業 ------------→ 消費者
         └──────貨物のみなし販売＝増値税の普通発票──────▶
    増値税の納税者
```

　みなし販売行為の中の委託販売におけるみなし販売は，委託代理販売において，委託者から受託者に貨物を引き渡す時点と受託者が貨物を第三者に販売する時に貨物の販売とみなして増値税を課税するものである。委託代理販売には貨物を売買する販売方式と手数料を授受する手数料方式があり，貨物の売買を行わないで代理手数料のみを授受する手数料方式においても委託者から受託者に貨物が移動する時と受託者から顧客に貨物が販売される時に増値税が課税されることになる。

3）社内機構間取引

　増値税の納税単位に機構が二つ以上ある場合には，一つの機構から他の機構に貨物を移送して販売に使用する時は，みなし販売として増値税が課税される。ただし，同一の県または市内に機構が存在する場合は，みなし販売とはみなされない。県または市を跨って社内機構間で貨物が移送された時にみなし販売となる。

図表1-20　社内機構間取引の例示

```
          専用発票              普通発票
  本社機構 ────────▶ 分公司 ────────▶ 消費者
         ◀──代金回収──     ◀──代金回収──
  増値税の納税者     増値税の納税者
```

図表1-21 社内機構間取引に該当しない場合

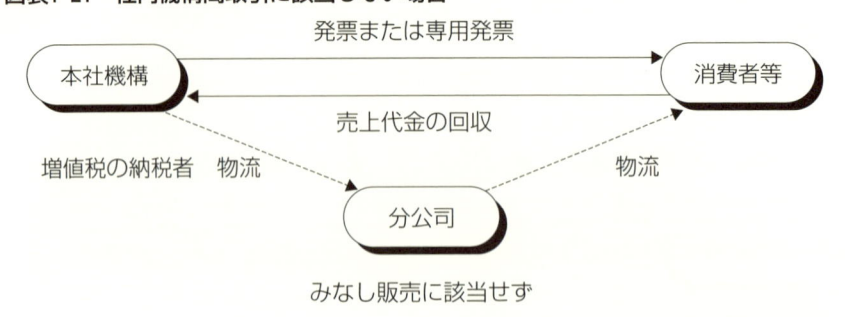

```
                    発票または専用発票
    ┌─────────┐ ──────────────────→ ┌─────────┐
    │ 本社機構 │                      │ 消費者等 │
    └─────────┘ ←────────────────── └─────────┘
                      売上代金の回収
  増値税の納税者  物流                    物流
              ╲                      ╱
               ╲    ┌─────────┐    ╱
                ╲── │  分公司  │ ──╱
                    └─────────┘
                  みなし販売に該当せず
```

　社内機構間取引については,「企業所属機構間の移送貨物の増値税課税問題に関する通知」があり,下記のとおり,貨物を受け入れる機構が,購入者に増値税の発票を発行しているかまたは購入者から代金を回収しているかのいずれかの行為があった場合には,みなし販売として増値税を課税するものとしている。これとは反対に,増値税の発票を発行もしていなければ,または貨物代金も回収していない場合には,みなし販売行為に該当しないものとしている。

　企業の所属機構間の移送貨物の統一計算を実行する時には,移送貨物を受け入れる機構（貨物受入機構）の経営活動が販売に属するものとして当地で納税すべき否かについて,各地域の執行は不統一である。検討の結果,ここに次のとおり明確にする。

　貨物の販売行為とみなすとは,貨物受入機構に次の状況の一つが発生する経営行為をいう。

1. 物品購入者に発票（増値税専用伝票）を発行する。
2. 貨物購入者から代金を受け取る。

　貨物受入機構の貨物移送行為に上述した二つの状況のいずれか一つがある場合には,所在地の税務機関に増値税を納税しなければならない。上述した二つの状況がまだ発生していない場合には,本部機構が増値税を統一納税しなければならない。

　貨物受入機構が一部の物品について貨物購入者に発票を発行するかまたは代金を受け取るだけの場合には,異なる状況に区分して計算し,かつ本部機構所

在地または支店機構所在地のそれぞれで税金を納税しなければならない。

4) 増値税非課税項目

自社生産または委託加工の貨物を増値税非課税項目に使用した場合には，みなし販売行為として増値税が課税される。増値税の非課税項目とは，営業税の課税項目である。営業税の課税項目には，交通運輸業，建設業，金融保険業，郵便電話通信業，文化体育業，娯楽業，サービス業の課税役務と，無形資産の譲渡と不動産の販売がある。

自社生産した貨物または委託加工した貨物を，営業税の課税役務に使用した場合，無形資産の譲渡または不動産の販売に使用した場合には，みなし販売行為として増値税が課税される。

5) 集団福利と個人消費

自社生産した貨物，委託加工した貨物を集団福利または個人消費に使用した場合にも，みなし販売行為として増値税が課税される。

6) 投資行為

自社生産した貨物，委託加工した貨物または購入した貨物を投資として，その他の単位または個人事業主に提供した場合も，みなし販売行為として増値税が課税される。

7) 配当行為

自社生産した貨物，委託加工した貨物または購入した貨物を株主または出資者に分配した場合には，みなし販売行為として増値税が課税される。

8) 無償贈与

自社生産した貨物，委託加工した貨物または購入した貨物をその他の単位または個人に無償贈与した場合には，みなし販売行為として増値税が課税される。

(2) 混合販売と兼営

① 混合販売

一つの販売行為が貨物に関係するとともに増値税非課税役務すなわち営業税課税役務にも関係する場合は，混合販売行為とする。増値税非課税役務すなわち営業税課税役務とは，営業税を納付すべき交通運輸業，建設業，金融保険

業，郵便電話通信業，文化体育業，娯楽業，サービス業の税目課税範囲に属する役務をいう。

増値税の納税者の下記の混合販売行為は，貨物の販売額と増値税非課税役務の営業額を区分計算しなければならず，かつその販売貨物の販売額に基づいて増値税を計算納付し，増値税非課税役務の営業額は増値税を納税しないで，営業税を納税する。

営業税の納税者の下記の混合販売行為は，課税役務の営業額と貨物の販売額を区分計算しなければならず，その課税役務の営業額は営業税を納税し，貨物の販売額は営業税を納税しないで増値税を納税する。

1. 自社生産貨物を販売しかつ同時に建設業役務を提供する行為
2. 財政部，国家税務総局が定めるその他の場合

納税者が区分計算しない場合は，増値税の主管税務機関すなわち国家税務局がその貨物の販売額を査定し，営業税の主管税務機関すなわち地方税務局が営業税の課税役務の営業額を査定する。

上記の混合販売行為に該当しない場合は，貨物の生産，卸売または小売に従事する企業，企業性単位と個人事業主の混合販売行為については，貨物の販売とみなし，増値税を納税する。その他の単位と個人の混合販売行為は，増値税非課税役務すなわち営業税の課税役務とみなし，営業税を納税する。

貨物の生産，卸売または小売に従事する企業，企業性単位と個人事業主とは，貨物の生産，卸売または小売に従事することを主とし，かつ増値税非課税役務すなわち営業課税役務を兼営する単位と個人事業主をこれに含む。

② 兼営
1) 増値税課税項目の兼営

増値税の納税者が異なる税率の貨物または課税役務を兼営する場合は，異なる税率または課税役務の販売額を区分計算しなければならない。販売額を区分計算しない場合は，高い税率から適用する。

2) 増値税非課税項目の兼営

増値税の納税者が増値税非課税項目を兼営する場合は，貨物または課税役務

の販売額と増値税非課税項目の営業額を区分計算する。納税者が区分計算しない場合は，主管税務機関である国家税務局が貨物または課税役務の販売額を査定する。

営業税の納税者が営業税の課税行為と貨物または営業税非課税役務（加工，修理整備役務）を兼営する場合は，課税行為の営業額と貨物または営業税非課税役務の販売額を区分計算し，その課税行為の営業額は営業税を納税し，貨物または非課税役務の販売額は増値税を納税する。納税者が区分計算しない場合は，主管税務機関である地方税務局が営業税の課税行為の営業額を査定する。

3) 混合販売と兼営の関係

上記の関係法規によれば，建設業との混合販売については増値税の販売額と営業税の営業額を区分計算してそれぞれ増値税と営業税を納税しなければならない。建設業以外の混合販売については，現時点では特に財政部，国家税務総局から関係規定が発布されていないため，区分計算すべき混合販売は存在しない。

図表1-22 混合販売行為の判定

貨物の販売が営業税の課税役務と関係しているか？
- NO / YES
- 建設業との混合販売行為か？
  - NO / YES → 増値税と営業税の納税
- 兼営しているか？
  - NO / YES → 増値税と営業税の納税
- 貨物の生産、卸売、小売を主たる事業としているか？
  - YES → 増値税の納税
  - NO → 営業税の納税

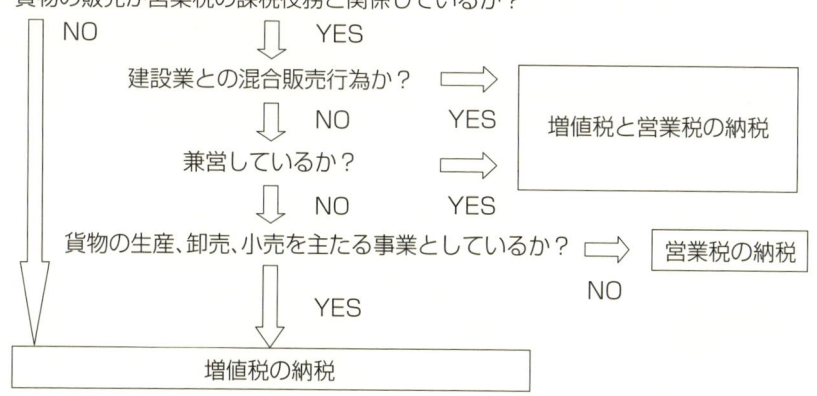

したがって，建設業以外の混合販売については，貨物の生産，卸売または小売に従事することを主たる事業とする単位または個人事業主で，増値税の非課税役務を兼営するものは，増値税の販売額と営業税の営業額を区分してそれぞれ増値税と営業税を納税しなければならない。

その他の単位または個人事業主で，営業税の課税行為と増値税の課税行為を兼営するものは，営業税の営業額と増値税の販売額を区分してそれぞれ営業税と増値税を納税しなければならない。兼営する納税者が区分計算しない場合は，増値税の販売額は国家税務局が，営業税の営業額は地方税務局がそれぞれ査定する。

建設業以外の混合販売で兼営を行わない納税者については，貨物の生産，卸売または小売に従事することを主たる事業とする単位または個人事業主は課税行為を貨物の販売とみなして増値税を納税し，その他の単位と個人事業主は課税行為を営業税の課税役務とみなして営業税を納税しなければならない。

(3) 一般納税者と小規模納税者

① 一般納税者と小規模納税者

増値税の納税者は，一般納税者と小規模納税者に区分され，それぞれ増値税の税額計算の方法が異なっている。一般納税者とは小規模納税者以外の納税者をいう。

図表1-23 一般納税者と小規模納税者

納税者の区分	区分の内容		年間課税販売額
一般納税者	小規模納税者以外の納税者		—
小規模納税者	生産者	貨物の生産または課税役務の提供に従事する納税者	50万元以下
		貨物の生産または課税役務の提供に従事することを主とし，かつ貨物の卸売または小売を兼営する納税者	
	生産者以外	上記以外の納税者	80万元以下
	その他の個人		—
	課税行為が経常的に発生しない企業が使用規模納税者を選択した場合		—

1) 小規模納税者の基準

小規模納税者の基準は次のとおりである。

> 1．貨物の生産または課税役務の提供に従事する納税者，および貨物の生産または課税役務の提供に従事することを主とし，かつ貨物の卸売または小売を兼営する納税者は，年間増値税課税販売額が50万元以下である場合
> 2．上記1．以外の納税者は，年間課税販売額が80万元以下である場合

貨物の生産または課税役務の提供に従事することを主とするとは，納税者が年間で貨物を生産または課税役務を提供する販売額の年間課税販売額に占める割合が50％以上であることをいう。

年間課税販売額が小規模納税者の基準を超えるその他の個人は，小規模納税者として納税する。課税行為が経常的に発生しない企業は小規模納税者として納税することを選択することができる。

2) 一般納税者の認定

小規模納税者以外の一般納税者は，主管税務機関に資格認定を申請しなければならない。具体的な認定方法は国務院の税務主管部門が制定するものとされている。国家税務総局が別途規定する場合を除き，納税者は一旦，一般納税者として認定された後は，小規模納税者となることはできない。

小規模納税者の会計計算が健全で，確実な税務資料を提供できる場合は，主管税務機関に資格認定を申請し，小規模納税者ではなく，一般納税者として納付税額を計算することができる。会計計算が健全とは，国家の統一的な会計制度の規定により帳簿を設置し，合法的，有効な証憑に基づいて処理できることをいう。

下記のいずれか一つの状況がある場合は，増値税税率による販売額で納付税額を計算し，仕入税額を控除することができず，増値税専用発票を使用することもできない。

> 1．一般納税者の会計計算が健全ではないこと，または正確な税務資料を提出することができないこと。

> 2．納税者の販売額が小規模納税者基準を超えて，一般納税者の認定手続の処理を申請していない場合，ただし年間課税販売額が小規模納税者基準を超えるその他の個人と課税行為が経常的に発生しない企業を除く。

3) 2009年改正に伴う経過措置

　国家税務総局が発布した「増値税一般納税者の認定に関係する問題に関する通知」では，増値税暫定条例実施細則が引き下げた小規模納税者の新基準を2009年1月1日から実施したことに伴い，税務局が増値税一般納税者の認定管理弁法を制定中であり，この弁法が発布される前は，新基準の順調な執行を保証するため，増値税の一般納税者の認定業務を次のとおり処理するものとした。

> 1．現行の増値税一般納税者認定の関係規定は従来どおり執行を継続する。
> 2．2008年の課税販売額が新基準を超えた小規模納税者が，主管税務機関で一般納税者の資格認定を申請した場合は，主管税務機関は現行規定によりこれによって一般納税者の認定手続を処理する。
> 3．2009年の課税販売額が新基準を超えた小規模納税者は，増値税暫定条例とその実施細則の関係規定により主管税務機関に一般納税者の資格認定を申請する。一般納税者の認定手続を申請処理しない場合は，販売額で増値税税率により納付税額を計算し，仕入税額を控除することはできず，増値税専用発票も使用することができない。
> 4．年間の課税販売額が新基準を超えない小規模納税者は，現行規定により主管税務機関に一般納税者の資格認定を申請することができる。

　前述したように，小規模納税者の会計計算が健全で，確実な税務資料を提供できる場合は，主管税務機関に資格認定を申請し，小規模納税者ではなく，一般納税者として納付税額を計算することができるものとされている。この規定は可能な限り，小規模納税者の弊害をなくすために一般納税者に切り替えていこうとする政策の具体化である。

② 一般納税者の資格認定

2010年2月10日に，国家税務総局は「増値税一般納税者資格認定管理弁法」を公布して，一般納税者の資格認定と認定後の資格管理を下記のように規定し，2010年3月1日から実施した。また，2010年4月7日に「『増値税一般納税者資格認定管理弁法』の若干の条項を明確にする処理意見に関する通知」を発表して，認定弁法の補足説明を行った。

1) 強制申請者

増値税の納税者は，年間課税販売額が小規模納税者の基準を超える場合は，下記の申請対象外に該当する場合を除いて，主管税務機関に一般納税者の資格認定を申請しなければならない。

年間課税販売額とは，納税者の連続して12ヶ月を超えない経営期間内における累計の課税増値税販売額をいい，免税販売額を含む。経営期間とは，納税者の存続期間内の連続した経営期間をいい，販売収入を取得していない月分を含む。

年間課税販売額には，納税申告販売額，税務調査追加査定販売額，納税評価調整販売額，税務機関代理発行発票販売額，免税販売額が含まれる。税務調査追加査定販売額と納税評価調整販売額は，税額を追加査定した申告当月の販売額を計上し，税金の属する期間の販売額は計上しないものとされている。

2) 任意申請者

年間課税販売額が小規模納税者基準を超えない納税者と新規開業の納税者は，主管税務機関に一般納税者の資格認定を申請することができる。

申請書を提出しかつ同時に下記の条件に適合する納税者については，主管税務機関はその納税者のために一般納税者の資格認定を行わなければならない。

1．固定の生産経営場所を有すること。
2．国家統一の会計制度規定に従って帳簿を設置し，合法，有効な証憑に基づいて計算することができ，確実な税務資料を提供できること。

3) 申請対象外

下記の納税者は一般納税者の資格認定を行わない。

> 1．個人工商業者以外のその他の個人
> 2．小規模納税者として納税することを選択した非企業単位
> 3．小規模納税者として納税することを選択した課税行為が経常的に発生しない企業

　その他個人とは，自然人をいい，非企業性単位とは，行政単位，事業単位，軍事単位，社会団体およびその他単位をいう。課税行為が経常的に発生しない企業とは，増値税納税者以外を指し，課税行為が経常的に発生しないとは，それが一時的に増値税課税行為を発生することをいう。

4）　資格申請地

　納税者は，その機構所在地の主管税務機関に一般納税者の資格認定を申請しなければならない。

5）　強制申請手続

　納税者が強制申請者に該当する場合は，下記の手続により一般納税者の資格認定を行う。

> 1．納税者は，申告期間終了後40営業日以内に主管税務機関に「増値税一般納税者認定申請表」を提出し，一般納税者の資格認定を申請する。
>   申告期間とは，納税者の年間課税販売額が小規模納税者基準を超えた月分（または四半期）の属する申告期間をいう。
> 2．認定機関は，主管税務機関が申請書を受理した日から20営業日以内に一般納税者の資格認定を完了し，かつ主管税務機関が「税務事項通知書」を作成して送付して納税者に告知する。
>   主管税務機関は作成する「税務事項通知書」の中でその認定申請に同意すること，一般納税者資格の認識時期を明確に告知しなければならない。
> 3．納税者が規定の期限内に一般納税者の資格認定を申請しない場合は，主管税務機関は規定の期限が終了した後20営業日以内に「税務事項通知書」を作成し送付して納税者に告知する。
>   主管税務機関は作成する「税務事項通知書」の中で，その年間課税販

売額が小規模納税者基準をすでに超えた場合は,「税務事項通知書」を受領した後10日以内に主管税務機関に「増値税一般納税者申請認定表」または「増値税一般納税者申請不認定表」を提出すること,期限を過ぎて提出しない場合は,増値税暫定条例実施細則の規定により,販売額で増値税税率により納付税額を計算し,仕入税額を控除することはできず,増値税専用発票を使用することもできないことを明確に告知しなければならない。納税者が上記資料を提出して,かつ主管税務機関の審査批准を受けるまでは主管税務機関は小規模納税者としての増値税の申告等を停止することができる。

納税者が申請対象外に該当する場合は,「税務事項通知書」を受領した後10営業日以内に主管税務機関に「増値税一般納税者不認定申請表」を提出しなければならず,認定機関の批准を受けた後は一般納税者の資格認定を行わない。認定機関は主管税務機関が申請書を受理した日から20営業日以内に批准を完了させなければならず,かつ主管税機関が「税務事項通知書」を作成し送付して,納税者に告知する。

6) 任意申請手続

納税者が任意申請者に該当する場合は,下記の手続により一般納税者の資格認定を行う。

1. 納税者は主管税務機関に申請表を記載報告し,同時に下記資料を提出する。
   ① 税務登記証の副本。
   ② 財務責任者と税務担当者の身分証明書とその写し。
   ③ 会計人員の従業資格証明書または仲介機構が署名した代理記帳の協議書とその写し。
   会計人員の従業資格証明書とは,財政部門が発行する会計従業資格証書をいう。
   ④ 経営場所の財産権証明書またはリース協議書,またはその他の場所使用許可証明書とその写し。
   ⑤ 国家税務総局の定めたその他の関係資料。

2．主管税務機関は，その場で納税者の申請資料を照合し，照合が一致しかつ申請資料が完備し記載要求に該当した場合は，その場で受理し，「文書受理返却書」を作成し，同時に関係資料の原本を納税者に返却する。

申請資料が完備しないかまたは記載要求に該当しない場合については，その場で納税者にすべての内容を補正する必要があることを告知する。

3．主管税務機関は，納税者の申請書を受理した後に，必要に応じて実地検査を行い，かつ実地検査報告書を作成する。

検査報告書は，納税者の法定代表者（責任者またはオーナー），税務検査者が共同で署名（署名押印）し確認する。

実地検査の範囲とは，実地検査を行う必要のある企業の範囲と実地検査の内容をいう。

4．認定機関は，主管税務機関が申請書を受理した日から20営業日以内に一般納税者の資格認定を完了し，かつ主管税務機関が「税務事項通知書」を作成し送付して，納税者に告知する。

7）　一般納税者の認定後の取扱い

　主管税務機関は，一般納税者の「税務登記証」副本の「資格認定」欄内に「増値税一般納税者」印章を押印する。

　納税者は，認定機関が一般納税者と認定した翌月（新規開業納税者は主管税務機関が申請書を受理した当月）から，中華人民共和国増値税暫定条例の規定により納付税額を計算し，かつ規定により増値税専用発票を購入受領し，使用する。

　国家税務総局に別途規定があるものを除き，納税者は一旦，一般納税者として認定された後は，小規模納税者となることはできない。

　新規開業納税者とは，税務登記日から30日以内に一般納税者資格認定を申請した納税者をいう。

③ **納税補導期間管理**

国家税務総局は，2010年に「増値税一般納税者資格認定管理弁法」を公布して，増値税の一般納税者の資格認定とその管理を定めるとともに，下記の条件に該当する一般納税者に対しては納税補導期間管理を実行するものとした。

1．一般納税者として新たに認定した小型商業貿易卸売企業
2．国家税務総局が定めるその他の一般納税者

この納税補導期間管理については，「増値税一般納税者納税補導期間管理弁法」が公布され，その詳細が明らかにされた。この納税補導期間管理弁法の対象となる小型商業貿易卸売企業とその他の一般納税者の範囲は次のとおりである。

1) 適用対象者

小型商業貿易卸売企業とは，登録資金が80万元以下，従業員数が10人以下の卸売企業をいう。輸出貿易のみに従事する増値税専用発票を使用する必要のない企業を除く。卸売企業は，国家統計局の発布する「国民経済業種分類」における卸売業に関係する業種区分の方法で区分する。

その他一般納税者とは，下記の状況のいずれか一つに該当する一般納税者をいう。

1．増値税の脱税額が納付税額の10％以上を占めかつ脱税額が10万元以上であること
2．輸出税金還付を詐取した場合
3．増値税控除証憑を虚偽発行した場合
4．国家税務総局が定めたその他の場合

2) 補導期間

新規に一般納税者と認定された小型商業貿易卸売企業の納税補導期間管理を実行する期間は3ヶ月とする。その他の一般納税者は納税補導期管理を実行する期間は6ヶ月とする。

補導期間の開始については，新規小型商業貿易卸売企業については，主管税務機関は「税務事項通知書」で納税者にその納税補導期間管理を実施すること

を告知し，納税補導期間は主管税務機関が「税務事項通知書」を作成した翌月から執行する。

その他の一般納税者については，主管税務機関は検査部門が「税務検査処理決定書」を作成した後40営業日以内に，「税務事項通知書」を制作して送達して納税者にその納税補導期間管理を実施することを告知し，納税補導期間は主管税務機関が「税務事項通知書」を作成した翌月から執行する。

3) 仕入税額控除

補導期間の納税者が増値税の専用発票控除綴り，税関輸入増値税専用納付書および運輸費用精算証票を取得した場合は，相互照合検査した後に，仕入税額を控除することができる。

主管税務機関は定期的に相互照合検査の結果書を受領して，「検査結果アウトプットツール」を通して発票明細データと「検査結果通知書」をアウトプットして補導期間納税者に告知する。

補導期間納税者は相互照合検査結果書に該当する増値税控除証憑の当期データに基づいて仕入税額の控除を申告し，相互照合検査結果書を受領していない増値税控除証憑は翌期の控除まで留保する。

4) 専用発票の管理

主管税務機関は補導機関の納税者に対して数量限度額制限を実行して専用発票を販売する。

1. 納税補導期間管理を実行する小型商業貿易卸売企業が専用発票を購入受領する最高発行限度額は10万元を超えることはできない。その他一般納税者の専用発票の最高発行限度額は企業の実際の経営状況に基づいて再査定しなければならない。
2. 納税補導期間の納税者の専用発票の購入受領に数量制限を実行する場合は，主管税務機関は納税者の経営状況に基づいて毎回の供給数量を査定することができるが，毎回販売する専用発票の数量は25枚を超えることはできない。

納税補導期間の納税者が購入受領する専用発票が使用完了していないで次に購入受領する場合は，主管税務機関が販売する専用発票の枚数は査定した毎回

の購入受領専用発票の枚数と未使用の専用発票の枚数の差を超えることはできない。

5) 補導期間の予納増値税

補導期間の納税者が1ヶ月内に複数回にわたり専用発票を購入受領する場合は，当月の第2回目に専用発票を購入受領するときから，前回に購入受領し手発行した専用発票の販売額の3％の増値税を予納しなければならず，増値税を予納していない場合は，主管税務機関はその者に専用発票を販売することはできない。

増値税を予納する場合は，納税者はすでに購入受領して発行した専用発票の記帳綴りを提出して，主管税務機関はその提出した専用発票の記帳綴りに基づいて予納すべき増値税を計算する。

補導期間の納税者が上述の増値税を予納する場合は，当期増値税納付税額から控除することができ，控除後の予納増値税に余裕額がある場合は，次期に専用発票を再購入受領する時に予納すべき増値税から控除することができる。

納税補導期間が終了した後に，納税者が専用発票を増加購入したことにより予納増値税に余裕額がある場合は，主管税務機関は納税補導期間終了後の最初の月内で，納税者に一括して還付する。

6) 増値税の会計処理

補導期間の納税者は「未納税金」科目の下に増設した「控除予定仕入税額」明細科目において，相互照合検査していない専用発票控除綴り，税関輸入増値税専用納付書および運輸費用精算証票（以下，増値税控除証憑と称する）に明記または計算された仕入税額を処理する。

補導期間の納税者は増値税控除証憑を取得した後に，「未納税金―控除予定仕入税額」明細科目を借方記帳し，関係科目を貸方記帳する。相互照合検査して誤りなき後に，「未納税金－未納増値税（仕入税額）」科目を借方記帳し，「未納税金－控除予定仕入税額」科目を貸方記帳する。照合を受けて控除できない仕入税額は，「未納税金－未納増値税（仕入税額）」を赤字で借方記帳し，関係科目を赤字で貸方記帳する。

(4) 税率と税額計算

① 増値税の税率

納税者が販売または輸入する貨物の基本税率は17%であり，一部の貨物については13%の低税率が適用される。納税者が輸出する貨物は0％の免税率が適用される。納税者が提供する課税役務（加工，修理整備）については基本税率17%が適用される

販売／輸入する貨物	基本税率17%または低税率13%
輸出する貨物	免税率0％
加工，修理整備役務	基本税率17%

増値税の税率とその具体的な内容については，増値税暫定条例と「一部貨物に適用する増値税の低税率と簡易方法による増値税課税政策に関する通知」により，図表1-24のような構成になる。

図表1-24 増値税の税率

区分		具体的な内容	
基本税率	17%	下記以外の販売または輸入する貨物と加工，修理整備役務	
低税率	13%	穀物，食用植物油	
		水道水，暖房スチーム，冷却ガス，熱水，ガス，石油液化ガス，天然ガス，メタンガス，住民用石炭製品	
		図書，新聞，雑誌飼料，化学肥料，農薬，農業用機械，農業用膜	
		農産品	植物栽培業，養殖業，林業，牧畜業，水産業が生産する各種の植物，動物の初級産品
		音像製品	録音テープ，映像テープ，レコード，レーザーディスクとビデオレーザーディスク
		電子出版物	デジタル方式で，コンピュータの応用プログラムを使用して，図と文章と音声と映像等の内容の情

		報を編集加工した後に記録する物理的形態を具有する磁気，光，電子等の媒体上で，コンピュータ，携帯，電子リーダー設備，電子ディスプレイ設備，デジタル音声／ビデオ放送設備，電子ゲーム機，航空誘導機器とその他の類似の機能を有する設備に組み込まれて読み取って使用する，インターフェイス機能を有して，思想を表明し，知識を普及し，文化を蓄積することに用いられる大衆的広範な媒体をいう。 ロードする形態と様式には，主に読取専用光ディスク，書込可能光ディスク（CD-R，DVD-R，HD-DVD/R と BD-R），再書込可能光ディスク（CD-RW，DVD-RW，HDDVD-RW，BD-RW，MO），フロッピーディスク（FD），ハードディスク（HD），集積回路カード（CFカード，MFカード，SMカード，NMCカード，RS-MMCカード，MSカード，SDカード，XDカード，T-Flashカード，メモリーステック）と各種のメモリーチップがある。
	ジメチルエーテル	化学分子式が CH_3OCH_3 の，常温常圧で軽微なエーテルの香りがあり，可燃性の，無毒の，腐食性のない気体
免税率	0％	輸出する貨物

　納税者が異なる税率の貨物または課税役務を兼営する場合は，異なる税率または課税役務の販売額を区分計算しなければならない。販売額を区分計算しない場合は，高い税率から適用する。

② **一般納税者の税額計算**

1) 納付税額の計算

　増値税の一般納税者が貨物を販売しまたは課税役務を提供（貨物または課税役務の販売）した場合は，納付税額は当期売上税額から当期仕入税額を控除した残額とする。納付税額の計算公式は次のとおりである。

納付税額＝当期売上税額－当期仕入税額

当期売上税額が当期仕入税額より小さく控除に不足する時は，その不足部分は翌期に繰り越して控除を継続することができる。

納税者が貨物または課税役務を販売した場合は，販売額と税率により計算した購入者から受け取る増値税額を売上税額とする。売上税額の公式は次のとおりである。

売上税額＝販売額×税率

2) 販売額と価額外費用

販売額は，納税者が貨物または課税役務を販売した購入者から受け取るすべての価額と価額外費用であるが，受け取る売上税額は含まないものとする。販売額は人民元で計算し，納税者は人民元以外の通貨で販売額を決済する場合は，人民元に換算して計算する。

価額外費用は，価額外に購入者から受け取る手続料，補助手当，基金，資金調達費，返還利益，奨励費，違約金，滞納金，期限延長支払利息，賠償金，代理回収金，立替金，包装費，包装物リース料，倉庫費，優良品質費，運輸荷卸費およびその他各種性質の価額外料金を含む。ただし，下記項目はこれに含まない。

1. 消費税を課税する消費品の加工を受託し代理回収代理納付した消費税
2. 下記の条件のすべてに適合する立替運輸費用
   1 運輸請負部門の運輸費用発票が購入者に発行された場合
   2 納税者がその発票を購入者に引き渡した場合
3. 下記の条件のすべてに適合する代理受領した政府性基金または行政事業性料金
   1 国務院または財政部が設立を批准した政府性基金，国務院または省級人民政府とその財政部門，価格主管部門が設立を批准した行政事業性料金
   2 受取時に省級以上財政部門が印刷作成した財政領収書を発行するこ

> 　と
> 3．受取金額全額を財政に上納すること
> 4．貨物を販売すると同時に保険等を代行していることにより購入者から受け取る保険料，および購入者から受け取る代理購入した購入者が納付した車輛購入設置税，車輛ナンバープレート料

3）税込販売額

一般納税者が貨物または課税役務を販売し，販売額と売上税を合算して定価とする方法を採用する場合は，下記の公式により販売額を計算する。

　　販売額＝税込販売額÷（1＋税率）

4）為替レート

納税者が人民元以外の通貨で販売額を決済する場合は，その販売額の人民元換算率は販売額が発生した当日または当月1日の人民元為替レートの仲値を選択することができる。納税者は事前にどの換算率を採用するかを決定しなければならず，決定後1年内は変更することはできない。

5）販売額の査定とみなし販売額

納税者が貨物または課税役務を販売した価格が著しく低くかつ正当な理由がない場合は，主管税務機関がその販売額を査定する。

納税者に価格が著しく低くかつ正当な理由がない場合またはみなし販売行為により販売額がない場合があるならば，下記の順序で販売額を決定する。

> 1．納税者の直近期の同一貨物の平均販売価格で決定する。
> 2．その他の納税者の直近期の同一貨物の平均販売価格で決定する。
> 3．課税構成価格で決定する。課税構成価格の公式は次のとおり。
>
> 　　課税構成価格＝原価×（1＋原価利益率）

消費税を課税する貨物に属する場合は，その課税構成価格には消費税額を加算する。公式の中の原価とは，自社生産貨物を販売する場合は実際の生産原価とし，外部購入貨物を販売する場合は実際の仕入原価とする。公式の中の原価利益率は国家税務総局が決定するものとされている。

③ 小規模納税者の税額計算

小規模納税者の貨物販売または課税役務には，販売額と課税率により納付税額を計算する簡易法を実行し，かつ仕入税額は控除できないものとされている。納付税額の計算公式は次のとおりである。

納付税額＝販売額×徴収率

上記の小規模納税者の増値税の徴収率は3％とし，課税率の調整は，国務院が決定するものとされている。

小規模納税者の販売額はその納付税額を含まない。

小規模納税者が，貨物を販売または課税役務を提供して販売額と納付税額を合算して定価とする方法を採用した場合は，下記の公式により販売額を計算する。いわゆる税込金額の場合には，次のとおり，税引販売額に換算した後に，徴収率を乗じて税額計算する。

販売額＝税込販売額÷(1＋課税率)

小規模納税者が販売貨物の返品または値引により購入者に返還した販売額は，販売貨物の返品または値引が発生した期の販売額から控除する。

④ 輸入貨物の税額計算

納税者の輸入貨物は，課税構成価格と適用税率により納付税額を計算する。

課税構成価格＝関税課税標準価格＋関税＋消費税
納付税額＝課税構成価格×税率

(5) 仕入税額控除

① 仕入税額

納税者が貨物を購入しまたは課税役務（貨物または課税役務の購入）を受け入れて支払ったまたは負担した増値税額を，仕入税額とする。下記の仕入税額は，売上税額から控除することが認められる。下記の控除が認められる項目と控除率は国務院が決定する。

1. 販売者から取得した増値税専用発票上に明記された増値税額
2. 税関から取得した税関輸入増値税専用納付書上に明記された増値税額
3. 農産品を購入した場合は，増値税専用発票または税関輸入増値税専用納付書を取得した場合を除いて，農産品買付発票または販売発票上に明記された農産品の買値と13％の控除率により計算した仕入税額。仕入税額の計算公式は次のとおりである。

    仕入税額＝買値×控除率

    買値には，納税者が農産品を購入し農産品買付発票または販売発票上に明記された価額と規定により納付する煙草葉税を含む。
4. 貨物の購入または販売および生産経営過程において運輸費用を支払った場合は，運輸費用精算証票（発票）上に明記された運輸費用金額と7％の控除率により計算した仕入税額。仕入税額の計算公式は次のとおりである。

    仕入税額＝運輸費用金額×控除率

    運輸費用金額とは，運輸費用精算証票上に明記された運輸費用（鉄道臨時管路線と鉄道専用線の運輸費用を含む），建設基金をいい，荷造費，保険料等のその他の雑費は含まない。

納税者が貨物または課税役務を購入し，取得した増値税税額控除証憑が法律，行政法規または国務院の税務主管部門の関係規定に適合しない場合は，その仕入税額は売上税額から控除することはできない。増値税税額控除証憑とは，増値税専用発票，税関輸入増値税専用納付書，農産品買付発票と農産品販売発票および運輸費用精算証票をいう。

② 控除不能仕入税額

下記項目の仕入税額は売上税額から控除することができない。

1. 増値税非課税項目，増値税免税項目，集団福利または個人消費に使用

した購入貨物または課税役務
2．非正常損失の購入貨物と関係する課税役務
3．非正常損失の仕掛品，製品で消耗した購入貨物または課税役務
4．国務院の財政部門，主管部門が定める納税者の自己使用消費品
5．上記の1から4の貨物の運輸費用と免税貨物を販売した運輸費用

　上記1．でいう増値税非課税項目とは，増値税非課税役務すなわち営業税課税役務（交通運輸業，建設業，金融保険業，郵便電話通信業，文化体育業，娯楽業，サービス業），無形資産の譲渡，不動産と建設工事中の不動産の販売をいう。

　増値税の免税項目とは，農業生産者が販売する自作農産品，避妊薬品と避妊用具，中古図書，科学研究，化学実験，講義に直接使用する輸入器具と輸入設備，外国政府，国際組織が無償援助する輸入物資と輸入設備，障害者の組織が直接輸入する障害者に供給する専用の物品，販売する自己使用済物品（その他の個人が自己使用した物品）である。

　すなわち上記1．では，営業税の課税項目，増値税の免税項目，集団福利と個人消費に使用した購入貨物と課税役務の仕入税額は税額控除できない。これらの項目は，増値税の売上項目ではなく売上税が発生しないため，仕入税額控除が認められない。

　上記の2．と3．は，正常に発生する損失以外に係る貨物の仕入税額も税額控除を認めないものとするものである。例えば，国家税務総局は，次のような趣旨の解説を行っている。

　その棚卸資産の数量の誤差が，運送途上または在庫による合理的な損耗である場合には，購入者がその税務機関でその損耗損失が合理的損耗であることの認証を受ければ，損耗原材料等の仕入税額は税額控除することができる。その損耗損失が非正常損失として認定された場合は，仕入税額控除ができないため，仕入税額から振替処理しなければならない。

　合理的な損耗または非正常損失の発生は，当初の専用発票の廃棄処理による専用発票の再発行または赤字専用発票の発行申請の範囲に属するものではないため，専用発票の発行は必要とされない。ただし，販売者の責任で非正常損失

が構成された場合は，購入者と協議して売上返品または売上値引の処理が行われる。

棚卸資産を仕入れたときに棚卸資産の実際入庫数量と専用発票の数量が一致していなかった場合には，その貨物の受入時の発票誤記または売上返品，売上値引等によるものであれば，購入者が赤字専用発票発行申請書をその税務機関に提出して赤字専用発票発行通知書を取得して，販売者がその通知書に基づいて赤字専用発票を発行する。

上記の4．は，納税者が自己使用する消費税が課税されるオートバイ，自動車，遊覧ボートについても，その仕入税額を売上税額から控除できないとするものである。

上記の5．は，これらに関係する運輸費用と免税貨物を販売する運輸費用に係る仕入税額の税額控除を認めないものである。

図表1-25　増値税と営業税の専門用語に関係する用語

用　語	内　容
増値税の課税項目	貨物の販売，加工修理整備の役務，貨物の輸入
増値税の課税役務	加工修理整備役務
営業税の課税項目	営業税の課税役務，無形資産の譲渡，不動産の販売
営業税の課税役務	交通運輸業，建設業，金融保険業，郵便電話通信業，文化体育業，娯楽業，サービス業
増値税の非課税項目	増値税の非課税役務，無形資産の譲渡，不動産等の販売
増値税の非課税役務	営業税の課税役務（交通運輸業，建設業，金融保険業，郵便電話通信業，文化体育業，娯楽業，サービス業）
不動産等の販売	不動産と建設工事中の不動産の販売
不動産	移動できない財産または移動後に性質，形状の変更をもたらす財産をいい，建設物，構築物とその他の土地附着物を含む
建設工事中の不動産	納税者が新築，改築，拡張，修繕，装飾する不動産
増値税の免税項目	農業生産者が販売する自作農産品
	避妊薬品と避妊用具

	中古図書
	科学研究，化学実験，講義に直接使用する輸入器具と輸入設備
	外国政府，国際組織が無償援助する輸入物資と輸入設備
	障害者の組織が直接輸入する障害者に供給する専用の物品
	販売する自己使用済物品（その他の個人が自己使用した物品）
個人消費	個人消費には納税者の交際接待消費を含む
非正常損失	管理不良により形成される盗難，紛失，腐敗変質の損失
自己使用消費品	納税者が自己使用する消費税を課税するオートバイ，自動車，遊覧ボートは，その仕入税額を売上税額から控除できない

　仕入税額を控除した購入貨物または課税役務に，控除不能仕入税額に該当する状況が発生した場合（免税項目，増値税非課税役務を除く）は，その購入貨物または課税役務の仕入税額は当期の仕入税額から控除しなければならない。当該仕入税額を決定できない場合は，当期の実際原価で控除すべき仕入税額を計算する。

③　固定資産仕入税額

　旧増値税暫定条例では，控除不能仕入税額には「購入した固定資産」の仕入税額が掲げられており，固定資産の仕入税額については税額控除が認められていなかったが，改正後の増値税暫定条例ではこの条項が削除されて，2009年1月1日から固定資産の仕入税額が税額控除できるようになった。

　増値税暫定条例では，増値税非課税項目，増値税免税項目，集団福利または個人消費に使用した購入貨物または課税役務は，控除不能仕入税額として税額控除できないものとされている。これは購入した貨物または役務が，営業税の課税項目（増値税非課税項目），増値税免税項目，集団福利，個人消費に使用された場合には，仕入税額に対応する売上税額が計上されないため，または自己消費されるため，仕入税額の控除が認められないとするものである。

しかしながら，固定資産の仕入税額については，次のように税額控除不能仕入税額から除外されており，仕入税額控除が認められている。

　増値税暫定条例での購入貨物には，すでに増値税課税項目（増値税免税項目は含まない）に使用した固定資産を含まず，増値税非課税項目，増値税免税項目，集団福利または個人消費に使用した固定資産も含まない。

　すなわち，増値税課税項目に使用した固定資産，増値税非課税項目（営業税課税項目），増値税免税項目，集団福利または個人消費に使用した固定資産の仕入税額は控除不能仕入税額から除外されるため，仕入税額として税額控除することが認められている。

　ここで固定資産とは，使用期間が12ヶ月を超える機器，機械，運輸工具とその他の生産経営と関係する設備，工具，器具等をいい，営業税の課税項目である不動産に係る仕入税額は税額控除が認められていない。

　不動産とは，移動できない財産または移動後に性質，形状の変更をもたらす財産をいい，建設物，構築物とその他の土地附着物を含むものであり，納税者が新築，改築，拡張，修繕，装飾する建設工事中の不動産も含むことから，不動産の建設工事に投入される固定資産に係る仕入税額は不動産の仕入税額として税額控除できない。

(6) 売上控除項目と兼営混合販売

① 売上返品，値引，割引

1) 売上返品と売上値引

　一般納税者が販売貨物の返品または値引により購入者に返還した増値税額は，販売貨物の返品または値引が発生した期の売上税額から控除しなければならない。購入貨物の返品または値引により受け取った増値税額は，購入貨物の返品または値引が発生した期の仕入税額から控除しなければならない。

　一般納税者の販売貨物または課税役務は，増値税専用発票を発行した後に，販売貨物の返品または値引が発生した場合，発票発行に誤謬が発生した場合は，国家税務総局の規定により赤字の増値税専用発票を発行しなければならない。規定により赤字の増値税専用発票を発行しない場合は，増値税額は売上税額から控除することはできない。

2) 売上割引

納税者が割引方法を採用して貨物を販売し,販売額と割引額が同一の発票上にそれぞれ明記されている場合は,割引後の販売額で増値税を課税することができる。

納税者が割引方法を採用して貨物を販売し,販売額と割引額が同一の発票上にそれぞれ明記されている場合とは,販売額と割引額が同一の発票上の「金額」欄にそれぞれ明記されていることを指し,割引後の販売額で増値税を課税することができる。同一の発票の「金額」欄に割引額が明記されていない場合で,発票の「備考」欄に割引額が明記されている場合は,割引額は販売額から減額控除することはできない。

② 混合販売と兼営の税額計算

1) 混合販売の販売額と仕入税額控除

混合販売行為が増値税を納付すべき場合は,その販売額は貨物の販売額と増値税非課税役務の営業額の合計とする。

混合販売行為が増値税を納付すべき場合は,その混合販売行為が関係する増値税非課税役務で使用する購入貨物の仕入税額は,仕入税額控除の規定に適合する場合は,売上税額から控除することが認められる。

2) 兼営の控除不能仕入税額

一般納税者が免税項目または増値税非課税役務を兼営することにより控除不能仕入税額を区分できない場合は,下記公式により控除不能仕入税額を計算する。控除不能仕入税額を金額割合で按分計算する必要がある。

控除不能仕入税額＝
当月仕入税額総額 × $\dfrac{\text{当月の免税項目販売額と増値税非課税役務営業額の合計}}{\text{当月の販売額総額と営業額総額の合計額}}$

(7) 減免税項目と課税起算点

① 免税項目

下記の項目は増値税を免除される。

1. 農業生産者が販売する自作農産品
   　農業とは，栽培業，養殖業，林業，牧畜業，水産業をいう。農業生産者には，農業生産に従事する単位と個人を含む。農産品とは，初級農産品を指し，具体的な範囲は財政部，国家税務総局が決定する。
2. 避妊薬品と避妊用具
3. 中古図書
   　中古図書とは，社会から買い付ける古書と古本をいう。
4. 科学研究，科学実験，講義に直接使用する輸入器具と輸入設備
5. 外国政府，国際組織が無償援助する輸入物資と輸入設備
6. 障害者の組織が直接輸入する障害者に供給する専用の物品
7. 販売する自己使用済物品
   　自己使用済物品とは，その他の個人が自己使用した物品をいう。

　増値税の免税項目，減税項目は国務院が規定するものとされ，いかなる地域，政府部門も免税項目，減税項目を規定してはならないものとされている。
　納税者が免税項目，減税項目を兼営する場合は，免税項目，減税項目の販売額を区分計算しなければならない。販売額を区分計算しない場合は，免税，減税することはできないものとされている。
　納税者が貨物を販売または課税役務を提供して免税規定を適用する場合で，免税を放棄する場合は，条例の規定により増値税を納付することができる。免税を放棄した後は，36ヶ月内は免税を申請することができない。

② 課税起算点

　納税者の販売額が，国務院の財政部門，税務主管部門が定めた増値税の課税起算点に達しない場合は，増値税が免除される。課税起算点に達した場合は，増値税暫定条例の規定により全額で計算して増値税を納付する。
　増値税の課税起算点の適用範囲は個人に限られる。増値税の課税を起算する幅は次のとおり規定されている。

1. 貨物を販売する場合は，月販売額を2,000元〜5,000元とする。

2．課税役務を提供する場合は，月販売額を1,500元～3,000元とする。

3．毎回納税する場合は，毎回（日）の販売額を150元～200元とする。

販売額とは，小規模納税者の販売額をいう。省，自治区，直轄市の財政庁（財政局）と国家税務総局は，規定の範囲内で，実際の状況に基づいてその地区に適用する起算点を決定し，かつ財政部，国家税務総局に報告し届出するものとされている。

(8) 申告納税と源泉徴収

① 申告納付と納税場所

1) 申告納税期限

増値税の納税期限はそれぞれ1日，3日，5日，10日，15日，1ヶ月または1四半期とする。納税者の具体的な納税期限は，主管税務機関が納税者の納付税額の大小に基づいてそれぞれ査定する。固定の期限で納税することができない場合は，売上の都度，納税することができる。

納税者が1ヶ月または1四半期を一つの納税期とした場合は，満期日より15日以内に申告納税する。1日，3日，5日，10日または15日を一つの納税期とした場合は，満期日より5日以内に税金を予納し，翌月1日から15日以内に申告納税して前月の納付税額を精算する。

源泉徴収義務者が税金を納付する期間は，上記により実施するものとされている。

2) 輸入貨物の納税期限

納税者の輸入貨物は，税関が税関輸入増値税専用納付書を作成発行した日から15日以内に税金を納付する。

3) 小規模納税者の納税期限

1四半期を納税期限とする規定は，小規模納税者にのみ適用する。小規模納税者の具体的な納税期限は，主管税務機関がその納付税額の大小に基づいてそれぞれ査定するものとされている。

4) 納税場所

増値税の納税場所は次のとおりである。

1. 固定事業者はその機構所在地の主管税務機関で申告納税する。本部機構と分支機構が同一の県（市）に所在しない場合は，各自の所在地の主管税務機関でそれぞれ申告納税する。国務院の財政部門，税務主管部門またはその授権した財政機関，税務機関の批准を受けた場合は，本部機構が一括して本部機構所在地の主管税務機関に申告納税することができる。
2. 固定事業者が地域外の県（市）で貨物または課税役務を販売した場合は，その機構所在地の主管税務機関に地域外経営活動税収管理証明書の発行を申請し，かつその機構所在地の主管税務機関に申告納税する。証明書が発行されていない場合は，販売地域または役務発生地の主管税務機関に申告納税する。販売地域または課税発生地の主管税務機関に申告納税していない場合は，その機構所在地の主管税務機関が税金を追徴する。
3. 非固定事業者が貨物または課税役務を販売した場合は，販売地または役務発生地の主管税務機関に申告納税する。販売地または役務発生地の主管税務機関に申告納税していない場合は，その機構所在地または居住地の主管税務機関が税金を追徴する。
4. 輸入貨物は，通関地の税関に申告納税する。

源泉徴収義務者は，その機構所在地または居住地の主管税務機関にその源泉徴収する税金を申告納付する。

5) **輸出還付免税申告**

納税者の輸出貨物に税金還付（免税）規定を適用する場合は，税関で輸出手続を行い，輸出通関申告書等の関係証憑を根拠として，規定の輸出税金還付（免税）の申告期限内に月次で主管税務機関に申告し，その輸出貨物の税金還付（免税）を処理する。

輸出貨物の税金還付を処理した後に貨物の返品または通関の取消しが発生した場合は，納税者は法によりすでに還付を受けた税金を追加納付する。

② 源泉徴収と税関代理徴収

1) 源泉徴収義務者

中国国外の単位または個人が，中国国内において課税役務を提供し，国内において営業機構を設立していない場合は，その国内代理人を源泉徴収義務者とする。国内において代理人がいない場合は，購入者を源泉徴収義務者とする。

2) 税関代理徴収

増値税は，税務機関が徴収し，輸入貨物の増値税は税関が代理徴収する。

個人が携帯するかまたは郵便で輸入する自己使用物品の増値税は，関税とともに一括して徴収課税する。具体的方法は国務院の関税税則委員会が関係部門とともに制定する。

③ 納税義務の発生時期

増値税の納税義務の発生時期は次のとおりである。

1．貨物または課税役務の販売は，販売代金を受け取った当日または販売代金を取立請求する根拠証憑を取得した当日とする。事前に発票を発行した場合は，発票を発行した当日とする。
2．輸入貨物は，輸入通関した当日とする。

増値税源泉徴収義務の発生時期は，納税者の増値税納税義務が発生した当日とする。

販売代金を受け取った当日または販売代金を取立請求する根拠証憑を取得した当日は，販売決済方法の異同により，具体的に次のとおりとする。

1．直接代金回収方法を採用して貨物を販売する場合は，貨物が出荷されたかどうかに関係なく，販売代金を回収した当日または販売代金を取立請求する根拠証憑を取得した当日とする。
2．回収委託支払承諾方法と銀行代金回収委託方法を採用して貨物を販売する場合は，貨物を出荷しかつ委託回収手続を妥当に処理した当日とする。
3．掛売方法と割賦販売方法を採用して貨物を販売する場合は，書面によ

る契約書が約定した代金回収日の当日とし，書面による契約書がない場合または書面による契約書が代金回収日を定めていない場合は，貨物を出荷した当日とする。
4．代金前受方法を採用して貨物を販売する場合は，貨物を出荷した当日とするが，生産工事期間が12ヶ月を超える大型機械設備，船舶，航空機等の貨物を生産販売する場合は，前受代金を回収した当日または書面による契約書で約定した代金回収日の当日とする。
5．その他の納税者に貨物の代理販売を委託した場合は，代理販売単位の代理販売精算書を回収した当日または全部もしくは一部の代金を回収した当日とする。代理販売精算書と代金を回収していない場合は，代理販売貨物を出荷した満180日の当日とする。
6．課税役務を販売した場合は，役務を提供するとともに販売代金を受け取った当日または販売代金を取立請求する根拠証憑を取得した当日とする。
7．納税者にみなし販売行為が発生した場合は，貨物移送の当日とする。

図表1-26　参考　商品販売の収益認識基準　会計と所得税と増値税の相違

販売方法	企業会計制度	企業所得税	増値税
直接販売	商品販売の収入認識基準（5基準）による 出荷基準＋回収可能性（経済的利益の流入基準）	商品販売の収入認識基準（4基準） 出荷基準（所有権上のリスクと便益の移転）売上計上	貨物の出荷に関係なく，販売代金の回収または取立請求証憑を取得した日
			掛売と割賦販売は，契約約定の回収日に売上計上，契約約定がなければ，貨物の出荷日に売上計上
取立販売	回収委託手続が処理された日に売上計上	同左	貨物を出荷し，かつ回収委託手続を処理した日
前受金販売	商品の出荷時に売上計上	同左	同左

据付検収販売	据付／検収の完了日に売上計上，据付／検収が簡単な場合は出荷時に売上計上	同左	記載なし
代理販売（手数料方式）	代理販売精算書の受領時に売上計上（商品の引渡後に所有権上のリスクと報酬が移転）	同左	代理販売精算書の受領時に売上計上，ただし精算書と代金の回収がないときは，出荷日から満180日の当日に売上計上
買戻条件付販売	受取代金は負債に計上し，買戻価格との差額は利息に計上	同左	記載なし
	商品販売が収入基準を満たす場合は，販売時に売上処理，買戻時に購入処理	同左	記載なし
その他		抱合販売（購一贈一等方式）は，公正価値で商品を評価して関係商品を売上処理	増値税のみなし販売行為は，貨物の移送日に売上計上

3　営業税の概要

(1) 納税者と課税項目

① 営業税の納税者

1) 営業税の課税項目

中国国内において営業税暫定条例の定める役務を提供し，無形資産を譲渡しまたは不動産を販売する単位と個人は，営業税の納税者として営業税を納付しなければならない。

ここで単位とは，企業，行政単位，事業単位，軍事単位，社会団体およびその他の単位をいい，個人とは，個人事業主とその他の個人をいう。

条例の定める役務とは，交通運輸業，建設業，金融保険業，郵便電話通信

業，文化体育業，娯楽業，サービス業の税目課税範囲に属する営業税の課税役務をいう。加工と修理，整備は営業税暫定条例の定める役務には属さない営業税非課税役務である。

　営業税の課税役務を提供し，無形資産を譲渡または不動産を販売するとは，営業税の課税役務を有償提供し，無形資産を有償譲渡または不動産所有権を有償譲渡する課税行為をいう。ただし，単位または個人事業主が招聘雇用した人員がその単位または雇用主のために課税役務を提供することは，これには含まれない。有償とは，貨幣，貨物またはその他の経済利益を取得することをいう。

　中国国内において営業税の課税役務を提供し，無形資産を譲渡しまたは不動産を販売するとは，次のものをいう。

> 1．課税役務を提供するまたは引受ける単位または個人が国内に所在すること。
> 2．譲渡した無形資産（土地使用権を含まない）を引受ける単位または個人が国内に所在すること。
> 3．譲渡またはリースした土地使用権の土地が国内に所在すること。
> 4．販売またはリースした不動産が国内に所在すること。

　請負人と発注者，鉄道運営納税者を除いて，営業税の納税義務を有する単位は，課税行為を生じかつ貨幣，貨物またはその他の経済利益を受け取る単位であるが，法により税務登記を行う必要のない内部設置機構を含まない。

　単位が，請負，リース請負，名義借方法で経営する場合は，請負人，賃借人，名義借人（請負人と総称する）に課税行為が発生する。請負人が発注者，賃貸人，名義貸人（発注者と総称する）の名義で対外的に経営し，かつ発注者が関係する法律責任を引き受ける場合は，発注者を納税者とする。そうでない場合は請負人が納税者となる。

　鉄道運営納税者については，中央鉄道運営業務の納税者は鉄道部であり，合弁鉄道運営業務の納税者は合弁鉄道会社であり，地方鉄道運営業務の納税者は地方鉄道管理機構であり，基本建設臨管線運営業務の納税者は基本建設臨管線管理機構である。

2) みなし課税行為

納税者に下記のいずれか一つの状況がある場合は，課税行為が発生したものとみなす。

> 1．単位または個人が不動産または土地使用権をその他の単位または個人に無償贈与すること
> 2．単位または個人が建設物を自己で新築（自己建設）した後に販売し，その発生した自己建設行為
> 3．財政部，国家税務総局が定めるその他の状況

② **混合販売と兼営**

1) **混合販売**

一つの販売行為が営業税の課税役務に関係するとともに貨物にも関係する場合は，混合販売行為とする。貨物とは，有形動産を指し，電力，熱力，気体をこれに含む。営業税の納税者の下記の混合販売行為は，課税役務の営業額と貨物の販売額を区分計算しなければならず，その課税役務の営業額は営業税を納税し，貨物の販売額は営業税を納税しないで増値税を納税する。

> 1．建設業役務を提供すると同時に自社生産貨物を販売する行為
> 2．財政部，国家税務総局が定めるその他の場合

納税者が区分計算しない場合は，増値税の主管税務機関すなわち国家税務局がその貨物の販売額を査定し，営業税の主管税務機関すなわち地方税務局が営業税の課税役務の営業額を査定する。

上記の混合販売行為に該当しない場合は，貨物の生産，卸売または小売に従事する企業，企業性単位と個人事業主の混合販売行為については，貨物の販売とみなし，増値税を納税する。その他の単位と個人の混合販売行為は，増値税非課税役務すなわち営業税の課税役務とみなし，営業税を納税する。

貨物の生産，卸売または小売に従事する企業，企業性単位と個人事業主とは，貨物の生産，卸売または小売に従事することを主とし，かつ増値税非課税役務すなわち営業課税役務を兼営する単位と個人事業主をこれに含む。

2) 兼営

営業税の納税者が営業税の課税行為と貨物または営業税非課税役務（加工，修理整備役務）を兼営する場合は，課税行為の営業額と貨物または営業税非課税役務の販売額を区分計算し，その課税行為の営業額は営業税を納税し，貨物または非課税役務の販売額は増値税を納税する。納税者が区分計算しない場合は，主管税務機関である地方税務局が営業税の課税行為の営業額を査定する。

3) 混合販売と兼営の関係

建設業との混合販売については増値税の販売額と営業税の営業額を区分計算してそれぞれ増値税と営業税を納税する。建設業以外の混合販売については，現時点では特に財政部，国家税務総局から関係規定が発布されていないため，区分計算すべき混合販売は存在しない。したがって，建設業以外の混合販売については，貨物の生産，卸売または小売に従事することを主たる事業とする単位または個人事業主で，増値税の非課税役務を兼営するものは，増値税の販売額と営業税の営業額を区分してそれぞれ増値税と営業税を納税する。その他の単位または個人事業主で，営業税の課税行為と増値税の課税行為を兼営するものは，営業税の営業額と増値税の販売額を区分してそれぞれ営業税と増値税を納税する。兼営する納税者が区分計算しない場合は，増値税の販売額は国家税務局が，営業税の営業額は地方税務局がそれぞれ査定する。

建設業以外の混合販売で兼営を行わない納税者については，貨物の生産，卸売または小売に従事することを主たる事業とする単位または個人事業主は課税行為を貨物の販売とみなして増値税を納税し，その他の単位と個人事業主は課税行為を営業税の課税役務とみなして営業税を納税する。

(2) 税率と税額計算

① 税率と税額計算

1) 営業税の税率

営業税の税目，税率は，本条例に付属する「営業税税目税率表」により執行されている。税目，税率の調整は，国務院が決定する。納税者が経営する娯楽業の具体的に適用する税率は，省，自治区，直轄市の人民政府が営業税条例の定める限度幅内で決定する。

図表1-27　営業税税目税率表

税　目	税率
1．交通運送業	3％
2．建設業	3％
3．金融保険業	5％
4．郵便電気通信業	3％
5．文化体育業	3％
6．娯楽業	5％～20％
7．サービス業	5％
8．無形資産の譲渡	5％
9．不動産の販売	5％

2)　税額計算

　納税者が課税役務を提供し，無形資産を譲渡しまたは不動産を販売した場合は，営業額と規定する税率により納付税額を計算する。納付税額の計算公式は次のとおりである。

　　　納付税額＝営業額×税率

　営業額は人民元で計算する。納税者は人民元以外の通貨で営業額を決済する場合は，人民元に換算して計算する。

　納税者が異なる税目の営業税を納付すべき課税役務，無形資産の譲渡または不動産の販売を兼業する場合は，異なる税目の営業額，譲渡額，販売額（以下営業額と総称する）を区分計算しなければならない。営業額を区分計算しない場合は，高い税率から適用する。

② 　営業額

1)　営業額

　納税者の営業額は，納税者が課税役務を提供し，無形資産を譲渡しまたは不動産を販売して受け取るすべての価額と価額外費用である。ただし，下記の場

合を除く。

> 1. 納税者が請負った運送業務をその他の単位または個人に下請した場合は，その取得したすべての価額と価額外費用からその他の単位または個人に支給したその運送費用を控除した残額を営業額とする。
> 2. 納税者が観光業務に従事する場合は，その取得したすべての価額と価額外費用から観光客がその他の単位または個人に支払った宿泊費，食費，交通費，観光地入場費とその他の観光団体受入企業に支払った観光費用を控除振替した残額を営業額とする。
> 3. 納税者が建設工事をその他の単位に下請した場合は，その取得したすべての価額と価額外費用からその他の単位に支払った下請代金を控除した残額を営業額とする。
> 4. 外貨，有価証券，先物等の金融商品の売買業務は，売出価格から買入価格を差し引いた残額を営業額とする。外貨，有価証券，先物等の金融商品の売買業務とは，納税者が従事する外貨，有価証券，非貨物先物とその他の金融商品の売買業務をいう。貨物先物は営業税を納税しない。
> 5. 国務院の財政部門と税務主管部門が定めるその他の場合

　建設業の営業額については，混合販売行為による区分計算の規定を除いて，納税者が建設業役務（装飾役務を含まない）を提供する場合は，その営業額には工事に必要な原材料，設備とその他の物資および動力の価額をこれに含めなければならないが，建設者が提供する設備の価額は含まない。

　娯楽業の営業額については，娯楽業を経営して受取る全部の価額と価額外費用であり，入場料，テーブルチャージ，一曲料金，ドリンク，お茶，お花，スナック等の料金と娯楽業を経営するその他各種料金を含む。

2）　価額外費用

　価額外費用は，受け取る手続料，補助手当，基金，資金調達費，返還利益，奨励費，違約金，滞納金，期限延長支払利息，賠償金，代理回収金，立替金，罰金およびその他各種性質の価額外料金を含むが，下記条件のすべてを満たす代行して受け取った政府性基金または行政事業性料金は含まない。

> 1．国務院または財政部が設立を批准した政府性基金，国務院または省級人民政府とその財政部門，価格主管部門が設立を批准した行政事業性受取料金
> 2．受取時に省級以上財政部門が印刷制定した財政領収書を発行すること
> 3．受取金額全額を財政に上納すること

3) 合法有効証憑

納税者の営業額における控除関係項目は，法律，行政法規または国務院の税務主管部門の関係規定に適合しないならば，当該項目の金額は控除できないものとされている。

ここで，国務院の税務主管部門の関係規定に適合する合法有効証憑とは，次のものをいう。

> 1．国内の単位または個人に支払った金額で，かつその単位または個人に発生した行為が営業税または増値税の課税範囲に属する場合は，その単位または個人が発行した発票を合法有効証憑とする。
> 2．支払った行政事業性料金または政府性基金，および発行した財政領収書を合法有効証憑とする。
> 3．国外の単位または個人に支払った金額は，その単位または個人の署名した領収書を合法有効証憑とし，税務機関が署名した領収書に対して疑義を抱いた場合は，その国外の公証機関の確認証明書の提出を要求することができる。
> 4．国家税務総局が定めるその他の合法有効証憑。

4) みなし営業額

納税者が課税役務を提供し，無形資産を譲渡しまたは不動産を販売した価格が著しく低くかつ正当な理由がない場合は，主管税務機関がその営業額を査定する。

納税者に価格が著しく低くかつ正当な理由がない場合またはみなし課税行為が発生したものとみなしてかつ営業額がない場合があるならば，下記の順序でその営業額を決定する。

> 1．納税者の直近期に発生した同一課税行為の平均価格で査定する。
> 2．その他の納税者の直近期に発生した同一課税行為の平均価格で査定する。
> 3．下記公式で査定する。
>
> 営業額＝営業原価または工事原価×
> 　　　　（1＋原価利益率）÷（1－営業税税率）
>
> 公式の中の原価利益率は，省，自治区，直轄市の税務局が決定する。

5) 営業税還付金

納税者の営業額は，営業税を計算納付した後に税金還付が発生することにより営業額を控除する場合は，すでに納付した営業税税額を還付するかまたは納税者の以後の納付すべき営業税税額から控除しなければならない。

6) 売上値引

納税者に課税行為が発生し，価額と値引額が同一の発票上で明記されている場合は，値引き後の価額を営業額とする。値引額を別の発票で発行した場合は，その財務上の処理に係らず，営業額から控除することはできない。

7) 為替レート

納税者が人民元以外の通貨で営業額を決済する場合は，その営業額の人民元換算率は営業額が発生した当日または当月1日の人民元為替レートの仲値を選択することができる。納税者は事前にどの換算率を採用するかを決定しなければならず，決定後1年内は変更することはできない。

(3) 免税項目と課税起算点

① 免税項目

1) 免税項目

下記項目は営業税を免税する。

> 1．託児所，幼稚園，養老院，障害者福利機構が提供する養育サービス，婚姻紹介，葬儀サービス

2．障害者個人が提供する役務
3．病院，診療所とその他の医療機関が提供する医療サービス
4．学校とその他の教育機関が提供する教育役務，学生が勤労勉学のために提供する役務
5．農業の機械による耕作，排水灌漑，病虫害防止駆除，植物保護，農業牧畜保険および関係技術の職業教育訓練業務，家畜・牧畜・水生動物の交配と病気防止駆除
6．記念館，博物館，文化館，文物保護単位の管理機構，美術館，展覧館，書画院，図書館が主催する文化活動の入場料収入，宗教施設が主催する文化，宗教活動の入場料収入
7．国内保険機関が輸出貨物のために提供する保険商品

上記の規定を除いて，営業税の免税項目，減税項目は国務院が規定する。いかなる地域，部門も免税項目，減税項目を規定してはならないとされている。
上記の免除項目の範囲は，下記のとおり限定されている。

2) 免税項目の説明

1．上記の2．でいう障害者個人が提供する役務とは，障害者本人が社会のために提供する役務を指す。
2．上記の4．でいう学校とその他の教育機関とは，普通学校と地方政府級，市級以上の人民政府または同級政府の教育行政部門が批准して設立した，国家がその学生の学歴を承認する各種学校を指す。
3．上記の5．でいう農業の機械による耕作とは，農業，林業，牧畜業において農業機械を使用して耕作（耕作，栽培，刈取，脱穀，植物保護等を含む）を行う業務を指す。排水灌漑とは，農地に対して行う灌漑または排水を指す。病虫害防止駆除とは，農業，林業，牧畜業，漁業の病虫害予測と駆除の業務に従事することを指す。農業牧畜保険とは，栽培業，養殖業，牧畜栽培業と飼育する動植物のために保険を提供する業務を指す。関係技術の職業教育訓練とは，農業機械耕作，排水灌漑，病虫害防止駆除，植物保護業務と関係する業務と農民が納儀容牧畜業保険の知識と技術を獲得するための教育訓練業務を指す。家

畜・牧畜・水生動物の交配と病気防止駆除業務の免税範囲には，当該役務と関係して薬品と医療用具を提供する業務を含む。
4. 上記の6. でいう記念館，博物館，文化館，文物保護単位の管理機構，美術館，展覧館，書画院，図書館が主催する文化活動とは，これらの単位が自己の場所で主催する文化体育業の税目課税範囲に属する文化活動を指す。その入場料収入とは，初回の入場切符を販売する収入を指す。宗教施設が主催する文化，宗教活動の入場料収入とは，寺院，宮殿，清真寺と教堂が主宰する文化，宗教活動の入場切符を販売する収入を指す。
5. 上記の7. でいう輸出貨物のために提供する保険商品には，輸出貨物保険と輸出信用保険を含む。

3) 減免税項目の兼営

納税者が免税項目，減税項目を兼営する場合は，免税項目，減税項目の営業額を区分計算しなければならない。営業額を区分計算しない場合は，免税，減税することはできない。

② **課税起算点**

納税者の営業額が国務院の財政部門，税務主管部門の定めた営業税の課税起算点に達しない場合は，営業税を免除する。課税起算点に達した場合は，営業税暫定条例の規定により全額で計算して営業税を納付する。営業税の課税起算点とは，納税者の営業額合計が課税起算点に達することをいう。営業税の課税起算点の適用範囲は個人に限られる。営業税の課税を起算する幅は次のとおり規定されている。

1. 期間で納税する場合は，月営業額を1,000元～5,000元とする。
2. 取引毎に納税する場合は，月販売額を1,500元～3,000元とする。
3. 毎回納税する場合は，毎回（日）の営業額を100元とする。

省，自治区，直轄市の財政庁（財政局）と税務局は，規定の範囲内で，実際の状況に基づいて当該地区に適用する起算点を決定し，かつ財政部，国家税務

総局に報告し届出する。

(4) **申告と納税**

① **申告納付と納税場所**

1) 納税期限

営業税の納税期間はそれぞれ5日，10日，15日，1ヶ月または1四半期とする。納税者の具体的な納税期間は，主管税務機関が納税者の納付税額の大小に基づいてそれぞれ査定する。固定の期間で納税することができない場合は，売上の都度，納税することができる。

納税者が1ヶ月または1四半期を一つの納税期とした場合は，満期日より15日以内に申告納税する。5日，10日または15日を一つの納税期とした場合は，満期日より5日以内に税金を予納し，翌月1日から15日以内に申告納税して前月の納付税額を精算する。

源泉徴収義務者が税金を納付する期間は，上記の規定により執行する。

銀行，財務会社，信託投資会社，信用社，外国企業常駐代表機構の納税期限は1四半期とする。

2) 納税場所

営業税は税務機関が徴収するものであり，営業税の納税場所は次のとおりである。

1. 納税者が課税役務を提供した場合は，その機構所在地または居住地の主管税務機関で申告納税しなければならない。ただし，納税者が提供する建設業役務および国務院の財政部門，税務主管部門が定めたその他の課税役務は，課税役務発生地の主管税務機関に申告納税しなければならない。
2. 納税者が無形資産を譲渡した場合は，その機構所在地または居住地の主管税務機関に申告納税しなければならない。ただし，納税者が土地使用権を譲渡，リースした場合は，土地所在地の主管税務機関に申告納税しなければならない。
3. 納税者が不動産を販売，リースした場合は，不動産所在地の主管税務

機関に申告納税しなければならない。

　源泉徴収義務者はその機構所在地または居住地の主管税務機関にその源泉徴収した税額を申告納付しなければならない。

　納税者は課税役務発生地，土地または不動産の所在地の主管税務機関で申告納税しなければならず，かつ申告納税すべき月から6ヶ月を超えて申告納税しなかった場合は，その機構所在地または居住地の主管税務機関が税額を追徴する。

② 源泉徴収義務者
営業税の源泉徴収義務者は次のとおりである。

> 1．中国国外の単位または個人が，国内において課税役務を提供し，無形資産を譲渡しまたは不動産を販売し，国内において営業機構を設立していない場合は，その国内代理人を源泉徴収義務者とする。国内に代理人がいない場合は，譲受人または買手を源泉徴収義務者とする。
> 2．国務院の財政部門，税務主管部門が定めるその他の源泉徴収義務者。

③ 納税義務の発生時期
　営業税の納税義務の発生時期は，納税者が課税役務を提供し，無形資産を譲渡しまたは不動産を販売し，かつ営業収入金額を受け取った当日または営業収入金額を取立請求する根拠証憑を取得した当日とする。国務院の財政部門，税務主管部門が別途規定を有する場合は，その規定に従う。営業税の源泉徴収義務の発生時期は，納税者の営業税の納税義務が発生した当日とする。

　営業収入金額を受け取るとは，納税者の課税行為が発生する過程においてまたは完成した後に受取る金額をいう。営業収入金額を取立請求する根拠証憑を取得した当日は，書面による契約書が決定した支払期日の当日とする。書面による契約書を締結していない場合または書面による契約書で支払期日を決定していない場合は，課税行為が完成した当日とする。

　納税義務発生の特例として次のようなものがある。

1．不動産の前受代金
　　納税者が土地使用権を譲渡または不動産を販売し，前受代金方法を採用した場合は，その前受代金を受取った当日とする。
2．建設業等の前受代金
　　納税者が建設業またはリース業の役務を提供し，前受代金方法を採用した場合は，その納税義務発生時期は前受代金を受取った当日とする。
3．不動産等の無償贈与
　　納税者に不動産または土地使用権をその他の単位または個人に無償贈与することが発生した場合は，その納税義務発生時期は不動産所有権，土地使用権を移転した当日とする。
4．自社建設物の販売
　　納税者に自社建設行為が発生した場合は，その納税義務発生時期は自社建設物を販売した納税義務発生時期とする。

4　消費税の概要

(1)　納税者と課税消費品

①　納税者と税率

1)　消費税の納税者

中国国内において消費税暫定条例が定める消費品を生産し，委託加工した単位と個人，および条例が定める消費品を販売した国務院の定めたその他の単位と個人は，消費税の納税者として，消費税を納付しなければならない。

単位とは，企業，行政単位，事業単位，軍事単位，社会団体およびその他の単位をいい，個人とは，個人事業主とその他の個人をいう。中国国内とは，生産，委託加工および輸入の消費税を納付する消費品の発送地または所在地が国内にあることをいう。

2) 消費税の税率

消費税の税目，税率は，消費税暫定条例に付属する「消費税税目税率表」により執行する。税目，税率の調整は，国務院が決定する。条例に附属する「消費税税目税率表」において列記する課税消費品の具体的な課税範囲は，財政部，国家税務総局が決定する。

図表1-28　消費税税目税率表

税　目	税率
一．煙草	
1．紙巻煙草	
(1)　甲類紙巻煙草	45％＋0.003元／本
(2)　乙類紙巻煙草	30％＋0.003元／本
2．葉巻煙草	25％
3．きざみ煙草	30％
二．酒とアルコール	
1．白酒	20％＋0.5元／500グラム（または500ミリリットル）
2．黄酒	240元／トン
3．ビール	
(1)　甲類ビール	250元／トン
(2)　乙類ビール	220元／トン
4．その他の酒類	10％
5．アルコール	5％
三．化粧品	30％
四．貴金属アクセサリと宝石玉石	
1．金銀アクセサリ，プラチナアクセサリとダイヤモンドおよびダイヤモンド宝飾品	5％
2．その他貴金属アクセサリと宝石玉石	10％
五．爆竹，花火	15％

六．オイル製品	
1．ガソリン	
(1)　有鉛ガソリン	0.28元／リットル
(2)　無鉛ガソリン	0.20元／リットル
2．ディーゼル油	0.10元／リットル
3．航空燃料油	0.10元／リットル
4．ナフタ油	0.20元／リットル
5．溶剤油	0.20元／リットル
6．潤滑油	0.20元／リットル
7．燃料油	0.10元／リットル
七．自動車タイヤ	3％
八．オートバイ	
1．シリンダー容量（排気量，以下同じ）250ミリリッター以下のもの	3％
2．シリンダー容量（排気量，以下同じ）250ミリリッター超のもの	10％
九．小型自動車	
1．乗用車	
(1)　シリンダー容量（排気量，以下同じ）1.0リッター以下のもの	1％
(2)　シリンダー容量（排気量，以下同じ）1.0リッター超1.5リッター以下のもの	3％
(3)　シリンダー容量（排気量，以下同じ）1.5リッター超2.0リッター以下のもの	5％
(4)　シリンダー容量（排気量，以下同じ）2.0リッター超2.5リッター以下のもの	9％
(5)　シリンダー容量（排気量，以下同じ）2.5リッター超3.0リッター以下のもの	12％
(6)　シリンダー容量（排気量，以下同じ）3.0リッター超4.0リッター以下のもの	25％

(7) シリンダー容量（排気量，以下同じ）4.0リッター以上のもの	40%
２．中型軽型商用バス	5％
十．ゴルフと球具	10%
十一．高級時計	20%
十二．遊覧船	10%
十三．木製の使い捨て割箸	5％
十四．木材製板	5％

3) 課税消費品の兼営

納税者が異なる税率の消費税を納付すべき消費品を兼営する場合は，異なる税目の課税消費品の販売額，販売数量を区分計算する。販売額，販売数量を区分計算しない場合，または異なる税率の課税消費品をセットの消費品に構成して販売した場合は，高い税率から適用する。消費税を納付すべき消費品を課税消費品といい，納税者が異なる税率の消費税を納付すべき消費品とは，納税者が２つ以上の税率で生産販売する課税消費品をいう。

② 課税消費品の販売額

1) 価額外費用

販売額は，納税者が課税消費品を買手に販売して受け取るすべての価額と価額外費用とする。

価額外費用は，価額外に買手から受け取る手続料，補助手当，基金，資金調達費，返還利益，奨励費，違約金，滞納金，期限延長支払利息，賠償金，代理回収金，立替金，包装費，包装物リース料，倉庫費，優良品質費，運輸荷卸費およびその他各種性質の価額外料金を含む。ただし，下記項目はこれに含まない。

> １．下記の条件のすべてに適合する立替運輸費用
> 　１　運輸請負部門の運輸費用発票が買手に発行された場合
> 　２　納税者が当該発票を買手に引き渡した場合

2．下記の条件のすべてに適合する代理受領した政府性基金または行政事業性料金
 1　国務院または財政部が設立を批准した政府性基金，国務院または省級人民政府とその財政部門，価格主管部門が設立を批准した行政事業性料金
 2　受取時に省級以上の財政部門が印刷作成した財政領収書を発行すること
 3　受取金額全額を財政に上納すること

2) 税引販売額の計算

販売額には，買手から受取るべき増値税税額は含めない。納税者が課税消費品の販売額から増値税税額を控除していない場合，または増値税専用発票を発行できないことにより価額と増値税税額を合算して受取ることが発生した場合は，消費税を計算する時に，増値税課税額を含まない販売額に換算しなければならない。その換算公式は次のとおりである。

$$課税消費品の販売額 = 増値税を含む販売額 \div (1 + 増値税税率または課税率)$$

3) 包装物

課税消費品と連動して包装物を販売する場合は，包装物を個別に価格評価したかどうか会計上どのように処理したかに関わらず，課税消費品の販売額に合算計上して消費税を納付しなければならない。包装物を価格評価しないで製品に付随して販売し，保証金を受取った場合は，この保証金は課税消費品の販売額に合算して課税すべきではない。ただし，期限を経過しても回収されない包装物については，返還されない保証金または受け取った時から12ヶ月を超えた保証金は，課税消費品の販売額に合算し，課税消費品の適用税率により消費税を納付しなければならない。

価格評価を行って課税消費品に付随して販売するとともに，別途，保証金も受取った包装物の保証金については，納税者が規定の期限内に返還しなかった場合は，課税消費品の販売額に合算し，課税消費品の適用税率により消費税を

納付しなければならない。

 4）為替レート

納税者が販売した課税消費品は，人民元で販売額を計算する。納税者は人民元以外の通貨で販売額を決済する場合は，人民元に換算して計算する。納税者が人民元以外の通貨で販売額を決済する場合は，その販売額の人民元換算率は販売額が発生した当日または当月1日の人民元為替レートの仲値を選択することができる。納税者は事前にどの換算率を採用するかを決定しなければならず，決定後1年内は変更することはできない。

 5）課税価格の査定

納税者の課税消費品の課税価格が著しく低くかつ正当な理由がない場合は，主管税務機関がその課税価格を査定する。

課税消費品の課税価格の査定権限規定は次のとおりとする。

> 1．巻煙草，白酒と小型自動車の課税価格は，国家税務総局が査定し，財政部に報告して届出する。
> 2．その他の課税消費品の課税価格は，省，自治区および直轄市の国家税務局が査定する。
> 3．輸入する課税消費品の課税価格は，税関が査定する。

(2) **税額計算**

 ① 税額計算の方法

消費税は，従価定率，従量定額，または従価定率と従量定額の複合課税の方法を実行して納付税額を計算する。納付税額の計算公式は次のとおりである。

 1）従価定率法

  従価定率法を実行して計算する納付税額＝販売額×比例税率

販売額は，納税者が課税消費品を買手に販売して受け取るすべての価額と価額外費用とする。

 2）従量定額法

  従量定額法を実行して計算する納付税額＝販売数量×定額税率

販売数量とは，課税消費品の数量をいい，具体的には次のとおりである。

> 1．課税消費品を販売する場合は，課税消費品の販売数量とする。
> 2．課税消費品を自己生産自己使用する場合は，課税消費品の移送使用数量とする。
> 3．課税消費品を委託加工する場合は，納税者が回収した課税消費品数量とする。
> 4．課税消費品を輸入する場合は，税関が査定した課税消費品の輸入課税数量とする。

従量定額法を実行して納付税額を計算する課税消費品の計量単位の換算基準は次のとおりとする。

> 1．黄酒　1トン＝962リットル
> 2．ビール　1トン＝988リットル
> 3．ガソリン　1トン＝1,388リットル
> 4．ディーゼル油　1トン＝1,176リットル
> 5．航空機用ガソリン　1トン＝1,246リットル
> 6．ナフタリンオイル　1トン＝1,385リットル
> 7．溶剤オイル　1トン＝1,282リットル
> 8．潤滑油　1トン＝1,126リットル
> 9．燃料油　1トン＝1,015リットル

3）複合課税法

複合課税法を実行して計算する納付税額＝販売額×比例税率
　　　　　　　　　　　　　　　　　　＋販売数量×定額税率

② **自己使用品の税額計算**

1）販売価格による計算

納税者が自己生産自己使用した課税消費品は，納税者が生産する同一種類の消費品の販売価格により納税計算する。納税者が自己生産自己使用した課税消費品とは，移送して使用した時に納税する課税消費品をいう。同一種類の消費

品の販売価格とは，納税者または源泉徴収者（代理受領代理納付義務者）が当月に販売した同一種類の消費品の販売価格を指し，当月の同一種類の消費品の各期間の販売価格が上下して異なる場合は，販売数量に加重平均して計算する。ただし，販売した課税消費品に下記のいずれかひとつの状況がある場合は，加重平均に計上して計算することができない。

1．販売価格が著しく低くかつ正当な理由がない場合
2．販売価格がない場合

当月に販売価格がないかまたは当月末に完了していない場合は，同一種類の消費品の前月または直近月度の販売価格で計算し納税する。

2） 課税構成価格による計算

同一種類の消費品の販売価格がない場合は，課税構成価格により納税計算する。

1．従価定率法による課税構成価格

従価定率法を実行して納税計算する課税構成価格の計算公式は次のとおりである。

$$課税構成価格＝(原価＋利益)÷(1－比例税率)$$

原価とは，課税消費品の製品の生産原価をいい，利益とは，課税消費品の全国平均原価利益率に基づいて計算した利益をいう。課税消費品の全国平均原価利益率は国家税務総局が決定する。

2．複合課税法による課税構成価格

複合課税法を実行して納税計算する課税構成価格の計算公式は次のとおり。

$$課税構成価格＝(原価＋利益＋自己生産自己使用数量×定額税率)÷(1－比例税率)$$

③ **委託加工品の税額計算**

1） 販売価格による計算

委託加工課税消費品は，受託者の同一種類の消費品の販売価格により納税計算する。同一種類の消費品の販売価格とは，納税者または源泉徴収者（代理受

領代理納付義務者）が当月に販売した同一種類の消費品の販売価格を指し，当月の同一種類の消費品の各期間の販売価格が上下して異なる場合は，販売数量に加重平均して計算する。ただし，販売した課税消費品に下記のいずれかひとつの状況がある場合は，加重平均に計上して計算することができない。

1．販売価格が著しく低くかつ正当な理由がない場合
2．販売価格がない場合

当月に販売価格がないかまたは当月末に完了していない場合は，同一種類の消費品の前月または直近月度の販売価格で計算し納税する。

2) 課税構成価格による計算

同一種類の消費品の販売価格がない場合は，課税構成価格により納税計算する。

1．従価定率法による課税構成価格

従価定率法を実行して納税計算する課税構成価格の計算公式は次のとおりである。

$$課税構成価格 = (材料原価 + 加工費) \div (1 - 比例税率)$$

2．複合課税法による課税構成価格

複合課税法を実行して納税計算する課税構成価格の計算公式は次のとおりである。

$$課税構成価格 = (材料原価 + 加工費 + 委託加工数量 \times 定額税率) \div (1 - 比例税率)$$

材料原価とは，委託者が提供する加工材料の実際原価をいう。

課税消費品を委託加工する納税者は，必ず，委託加工契約書に材料原価を事実のとおり明記し（またはその他の方法で提供し），材料原価を提供しない場合は，受託者の主管税務機関がその材料原価を査定する権限を有する。

加工費とは，受託者が課税消費品を加工して委託者から受取る全部費用（補助材料を立て替えた実際原価を含む）をいう。

④ 輸入品の税額計算

輸入した課税消費品は，課税構成価格により納税計算する。

1) 従価定率法

従価定率法を実行して納税計算する課税構成価格の計算公式は次のとおりである。

$$課税構成価格＝(関税課税標準価格＋関税)÷(1-消費税比例税率)$$

関税課税標準価格とは，税関が査定する関税課税価格をいう。

2) 複合課税法

複合課税法を実行して納税計算する課税構成価格の計算公式は次のとおりである。

$$課税構成価格＝(関税課税標準価格＋関税＋輸入数量×消費税定額税率)÷(1-消費税比例税率)$$

(3) 消費税の申告と納税

① 申告納付と代理納付

1) 納税期限

消費税の納税期間はそれぞれ1日，3日，5日，10日，15日，1ヶ月または1四半期とする。納税者の具体的な納税期間は，主管税務機関が納税者の納付税額の大小に基づいてそれぞれ査定する。固定の期間で納税することができない場合は，売上の都度，納税することができる。

納税者が1ヶ月または1四半期を一つの納税期とした場合は，満期日より15日以内に申告納税する。1日，3日，5日，10日または15日を一つの納税期とした場合は，満期日より5日以内に税金を予納し，翌月1日から15日以内に申告納税して前月の納付税額を精算する。

納税者が輸入した課税消費品は，税関が作成発行した税関輸入消費税専用納付書を作成発行した日から15日以内に税額を納付する。

2) 生産

納税者が課税消費品を生産した場合は，納税者が販売した時に納税する。納

税者が自己生産自己使用した課税消費品を課税消費品の連続生産に使用する場合は，納税しない。その他の用途に使用する場合は，移送して使用した時に納税する。

販売とは，課税消費品の所有権を有償譲渡することをいい，有償とは，買手から貨幣，貨物またはその他の経済利益を取得することをいう。

課税消費品の連続生産に使用するとは，納税者が自己生産自己使用した課税消費品を直接材料として最終課税消費品を生産し，自己生産自己使用課税消費品が最終課税消費品の実体を構成することをいう。

その他の用途に使用する場合とは，納税者が自己生産自己使用した課税消費品を，非課税消費品と建設仮勘定の生産，管理部門，非生産機構，役務提供，贈与，賛助，資金調達，広告，サンプル品，従業員の福利，奨励等の分野に使用することをいう。

3) 委託加工

委託加工課税消費品は，受託者が個人である場合を除いて，受託者が委託者に貨物を引渡した時に税額を代理受領代理納付する。委託加工課税消費品は，委託者が課税消費品を連続生産に使用した場合は，納税額は規定により控除することが認められる。

委託加工課税消費品とは，委託者が原材料と主要材料を提供し，受託者が加工費のみを受取り一部の補助材料を立て替えて課税消費品を加工することをいう。受託者が原材料を提供して課税消費品を生産する場合，または受託者が事前に原材料を委託者に売却して，その後に加工した課税消費品を引き受ける場合，および受託者が委託者名義で原材料を購入して課税消費品を生産する場合は，財務上で販売処理したかどうかに係らず，委託加工課税消費品とすることはできず，自社制作課税消費品の販売として消費税を納付しなければならない。

委託加工した課税消費品を直接販売した場合は，消費税を納付しない。個人に加工を委託する課税消費品は，委託者が回収した後に消費税を納付する。

4) 輸入

輸入した課税消費品は，輸入通関時に納税する。

5) 輸出免税

納税者が輸出した課税消費品については，消費税が免税される。ただし，国務院に別途規定がある場合を除く。輸出課税消費品の免税方法は，国務院の財政部門，税務主管部門が規定する。

輸出した課税消費品で税金還付した後に，通関戻し，または国外返品が発生し，輸入時に免税が認められていた場合は，輸出通関者は必ず速やかにその機構所在地または居住地の主管税務機関に還付を受けた消費税税額を申告し追加納付しなければならない。

納税者が課税消費品を直接輸出して免税を処理した後に，通関戻し，または国外返品が発生し，輸入時に免税が認められていた場合は，機構所在地または居住地の主管税務機関の批准を受けて，暫定的に追加納付を行わないで，これを国内販売に転用した時に，消費税を申告し追加納付することができる。

6) 返品による税金還付

納税者が課税消費品を販売し，品質等の原因により買手が返品した時は，機構所在地または居住地の主管税務機関が審査批准した後に，納付した消費税税額を還付することができる。

7) 輸入課税消費品

消費税は，税務機関が徴収し，輸入貨物の消費税は税関が代理徴収する。個人が携帯するかまたは郵便で輸入する課税消費品の消費税は，関税とともに一括して徴収課税する。具体的方法は国務院の関税税則委員会が関係部門とともに制定する。

② 納税場所

1) 販売品と自己使用品

納税者が販売する課税消費品，および自己生産自己使用の課税消費品は，国務院の財政部門，税務主管部門に別途規定がある場合を除いて，納税者の機構所在地または居住地の主管税務機関に申告納税する。

納税者が県（市）以外で課税消費品を販売または自己生産した課税消費品の県（市）以外での代理販売を委託した場合は，課税消費品を販売した後に，機構所在地または居住地の主管税務機関に申告納税する。

納税者の本部機構と分支機構が同一の県(市)に所在しない場合には，それぞれの機構所在地の主管税務機関に申告納税する。財政部，国家税務総局またはその授権した財政機関，税務機関の批准を受けて，本部機構が本部機構所在地の主管税務機関に総合して申告納税することができる。

2) 委託加工品

委託加工課税消費品は，受託者が個人である場合を除いて，受託者の機構所在地または居住地の主管税務機関に消費税税額を納付する。

個人に課税消費品の加工を委託した場合は，委託者がその機構所在地または居住地の主管税務機関に申告納税する。

納税者の本部機構と分支機構が同一の県(市)に所在しない場合には，それぞれの機構所在地の主管税務機関に申告納税する。財政部，国家税務総局またはその授権した財政機関，税務機関の批准を受けて，本部機構が本部機構所在地の主管税務機関に総合して申告納税することができる。

3) 輸入品

輸入した課税消費品は，通関地の税関に申告納税する。

課税消費品を輸入した場合は，輸入者またはその代理人が通関地の税関に申告納税する。

③ 納税義務の発生時期

消費税の納税義務の発生時期は，取引別に下記のとおり区分されている。

1) 販売

納税者が課税消費品を販売する場合は，異なる販売決済方法別に次のとおり区分する。

> 1．掛売方法と割賦販売方法を採用した場合は，書面による契約書が約定した代金回収日の当日とし，書面による契約書が代金回収日を定めていない場合または書面による契約書がない場合は，課税消費品を出荷した当日とする。
> 2．代金前受方法を採用した場合は，課税消費品を出荷した当日とする。
> 3．回収委託支払承諾方法と銀行代金回収委託方法を採用した場合は，課

税消費品を出荷しかつ委託回収手続を妥当に処理した当日とする。
4．その他の決済方法を採用した場合は，販売代金を回収した当日または販売代金を取立請求した根拠証憑を取得した当日とする。

2) 自己生産自己使用

納税者が課税消費品を自己生産自己使用する場合は，移送して使用した当日とする。

3) 委託加工

納税者が課税消費品を委託加工する場合は，納税者が貨物を引き渡した当日とする。

4) 輸入

納税者が課税消費品を輸入する場合は，通関して輸入した当日とする。
以上の納税義務の発生を要約すれば図表1-29のとおりである。

図表1-29　納税義務の発生時期

取引区分		納税義務	販売条件等	納税義務発生日
自己生産	販売	販売時	掛売と割賦販売	約定代金回収日
				無契約は出荷日
			代金前受方式	出荷日
			回収委託支払承諾または銀行代金回収委託方式	出荷しかつ委託回収手続を妥当に処理した日
			その他決済方式	代金回収日または代金取立請求証憑の取得日
	連続生産使用	義務なし	—	—
	他の用途使用	使用時		移送使用日
委託加工	受託者が単位	委託者引渡時		貨物引渡日
	受託者が個人	義務なし	—	—
輸入		輸入通関時		輸入通関日

◆ 第2章 ◆

流通税の実務

1　増値税の実務

(1)　増値税の簡易課税政策

①　簡易課税政策

増値税の簡易課税政策に関係する税務通知には次のものがある。

> 1．「財政部，国家税務総局の増値税消費型転換改革の全国実施の若干の問題に関する通知」2008年12月19日財政部，国家税務総局　財税［2008］170号
> 2．「一部貨物に適用する増値税の低税率と簡易方法による増値税課税政策に関する通知」2009年1月19日　財政部　財税［2009］9号
> 3．「増値税の簡易課税政策に関係する管理問題に関する通知」2009年2月25日　国家税務総局　国税函［2009］90号

1)　固定資産の仕入税額控除と簡易課税政策

　増値税の簡易課税政策とは，2009年1月1日から固定資産の仕入税額控除が認められたことに伴い，2008年12月31日までに購入または自社制作した固定資産または一定貨物について，それまで増値税の仕入税額控除が認められなかったことから，販売した固定資産または一定貨物に増値税の適用税率を課税することに代えて，控除されなかった仕入税額を考慮した軽減税率で課税する簡易な方法をいう。

　簡易課税政策に使用される税率は，一般納税者であれば4％の半分の税率す

なわち2％の税率，小規模納税者であれば，中古固定資産または中古貨物の販売については2％の税率が，これら以外の物品の販売については3％の税率が使用される。中古貨物とは，第2次流通市場（中古市場）で部分的な使用価値を有する貨物をいい，自己使用済の物品は含まないものである。

　この簡易課税政策を紹介する前に，2008年12月31日までに実施されていた東北地方等の増値税控除範囲拡大実験について簡単にその内容を説明する必要がある。増値税控除範囲拡大実験とは，2004年に東北地域で8業種に限定して開始され，2007年には中西部地域で8業種に限定して実験的に試行された固定資産の仕入税額控除方法である。

　東北地方で実験的に行われていた固定資産の仕入税額控除の特徴は，地域制限，業種制限，控除制限の3つの制限にある。例えば，地域制限については，東北地域では3省1都市，中部地域では6省26都市，西部地域では内蒙古東部5都市の8業種に限定適用された。

　控除制限というのは，当年度に税額控除が認められる仕入税額は，当年度に新規に増加した増値税税額の範囲内とする方法であり，当年度増加分の増値税額を超えて仕入税額控除を行うことはできなかった。当年度に増値税が増額しないか，または固定資産の仕入税額が増加分の税額より多い場合には，未控除の仕入税額は翌年に繰り越された。この控除制限は増分制限と呼ばれている。

　2008年に財政部は，四川，甘粛，陝西の3省51県の汶川地震災害地域を増値税の構造転換改革実験地域に含めた。財政部は，この新たな実験拡大適用にあたって，それまでにない新方針を発表した。その一つは増分制限の撤廃であり，企業が新規に購入した機械設備の仕入税額はその全額を売上税から控除する全額控除方式を認めた。二つは，業種制限の撤廃であり，国家が発展を制限する特定業種を除いて，その他の業種すべてに対して固定資産の仕入税額控除が適用された。このほか，通常の仕入税額控除方法が採用されたこと，および，本部機構が地震地域以外の場所に所在していても支店機構が地震地域に所在していれば，本部機構は固定資産の仕入税額控除の実験適用を受けることができた。

　このような増値税控除範囲拡大実験を経て，2009年1月1日から全面的な制限のない固定資産の仕入税額控除が適用開始された背景がある。

2) 中古固定資産の販売

　財政部と国家税務総局が2008年に公布した「増値税消費型転換改革の全国実施の若干の問題に関する通知」第4条によれば，2009年1月1日から，納税者が自己使用済の固定資産を販売した場合は，異なる状況に区分して増値税を課税しなければならない。自己使用済の固定資産とは，納税者が財務会計制度に基づいて計上し減価償却した固定資産をいう。

> 1．自己使用済の2009年1月1日以後に購入または自社制作した固定資産を販売した場合は，適用税率（17％等の税率）で増値税を課税する。
> 2．2008年12月31日以前に増値税控除範囲拡大実験に含められていなかった納税者は，自己使用済の2008年12月31日以前に購入したまたは自社制作した固定資産を販売した場合は，4％の徴収率の半減で増値税を課税する。
> 3．2008年12月31日以前に増値税控除範囲拡大実験に含められた納税者が，自己使用済の当該地区の増値税控除範囲拡大実験以前に購入したまたは自社制作した固定資産を販売した場合は，4％の徴収率の半減で増値税を課税する。自己使用した当該地区の増値税控除範囲拡大実験以後に購入したまたは自社制作した固定資産を販売した場合は，適用税率で増値税を課税する。

　上記の規定では，2009年1月1日以後に固定資産を購入または自社制作した場合には，固定資産の仕入税額控除が認められるため，その固定資産の販売については17％等の適用税率を乗じて増値税が課税される。2008年12月31日以前に購入または自社制作した固定資産で，増値税控除範囲拡大実験の範囲に含められていなかった納税者については仕入税額控除が行われていないため，簡易課税政策による2％の税率で増値税が課税される。

　2008年12月31日以前に増値税控除範囲拡大実験の範囲に含められたが，その実験開始前に購入または自社制作した固定資産についても，仕入税額控除が行われていないため，簡易課税政策による2％の税率で増値税が課税される。増値税控除範囲拡大実験以後に購入または自社制作した固定資産を販売した場合は仕入税額控除が行われているので，その固定資産を販売した場合には17％等

の適用税率で増値税を課税するものとされている。

　上記の税務通知を公布した後に，財政部は「一部貨物に適用する増値税の低税率と簡易方法による増値税課税政策に関する通知」を発布して，さらに簡易課税政策について次のように補足した。

　増値税の一般納税者の自己使用済みの固定資産の販売については，次のとおり簡易政策を実施する。

> 1．一般納税者が自己使用済の固定資産で仕入税額控除することができずかつ仕入税額を控除していない固定資産を販売した場合は，簡易方法により4％の課税率の半減で増値税を課税する。
>   　一般納税者が自己使用済のその他の固定資産を販売した場合は，「財政部，国家税務総局の増値税消費型転換改革の全国実施の若干の問題に関する通知」第4条の規定（上述した簡易課税政策）により執行する。
>   　一般納税者が自己使用済の固定資産以外の物品を販売した場合は，適用税率により増値税を課税しなければならない。
> 2．小規模納税者（その他の個人を除く）が自己使用済の固定資産を販売した場合は，2％の課税率で課税しなければならない。
>   　小規模納税者が自己使用済の固定資産以外の物品を販売した場合は，3％の課税率で増値税を課税しなければならない。

　上記の規定では，増値税の一般納税者の場合には，2009年1月1日以後に仕入税額控除不能でかつ仕入税額控除しなかった自己使用済みの固定資産を販売した場合については，2％の税率で簡易課税政策を適用することが補足されている。2008年12月31日以前に購入または自社制作した固定資産については，前述した税務通知によるものとされている。自己使用済みの固定資産以外の物品の販売，例えば，広告宣伝等に自己使用した棚卸資産等の販売については，適用税率で課税される。

　増値税の小規模納税者については，自己使用済の固定資産を販売した場合は2％の課税率，自己使用済の固定資産以外の物品を販売した場合は，3％の課税率で増値税を課税するものとされている。

3) 中古貨物の販売

　増値税の納税者が中古貨物を販売した場合は，簡易方法により4％の課税率の半減で増値税を課税する。いわゆる中古貨物とは，二次的な流通で購入した一部の使用価値を有する貨物（中古自動車，中古オートバイと中古遊覧ボート）をいうが，自己使用済の物品を含まない。

4) 特定の自社生産貨物の販売

　一般納税者が自社生産した下記貨物を販売した場合は，簡易方法による6％の課税率で増値税を計算して納付することを選択することができる。

> 1．県級と県級以下の小型水力発電単位が生産する電力。小型水力発電単位とは，各種の投資主体が建設した据付機械容量が5万キロワット以下の小型水力発電単位を指す。
> 2．建設用および生産建設材料で使用する砂，土，石材。
> 3．自己で採掘した砂，土，石材またはその他の鉱物で連続生産するレンガ，瓦，石灰（粘土の詰まっているレンガ，瓦を含まない）。
> 4．微生物，微生物代謝産物，動物毒素，人または動物の血液または組織を形成する生物製品。
> 5．水道水。
> 6．商品コンクリート（セメントを原材料として生産するセメントコンクリートに限定される）。

　一般納税者は簡易方法を選択して増値税を納付した後は，36ヶ月は変更することができない。

　一般納税者が上記貨物を販売した場合は，増値税専用発票を自ら発行することができる。

5) 寄託販売等

　一般納税者の貨物の販売が下記のいずれか一つの状況に属する場合は，暫定的に簡易方法により4％の課税率で増値税を計算し納付する。

1．商店に販売を寄託して寄託販売物品を代理販売する場合（居住者個人が寄託販売した物品はこれに含まれる）
2．葬祭業が葬祭物品を販売する場合
3．国務院または国務院が授権した機関が批准した免税商店が小売販売した免税品

一般納税者が上記貨物を販売した場合は，増値税専用発票を自ら発行することができる。

② **中古貨物の販売額と納付税額**
1) **一般納税者の簡易課税**

一般納税者が自己使用した物品と中古貨物を販売し，簡易方法により4％の課税率で増値税を半減課税する簡易課税政策を適用した場合は，下記の公式により販売額と納付税額を確定する。

　　　販売額＝税込販売額÷(1＋4％)
　　　納付税額＝販売額×4％÷2

また，簡易方法により4％の課税率により半減課税する増値税政策を適用する場合は，普通発票を発行しなければならず，増値税専用発票を発行することはできない。

2) **小規模納税者の簡易課税**

小規模納税者が自己使用した固定資産と中古貨物を販売した場合は，下記公式により販売額と納付税額を確定する。

　　　販売額＝税込販売額÷(1＋3％)
　　　納付税額＝販売額×2％

また，小規模納税者が自己使用した固定資産を販売する場合は，普通発票を発行しなければならず，税務機関は増値税専用発票を代理発行することはできない。

3) 中古貨物の簡易課税

納税者が中古貨物を販売する場合は，普通発票を発行しなければならず，増値税専用発票を自ら発行するかまたは税務機関が代理発行することはできない。

4) 中古固定資産のみなし販売額

増値税の一般納税者に下記の増値税暫定条例実施細則第4条が定める固定資産のみなし販売行為が発生した場合は，自己使用した固定資産について販売額を決定できない場合は，固定資産純額を販売額とする。固定資産純額とは，一般納税者が財務会計制度により減価償却を計上した後の固定資産純額をいう。

> 増値税暫定条例実施細則第4条（みなし販売行為）
> 　単位または個人事業者の下記行為は，貨物の販売とみなす。
> 第1号　貨物をその他の単位または個人に引き渡して代理販売させること。
> 第2号　代理販売貨物を販売すること。
> 第3号　二つ以上の機構を設立し，かつ統一計算を実行する納税者は，貨物を一つの機構からその他の機構に移送して販売に使用すること，ただし，関係する機構が同一県（市）に設立されている場合を除く。
> 第4号　自社生産または委託加工の貨物を増値税非課税項目に使用すること。
> 第5号　自社生産，委託加工の貨物を集団福利または個人消費に使用すること。
> 第6号　自社生産，委託加工または購入した貨物を投資として，その他の単位または個人事業者に提供すること。
> 第7号　自社生産，委託加工または購入した貨物を株主または出資者に分配すること。
> 第8号　自社生産，委託加工または購入した貨物をその他の単位または個人に無償贈与すること。

(2) **固定資産の仕入税額控除**

固定資産の仕入税額控除に関係する税務法規には次のものがある。

> 1．中華人民共和国増値税暫定条例
>   2008年11月10日　国務院令第538号
> 2．中華人民共和国増値税暫定条例実施細則
>   2008年12月15日　財政部，国家税務総局令第50号
> 3．「財政部，国家税務総局の増値税消費型転換改革の全国実施の若干の問題に関する通知」2008年12月19日財政部，国家税務総局　財税［2008］170号

① **仕入税額控除**
1) **対象固定資産**

固定資産とは，使用期間が12ヶ月を超える機器，機械，運輸工具とその他の生産経営と関係する設備，工具，器具等をいい，営業税の課税項目である不動産と建設工事中の不動産に係る仕入税額は税額控除が認められていない。

不動産とは，移動できない財産または移動後に性質，形状の変更をもたらす財産をいい，建設物，構築物とその他の土地附着物を含むものであり，納税者が新築，改築，拡張，修繕，装飾する建設工事中の不動産も含むことから，不動産の建設工事に投入される固定資産に係る仕入税額は，仕入税額として税額控除できない。

財政部と国家税務総局は，2009年に「固定資産仕入税額控除問題に関する通知」を発表して，不動産の範囲を明確にした。建設物とは，人々がその内で生産，生活，およびその他の活動をするのに供される建物または場所をいい，構築物とは，人々がその内で生産，生活しない人工建造物をいい，その他の土地附着物とは，鉱産物資源と土地の上で生長する植物をいうものとした。具体的には，この通知の付属文書にある「固定資産の分類とコード番号」（GB/T14885-1994）で，分類コード番号の前2桁が「02」の建物と「03」の構築物の具体的な名称が掲載されており，財政部と国家税務総局のホームペー

ジで検索できるようになっている。

　さらに，通知では，建設物または構築物に搭載される付属設備と構成施設については，会計処理上で個別に記帳と処理が行われたかどうかに関係なく，すべて建設物または構築物の組成部分として，その仕入税額は売上税から控除することができないものとした。付属設備と構成施設とは，給排水，暖房，衛生，通風，照明，通信，排気，消防，セントラル空調，エレベーター，電気，インテリジェンスビルの設備と構成施設をいい，これらの付属設備等は不動産として仕入税額控除ができないものとされた。

2) 仕入税額控除証憑

　2009年1月1日から，増値税の一般納税者が固定資産を購入，贈与受入，現物出資または自社制作，改築拡大建設，据付して発生した固定資産仕入税額は，増値税暫定条例とその実施細則に基づいて，増値税専用発票，税関輸入増値税専用税金納付書，運輸費用精算発票の増値税税額控除証憑を根拠として，売上税額から控除することができ，その仕入税額は「未納税金－未納増値税（仕入税額）」科目に記入する。

　納税者が控除を認められる固定資産仕入税額とは，納税者の2009年1月1日以後に実際に発生したもので，かつ2009年1月1日以後に発行して取得した増値税控除証憑上に明記された増値税税額，または増値税税額控除証憑を根拠として計算した増値税税額をいう。

② **控除不能仕入税額**

　増値税暫定条例では，下記項目の仕入税額は売上税額から控除できないものとされている。すなわち営業税の売上項目，増値税の免税項目，集団福利と個人消費，非正常損失に使用された購入貨物等については，仕入税額控除はできない。

1．増値税非課税項目，増値税免税項目，集団福利または個人消費に使用した購入貨物または課税役務
2．非正常損失の購入貨物と関係する課税役務
3．非正常損失の仕掛品，製品で消耗した購入貨物または課税役務

また，増値税暫定条例実施細則第27条では，仕入税額を控除した購入貨物または課税役務に，増値税暫定条例第10条が定める上記の状況が発生した場合（免税項目と増値税非課税役務を除く）は，その購入貨物または課税役務の仕入税額は当期の仕入税額から控除しなければならない。仕入税額を決定できない場合は，当期の実際原価で控除すべき仕入税額を計算するものとされている。

これらの規定を受けて，増値税の一般納税者が仕入税額を控除した固定資産について，増値税暫定条例第10条第1号から第3号まで列記した状況（上記の1から3の状況）が発生した場合は，当月に下記の公式で控除不能仕入税額を計算して，当期仕入税額から控除しなければならないと定めている。

　　　控除不能仕入税額＝固定資産純額×適用税率

固定資産純額とは，一般納税者が財務会計制度により減価償却を計上した後の固定資産純額をいう。

③　経過措置

東北旧工業基地，中部6省旧工業基地都市，内蒙古自治区東部地区の増値税控除範囲拡大実験に含められた納税者は，2009年1月1日以後に発生した固定資産仕入税額は，税金還付方式を採用しない。その2008年12月31日以前に発生した控除予定の固定資産仕入税額の期末残高は，2009年1月度に一括して「未納税金－未納増値税（仕入税額）」科目に振り替える。

増値税控除範囲拡大実験とは，2008年11月の増値税暫定条例の改正以前には，固定資産の仕入税額控除は原則として認められていなかったが，地域的な優遇政策として税額控除範囲拡大実験として一部地域において税額控除が認められていた。

例えば，2004年に東北地域で8業種に限定して，2007年に中西部地域で8業種に限定して実験的に試行された。これらの実験的な固定資産仕入税額控除の特徴は，地域制限，業種制限，控除制限の3つにあり，東北地域では3省1都市，中部地域では6省26都市，西部地域では内蒙古東部5都市の8業種に限定適用されていた。

控除制限というのは，当年度に税額控除が認められる仕入税額は，当年度に新規に増加した増値税税額の範囲内とする方法であり，当年度増加分の増値税額を超えて仕入税額控除を行うことはできなかった。当年度に増値税が増額しないか，または固定資産の仕入税額が増加分の税額より多い場合には，未控除の仕入税額は翌年に繰り越された。この控除制限は増分制限と呼ばれていた。

　2008年8月に財政部は，四川，甘粛，陝西の3省51県の汶川地震災害地域を増値税の構造転換改革実験地域に含めた。財政部は，この適用にあたってこれまでにない新方針を発表した。その一つは増分制限の撤廃であり，企業が新規に購入した機械設備の仕入税額はその全額を売上税から控除する全額控除方式を認めた。二つは，業種制限の撤廃であり，国家が発展を制限する特定業種を除いて，その他の業種すべてに対して消費型増値税が適用された。このほか，通常の仕入税額控除方法が採用されたこと，および，本部機構が地震地域以外の場所に所在していても支店機構が地震地域に所在していれば，本部機構は固定資産の仕入税額控除の実験適用を受けることができた。

　2008年11月の新増値税暫定条例では，中国全国範囲で全業種にわたり全額控除方式が採用された。したがって，2008年12月31日まで増値税控除範囲拡大実験の適用を受けていた地域においては経過措置が必要となった。

(3)　流通税の会計処理

　流通税に関係する税金科目として，未納税金科目が貸借対照表の負債に設置されている。この未納税金科目は，増値税，消費税，営業税，所得税，資源税，土地増値税，都市擁護建設税，不動産税，土地使用税，車輛船舶税，個人所得税等の税金に関係する会計処理を行う科目である。未納税金科目の内訳科目としてこれらの未納税金の科目が設置されている。

　ここでは，「企業会計制度」の「会計科目と財務諸表」の「未納税金」科目に基づいて，流通税である増値税，営業税，消費税の基本的な会計科目とその会計仕訳について紹介する。なお，増値税の輸出還付制度と関係する免税控除還付の会計処理については，制度に対する理解が必要となるので，免税控除還付制度を解説する章節で，その会計処理についても詳解する。

① 増値税の会計処理

未納税金科目の内訳科目である未納増値税科目は，さらにその会計処理に応じた補助科目が設置されている。企業は未納増値税の補助簿に，「仕入税額」，「納付済税金」，「未納増値税振替」，「減免税額」，「売上税額」，「輸出税金還付」，「仕入税額振替」，「輸出控除国内販売製品納付税額」，「過大納付増値税振替」等の専用欄を設置する。これらの補助科目は，勘定科目的に配置すると次のようなものとなる。増値税の小規模納税者はこれらの補助科目を設置する必要はない。これらの補助科目を設置するのは増値税の一般納税者のみである。

図表2-1　未納増値税の内訳科目

未納増値税	
借方科目	貸方科目
仕入税額	売上税額
納付済税金	輸出税金還付
未納増値税振替	仕入税額振替
減免税額	輸出控除国内販売製品納付税額
	過大納付増値税振替

1)　国内仕入取引

中国国内で貨物を仕入れた場合は，増値税専用発票に明記されている増値税額によって，未納増値税科目（仕入税額）を借方記入し，専用発票に記載されている仕入原価または固定資産原価に計上すべき金額によって，「仕入」，「生産原価」，「管理費用」，「固定資産」等の科目を借方記入し，支払うべき，あるいは実際に支払った金額によって，「買掛金」，「支払手形」，「銀行預金」等の科目を貸方記入する。購入貨物に発生した返品は，逆の会計仕訳をする。

仕訳例

（借方）仕入　　　　　　　　1,000　　（貸方）買掛金　　　　　　1,170
　　　　未納増値税（仕入税額）　170

2) 現物出資

投資で受け入れた貨物は，専用発票に明記されている増値税額によって，未納増値税科目（仕入税額）を借方記入し，確定した価値によって，「固定資産」等の科目を借方記入し，その登録資本に占める相当額によって，「払込資本金」あるいは「株主資本金」科目を貸方記入し，その差額によって，「資本剰余金」科目を貸方記入する。

仕訳例

（借方）固定資産　　　　　1,000	（貸方）払込資本金	936
未納増値税（仕入税額）170	資本剰余金	234

3) 役務仕入

企業が受け入れた増値税の課税役務は，専用発票に明記されている増値税額によって，未納増値税（仕入税額）を借方記入し，専用発票に記載されている加工，修理・整備等の貨物原価に計上すべき金額によって，「生産原価」，「委託加工貨物」，「管理費用」等の科目を借方記入し，支払うべき，あるいは実際に支払った金額によって，「買掛金」，「銀行預金」等の科目を貸方記入する。

仕訳例

（借方）生産原価　　　　　1,000	（貸方）買掛金	1,170
未納増値税（仕入税額）170		

4) 輸入取引

輸入貨物は，税関が提供した納付領収書に明記されている増値税額によって，未納増値税（仕入税額）を借方記入し，輸入貨物の仕入原価に計上すべき金額によって，「仕入」，「在庫商品」等の科目を借方記入し，支払うべき，あるいは実際に支払った金額によって，「買掛金」，「銀行預金」等の科目を貸方記入する。

仕訳例

(借方) 仕入　　　　　　　　1,000　　(貸方) 買掛金　　　　　　1,170
　　　未納増値税 (仕入税額)　170

5) 免税農産品

　免税農産品を買い入れた場合は，購入した農産品の購入価格と規定の税率計算の仕入税額によって，未納増値税 (仕入税額) を借方記入し，購入価格から規定によって計算した仕入税額を減算した後の差額によって，「仕入」，「在庫商品」等の科目を借方記入し，支払うべき，あるいは実際に支払った代金によって，「買掛金」，「銀行預金」等の科目を貸方記入する。

仕訳例

(借方) 仕入　　　　　　　　　830　　(貸方) 買掛金　　　　　　1,000
　　　未納増値税 (仕入税額)　170

6) 増値税の小規模納税者

　増値税の小規模納税者が貨物または役務を受け入れた場合には，その専用発票に明記されている増値税額は，購入貨物及び受入役務の原価に計上し，未納増値税 (仕入税額) 科目を通さない。

仕訳例

(借方) 仕入　　　　　　　　1,170　　(貸方) 買掛金　　　　　　1,170

7) 社内使用

　企業が購入した貨物または受入役務を増値税の非課税項目に直接使用するか，または増値税の免税項目に直接使用するか，もしくは企業の団体福利と従業員の個人消費に直接使用した場合は，その専用発票に明記されている増値税額は，購入貨物及び受入役務の原価に計上し，未納増値税 (仕入税額) 科目を通さずに処理する。

仕訳例

(借方) 福利費　　　　　　1,170　　(貸方) 買掛金　　　　　　1,170

8) 売上取引

　企業が貨物を販売した場合または増値税の課税役務を提供した場合は，実現した営業収入と規定によって受領した増値税額によって，「売掛金」，「受取手形」，「銀行預金」，「未払配当金」等の科目を借方記入し，専用発票に明記されている増値税額によって，未納増値税（売上税額）を貸方記入し，実現した営業収入によって，「主要営業収入」等の科目を貸方記入する。発生した売上返品は，逆の会計仕訳をする。なお，増値税における貨物の販売取引には，通常の売上のほかに，自社生産した貨物，委託加工した貨物，または購入した貨物を株主に現物配当した場合も含む。

仕訳例

(借方) 売掛金　　　　　　1,170　　(貸方) 主要営業収入　　　　1,000
　　　　　　　　　　　　　　　　　　　　未納増値税（売上税）　170

9) 輸出取引

　増値税の輸出還付免税制度には，輸出入経営権を有する生産性企業に対して免税控除還付方法が認められており，非生産性企業に対しては免税還付方法が認められている。生産性企業に対して認められている免税控除還付方法とは，輸出売上について増値税を免税し，輸出製品に係る仕入増値税について仕入税額控除を認め，仕入税額控除できなかった仕入税額について還付を認める制度である。

　非生産性企業とは，例えば，外国貿易企業，外国投資性公司，輸出買付センター，外国投資商業企業，対外貿易公司，保税区貿易商社等の仕入販売を行う企業であるが，非生産性企業に対しては輸出免税還付方法が認められている。輸出還付免税方法とは，輸出売上について増値税を免税し，輸出商品に係る仕入増値税を還付する制度である。

　輸出の免税控除還付制度と免税還付制度の詳細については該当する章節で解

説するが，ここではこれらの輸出還付制度の簡単な会計処理を紹介する。下記の仕訳例は仕訳科目に重点があり，金額は掲載しただけで意味を持っていない。

1. 免税控除還付方法

まず，はじめに，輸出入経営権を有して免税控除還付方法を実行することができる生産性企業が貨物を輸出した場合は，規定によって計算した当期に仕入税額控除が認められるべき税額は，未納増値税（輸出控除国内販売製品納付税額）を借方記入し，未納増値税（輸出税金還付）を貸方記入する。控除すべき仕入税額が未納税額より大きいことにより一部が控除され，規定によって還付される税金は，未収補助金科目を借方記入し，未納増値税（輸出税金還付）を貸方記入する。還付された税金は，銀行預金科目を借方記入し，未収補助金科目を貸方記入する。

仕訳例（免税控除還付方法の適用）
1　輸出税金免除
（借方）売掛金　　　　　　　1,000　　（貸方）主要営業収入　　　　1,000
2　仕入税額控除
（借方）未納増値税　　　　　　　　　（貸方）未納増値税
　　　（輸出控除国内販売製品納付税額）85　　　　（輸出税金還付）　　　85
3　税金還付
（借方）未収補助金　　　　　　50　　（貸方）未納増値税（輸出税金還付）50
　　　銀行預金　　　　　　　　50　　　　　未収補助金　　　　　　50

規定によって計算した当期の輸出貨物で免税，控除，還付が認められなかった税金は，輸出貨物原価に計上し，主要営業原価科目を借方記入し，未納増値税（仕入税額振替）科目を貸方記入する。

仕訳例（免税控除還付方法の不適用）
（借方）主要営業原価　　　　　35　　（貸方）未納増値税（仕入税額振替）35

2．免税還付方法

　免税還付方法が認められる企業については，貨物が輸出販売された時，当期の輸出貨物の未収金額によって，売掛金等の科目を借方記入し，規定により計算した未収の輸出税金還付によって，未収補助金科目を借方記入し，規定により計算した還付不能税金によって，主要営業原価科目を借方記入し，当期の輸出貨物が実現した営業収入によって，主要営業収入科目を貸方記入し，規定により計算した増値税によって，未納増値税（売上税額）を貸方記入する。還付された税金は，銀行預金科目を借方記入し，未収補助金科目を貸方記入する。

仕訳例（免税還付方法の適用）

（借方）	売掛金	1,000	（貸方）	主要営業収入	1,000
	主要営業原価	35		未納増値税（仕入税額振替）	35
	未収補助金	50		未納増値税（輸出税金還付）	50
	銀行預金	50		未収補助金	50

仕訳例（免税還付方法の不適用）

（借方）	売掛金	1,170	（貸方）	主要営業収入	1,000
				未納増値税（売上税）	170
	主要営業原価	85		未納増値税（仕入税額振替）	85

10）　みなし販売

　企業が自社生産または加工を委託した貨物を非課税項目に使用した場合，投資，企業の団体福利として消費した場合，他人に贈呈する場合は，販売貨物と見なして未納増値税を計算し，建設仮勘定，長期持分投資，未払福利費，営業外支出等の科目を借方記入し，未納増値税（売上税額）を貸方記入する。

仕訳例（不動産建設）

（借方）	建設仮勘定	1,170	（貸方）	棚卸資産	1,000
				未納増値税（売上税）	170

仕訳例(現物出資)
(借方) 長期持分投資　　　　1,170　　　(貸方) 棚卸資産　　　　　　　1,000
　　　　　　　　　　　　　　　　　　　　　　 未納増値税(売上税)　　170

仕訳例(集団福利と個人消費)
(借方) 福利費　　　　　　　1,170　　　(貸方) 棚卸資産　　　　　　　1,000
　　　　　　　　　　　　　　　　　　　　　　 未納増値税(売上税)　　170

仕訳例(贈与)
(借方) 営業外支出　　　　　1,170　　　(貸方) 棚卸資産　　　　　　　1,000
　　　　　　　　　　　　　　　　　　　　　　 未納増値税(売上税)　　170

11) 包装物

商品とともに売却し,単独で評価する包装物は,規定により受取る増値税によって,売掛金等の科目を借方記入し,未納増値税(売上税額)を貸方記入する。リース,貸出による包装物で期限が過ぎても回収されないため没収した保証金の納付すべき増値税は,その他未払金科目を借方記入し,未納増値税(売上税額)を貸方記入する。

仕訳例(個別販売)
(借方) 売掛金　　　　　　　1,170　　　(貸方) その他業務収入　　　　1,000
　　　　　　　　　　　　　　　　　　　　　　 未納増値税(売上税)　　170
　　　 その他業務支出　　　　500　　　　　　 包装物　　　　　　　　　500

仕訳例(保証金の没収)
(借方) その他未払金(保証金) 1,000　　　(貸方) その他業務外収入　　　 830
　　　　　　　　　　　　　　　　　　　　　　 未納増値税(売上税)　　170

12) 臨時損失

買い入れた貨物,仕掛品,製品に臨時損失,および買入貨物の用途が変更さ

れる等の原因が発生した場合，その仕入税額は相応に関連科目に受入転記しなければならず未処理財産損益，建設仮勘定，未払福利費等の科目を借方記入し，未納増値税（仕入税額振替）を貸方記入する。未処理財産損失振替処理に属する部分は，臨時損失を被った買入貨物，仕掛品，製品原価と一括して処理する。

仕訳例（財産処分）

(借方) その他未収入金　　　800　　（貸方）棚卸資産　　　　　　　　1,000
　　　 未処理財産損失　　　370　　　　　 未納増値税(仕入税額振替)　170

13) 増値税の納付

当月に納付した当月の未納増値税は，未納増値税（納付済税金）を借方記入し，銀行預金科目を貸方記入する。

仕訳例

(借方) 未納増値税(納付済税金) 2,000　　（貸方）銀行預金　　　　　　　2,000

14) 月末処理

月次の終わりに，当月に納付すべき未納の，あるいは過大納付した増値税額を未納増値税（未納増値税振替，過大納付増値税振替）から未納付増値税に受入転記し，振替え後の未納増値税明細科目の年末の借方残高は，企業の未控除の増値税を表示する。

すなわち，月次の終わりに，当月に納付すべき未納付増値税を未納増値税の明細科目から未納増値税（未納付増値税）科目に受入転記し，未納増値税（未納増値税振替）を借方記入し，増値税（未納付増値税）を貸方記入する。

仕訳例

(借方) 未納増値税　　　　　　　　　（貸方）未納増値税
　　　（未納増値税振替）　　300　　　　　 （未納付増値税）　　　　300

当月に過大納付した増値税を未納増値税（過大納付増値税振替）から増値税（未納付増値税）へ受入転記し，増値税（未納付増値税）を借方記入し，未納増値税（過大納付増値税振替）を貸方記入する。

仕訳例
(借方) 未納増値税　　　　　　　　　(貸方) 未納増値税
　　　（未納付増値税）　　100　　　　　　（過大納付増値税振替）　100

当月に納付した前期に納付すべき未納付増値税は，未納増値税（未納付増値税）を借方記入し，銀行預金科目を貸方記入する。

仕訳例
(借方) 未納増値税(未納付増値税) 500　　(貸方) 銀行預金　　　　　　500

② 営業税の会計処理
1) 売上時
営業税の課税役務等の営業額と規定の税率によって，納付すべき営業税を計算し，主要営業税金及び附加費用等の科目を借方記入し，未納営業税を貸方記入する。

仕訳例
(借方) 主要営業税金及び附加費用　1,000　　(貸方) 未納営業税　　　　1,000

2) 不動産の販売
不動産を販売した場合は，販売額によって計算した営業税は処分固定資産科目に記入し，処分固定資産科目を借方記入し，未納営業税を貸方記入する。

仕訳例

(借方) 処分固定資産　　　　1,500　　(貸方) 固定資産　　　　　2,000
　　　 固定資産減価償却累計　700　　　　　 未納営業税　　　　　500
　　　 固定資産減損引当金　　300
(借方) その他未収入金　　　1,000　　(貸方) 処分固定資産　　　1,500
　　　 営業外支出　　　　　　500

3) 不動産開発企業

不動産開発企業が建物不動産を取り扱って納付する営業税は，主要営業税金及び附加費用科目を借方記入し，未納営業税を貸方記入する。

仕訳例

(借方) 売掛金　　　　　　　　　3,000　　(貸方) 主要営業収入　　　3,000
　　　 主要営業原価　　　　　　2,000　　　　　 開発商品　　　　　2,000
　　　 主要営業税金及び附加費用　150　　　　　 未納営業税　　　　　150

4) 営業税の納税

納付した営業税は，未納営業税を借方記入し，銀行預金科目を貸方記入する。

仕訳例

(借方) 未納営業税　　　　　1,000　　(貸方) 銀行預金　　　　　3,000

③ 消費税の会計処理

1) 課税消費品の販売

消費税を納付する必要のある貨物を販売して納付すべき消費税は，主要営業税金及び附加費用等の科目を借方記入し，未納消費税を貸方記入する。税金が還付された時は逆の会計仕訳をする。

仕訳例

(借方) 売掛金　　　　　　　3,000　　(貸方) 主要営業収入　　　　3,000
　　　 主要営業原価　　　　2,000　　　　　 在庫商品　　　　　　2,000
　　　 主要営業税金及び附加費用　100　　　 未納消費税　　　　　100

2) 投資等

　生産した商品で持分投資とするか，建設仮勘定，非生産機構等に使用した場合，規定で納付すべき消費税によって，長期持分投資，固定資産，建設仮勘定，営業外支出等の科目を借方記入し，未納消費税を貸方記入する。

仕訳例 (現物出資)

(借方) 長期持分投資　　　　1,100　　(貸方) 棚卸資産　　　　　　1,000
　　　　　　　　　　　　　　　　　　　　　 未納消費税　　　　　100

3) 包装物

　商品とともに売却したが，単独で評価する包装物は，規定で納付すべき消費税によって，その他業務支出科目を借方記入し，未納消費税を貸方記入する。貸出，借入包装物が期限を過ぎても回収されずに没収した保証金が納付すべき消費税は，その他業務支出科目を借方記入し，未納消費税を貸方記入する。

仕訳例 (個別販売)

(借方) 売掛金　　　　　　　1,000　　(貸方) その他業務収入　　　1,000
　　　 その他業務支出　　　　600　　　　　 未納消費税　　　　　100
　　　　　　　　　　　　　　　　　　　　　 包装物　　　　　　　 500

仕訳例 (保証金の没収)

(借方) その他未払金(保証金) 1,000　　(貸方) その他業務外収入　　1,000
　　　 その他業務支出　　　　100　　　　　　未納消費税　　　　　100

4) 委託加工

委託加工については，委託者と受託者に区分し，委託者の委託加工貨物の回収までの会計処理と受託者の委託加工貨物の引渡時の会計処理，さらに委託者が貨物を再加工しないで直接販売に供する場合と再加工（連続生産）して販売する場合に区分して会計処理を説明する必要がある。これらの一連の会計仕訳を理解するためには，次のような前提条件を設定して具体的な数値により解説する。

前提条件

委託加工原材料	3,000
委託加工賃	1,200
運送費	500（運送業者への支払，運輸発票を取得）
消費税税率	30％（化粧品）

1．委託者の委託加工貨物回収までの会計仕訳

仕訳例

（借方）　委託加工物資（原材料）3,000　　（貸方）原材料　　　　　3,000
　　　　委託加工物資（加工賃）1,200　　　　　銀行預金　　　　3,704
　　　　委託加工物資（運送諸経費）465
　　　　未納増値税（仕入税額）239
　　　　未納消費税　　　　　1,800

（注）　委託加工品の課税構成価格＝（材料原価＋加工費）÷（1－比例税率）
　　　　　　　　　　　　　　　＝（3,000＋1,000）÷（1－30％）＝6,000
　　　受託者が代理受領代理納付する消費税額＝6,000×30％＝1,800
　　　増値税の税額計算＝加工賃1,200×17％＋運賃500×7％＝239
　　　運賃の計上額＝運賃500×（1－7％）＝465

2．受託者の委託加工貨物の引渡時の会計仕訳

消費税を納付する必要のある委託加工貨物は，受託者が税金を代理受領代理納付する（金銀首飾りを受託加工あるいはデザイン直しをして，規定によって

受託者が納付する消費税は除外する)。受託者は納付すべき税額によって，売掛金，銀行預金等の科目を借方記入し，未納消費税を貸方記入する。

仕訳例
(借方) 銀行預金　　　　　　3,204　　　(貸方) 主要営業収入　　　　1,200
　　　　　　　　　　　　　　　　　　　　　　　未納増値税 (売上税)　 204
　　　　　　　　　　　　　　　　　　　　　　　未納消費税　　　　　1,800

3. 受託者が再加工しないで直接販売する場合

委託加工貨物が回収後，販売に直接使用される場合は，代理受領代理納付した消費税を委託加工貨物の原価に計上し，委託加工貨物等の科目を借方記入し，買掛金，銀行預金等の科目を貸方記入する。

前提条件
　　委託加工貨物の販売価格　　8,000

仕訳例
(借方) 売掛金　　　　　　　9,360　　　(貸方) 主要営業収入　　　　8,000
　　　　　　　　　　　　　　　　　　　　　　　未納増値税 (売上税)　1,360
　　　　委託加工貨物　　　　1,800　　　　　　未納消費税　　　　　1,800
　　　　主要営業原価　　　　6,465　　　　　　委託加工貨物　　　　6,465

4. 委託者が再加工 (連続生産) した後に販売する場合

委託加工貨物を回収した後に連続生産に使用する場合は，規定によって控除が認められるならば，代理受領代理納付した消費税によって，未納消費税を借方記入し，買掛金，銀行預金等の科目を貸方記入する。

前提条件
　　追加加工費　　　　　　　1,000
　　委託加工貨物の販売価格　9,000

仕訳例

(借方)	売掛金	10,530	(貸方)	主要営業収入	9,000
				未納増値税（売上税）	1,530
	製品	8,365		未納消費税	2,700
				生産原価（加工費）	1,000
				委託加工貨物	4,665
	未納消費税	900		銀行預金	900

（注）　委託者が納付すべき消費税額＝9,000×30％＝2,700
　　　　控除できる消費税額＝受託者が代理納付した消費税額＝1,800
　　　　差引納付消費税額＝2,700−1,800＝900

5) 金銀首飾り

1．小売販売

　金銀首飾りの小売取引を有する企業，中古で新品と交換する方式を採用して金銀首飾りを販売する企業は，営業収入が実現した時，未納消費税額によって，主要営業税金及び附加費用等の科目を借方記入し，未納消費税を貸方記入する。

仕訳例

(借方)	売掛金	1,170	(貸方)	主要営業収入	1,000
				未納増値税（売上税）	170
	主要営業原価	500		商品	500
	主要営業税金及び附加費用	50		未納消費税	50

2．受託代理販売

　金銀首飾りの小売取引を有する企業が金銀首飾りを代理販売することを受託したことにより規定によって納付すべき消費税は，それぞれの状況に応じて処理する。

　手数料を受取る方式で金銀首飾りを代理販売する場合，その納付すべき消費

税は，その他業務支出等の科目を借方記入し，未納消費税を貸方記入する。

仕訳例

（借方）売掛金	500	（貸方）その他業務収入	500
その他業務支出	50	未納営業税	25
		未納消費税	25

その他の方式でネックレスを代理販売する場合，その納付した消費税等は，主要営業税金及び附加費用等の科目を借方記入し，未納消費税を貸方記入する。

仕訳例

（借方）売掛金	1,170	（貸方）主要営業収入	1,000
		未納増値税（売上税）	170
主要営業原価	500	商品	500
主要営業税金及び附加費用	50	未納消費税	50

3．贈与等

金銀ネックスレの卸売，小売取引を有する企業が金銀首飾りを贈り物，協賛，広告，従業員福利，奨励等の方面に用いる場合，貨物移送時に，未納消費税によって，営業外支出，営業費用，未払福利費，未払賃金給与等の科目を借方記入し，未納消費税を貸方記入する。

仕訳例

（借方）営業外支出	1,220	（貸方）棚卸資産	1,000
		未納増値税（売上税）	170
		未納消費税	50

4．包装物

金銀首飾りとともに売却するが，単独で評価する包装物は，規定で納付すべ

き消費税によって，その他業務支出科目を借方記入し，未納消費税を貸方記入する。

仕訳例
(借方) 売掛金　　　　　　　1,170　　(貸方) その他業務収入　　　1,000
　　　　　　　　　　　　　　　　　　　　　　未納増値税 (売上税)　170
　　　　その他業務支出　　　 550　　　　　　未納消費税　　　　　 50
　　　　　　　　　　　　　　　　　　　　　　包装物　　　　　　　500

5．受託加工

企業が金銀首飾りを受託加工あるいはデザイン直しをして，規定によって納付すべき消費税は，企業が委託者に納品した時，主要営業税金及び附加費用，その他業務支出等の科目を借方記入し，未納消費税を貸方記入する。

仕訳例
(借方) 売掛金　　　　　　　　　　 1,170　　(貸方) 主要営業収入　　　　1,000
　　　　　　　　　　　　　　　　　　　　　　　　　未納増値税 (売上税)　170
　　　　主要営業税金及び附加費用　 50　　　　　　未納消費税　　　　　 50

6) 輸入貨物

消費税を納付する必要のある輸入貨物は，その納付した消費税は当該貨物の原価に計上し，固定資産，仕入，在庫商品等の科目を借方記入し，銀行預金等の科目を貸方記入する。

前提条件
　　化粧品　関税率　　10％
　　　　　　消費税率　30％
　　　　　　増値税率　17％

仕訳例

(借方)	商品	1,571	(貸方)	買掛金	1,000
	未納増値税(仕入税額)	267		銀行預金	838

(注)　消費税の課税構成価格＝(関税課税標準価格＋関税)÷(1－消費税比例税率)
　　　　　　　　　　　　＝(1,000＋1,000×10％)÷(1－30％)＝1,571
　　　消費税の納付税額＝課税構成価格×税率＝1,571×30％＝471
　　　増値税の課税構成価格＝関税課税標準価格＋関税＋消費税
　　　　　　　　　　　　＝1,000＋100＋471＝1,571
　　　増値税の納付税額＝課税構成価格×税率＝1,571×17％＝267

7) 免税

　消費税を免税された輸出貨物はそれぞれの状況に応じて会計処理する。生産性企業が直接輸出した，または外国貿易企業を通して輸出した貨物は，規定によって直接免税が認められる場合は，未納消費税を計算する必要はない。
　外国貿易企業を通して貨物を輸出した時に，規定によって先納付後還付方法を実行する場合，次の方法によって会計処理をする。

1．代理輸出貨物

　貨物を代理輸出することを外国貿易企業に委託した生産性企業は，消費税を計算する時には，未納消費税によって未収補助金科目を借方記入し，未納消費税を貸方記入する。還付された税金は，銀行預金科目を借方記入し，未収補助金科目を貸方記入する。通関取消，返品が発生し，還付済消費税を追加支払した場合は，逆の会計仕訳をする。

仕訳例

(借方)	未収補助金	100	(貸方)	未納消費税	100
	銀行預金	100		未収補助金	100

2．外国貿易企業に対する直接販売

　企業が貨物を外国貿易企業に販売し，外国貿易企業が自営輸出する場合，その納付した消費税は，主要営業税金及び附加費用科目を借方記入し，未納消費

税を貸方記入する。貨物を自営輸出する外国貿易企業は，貨物通関輸出後に輸出税金還付を申請した時，未収補助金科目を借方記入し，主要営業原価科目を貸方記入する。実際に受領した還付税金は，銀行預金科目を借方記入し，未収補助金科目を貸方記入する。通関取消あるいは返品が発生し，還付済み消費税を追加支払した場合，逆の会計仕訳をする。

仕訳例（生産企業）
（借方）主要営業税金及び附加費用　100　　（貸方）未納消費税　　　　　100

仕訳例（外国貿易企業）
（借方）未収補助金　　　　　100　　（貸方）主要営業原価　　　100
　　　　銀行預金　　　　　　100　　　　　　未収補助金　　　　100

　8）　消費税の納付
　納付した消費税は，未納消費税を借方記入し，銀行預金科目を貸方記入する。

仕訳例
（借方）未納消費税　　　　　100　　（貸方）銀行預金　　　　　100

(4)　固定資産仕入税額の会計処理

①　会計科目

　財政部，国家税務総局の「東北地区増値税控除範囲拡大の若干の問題に関する規定」によって，東北地区において固定資産の購入に係る仕入税額の控除が認められ，その後中西部地区等においても控除が認められるようになり，最終的に増値税暫定条例の改正により，2009年1月1日からは中国全土で固定資産の仕入税額控除が認められるようになった。
　しかし，固定資産の仕入税額の会計処理については，「東北地区の増値税控除範囲拡大に関係する会計処理規定」が公布されているだけであり，現在でも

これに従って会計処理を行うことになる。

固定資産仕入税額控除に使用する会計科目は,「未納税金」科目の内訳科目に「控除固定資産増値税」科目を設置し,かつその内訳科目に「固定資産仕入税額」,「固定資産仕入税額振替」,「控除済固定資産仕入税額」等の専門欄を設ける。

「固定資産仕入税額」専門欄は,企業が固定資産または課税役務を購入して支払った場合の控除が認められる増値税仕入税額を記録する。企業が固定資産または課税役務を購入して支払った仕入税額は青字で記帳し,購入した固定資産を返品して相殺した仕入税額は赤字で記帳する。

「固定資産仕入税額振替」専門欄は,企業が購入した固定資産が何らかの理由で控除できなかった場合に,規定により振り替える仕入税額を記録する。

「控除済固定資産仕入税額」専門欄は,企業が控除した固定資産増値税仕入税額を記録する。

② 会計仕訳
1) 固定資産の購入

企業が国内で固定資産を購入した場合は,専用発票上に明記された増値税額で,「未納税金－控除固定資産増値税（固定資産仕入税額）」科目を借方記帳し,専用発票上に記載された計上すべき固定資産価値の金額で,「固定資産」等の科目を借方記帳し,支払うべきまたは実際に支払った金額で,「買掛金」,「支払手形」,「銀行預金」,「長期未払金」等の科目を貸方記帳する。購入した固定資産に返品が発生した場合は,これと反対の会計仕訳を行う。

仕訳例
（借方）固定資産　　　　　　1,000　　（貸方）長期未払金　　　　1,170
　　　　控除固定資産増値税
　　　　（固定資産仕入税額）　 170

2) 固定資産の贈与受入

企業が固定資産の贈与を受け入れた場合は,専用発票上に明記された増値税

額で,「未納税金－控除固定資産増値税（固定資産仕入税額)」科目を借方記帳し,認識した固定資産価値（増値税控除済み）で,「固定資産」,「工事物資」等の科目を借方記帳する。

　贈与者が固定資産仕入税額の支払を代行した場合は,増値税仕入税額と固定資産価値の合計額で,「未振替資産価値」等の科目を貸方記帳し,贈与を受けた企業が自ら固定資産増値税を支払った場合は,支払った固定資産増値税の仕入税額で,「銀行預金」等の科目を貸方記帳し,贈与を受けた固定資産価値で,「未振替資産価値」科目を貸方記帳する。贈与を受けた企業がその他費用,例えば運送費等を支払った場合は,さらに「銀行預金」等の科目を貸方記帳する。

仕訳例（贈与者が増値税を支払った場合）
(借方)　固定資産　　　　　　1,000　　(貸方)　未振替資産価値　　　1,170
　　　　控除固定資産増値税
　　　　（固定資産仕入税額）　　170

仕訳例（受贈者が増値税を支払った場合）
(借方)　固定資産　　　　　　1,000　　(貸方)　未振替資産価値　　　1,000
　　　　控除固定資産増値税　　　　　　　　　　銀行預金　　　　　　　170
　　　　（固定資産仕入税額）　　170

3)　現物出資受入

　企業が固定資産の投資を受け入れた場合は,「未納税金－控除固定資産増値税（固定資産仕入税額)」科目を借方記帳し,認識した固定資産価値で,「固定資産」,「工事物資」等の科目を借方記帳し,増値税と固定資産価値の合計額で,「払込資本金」等の科目を貸方記帳する。

仕訳例

(借方)	固定資産	1,000	(貸方) 払込資本金	1,170
	控除固定資産増値税			
	(固定資産仕入税額)	170		

4) 固定資産建設

　企業が購入した貨物を固定資産の自社製造に使用した場合は，専用発票上に明記された増値税額で，「未納税金－控除固定資産増値税（固定資産仕入税額）」科目を借方記帳し，専用発票上に記載された計上すべき工事物資原価の金額で，「工事物資」科目を借方記帳し，支払うべきまたは実際に支払った金額で，「買掛金」，「支払手形」，「銀行預金」，「長期未払金」等の科目を貸方記帳する。購入した貨物に返品が発生した場合は，これと反対の会計仕訳を行う。

仕訳例

(借方)	工事物資原価	1,000	(貸方) 長期未払金	1,170
	控除固定資産増値税			
	(固定資産仕入税額)	170		

　企業が購入して棚卸資産として処理した原材料等は，固定資産の自社建設に使用した場合は，当該部分の棚卸資産の原価で，「建設仮勘定」等の科目を借方記帳し，「原材料」等の科目を貸方記帳し，当該部分の原材料に対応する増値税仕入税額については，「未納税金－控除固定資産増値税（固定資産仕入税額）」科目を借方記帳し，「未納税金－未納増値税（仕入税額振替）」科目を貸し方基地要しなければならない。

仕訳例

(借方)	建設仮勘定	1,000	(貸方) 原材料	1,000
	控除固定資産増値税		未納税金	
	(固定資産仕入税額)	170	(仕入税額振替)	170

5) 固定資産役務

企業が受け入れた課税役務を固定資産の自社製造に使用した場合は，専用発票上に明記された増値税額で，「未納税金－控除固定資産増値税（固定資産仕入税額）」科目を借方記帳し，専用発票上に記載された計上すべき建設工事原価の金額で，「建設仮勘定」科目を借方記帳し，支払うべきまたは実際に支払った金額で，「買掛金」，「支払手形」，「銀行預金」等の科目を貸方記帳する。

仕訳例

(借方) 建設仮勘定　　　　　1,000　　　(貸方) 銀行預金　　　　　1,170
　　　 控除固定資産増値税
　　　 （固定資産仕入税額）　 170

6) 固定資産の輸入

企業が固定資産を輸入した場合は，税関が提供する納税証憑上に明記された増値税額で，「未納税金－控除固定資産増値税（固定資産仕入税額）」科目を借方記帳し，専用発票上に記載された計上すべき固定資産価値の金額で，「固定資産」，「工事物資」等の科目を借方記帳し，支払うべきまたは実際に支払った金額で，「買掛金」，「支払手形」，「銀行預金」，「長期未払金」等の科目を貸方記帳する。

仕訳例

(借方) 固定資産　　　　　　1,000　　　(貸方) 銀行預金　　　　　1,170
　　　 控除固定資産増値税
　　　 （固定資産仕入税額）　 170

7) 運送費用

固定資産を購入して運送費用を支払った場合は，控除できる金額で，「未納税金－控除固定資産増値税（固定資産仕入税額）」科目を借方記帳し，計上すべき固定資産，工事物資等の価値の金額で，「固定資産」，「建設仮勘定」，「工事物資」等の科目を借方記帳し，支払うべきまたは実際に支払った金額で，

「買掛金」,「支払手形」,「銀行預金」,「長期未払金」等の科目を貸方記帳する。

仕訳例
(借方) 固定資産　　　　　　　1,000　　(貸方) 銀行預金　　　　　1,070
　　　　控除固定資産増値税
　　　　(固定資産仕入税額)　　　 70

8) 非課税項目と免税項目

　企業が自社製造または委託加工した固定資産を非課税項目または免税項目に使用した場合は,貨物の販売とみなして納付すべき増値税を計算しなければならず,「建設仮勘定」等の科目を借方記帳し,「未納税金−未納増値税(売上税額)」科目を貸方記帳する。

仕訳例
(借方)　　　　　　　　　　　　　　　(貸方)
建設仮勘定　　　　　　　1,170　　固定資産　　　　　　　　　1,000
　　　　　　　　　　　　　　　　　　未納税金−未納増値税(売上税額)　170

9) 長期投資

　企業が自社製造,委託加工または購入した固定資産(贈与を受けて取得した固定資産と投資者が投入した固定資産を含む)を出資して,その他の単位または個人経営者に提供した場合は,貨物の販売とみなして納付すべき増値税を計算しなければならず,「長期持分投資」科目を借方記帳し,「未納税金−未納増値税(売上税額)」科目を貸方記帳する。

仕訳例
(借方)　　　　　　　　　　　　　　　(貸方)
長期持分投資　　　　　　1,170　　固定資産　　　　　　　　　1,000
　　　　　　　　　　　　　　　　　　未納税金−未納増値税(売上税額)　170

10) 現物配当

企業が自社製造，委託加工または購入した固定資産を株主または出資者に配当した場合は，貨物の販売とみなして納付すべき増値税を計算しなければならず，「利益分配－未払普通株式配当金」科目を借方記帳し，「未納税金－未納増値税（売上税額）」科目を貸方記帳する。

仕訳例
(借方)　　　　　　　　　　　　　　(貸方)
利益分配－未払普通株式配当金　1,170　　固定資産　　　　　　　　　1,000
　　　　　　　　　　　　　　　　　　　未納税金－未納増値税(売上税額)　170

11) 集団福利と個人消費

企業が自社製造，委託加工した固定資産を集団福利と個人消費に使用した場合は，貨物の販売とみなして納付すべき増値税を計算しなければならず，「未払福利費」科目を借方記帳し，「未納税金－未納増値税（売上税額）」科目を貸方記帳する。

仕訳例
(借方)　　　　　　　　　　　　　　(貸方)
未払福利費　　　　　　　　1,170　　固定資産　　　　　　　　　1,000
　　　　　　　　　　　　　　　　　　未納税金－未納増値税(売上税額)　170

12) 贈与

企業が自社製造，委託加工または購入した固定資産を他者に無償で贈与した場合は，貨物の販売とみなして納付すべき増値税を計算しなければならず，「営業外支出」科目を借方記帳し，「未納税金－未納増値税（売上税額）」科目を貸方記帳する。

仕訳例

(借方)		(貸方)	
営業外支出	1,170	固定資産	1,000
		未納税金-未納増値税(売上税額)	170

13) 税額控除不能

　企業が固定資産を購入したときに規定により増値税仕入税額を「未納税金-控除固定資産増値税（固定資産仕入税額）」科目に記入した場合で，関係する固定資産を非課税項目に専用使用した場合，または免税項目に専用使用した場合および集団福利と個人消費に専用使用した場合で，さらに固定資産を「規定」の適用範囲に入っていない機構に供して使用させた場合等においては，元々記入した「未納税金-控除固定資産増値税（固定資産仕入税額）」科目の金額の振替を行い，関係科目に借方記帳し，「未納税金-控除固定資産増値税（固定資産仕入税額振替）」科目を貸方記帳する。

仕訳例

(借方)		(貸方)	
未払福利費	1,000	固定資産	1,000
未納税金（固定資産仕入税額）	170	未納税金(固定資産仕入税額振替)	170

14) 中古固定資産の販売

　企業が当該企業の使用していた固定資産を販売した場合は，当該固定資産を原始取得したときに，その増値税仕入税額が「未納税金-控除固定資産増値税（固定資産仕入税額）」科目に記入していた場合には，販売する時に増値税売上税額を計算確定して，「処分固定資産」科目を借方記帳し，「未納税金-未納増値税（売上税額）」科目を貸方記帳する。

仕訳例（固定資産仕入税額を計上していた場合）
(借方) (貸方)
処分固定資産　　　　　　　　1,170　　固定資産　　　　　　　　　　1,000
　　　　　　　　　　　　　　　　　　未納税金－未納増値税(売上税額)　170

　企業が当該企業の使用していた固定資産を販売した場合は，当該固定資産を原始取得したときに，その増値税仕入税額が「未納税金－控除固定資産増値税（固定資産仕入税額）」科目に記入していなかったが，税法規定により販売する時に増値税仕入税額を控除することが認められている場合は，「未納税金－控除固定資産増値税（固定資産仕入税額）」科目を借方記帳し，「処分固定資産」科目を貸方記帳しなければならない。販売する時に増値税売上税額を計算確定した場合は，「処分固定資産」科目を借方記帳し，「未納税金－未納増値税（売上税額）」科目を貸方記帳する。

仕訳例（固定資産仕入税額を計上していなかった場合）
(借方) (貸方)
未納税金（固定資産仕入税額）　170　　処分固定資産　　　　　　　　　170
処分固定資産　　　　　　　　1,170　　固定資産　　　　　　　　　　1,000
　　　　　　　　　　　　　　　　　　未納税金－未納増値税（売上税額）170

　　15)　仕入税額控除
　規定により，控除すべき固定資産仕入税額を未納増値税から控除する時は，「未納税金－未納増値税（未払増値税）」科目を借方記帳し，「未納税金－控除固定資産増値税（控除済固定資産仕入税額）」科目を貸方記帳する。

仕訳例
(借方) (貸方)
未納税金－未納増値税(未払増値税)　170　　未納税金－控除固定資産増値税
　　　　　　　　　　　　　　　　　　　　（控除済固定資産仕入税額）　　170

(5) 輸入設備免税と国産設備還付

① 最近の輸入設備免税政策
1) 旧輸入設備免税政策

2009年1月1日から施行された増値税暫定条例により，固定資産の仕入税額控除が認められることとなったため，中国国外から輸入する下記のプロジェクトの設備の輸入関税と輸入増値税の免税政策は，輸入段階の増値税については免税が廃止されて増値税の課税が復活することになった。ただし輸入関税については従来どおり免税が継続適用されており，一定の条件を満たす輸入設備について増値税は課税されるが輸入関税は現在でも免税とされている。

1. 外国投資企業の投資総額範囲内の輸入設備
2. 外国投資企業の既存設備更新の輸入設備
3. 外国投資研究開発センターの輸入設備
4. 加工貿易の無価格輸入設備
5. 外国政府借款と国際金融組織借款の輸入設備
6. ソフトウェア企業の輸入設備
7. 集積電子回路企業の輸入設備
8. 都市軌道交通プロジェクトの輸入設備
9. 中西部地区外国投資優勢産業プロジェクトの輸入設備
10. 国家発展奨励国内外資投資プロジェクトの輸入設備
11. その他

2) 重大技術設備装置産業の輸入免税政策

2009年7月1日から重大技術設備装置の生産のために輸入する基幹部品と原材料について，輸入関税と輸入増値税を免税とする新しい輸入免税政策が実施された。それまでは，一定の条件を満たす総合機械とプラント設備に対しては輸入関税と輸入増値税を免税とする輸入免税政策が実施され，また，中国内資企業が重大技術設備装置の開発と生産のために輸入する基幹部品と原材料に対して輸入関税と輸入増値税の先納付後還付政策が実施されていた。

重大技術設備装置の生産のための輸入基幹部品と輸入原材料に対する免税政

策は，内資と外資に共通して適用される輸入免税政策であり，この輸入免税政策が新たに実施されたことにより，従来の総合機械とプラント設備に対する輸入免税政策と，中国内資企業の重大技術設備装置の開発と生産のために輸入する基幹部品と原材料に対する輸入関税と輸入増値税の先納付後還付政策は廃止されることとなり，経過措置として，これらの優遇政策は段階的に縮小されている。

なお，旧優遇政策である輸入関税と輸入増値税の先納付後還付政策とは，国務院の批准によって認められた特定分野の設備装置産業に対する財政支援政策であった。中国内資企業の産業構造の転換によるレベルアップ，技術の創新と開発のために設備装置の生産と開発に輸入が必要な基幹部品と国内で生産できない原材料を輸入する場合に，その輸入関税と輸入増値税を輸入時に一旦納税させてその後に還付する政策であるが，その還付税金については登録資本金に振り替えなければならないという制限が課されていた。

この先納付後還付政策はさらに発展拡大して，2009年7月1日から中国内資企業と外国投資企業の両者に適用する輸入免税政策に変更された。

重大技術設備装置の基幹部品と原材料の輸入関税と輸入増値税の免税政策に関連して，都市軌道交通と原子力発電の自主化委託プロジェクトを引き受けたオーナー企業に対しても同様の輸入免税政策が2009年7月1日から実施されている。

3) 研究開発機構の輸入設備免税政策と増値税還付政策

2009年7月1日から，外資の研究開発センターが科学技術開発用品（設備を含む）を輸入する場合には，輸入関税と輸入増値税が免税される輸入免税政策が新たに実施された。

同時に，内資と外資の研究開発機構が国産設備を購入した場合に，その購入に係る仕入増値税の全額が還付される増値税還付政策も実施された。これらの優遇政策が適用される設備は，科学研究，科学技術開発，科学学習教育のために必要な実験設備，装置，機械機器を優遇対象としている。

ただし，これらの研究開発機構の優遇政策は2009年7月1日から2010年12月31日までの期間限定の時限措置である。

これらの優遇政策が適用される外資の研究開発センターの資格要件について

は，研究開発費用基準，専門職人員数基準，設備購入原価累計額基準がある。研究開発費用基準とは，研究開発センターが独立法人である場合には，2009年9月以前に設立した法人は投資総額が500万米ドル以上，2009年10月以後に設立した法人は投資総額が800万米ドル以上であること，研究開発センターが企業内部門または分公司である場合には，2009年9月以前の設立ならば研究開発投資が500万米ドル以上，2009年10月以後の設立ならば800万米ドル以上であることが要求されている。

新規設立で2年に満たない非独立法人の研究開発センターの研究開発投資とは，外国投資企業の最近2年以内に専門的に設置された研究開発センターへの投入資産で購入契約済みのものをいう。2009年9月以前に設立した研究開発センターで設立後2年以上経過した場合には，最近2年間の研究開発経費支出額の平均額が1,000万元以上であることが要求されている。

専門職人員数基準については，基礎研究，応用研究，拡大試験に従事する専門職研究員と拡大試験人員であり，プロジェクトに直接参加する人員と専門職の科学技術管理者と資料文献，資材供給，設備提供の直接サービス人員を含む。

2009年9月以前に設立した研究開発センターは90人以上，2009年10月以後に設立した研究開発センターは150人以上のこれらの人員が要求されている。

設備購入原価累計額基準とは，研究開発センターが設立されてからの科学技術開発，科学研究および学習教育のための実験設備，装置，機械機器の原価の累計金額であり，輸入設備と国産設備の原価を含み，購入契約が締結されたものについては2010年末までに引渡しを受けることが要求されている。

2009年9月以前に設立した研究開発センターは設備購入原価累計額が1,000万元以上，2009年10月以後に設立した研究開発センターは2,000万元以上であることが要求されている。

4) 外国政府借款および国際金融組織借款プロジェクト

2009年11月には，国務院の批准を受けて，外国政府借款および国際金融組織借款プロジェクトの輸入設備増値税政策が公布され，2009年1月1日に遡及して実施されている。これは，「外国投資プロジェクト免税不許可の輸入商品目録」に列記する商品を除いて，外国政府および国際金融組織の借款プロジェク

トで輸入する自己使用設備について輸入増値税が免除されることとなり，借款プロジェクトの輸入自己使用設備については輸入関税と輸入増値税は免税されることとなった。

② 輸入設備免税政策

2009年1月から実施された輸入設備免税政策については，「全国増値税消費型転換改革の一部輸入租税優遇政策に対する対応的調整（仮称）」で下記のとおり制定された。

1) 外国投資と加工貿易プロジェクト等

2009年1月1日から，「国務院の輸入設備租税政策の調整に関する通知」の中で国家が発展を奨励する国内投資プロジェクトと外国投資プロジェクトが輸入する自己使用設備，外国政府借款と国際金融組織融資プロジェクトの輸入設備，加工貿易の外国企業が提供する価格評価しない輸入設備と契約により上記設備に伴って輸入する技術と組立部品，部品については，輸入段階増値税の課税を復活させ，旧規定の範囲内で関税の免税を継続する。

2) 研究開発と中西部プロジェクト等

2009年1月1日から，「税関総署の外国投資を更に奨励する関係輸入租税政策に関する通知」の中で定める外国投資企業と外国投資が設立する研究開発センターが技術改造を行って「中西部地区外国投資優勢産業目録」で批准された外国投資プロジェクトが輸入する自己使用設備とその組み合わせの技術，組立部品，部品については，輸入段階増値税の課税を復活させ，旧規定の範囲内で関税の免税を継続する。

3) IT産業プロジェクト等

2009年1月1日から，ソフトウェア生産企業，集積電子回路生産企業，都市軌道交通プロジェクトとその他の「国務院の輸入設備租税政策の調整に関する通知」を比較参照して執行する企業とプロジェクトの，輸入設備とその組み合わせの技術，組立部品，部品については，一律に輸入段階増値税の課税を復活させ，旧規定の範囲内で関税の免税を継続する。

4) 国家発展奨励プロジェクト

2008年11月10日以前に「国家が発展を奨励する内外資プロジェクト確認書」

を獲得したプロジェクトについては，2009年6月30日以前に輸入通関した設備とその組み合わせの技術，組立部品，部品については，旧規定により関税と輸入段階増値税を免税する政策を継続して執行し，2009年7月1日以後に輸入通関した場合は，一律に輸入段階増値税の課税を復活させ，旧免税規定に適合する場合は，関税の免税を継続する。

上記の公告では，輸入設備免税政策が簡単に記述されているが，税関総署から公布された「輸入設備租税政策の調整について」では，免税政策の経過措置等が補足されている。

1) 該当するプロジェクト

2009年1月1日から，「国務院の輸入設備租税政策の調整に関する通知」の規定によりまたはこの規定を参照して，輸入租税優遇政策の下記プロジェクトと企業が輸入する自己使用設備および契約により設備に伴って輸入する技術と組合部品，部品について，輸入段階の増値税の課税を復活させる，ただし関税の免税は継続する。

> 1．国家が発展を奨励する国内投資プロジェクトと外国投資プロジェクト
> 2．外国政府借款と国際金融組織融資プロジェクト
> 3．外国企業が提供する価格評価しない輸入設備の加工貿易企業
> 4．中西部地区外国投資優勢産業プロジェクト
> 5．「税関総署の外国投資を更に奨励する関係輸入租税政策に関する通知」の中で定めた外国投資企業と外国投資が設立する研究開発センターが自己資金を利用して行う技術改造プロジェクト
> 6．ソフトウェア生産企業と集積電子回路生産企業
> 7．都市軌道交通プロジェクト
> 8．その他「通知」を比較参照して執行する企業とプロジェクト

2) 経過措置

上記の国家が発展を奨励する国内投資プロジェクトと外国投資プロジェクト，外国政府借款と国際金融組織の貸付プロジェクト，中西部地区外国投資優勢産業プロジェクトと都市軌道交通プロジェクトについては，下記規定により執行する。

1　2008年11月9日以前のプロジェクト確認書

プロジェクト投資主管部門が2008年11月9日とそれ以前に「プロジェクト確認書」を発行した場合は，そのプロジェクトにおいて輸入した自己使用設備と契約により設備に伴って輸入した技術と組立部品，部品は2009年6月30日とそれ以前に税関で輸入申告した場合は，関係する旧免税規定に該当する範囲内において関税と輸入段階増値税の免税を継続する。

2　2008年12月31日までのプロジェクト確認書

プロジェクト投資主管部門が2008年11月10日から2008年12月31日の期間に「プロジェクト確認書」を発行した場合は，そのプロジェクトにおいて輸入した自己使用設備と契約により設備に伴って輸入した技術と組立部品，部品は2009年1月1日とそれ以後に税関で輸入申告した場合は，一律に輸入段階の増値税の課税を復活させ，関係する旧免税規定に該当する範囲内において関税の免税を継続する。税関は上記の「プロジェクト確認書」に基づいて2008年12月31日とそれ以前に発行した「輸出入貨物課税免税証明書」（以下，課税免税証明書と称する）は廃棄することを認め，輸入単位は新たに税関で関税を免税し，規定により輸入段階増値税を課税する「課税免税証明書」の発行を申請しなければならない。「課税免税証明書」の再発行により発生する滞納金は，規定により免税を認める。

3　1997年12月31日以前のプロジェクト

「通知」により輸入租税優遇政策を執行する1997年12月31日とそれ以前に審査批准，照合批准または届出された国内投資プロジェクト（技術改造プロジェクトと基本建設プロジェクトを含む），外国投資プロジェクトおよび外国政府借款と国際金融組織融資プロジェクト，および自己資金プロジェクトと認定を受けたソフトウェア生産企業，集積電子回路生産企業が輸入した自己使用設備と契約により設備に伴って輸入する技術と組合部品，部品は，税関の2008年12月31日とそれ以前に発行した「課税免税証明書」の有効期間内において継続して有効である，ただし期間を延長することはできない。

4　加工貿易プロジェクト

加工貿易の外国企業が提供する価格評価しない設備は，2008年12月31日とそれ以前に加工貿易手帳の届出を行い，かつ2009年6月30日とそれ以前に税関で

輸入申告した場合は，関係する旧免税規定に該当する範囲内において，関税と輸入段階増値税の免税を継続する。

2009年1月1日から，税関が価格評価しない設備の加工貿易手帳の届出または届出の変更を行った場合は，一律に輸入段階増値税を課税し，関係する旧免税規定に該当する範囲内において，関税の免税を継続する。

5　2008年12月31日以前の輸入申告

今回の輸入段階増値税政策の調整に係る関係減免税貨物は，2008年12月31日とそれ以前に税関で輸入申告した場合（課税して通関した場合を除く）は，関係する旧免税規定に該当する範囲内において関税と輸入段階増値税の免税を継続する。

上記の規定を踏まえて，輸入設備免税政策を概括すれば図表2-2のとおりである。

図表2-2　輸入設備免税政策

No	輸入設備免税政策の種類	備　考
1	外国投資企業の投資総額範囲内の輸入設備	2009年1月1日から輸入増値税は課税 輸入関税は免税継続 経過措置 2008年11月までにプロジェクト確認書を取得し2009年6月までに輸入通関したものは，関税と増値税の免税を継続 増値税免税継続措置 中西部地区優勢産業 国家発展奨励内外投資
2	外国投資企業の既存設備更新の輸入設備	
3	外国投資研究開発センターの輸入設備	
4	加工貿易の無価格輸入設備	
5	外国政府借款と国際金融組織借款の輸入設備	
6	ソフトウェア企業の輸入設備	
7	集積電子回路企業の輸入設備	
8	都市軌道交通プロジェクトの輸入設備	
9	中西部地区外国投資優勢産業プロジェクト輸入設備	
10	国家発展奨励国内外資投資プロジェクトの輸入設備	
11	その他	

③　重大技術設備装置

2009年に，財政部，国家発展改革委員会，工業および情報化部，税関総署，国家税務総局，国家エネルギー局の6部局は，中国企業の核心的な競争力と自

主創新能力を高め，産業構造の調整とレベルアップを推進し，国民経済の持続可能な発展を促進するため，国務院の設備装置製造業の振興計画を貫徹実施し，設備装置製造業の振興に関係する輸入租税優遇政策を修正する決定を加速するために，「重大技術設備装置輸入租税政策の修正に関する通知」を公布し，次のとおり，重大な装置設備産業の輸入免税政策を発表した。この通知の附属文書には，その実施のための「重大装置設備輸入租税政策暫定規定」が添付されている。

1) 輸入関税と輸入増値税の免税

2009年7月1日から，国内企業が国家の発展を支持する重大技術設備装置と製品を生産するために輸入が確実に必要な基幹部品と原材料については，輸入関税と輸入段階増値税を免税する。同時に，対応する総合機械とプラント設備の輸入免税政策を取り消す。国産設備で完全に需要を満たすことのできないため従来どおり輸入が必要なものについては，経過措置として，厳格な審査を受けて優遇の幅を段階的に減少させ，免税範囲を縮小し，一定期限内に継続して輸入優遇政策を認める。具体的には重大装置設備輸入租税政策暫定規定による。

2) 旧先納付後還付政策の執行停止

2009年7月1日から，国内企業が重大技術設備装置を開発し製造するために輸入する一部の基幹部品と原材料の納付した関税と輸入段階増値税に対して実施していた先納付後還付の政策は執行を停止する。

3) 都市軌道交通プロジェクトと原子力発電プロジェクト

都市軌道交通プロジェクトのオーナーと原子力発電のオーナーは，それぞれ国家発展改革委員会と国家エネルギー局に申請書類を提出し，同時に財政部，税関総署，国家税務総局にその写しを送付しなければならない。条件に該当する企業は，2009年7月1日から2009年度の輸入免税政策を享受することができる。

4) 2009年の重大装置設備輸入租税政策暫定規定

1．新政策による免税

中国企業の核心的競争力と自主創新能力を高め，装置設備製造業の発展を促進し，国務院の装置設備製造業の振興計画を貫徹実施し装置設備製造業の輸入

租税優遇政策の調整に関する決定を加速させるためにこの規定を制定する。

国務院の装置設備製造業の振興計画と装置設備製造業に関する決定に基づいて，財政部と関係部門は「国家が発展を支持する重大技術装置設備および製品目録」と「重大技術装置設備および製品の鍵となる輸入部品，原材料商品リスト」を制定した。規定の条件に該当する国内企業が「国家が発展を支持する重大技術装置設備および製品目録」に列記する装置設備または製品を生産するために輸入が確実に必要な「重大技術装置設備および製品の基幹輸入部品，原材料商品リスト」に列記する商品は，関税と輸入段階増値税を免税とする。

2．免税不許可商品

国内で生産する能力のある重大技術装置設備と製品については，財政部が関係部門と「輸入免税不許可の重大技術装置設備と製品目録」を制定した。「国務院の輸入設備租税政策の修正に関する通知」の規定によるかまたはこれを参照して，輸入租税優遇政策を享受する下記のプロジェクトと企業が「輸入免税不許可の重大技術装置設備と製品目録」の中の自己使用設備と契約により上記設備に付随して輸入する技術と組合部品，部品については，輸入関税と輸入増値税が課税される。

1	国家が発展を奨励する国内投資プロジェクトと外国投資プロジェクト
2	外国政府借款と国際金融組織融資プロジェクト
3	外国企業が提供する価格評価しない輸入設備の加工貿易企業
4	中西部地区外国投資優勢産業プロジェクト
5	「税関総署の外国投資を更に奨励する関係輸入租税政策に関する通知」の中で定めた外国投資企業と外国投資が設立する研究開発センターが自己資金を利用して行う技術改造プロジェクト

対応する国産装置設備がニーズを完全に満たすことができず，輸入することが確実に必要な一部の総合機械と設備については，上流と下流の産業の供給状況に基づいて，財政部と発展改革委員会等の関係部門が厳格に審査して，優遇の幅を落として，免税範囲を縮小する経過措置を採用して，一定期間内に輸入優遇政策を継続させ，経過期間が終了した後に，総合機械の輸入免税政策を完全に停止する。

3．免税対象企業

この輸入租税優遇政策の享受を申請する企業は，原則として「国家が発展を支持する重大技術装置設備および製品目録」の中に列記する装置設備または製品の開発，生産に従事する企業でなければならず，この種の企業は下記の条件を具備しなければならない。

> 1　独立法人資格
> 2　比較的強力な設計開発と生産製造能力を有すること
> 3　専門業務が比較的にそろっている技術人員のチームを有すること
> 4　核心技術と自主的な知的財産権を有すること
> 5　関係する装置設備と製品の販売実績または締結した契約があること，具体的な販売数量は「国家が発展を支持する重大技術装置設備および製品目録」参照

都市軌道交通，原子力発電等の特別分野の重大技術装置設備の自主化委託プロジェクトを引き受けたオーナーと自己使用生産設備を開発する企業も，本規定の輸入租税優遇政策の享受を申請することができる。

5）2010年の重大装置設備輸入租税政策暫定規定の修正

2010年に，財政部，税関総署，国家税務総局は「重大技術装置設備輸入租税政策暫定規定の調整に係るリストに関する通知」を公布して，「重大技術装置設備輸入租税政策暫定規定」を修正し，その附属文書である「国家が発展を支持する重大技術装置設備および製品目録（2010年改訂版）」と「重大技術装置設備および製品基幹部品，原材料リスト（2010年改訂版）」，「輸入免税不許可の重大技術装置設備および製品目録（2010年改訂版）」を発表して，2010年4月15日から実施した。

1．免税政策の適用対象

2010年4月15日から新たな附属文書である「国家が発展を支持する重大技術装置設備および製品目録（2010年改訂版）」（附属文書1），「重大技術装置設備および製品基幹部品，原材料リスト（2010年改訂版）」（附属文書2）が適用された。規定の条件に該当する国内企業が装置設備または製品を生産するために輸入が必要な商品について，輸入関税と輸入増値税が免税される。

2．免税不許可品

修正後の暫定規定の附属文書である「輸入免税不許可の重大技術装置設備および製品目録（2010年改訂版）」（附属文書3）は2010年4月26日から適用された。「輸入免税不許可の重大技術装置設備と製品目録」の中の自己使用設備と契約により上記設備に付随して輸入する技術と組合部品，部品については，輸入関税と輸入増値税が課税される。

3．経過措置

2010年4月26日に旧暫定規定の中の附属文書「国家が発展を支持する重大技術装置設備および製品目録」（附属文書1），「重大技術装置設備および製品基幹部品，原材料リスト」（附属文書2），「輸入免税不許可の重大技術装置設備および製品目録」（附属文書3）は廃止された。

すでに免税資格を獲得した企業が輸入限度額内で基幹部品，原材料を輸入し，かつ2010年4月26日前に輸入申告した場合は，従来どおり旧暫定規定の「重大技術装置設備および製品基幹部品，原材料リスト」（附属文書2）にしたがって実施される。

4．特定分野の免税政策

都市軌道交通車輌と機電設備，高速機動連結車輌，高効率機動車輌，大型鉄道メインテナンス機械，大型環境保護と資源総合利用設備，大型施工機械分野の租税優遇政策の享受を新規に申請する企業は，2010年4月26日から5月26日までに申請書類を提出するものとされた。

2010年4月26日から，新規申請する企業は受理部門が発行する証明文書を根拠として，税関に税金保証金に基づいて事前に関係部品と原材料の解除手続の処理を申請することができる。

省級の工業および情報化主管部門は，企業所在地の直属税関，財政部の当地駐在財政監察専門員事務所と合同で上記分野の地方企業が申請する資料に対して初度審査を行い，かつ2010年6月10日前に申請書類と初度審査意見書をまとめて工業および情報化部に上申し，同時に，財政部，税関総署，国家税務総局に写しを送付する。

2009年7月1日から，都市軌道交通の自主化委託プロジェクトを引き受けたオーナーが都市軌道交通車輌と機電設備に必要な基幹部品，原材料を輸入する

場合は，輸入関税と輸入段階増値税が免税される。

都市軌道交通，原子力の自主化委託プロジェクトを引き受けたオーナーが，重大技術装置設備の輸入租税優遇政策を申請した場合は，プロジェクトの輸入物資計画が決定した後に国家発展改革委員会，国家エネルギー局にそれぞれ申請書類を提出することができる。上記分野のプロジェクトオーナーは，2010年に輸入租税優遇政策の享受を申請する場合は，2010年5月26日前に申請書類を提出する。

④ 外資研究開発センター

2009年に，財政部，税関総署，国家税務総局は「研究開発機構の購入設備租税政策に関する通知」を公布して，外資研究開発機構の輸入科学技術開発用品（設備等を含む）の輸入関税と輸入段階の増値税，消費税の免税政策と，内外資研究開発機構の購入国産設備の増値税全額還付政策を2009年7月1日から2010年12月31日までの期間限定で実施することを発表した。ここでいう設備とは，科学研究，学習教育と科学技術開発のために必要要件を提供する実験設備，装置および機器機械をいう。

1) 外資研究開発センターの資格要件

輸入関税と輸入段階の増値税，消費税の免税政策が適用される外資研究開発センターと，購入国産設備の増値税の全額還付政策が適用される外資研究開発センターは，その設立時期に区別して下記の条件を満たす必要がある。

１．2009年9月30日以前に設立した場合

2009年9月30日およびそれ以前に設立した外資研究開発センターについては，下記条件をすべて満たさなければならない。

> 1 研究開発費用基準
> (1) 新規に設立して2年に満たない外資研究開発センターについては，独立法人である場合はその投資総額が500万米ドルを下回ってはならない。会社内に部門または分公司を設立した場合は，その研究開発投入額は500万米ドルを下回ってはならない。
> (2) 設立して2年および2年以上の外資研究開発センターについては，

企業の研究開発経費支出額は1,000万元を下回ってはならない。
2　専門職研究者と拡大試験人員は90人を下回ってはならない。
3　設立以来の累計購入設備の原価は1,000万元を下回ってはならない。

2．2009年10月1日以後に設立した場合

2009年10月1日およびそれ以後に設立した外資研究開発センターについては，下記条件をすべて満たさなければならない。

1　研究開発費用基準
独立法人である場合はその投資総額が800万米ドルを下回ってはならない。会社内に部門または分公司を設立した場合は，その研究開発投入額は800万米ドルを下回ってはならない。
2　専門職研究者と拡大試験人員は150人を下回ってはならない。
3　設立以来の累計購入設備の原価は2,000万元を下回ってはならない。

上記の資格要件の各基準については，2010年に，商務部，財政部，税関総署，国家税務総局から，「外資研究開発センターの購入設備税金還付／免税の審査方法に関する通知」が公布されて，次のような説明が行われている。

1　外資研究開発センターは商務部門が関係規定により批准または確認したものでなければならない。
2　外資研究開発センターが独立法人である場合は，投資総額は外国投資企業の批准証書に明記された金額を基準とする。
3　新規設立で2年に満たないでかつ非独立法人の外資研究開発センターについては，研究開発総投入額とはそれが所在する外国投資企業の最近2年以内に専門的に設置されて建設された研究開発センターで投入された資産を指し，投入された購入契約を締結した資産（すでに購入した資産のリストと購入資産の契約リストを提出しなければならない）を含む。
4　研究開発経費年間支出額とは，最近の2年間の研究開発経費の年間平均支出額を指す。2会計年度に満たない場合は，外資研究開発センターの設立以来の任意に連続する12ヶ月の実際研究開発支出額で計算す

ることもできる。現金と現物資産の投入額は60%を下回ってはならない。
5 専門職研究員と拡大試験人員は，企業の科学技術活動人員の仲で基礎研究，応用研究と拡大試験の3種類の活動に従事する人員であり，上述の3種類のプロジェクトに直接参加して活動する人員と関係する専門職の科学技術管理人員とプロジェクトのために資料文献，供給資材，設備を提供する直接サービス人員を含み，これらの人員は外資研究開発センターまたはこれが所在する外国投資企業と1年以上の役務契約を締結した，企業が申請書を提出する前日の人数を基準とする。
6 累計購入した設備の原価を計算する時に，輸入設備と購入国産設備の原価を一括して計上した場合は，すでに購入契約を締結して2010年末までに引き渡された設備（購入契約のリストと引渡期限を提出しなければならない）を含み，これらの設備は「科学技術開発，科学研究および学習教育の設備リスト」に列記された設備に属するものでなければならない。

2) **資格要件の審査**

外資研究開発センターが購入設備の税金の免税または還付の資格を申請する場合は，下記の資料を提出する。

1. 研究開発センター購入設備税金免税還付資格申請書と審査表
2. 外国投資企業批准証書と営業許可証の写し，外資研究開発センターが非独立法人である場合は，これが所在する外国投資企業の外国投資企業批准証書，営業許可証の写しおよび外国投資研究開発センター確認証書（商務主管部門の批准回答書または発行された「国家が発展を奨励する外資プロジェクト確認書」）
3. 出資検証報告と前年度の監査報告の写し
4. 研究開発費用の支出明細，設備購入支出明細とリストおよび第1条第2号，第5号の定める提出すべき資料
5. 専門職研究者と拡大試験人員の名簿（姓名，作業部門，労働契約期間，連絡方法）

6．審査部門が提出を要求するその他資料

3) 科学技術用品の輸入免税政策の適用要件

上記の外資研究開発センターは，2010年12月31日までに，合理的数量の範囲内の国内で生産できないかまたは性能が満足できないことにより輸入する下記の科学技術開発用品について，輸入関税と輸入段階の増値税，消費税が免税される。

1．研究開発，科学試験用の分析，測量，検査，計量，観測，信号発生の機器，器具と付属品
2．科学研究，技術開発のために必要条件を提供する実験室設備
3．コンピュータのワークステーション，中型，大型のコンピュータ
4．税関の監督管理期間における免税輸入機器等のメインテナンス等の部品等
5．各種体裁の図書，雑誌，原稿，コンピュータソフトウェア
6．標本，模型
7．実験用材料
8．実験用動物
9．科学研究，科学試験，科学学習用の医療検査測定機器，分析機器とその他の附属部品
10．優良品種植物と種子
11．その他

4) 内外資研究開発機構の購入国産設備の増値税全額還付政策

購入国産設備の増値税の全額還付政策を適用する外資研究開発センターは，下記の資料を提出して，還付申請手続を行う。

1．企業法人営業許可証副本または組織機構代表番号証（原本と写し）
2．税務登記証副本（原本と写し）
3．税金還付口座証明書
4．税務機関が提出を要求するその他資料

増値税一般納税者に属する研究開発機構が国産設備を購入して取得する増値税専用発票は，規定の認証期限内に認証手続を処理する。2009年12月31日前に発行した増値税専用発票はその認証期限は90日である。2010年1月1日後に発行した増値税専用発票はその認証期限は180日である。未認証または認証未通過の場合は，一律に税金還付を申告することができない。

　研究開発機構は購入国産設備を購入して取得した増値税専用発票の発行日から180日以内に，その税金還付主管税務機関に「研究開発機構購入国産設備税金還付申告審査批准表」と電子データを提出して税金還付を申請する。同時に下記の資料を添付する。

1. 国産設備購入契約
2. 増値税専用発票（控除綴り）
3. 支払証憑
4. 税務機関が提出を要求するその他資料

　独立法人に属さない会社内部設立部門または分公司の外資研究開発センターが国産設備を購入した場合は，本部機構がその税金還付主管税務機関に税金還付を申請する。

　増値税一般納税者に属さない研究開発機構が税金還付を申請する場合は，税金還付主管税務機関が増値税専用発票の照合情報と照合して誤りがない場合に税金還付を処理する。増値税一般納税者以外の研究開発機構の税金還付申請は，税金還付主管税務機関が調査書を発送して，発票が真実であることを確認し，発票に記載された設備が規定にしたがって申告納税された後に，税金還付を処理することができる。

　研究開発機構が税金還付した設備は，税金還付主管税務機関が監督を行い，監督管理期間は5年とする。監督管理期間内に設備所有権の移転行為または他の用途に移行する等の行為が発生した場合は，研究開発機構は下記の計算式で，税金還付主管税務機関に還付税金を追加納付する。

$$追加税額 = 増値税専用発票上に明記した金額 \times (設備未償却価額 \div 設備原価) \times 適用増値税税率$$

設備未償却価額＝設備原価－減価償却累計額

設備原価と減価償却は企業の会計処理データにより計算する。

⑤ 外国政府借款および国際金融組織借款

2009年に，国務院の批准を受けて，財政部，税関総署，国家税務総局は，「外国政府借款および国際金融組織借款プロジェクトの輸入設備増値税政策に関する通知」を公布した。

2009年1月1日に遡及して，関係規定によりその増値税仕入税額が控除できない外国政府および国際金融組織の借款プロジェクトで輸入する自己使用設備については，「国務院の輸入設備租税政策の調整に関する通知」における関係規定により継続して執行するものとされた。

すなわち「外国投資プロジェクト免税不許可の輸入商品目録」に列記する商品を除いて，外国政府および国際金融組織の借款プロジェクトで輸入する自己使用設備については，輸入段階増値税が免除されることとなり，輸入関税と輸入増値税が免税とされる。

この規定の附属文書である「一部の外国政府および国際金融組織の借款プロジェクト単位リスト」に列記された借款プロジェクトの単位は，税関に輸入増値税の免税手続を直接行うことができる。

また，この「一部の外国政府および国際金融組織の借款プロジェクト単位リスト」に列記された借款プロジェクトの単位以外のその他の外国政府借款および国際金融組織の借款プロジェクトの単位については，まず主管する国家税務局の審査を受けた後に地方（市）級の国税主管機関に報告して，その購入した設備の納付した増値税の仕入税額が増値税一般納税者に属さないかまたは当該プロジェクトにおいて輸入した設備が増値税の免税取引に完全に使用される等の要因で控除できないことの認定を受け，かつこれによって税務確認書の発行を受けた後に，関係規定により税関で輸入段階増値税の免税の手続を行うことができる。

⑥ 設備転売と来料加工設備

1) 輸入設備の転売

税関の輸入貨物減免税管理規定では，輸入減免税貨物は税関により一定期間内の監督管理が行われ，輸入設備を転売する場合には，監督管理を事前解除しなければならず，主管税関に解除申請して税金を補充納付しなければならない。

税金負担の公平性を保証するために，納税者が2008年12月31日以前に免税輸入した自己使用設備について，税関の監督管理を事前に解除することによって，税関が2009年1月1日以後に発行した税関輸入増値税専用納付書を取得した場合は，そこに明記された増値税額を売上税額から控除することが認められている。増値税の納税者が上記貨物を販売した場合は，増値税の適用税率により計算して増値税を納付しなければならないものとされている。

すなわち，2008年12月31日以前に免税輸入した設備は，2009年1月1日以後に免税の監督管理期間（設備等は年間）内に事前に解除して，他の企業に転売するときは，まず，免税設備の輸入段階の関税と増値税を納税しなければならない。免税を解除して関税と輸入段階の増値税を納付するときには，税金納付時の設備の未償却原価に適用税率を乗じて輸入段階の増値税を納付するが，その税率は輸入貨物の適用税率が適用される。

また，その輸入申告した設備を転売するときには，その設備に適用される税率を乗じて売上税を計上し，輸入時に納付した仕入税を控除することになる。したがって，輸入申告した設備を転売するときには，増値税の専用発票を発行することになり，仕入税額控除証憑としては税関輸入増値税専用納付書が使用される。

2) 来料加工の法人化と輸入設備免税

2009年に「来料加工組立工場の企業法人化の輸入設備租税問題に関する通知」が公布された。委託加工の企業法人化とは，委託加工を行っている工場（廠）を外国投資企業として法人化することをいう。華南地域における来料加工は，郷鎮政府が設立した郷鎮企業を工場（廠）として委託加工を行っている。

これらの委託加工工場（廠）は実際には中国内資企業であり，委託加工形態

としては不明瞭な部分が数多く存在しその法的安定性に欠けるため，中国政府は工場の法人化（外国投資企業の設立）を促進している。

委託加工では外国から輸入する設備は関税と増値税が免税とされていた。中国の輸入設備免税政策は，中国の増値税が固定資産について仕入税額控除を認めていなかったことに関係がある。

旧増値税では，固定資産の購入または輸入によって17％の増値税が課税され，その仕入税は固定資産原価に計上されていた。外国から技術の高い生産設備を輸入する時に17％の増値税を負担させることは技術導入の大きな障害となったため輸入設備の免税が認められてきた。

2009年1月1日から実施された増値税では，固定資産の仕入税額控除が認められたので，輸入設備の免税規定は大幅に見直された。現在では輸入設備については関税の免税は継続されているが，輸入時の増値税は原則として課税されることになった。課税されても仕入税額として控除できるからである。輸入設備に係る増値税の免税規定は，現在では，中西部地区の優勢産業目録に該当するプロジェクト等に限定されている。

委託加工についても，2008年12月31日までに加工貿易手帳の届出を行い，2009年6月30日までに輸入申告した設備について従来の輸入増値税の免税が認められてきた。2009年1月1日以後に加工貿易手帳の届出または変更届出を行った場合には，原則として輸入増値税が課税される。したがって，2009年1月1日以後に工場から企業法人化による変更届出が行われた場合には，輸入増値税の課税が行われる結果となるため，経過措置として次のような税務通知が公布された。

2009年7月1日から2011年6月30日までに，来料加工工場が免税輸入した設備で企業法人を出資設立した場合は，2008年12月31日までに加工貿易手帳を届出済みで，2009年6月30日までに輸入申告した設備で現在も税関の監督管理期限である5年以内にある設備については，輸入関税と輸入増値税の免税を認める。

すなわち，2009年7月1日から2年間の間に工場から法人化への届出が行われた場合には，免税企業の名称が変わっても新たに輸入関税と輸入増値税を課税することはないことが明らかにされた。

2　営業税の実務

(1)　営業税の税目範囲

①　営業税税目注釈

　営業税の課税範囲である税目の具体的な内容については，「営業税税目注釈（試行稿）」が公布され，1993年に改正されたが，2008年の営業税改正後は現在まで改正されておらず，現時点でも「営業税税目注釈（試行稿）」が施行されている。この営業税注釈は，「持分譲渡に関係する営業税に関する通知」で一部内容が変更されているため，当該修正部分を反映させて解説している。

　営業税の税目は，交通運輸業，建設業，金融保険業，郵便電話通信業，文化体育業，娯楽業，サービス業であり，下記のとおり，この順序で注釈が行われている。

1）交通運輸業

　交通運輸業とは，運輸工具または人力，畜力を使用して貨物または旅客を目的地に送達し，その空間位置を移転せしめる業務活動をいう。交通運輸業の課税範囲は，陸上運輸，水上運輸，航空運輸，パイプライン運輸，荷造搬送を含む。運営業務と関係する各種の役務活動も，交通運輸業の課税範囲に属する。

1．陸上運輸

　陸上運輸とは，陸路（地上または地下）を通して貨物または旅客を運送する運輸業務をいい，鉄道運輸，道路運輸，ケーブルカー運輸，ロープウェー運輸とその他陸上運輸を含む。

2．水上運輸

　水上運輸とは，江，河，湖，川等の天然，人工の水路または海洋の航海路を通して貨物または旅客を運送する運輸業務をいう。引揚は，水上運輸を比較参照して課税する。

3．航空運輸

　航空運輸とは，空中の航路を通して貨物または旅客を運送する運輸業務をいう。汎用航空運輸，航空地上サービス業務は，航空運輸を比較参照して課税す

る。汎用航空業務とは，特定業務のために飛行サービスを提供する業務をいい，航空撮影，航空測量，航空探索，航空防林，航空吊標識・種蒔，航空降雨等を含む。

航空地上サービス業務とは，航空会社，飛行場，民間航空管理局，航空ステーションが我国国内の航行または我国国内の飛行場に停留する国内外の飛行機またはその他の飛行機に航空誘導等の役務性の地上サービスを提供する業務をいう。

4．パイプライン運輸

パイプライン運輸とは，パイプライン施設を通して，ガス，液体，固形の物質を輸送する運輸業務をいう。

5．荷造搬送

荷造搬送とは，荷造搬送工具または人力，畜力を使用して貨物を運輸工具間，荷造現場間または運輸工具と荷造現場の間で，荷造と搬送を行う業務をいう。

2) 建設業

建設業とは，建設据付工事作業をいう。建設業の課税範囲は，建設，据付，修繕，装飾，その他工事作業を含む。

1．建設

建設とは，各種の建築物，構築物を新築，改築，拡張する工事作業をいい，建築物と相関係する各種の設備または支柱，操作台の据付または装着の工事作業，および各種の溶炉と金属構造物の工事作業をこれに含む。

2．据付

据付とは，生産設備，動力設備，起重設備，運輸設備，伝動設備，医療実験設備とその他の各種設備の組立，安置の工事作業をいい，設備と相関係する工作台，梯子，足場の設置工事作業と据え付けられる設備の絶縁，防腐，保温，塗装等の工事作業をこれに含む。

3．修繕

修繕とは，建築物，構築物に対して補修，強化，擁護，改修を行って元来の使用価値を回復させるかまたはその使用期限を延長させる工事作業をいう。

4. 装飾

装飾とは，建築物，構築物に対して修飾を行って，美観または特定用途を持たせる工事作業をいう。

5. その他工事作業

その工事作業とは，上記の工事作業以外の各種の工事作業をいう，例えば，電信工事，水利工事，道路補修，浚渫，掘削（井戸掘り）の代行，建築物または構築物の除去，土地の整地，足場組み，爆破等の工事作業がある。

3) 金融保険業

金融保険業とは，金融，保険を経営する業務をいう。金融保険業の課税範囲は，金融，保険を含む。

1. 金融

金融とは，貨幣資金の融通活動を経営する業務をいい，貸付，ファイナンスリース，金融商品の譲渡，金融仲介業とその他の金融業務を含む。

1　貸付

貸付とは，資金を他人に貸与して使用させる業務をいい，自己資金の貸付と転貸を含む。自己資金の貸付とは，自己の資本金または個人，単位から集めた預金を他人に大要して使用させることをいう。転貸とは，借りた資金を他人に貸与して使用させることをいう。

質権業の担保貸付業務は，その資金源泉に関わらず，自己資金の貸付により課税する。人民銀行の貸付業務は課税しない。

2　ファイナンスリース

ファイナンスリースとは，融資の性格を有し所有権の移転を特徴とする設備リース業務をいう。すなわち，貸手が借手の要求する規格，型番，性質等の条件に基づいて設備を購入して借手にリースし，契約期間内の設備所有権は貸手に帰属し，借手は使用権を所有するのみであり，契約期間が満了してリース料を精算した後に，借手が残存価値で設備を購入して設備の所有権を有する権利がある。ファイナンスリースは，貸手が設備の残存価値を借手に売却するかどうかに関わらず，金融業により課税する。

3 金融商品の譲渡

金融商品の譲渡とは，外貨，有価証券または非現物先物の所有権を譲渡する行為をいう。非現物先物とは，商品先物，貴金属先物以外の先物をいい，例えば，外貨先物等がある。

4 金融仲介業

金融仲介業とは，他人に代って金融活動を経営することを受託する業務をいう。

5 その他金融業務

その他金融業務とは，上記業務以外の各種の金融業務をいい，例えば，銀行決済，手形割引等がある。預金または金融商品を購入する行為は営業税を課税しない。

2．保険

保険とは，契約形式で集中した資金を通して，被保険者の経済利益を補償することに使用する業務をいう。

4) 郵便通信業

郵便通信業とは，情報の伝達を専門的に処理する業務をいう。郵便通信業の課税範囲は，郵政，電信を含む。

1．郵政

郵政とは，現物の情報を伝達する業務をいい，手紙または小包の配送，郵便為替，新聞雑誌の発行，郵政物品の販売，郵政貯蓄とその他の郵政業務を含む。

1 手紙または小包の配送

手紙または小包の配送とは，手紙または小包を配送する業務と配送した手紙または小包と関係する業務をいう。手紙の配送とは，手紙，葉書，印刷物の郵送を引き受ける業務をいう。小包の配送とは，小包の郵送を引き受ける業務をいう。

手紙または小包の配送と相関係する業務とは，秘書箱を貸し出し，入ってきた手紙または小包について処理，期限経過小包，付帯貨物の保管とその他の手紙または小包の配送と相関係する業務をいう。

2 郵便為替

　郵便為替とは，為替受取人のために為替証書を配送して兌換する業務をいう。

3 新聞雑誌発行

　新聞雑誌発行とは，郵政部門が出版単位に代って各種の新聞紙，雑誌の予約を受け，配送と販売を代行する業務をいう。

4 郵政物品の販売

　郵政物品の販売とは，郵政部門が郵政役務を提供すると同時に郵政業務と関係する各種の物品（封筒，手紙，為替証票，郵便包装用品等）を付帯して販売する業務をいう。

5 郵政貯蓄

　郵政貯蓄とは，郵政電話部門が貯蓄を行う業務をいう。

6 その他の郵政業務

　その他の郵政業務とは，上記業務以外の各種の郵政業務をいう。

2．電信

電信とは，各種の電送設備を使用して電話信号を伝送して情報を配送する業務をいい，電報，電話，電話の据付，電信物品の販売とその他の電信業務を含む。

1 電報

　電報とは，電話新語を使用して文字を電送する通信業務と関係する業務をいい，電報の配信，電報回路設備のリース，電報回路設備の代理修理と電報の再配送，翻訳配送，送信文の草稿または来信文，送信記録の査閲等を含む。

2 電送

　電送（すなわちファクシミリ）とは，電送設備を通して原文を配信する通信業務をいい，資料，図表，写真，本物等の配信を含む。

3 電話

　電話とは，電送設備を通して言語を配信する業務と関係する業務をいい，有線電話，無線電話，呼び出し電話，電話電子設備のリース，

放送電子回路のメインテナンス代行またはリース，テレビ配信等の業務を含む。
4　電話機据付
　　電話機据付とは，顧客のために電話機を据付または移動する業務をいう。
5　電信物品の販売
　　電信物品の販売とは，電信役務を提供すると同時に専用または汎用の電信物品（例えば，電報用紙，電話番号簿，電報検収簿，電信器材，電話機等）を販売する業務をいう。
6　その他の電信業務
　　その他の電信業務とは，上記業務以外の電信業務をいう。

5)　文化体育業

文化体育業とは，文化活動，体育活動を経営する業務をいう。文化体育業の課税範囲は，文化業，体育業を含む。

1．文化業

文化業とは，文化活動を経営する業務をいい，公演，放送，その他文化業を含む。遊覧場所を経営する業務は，文化業を比較参照して課税する。

1　公演
　　公演とは，演劇，歌舞，ファッション，エアロビクス，雑技，民間芸術，武術，スポーツ等の公演活動を行う業務をいう。
2　放送
　　放送とは，ラジオ放送局，テレビ放送局，音響システム，有線テレビ，衛星通信等の無線または有線の装置を通して作品を放送する業務および映画館，劇場，スタジオとその他の場所で各種の番組を放映する業務をいう。広告の放映は放送税目で課税しない。
3　その他文化業
　　その他文化業とは，上記活動以外の文化活動を経営する業務をいい，例えば，各種の展覧，訓練活動，文学，芸術，科学技術の講座，講演，報告会を開催すること，図書館の図書と資料の貸出業務等があ

> 4 遊覧場所
>   遊覧場所を経営する業務とは，講演，動植物園とその他の各種の遊覧場所が切符を販売する業務をいう。

2．体育業

体育業とは，各種のスポーツ試合を開催する業務とスポーツ試合またはスポーツ活動のために場所を提供する業務をいう。リース方式で文化活動，スポーツ試合のために場所を提供する場合は，体育業税目で課税しない。

6）娯楽業

娯楽業とは，娯楽活動のために場所とサービスを提供する業務をいう。娯楽行の課税範囲は，ミュージックホール，ダンスホール，カラオケダンスホール，音楽喫茶，ビリヤード場，ゴルフ場，ボーリング場，遊芸場所等の娯楽場所，および娯楽場所が顧客の行う娯楽活動のためにサービスを提供する業務を含む。

1．ミュージックホール

ミュージックホールとは，楽隊の伴奏の下で顧客が自ら楽しんで歌唱活動を行う場所をいう。

2．ダンスホール

ダンスホールとは，顧客がダンス活動を行うのに供する場所をいう。

3．カラオケダンスホール

カラオケダンスホールとは，音像設備が放映する音楽の伴奏の下で，顧客が自ら楽しんで歌とダンスを行う場所をいう。

4．音楽喫茶

音楽喫茶とは，顧客のために音楽の鑑賞とお茶，コーヒー，お酒とその他飲料水を同時に提供して消費する場所をいう。

5．ビリヤード場，ゴルフ場，ボーリング場

ビリヤード場，ゴルフ場，ボーリング場とは，顧客がビリヤード，ゴルフ，ボーリングの活動を行う場所をいう。

6．遊芸場所

遊芸場所とは，各種の遊芸，遊楽（例えば，射撃，猟，競馬，ゲーム等）の活動を行う場所をいう。

上記の娯楽場所が，顧客が娯楽活動を行うために提供する飲食サービスとその他の各種のサービスは，娯楽業税目の課税範囲に帰属する。

7) サービス業

サービス業とは，設備，工具，場所，情報または技能を利用して社会のためにサービスを提供する業務をいう。サービス業の課税範囲は，代理業，旅館業，飲食業，旅行業，倉庫業，リース業，広告業，その他サービス業を含む。

1．代理業

代理業とは，委託者に代って受託事項を処理する業務をいい，貨物代理購入代理販売，代理輸出入，仲介サービス，その他の代理サービスを含む。

> 1　貨物代理購入代理販売
>
> 　　貨物代理購入代理販売とは，貨物の購入または貨物の販売を受託して，実際購入額または実際販売額により決済を行いかつ手数料を受け取る業務をいう。
>
> 2　代理輸出入
>
> 　　代理輸出入とは，商品または役務の輸出入の処理を受託する業務をいう。
>
> 3　仲介サービス
>
> 　　仲介サービスとは，仲介人が双方を紹介して取引またはその他の事項を相談する業務をいう。
>
> 4　その他の代理サービス
>
> 　　その他の代理サービスとは，上記事項以外のその他の事項の処理を受託する業務をいう。
>
> 　　金融仲介業，郵政部門の新聞雑誌発行業務は，サービス業税目で課税しない。

2．旅館業

旅館業とは，宿泊サービスを提供する業務をいう。

3．飲食業

飲食業とは，飲食と飲食場所を同時に提供する方法を通して顧客のために飲食消費サービスを提供する業務をいう。ホテル，レストランとその他の飲食サービス場所が，顧客が食事に就くとともに自ら楽しむ方法で歌とダンスの活動を行う場所を提供するサービスは，娯楽業税目で課税する。

4．旅行業

旅行業とは，旅行者のために食事宿泊，運送手段を手配し，観光ガイド等の完工サービスを提供する業務をいう。

5．倉庫業

倉庫業とは，倉庫，置場またはその他の場所を利用して顧客代わりに貨物を貯蔵，保管する業務をいう。

6．リース業

リース業とは，約定の期間内において敷地，建物，物品，設備または施設等を他人に譲渡して使用させる業務をいう。ファイナンスリースは，リース業税目で課税しない。

7．広告業

広告業とは，図書，新聞紙，雑誌，ラジオ，テレビ，映画，幻灯，路上看板，ポスター，ショーウインドウ，ネオンサイン，照明塔等を利用する形式で，商品，経営サービス項目，文化スポーツ番組または通告，声明等の事項を紹介するために，宣伝を行い，関係するサービスを提供する業務をいう。

8．その他サービス業

その他サービス業とは，上記業務以外のサービス業をいい，例えば，沐浴，理髪，クリーニング，写真撮影，技術，表装，書写，タイプ，彫刻，計算，計測，試験，化学検査，録音，複写，感光，設計，製図，測図，探索，包装，コンサルタント等がある。航空探索，掘削（ボーリング）探索，爆破探索は，その他サービス業税目で課税しない。

8）無形資産の譲渡

無形資産の譲渡とは，無形資産の所有権または使用権を譲渡する行為をいう。無形資産とは，現物形態を伴わないが，経済的利益をもたらすことのできる資産をいう。無形資産の譲渡の課税範囲は，土地使用権の譲渡，商標権の

譲渡，特許権の譲渡，非特許技術の譲渡，著作権の譲渡，のれんの譲渡を含む。

１．土地使用権の譲渡

土地使用権の譲渡とは，土地使用者が土地使用権を譲渡する行為をいう。土地所有者が土地使用権を払い出す行為と土地使用者が土地使用権を土地所有者に返還する行為は，営業税を課税しない。土地のリースは，無形資産譲渡の税目で課税しない。

２．商標権の譲渡

商標権の譲渡とは，商標の所有権または使用権を譲渡する行為をいう。

３．特許権の譲渡

特許権の譲渡とは，特許技術の所有権または使用権を譲渡する行為をいう。

４．非特許技術の譲渡

非特許技術の譲渡とは，非特許技術の所有権または使用権を譲渡する行為をいう。所有権のない技術を提供する行為は，非特許技術の譲渡で課税しない。

５．著作権の譲渡

著作権の譲渡とは，著作権の所有権または使用権を譲渡する行為をいう。著作には，文字の著作，図形（例えば，画集，写真集）の著作，音像（例えば，映画の原版，録音，映像の原盤）の著作を含む。

６．のれんの譲渡

のれんの譲渡とは，のれんの使用権を譲渡する行為をいう。無形資産で出資して資本参加し，出資引受者の利益分配に参加し，共同して投資リスクを引き受ける行為は，営業税を課税しない。持分譲渡に対して営業税を課税しない。

9）不動産の販売

不動産の販売とは，不動産の所有権を有償譲渡する行為をいう。不動産とは，移動できず，移動した後は性質，形状の変更が引き起こされる財産をいう。不動産販売の課税範囲は，建設物または構築物の販売，その他土地附着物の販売を含む。

１．建設物または構築物の販売

建設物または構築物の販売とは，建設物または構築物の所有権を有償譲渡する行為をいう。有限の財産権または永久使用権を譲渡する方法で建設物を販売

する場合は，建設物の販売とみなす。

2．その他土地附着物の販売

その他土地附着物の販売とは，その他土地附着物の所有権を有償譲渡する行為をいう。その他土地附着物とは，建設物または構築物以外のその他の土地に付着する不動産をいう。単位が不動産を他人に無償贈与する場合は，不動産の販売とみなす。

不動産を販売する時に連動して不動産に占める土地使用権を一括譲渡する行為は，不動産の販売を比較参照して課税する。不動産で出資して資本参加し，出資引受者の利益分配に参加し，共同して投資リスクを引き受ける行為は，営業税を課税しない。持分譲渡に対して営業税を課税しない。

不動産のリースは，不動産販売の税目で課税しない。

② 増値税と営業税の不動産の範囲

上記のとおり，営業税の課税範囲としての不動産の定義は，移動できず，移動した後は性質，形状の変更が引き起こされる財産をいい，建設物または構築物，その他土地附着物が不動産の範囲に含まれている。これに対して，増値税の関係規定では，不動産を次のとおり定義しており，営業税と増値税で同様の内容となっている。

不動産とは，移動できない財産または移動後に性質，形状の変更をもたらす財産をいい，建設物，構築物とその他の土地附着物を含むものであり，納税者が新築，改築，拡張，修繕，装飾する建設工事中の不動産も含む。

財政部と国家税務総局は，「固定資産仕入税額控除問題に関する通知」を発表して，不動産の範囲を明確にした。建設物とは，人々がその内で生産，生活，およびその他の活動をするのに供される建物または場所をいい，構築物とは，人々がその内で生産，生活しない人工建造物をいい，その他の土地附着物とは，鉱産物資源と土地の上で生長する植物をいうものとした。具体的には，この通知の付属文書にある「固定資産の分類とコード番号」(GB/T14885-1994) で，分類コード番号の前2桁が「02」の建物と「03」の構築物の具体的な名称が掲載されており，財政部と国家税務総局のホームページで検索できるようになっている。

この通知では，建設物または構築物に搭載される付属設備と構成施設については，会計処理上で個別に記帳と処理が行われたかどうかに関係なく，すべて建設物または構築物の組成部分として，その仕入税額は売上税から控除することができないものとした。付属設備と構成施設とは，給排水，暖房，衛生，通風，照明，通信，排気，消防，セントラル空調，エレベーター，電気，インテリジェンスビルの設備と構成施設をいい，これらの付属設備等は不動産として仕入税額控除ができないものとされた。

③ 営業税の免税規定

財政部と国家税務総局は，「個人金融商品売買等の営業税の若干の免税政策に関する通知」と「個人住宅譲渡の営業税政策の調整に関する通知」等を発布して，個人の金融商品売買，不動産等の贈与，行政事業性料金と政府性基金，個人住宅の譲渡等に関する免税を下記のとおり発表した。なお，この通知における国内外の役務提供に関する免税または不課税の規定については，後述する営業税の国内役務の箇所で説明する。

1) 個人の金融商品売買の免税規定

個人（個人工商業者とその他個人を含む）が外貨，有価証券，非現物先物とその他金融商品の売買業務に従事して取得する収入については営業税を免税する。

2) 個人の不動産贈与の免税規定

個人が不動産，土地使用権を無償で贈与し，下記のいずれか一つに属する場合は，暫定的に営業税を免税とする。

1. 離婚による財産の分割
2. 配偶者，父母，子，祖父母，曾祖父母，孫，曾孫，兄弟姉妹への無償の贈与
3. 直接に扶養または養育の義務を引き受けている扶養者または養育者に対する無償の贈与
4. 不動産権の所有者が死亡し，法により不動産権を取得する法定の承継者，相続承継者または遺贈を受けた者

上記の状況に属する個人は，免税手続を行う時は，状況に応じて下記の関係資料を提出しなければならない。

1. 「国家税務総局の不動産取引の個人無償贈与と不動産租税管理の強化に関係する問題に関する通知」が定める関係証明資料
2. 贈与双方の当事者の有効な身分証明書
3. 贈与者と受贈者の親族関係を証明する人民法院の判決文書（原本），公証機関が発行する公正証書（原本）
4. 贈与者と受贈者の扶養関係または養育関係を証明する人民法院の判決文書（原本），公証機関が発行する公正証書（原本），郷鎮政府または街道事務所が発行する証明資料（原本）

税務機関は，贈与双方が提供する上記資料を誠実に審査しなければならず，資料が完備しておりかつ正確に記載されている場合は，「個人の無償贈与と不動産登記表」上に署名押印した後に複写を保存して，原本を提出者に返還し，同時に営業税の免税手続を処理しなければならない。

3) 行政事業性料金と政府性基金

下記の条件をすべて満たす行政事業性料金と政府性基金は営業税を暫定的に免税とする。

1. 国務院または財政部が批准して設立した政府性基金，国務院または省級人民政府とその財政，価格の主管部門が批准して設立した行政事業性料金と政府性基金
2. 受け取る時に省級以上（省級を含む）の財政部門の統一印刷または監督制定の財政証票が発行されること
3. 受け取った金額の全額が財政に上納されること

上記の三つの条件を同時に満たさず，かつ営業税の課税範囲に属する行政事業性料金または政府性基金は規章により営業税を課税しなければならない。

上記の政府性基金とは，各級人民政府とその所属部門が法律，国家の行政法規および中共中央，国務院の関係する文献の規定に基づいて，ある事業の発展を支持するための，国家の定めた手続と批准により，公民，法人およびその他

組織から徴収する具体的な専用用途を有する資金を指す。各種基金，資金，附加費用と専用料金を含む。

上記の行政事業料金とは，国家機関，事業単位，政府職能を代行する社会団体とその他組織が，法律，行政法規，地方税法規等の関係規定に基づいて，国務院の定める手続と批准により，公民，法人に特定のサービスを提供する過程において，コスト補償と非営利の原則により特定のサービス対象から受け取る票をいう。

4) 個人住宅の譲渡と賃貸

2010年1月1日から，個人が購入してから5年未満の普通住宅以外の住宅を対外的に売却した場合には，その売却収入全体に対して5％の税率で営業税が課税されるが，個人が購入して5年以上の普通住宅を対外的に売却した場合は，営業税は免税となる。個人が購入して5年以上の普通住宅以外の住宅または5年未満の普通住宅を対外的に売却した場合は，その売却収入から購入建物の価額を減額した残額に対してのみ営業税の税率5％を乗じた営業税が課税される。

普通住宅とは，基本的には，住宅の容積率が1.0以上，1戸当りの建築面積が120平米以下，実際の取引価格が同級の平均取引価格の1.2倍以下の住宅とされているが，各地方政府で普通住宅の基準を別途定めている。

賃貸収入に対しては5％の営業税が課税されるが，個人が住宅を賃貸する場合は，その用途にかかわらず，3％の税率を基礎として営業税が半減される。すなわち個人住宅の賃貸収入に対しては営業税の税率は1.5％に軽減されている。

(2) 営業税の国内役務

① 国内役務の区分原則

1) 2008年の税制改正

2008年12月に改正された営業税暫定条例実施細則では，営業税の国内取引と国外取引の区分原則について，図表2-3のような改正が行われた。国内取引と国外取引の区分原則は，役務提供取引，無形資産の譲渡取引，不動産の販売取引の3つの取引区分にしたがって定義されている。

営業税の課税役務とは，交通運輸業，建設業，金融保険業，郵便電話通信業，文化体育業，娯楽業，サービス業の税目課税範囲に属する役務をいい，無形資産の譲渡とは，無形資産の所有権の譲渡と使用権の譲渡をいい，不動産の販売とは不動産所有権の有償譲渡をいう。

役務取引については，役務発生地主義の原則から収入源泉地主義の原則（役務提供者と役務引受者の所在地を収入源泉地とする）に変更し，無形資産については，使用地主義の原則から無形資産の引受者所在地の原則に変更した。不動産については，所在地主義の原則を変更していないが，土地使用権の取り扱いを明確にした。

図表2-3　国内取引の区分原則の改正

改正前実施細則	改正後実施細則
第7条（国内取引） 　本細則第8条で別途規定するものを除き，下記のいずれか一つの状況に該当するものは，条例第1条でいう中華人民共和国国内（以下，国内と称する）において課税役務を提供し，無形資産を譲渡しまたは不動産を販売するものとする。	第4条　（国内取引） 　条例第1条でいう中華人民共和国国内（以下，国内と称する）において本条例の定める役務を提供し，無形資産を譲渡しまたは不動産を販売するとは，次のものを指す。
第1号　提供した役務が国内で発生すること。	第1号　条例の定める役務を提供または引き受ける単位または個人が国内に所在すること。
第2号　国内において旅客または貨物を載せて出国すること。	第2号　譲渡した無形資産（土地使用権を含まない）を引き受ける単位または個人が国内に所在すること。
第3号　国内で旅客を組織して出国し旅行すること。	第3号　譲渡またはリースした土地使用権の土地が国内に所在すること。
第4号　譲渡した無形資産を国内において使用すること。 第5号　販売した不動産が国内に所在すること。	第4号　販売またはリースした不動産が国内に所在すること。
第8条 　下記のいずれか一つの状況に該当す	削除

るものは，国内において保険役務を提供するものとする。
第1号　国内保険機構が提供する保険役務．ただし，国内保険機構が輸出貨物のために提供する保険を除く。
第2号　国外保険機構が国内に所在する物品を対象として提供する保険役務

　2008年11月に公布された営業税暫定条例第1条では，「中国国内において本条例の定める役務を提供し，無形資産を譲渡しまたは不動産を販売する単位と個人は，営業税の納税者として，本条例により営業税を納付しなければならない」と定められており，中国国内において営業税の課税役務を提供する者が営業税の納税者であるとしている。

　この中国国内役務については，2008年に改正された営業税暫定条例実施細則第4条第1号で，「条例の定める役務を提供するまたは引受ける単位または個人が国内に所在すること」と定義している。営業税の課税役務の提供者または引受者が中国国内に所在する場合に，中国国内役務として営業税を課税するものとしている。

　これに対して，旧営業税暫定条例実施細則第7条第1号では，中国国内役務とは「提供する役務が国内において発生すること」と定義していた。営業税の中国国内役務の定義は，旧細則の役務発生地の原則から新細則の収入源泉地の原則に変更された。

　財政部と国家税務総局は，この定義変更について次のようにコメントしている。役務発生地の原則は，例えば，中国国外機構が中国国内のために建設設計，コンサルタント等を提供する場合のように一定の役務について国内で発生したかどうかを区分することを困難にするものであり，同時に，中国の租税主権を保証し，国際的なその他の国家の国内役務についての区分原則を参照して，国内役務決定の原則を役務が国内において発生することから役務の提供者または引受者が国内に所在することに修正した。

　この新たな国内役務の区分原則によれば，役務の発生地に関係なく，役務の

提供者かまたは引受者のいずれかが中国国内に所在する場合に営業税が課税されることになるので，図表2-4に掲げるように営業税の課税関係は大きく変更されることになる。

図表2-4　国内役務の区分原則

類型	役務発生地	役務提供者	役務引受者	旧細則	新細則	備考
A	国内	国内	国内	課税	課税	純粋国内取引
B	国内	国内	国外	課税	課税	輸出取引
C	国内	国外	国内	課税	課税	引受者役務
D	国内	国外	国外	課税	非課税	外国役務
E	国外	国内	国内	非課税	課税	外国役務
F	国外	国内	国外	非課税	課税	引受者役務
G	国外	国外	国内	非課税	課税	輸入取引
H	国外	国外	国外	非課税	非課税	純粋国外取引

　図表2-4は，旧細則については役務発生地が国内の場合に課税され，新細則については役務の提供者または引受者のいずれかが国内に所在する場合に課税される関係を示したものである。

　上記のうち，A取引は，中国国内で役務が発生して役務の提供者と引受者の両方が中国国内に所在しており，すべてが国内に所在する純粋国内取引であり，課税関係も変更されていないため特に問題はない。H取引についても同様であり，中国国外で役務が発生して役務の提供者と引受者の両方が中国国外に所在する純粋国外取引であるため，これも特に問題はない。A取引とH取引は純粋な国内取引と国外取引であり課税上の問題は発生しない。検討すべき取引類型はBからGの取引である。

2)　役務の輸出入取引

　B取引は，中国国内の役務提供者が国内で発生させた役務を国外の引受者に輸出する取引である。これに対して，G取引は，中国国外の役務提供者が国外で発生させた役務を中国国内の引受者に輸入する取引である。いずれの取引で

図表2-5 役務の輸出入取引

```
        中　国                          外　国
B 輸出取引
                    輸　出
    ┌─────────┐              ┌─────────┐
    │ 役務提供者 │ ───────────→ │ 役務引受者 │
    │           │              └─────────┘
    │ 役務作業場所│
    └─────────┘

    収入源泉地の原則＝課税         役務発生地の原則＝非課税

G 輸入取引
                    輸　入
    ┌─────────┐              ┌─────────┐
    │ 役務引受者 │ ←─────────── │ 役務提供者 │
    └─────────┘              │           │
                              │ 役務作業場所│
                              └─────────┘

    収入源泉地の原則＝課税              輸出免税
```

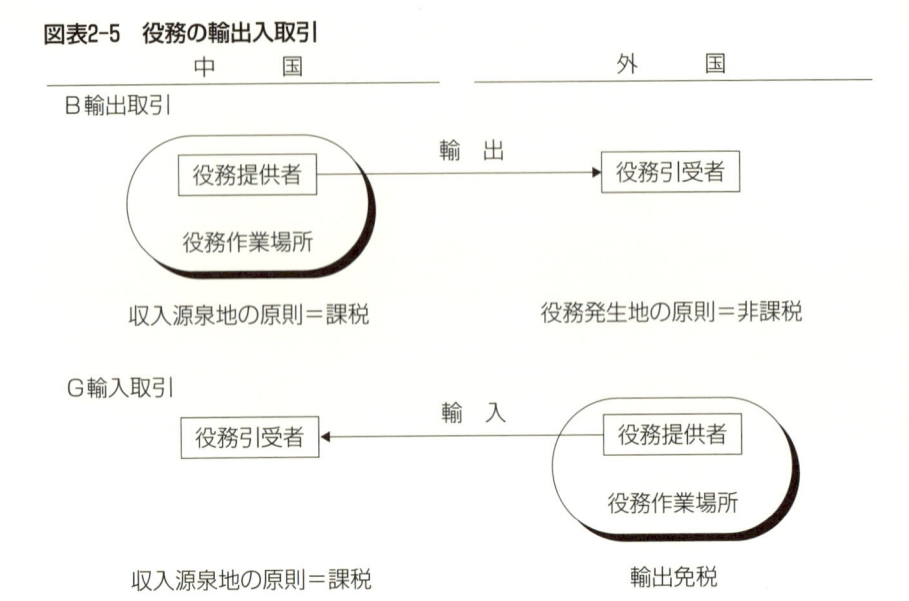

あっても中国では課税が行われる。

　国際課税では，このような輸出入取引については相手国との対応的調整が行われるため輸出取引については免税が行われており，輸入取引については役務発生地による課税が原則となっている。

　したがって，Bの輸出取引については免税が措置されていないが，相手の輸入国が役務発生地の原則で課税する場合には，役務の輸入取引に対して課税は行われませんので二重課税の問題は発生しない可能性がある。Gの輸入取引についても相手の輸出国が輸出免税措置を採用している場合には，同様に相手国の対応的調整の結果として，二重課税の問題が発生しない可能性がある。

　なお，旧細則では，G取引は国外で役務が発生するため営業税は課税されていなかった。例えば，外国企業が中国企業のために設計業務を提供するような場合には，設計技術者を中国の現場調査に短期間派遣したとしても，ほとんどの設計業務が中国国外で行われるのであれば，営業税は課税されなかった。しかし，新細則では，役務の引受者が中国国内に所在する限り，国内役務取引として営業税が課税されることとなった。

なお，財政部と国家税務総局は，「個人金融商品売買等の営業税の若干の免税政策に関する通知」を公布して，このGの取引については，下記のとおり，営業税を不課税とすることを発表した。ただし，不課税となる具体的な範囲については財政部，国家税務総局が別途規定を発表することとなった。また，下記に記述されているように不課税の範囲は限定されており，すべての国外役務が不課税とされたわけではない。

国外の単位または個人が国外において国内の単位または個人に提供する完全に国外において発生する「中華人民共和国営業税暫定条例」が定める役務は，条例第1条でいう国内で提供する条例が定める役務には属さず，営業税を課税しない。上記の役務の具体的な範囲は財政部，国家税務総局が規定する。

上記の原則に基づいて，国外の単位または個人が国外において国内の単位または個人に提供する文化体育業（番組放映を除く），娯楽業，サービス業における旅館業，飲食業，倉庫業およびその他サービスにおける沐浴，理髪，洗濯，表装，書写，彫刻，複写，梱包の役務については営業税を課税しない。

3) 引受者所在地での役務提供

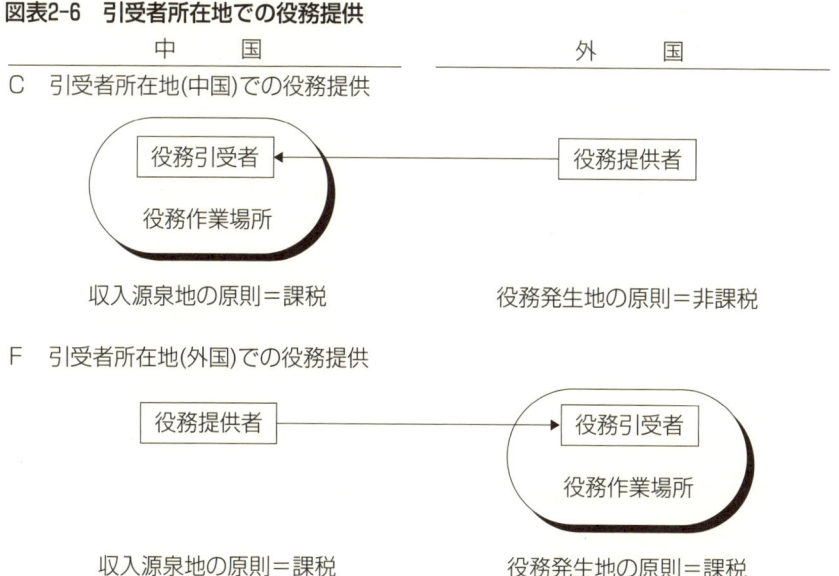

図表2-6　引受者所在地での役務提供

中　　国	外　　国
C　引受者所在地(中国)での役務提供	

役務引受者 ← 役務提供者
役務作業場所

収入源泉地の原則＝課税　　　役務発生地の原則＝非課税

F　引受者所在地(外国)での役務提供

役務提供者 → 役務引受者
役務作業場所

収入源泉地の原則＝課税　　　役務発生地の原則＝課税

Cの取引は，中国国外の役務提供者が中国国内の引受者に中国国内で役務を提供する取引であり，引受者の所在地と役務の発生地が同一の中国国内となっている。この取引類型は，一般的には，外国企業が中国企業のために中国国内で役務提供事業を行う取引であり，例えば，日本の建設会社が中国の元請建設企業のために技術者を中国に派遣して据付工事，内装工事等の役務提供を行う取引が該当する。

　このように引受者の所在国で役務が発生する取引については，旧細則と新細則のいずれでも営業税が課税されることになるが，特に問題となる事項は存在しない。

　Fの取引はCの取引とまったく逆の関係にある。すなわち中国国内の役務提供者が中国国外の引受者に中国国外で役務を提供する取引であり，引受者の所在地と役務の発生地が同一の中国国外となっている。この取引類型は，一般的には，中国企業が外国企業のために中国国外で役務提供事業を行う取引である。

　Cの取引とFの取引は，同一の取引を逆の関係で見たものであるが，営業税の課税関係は異なっている。すなわちCの取引に対して営業税を課税するのであれば，Fの取引は非課税となるべきであるが，役務の提供者が中国国内に所在することにより課税取引とされている。このFの取引では，役務は国外で発生するため相手国との二重課税が発生する可能性がある。

　なお，財政部と国家税務総局は，「個人金融商品売買等の営業税の若干の免税政策に関する通知」を公布して，このFの取引については，下記のとおり，建設業と文化体育業に限って営業税を暫定的に免除することを発表した。

　中華人民共和国内の単位または個人が，中華人民共和国外において提供する建設業，文化体育業（番組放映を除く）の役務については営業税を暫定的に免除する。

　この税務通知によって，FとEの取引については営業税が暫定的に免税とされたが，建設業と文化体育業の役務に限定されている。

　4)　当事者の外国役務提供

　Dの取引は，役務の提供者と引受者が中国国外に所在して，中国国内で役務が発生する取引であり，この取引類型を例示すれば，次のような取引が該当す

図表2-7 当事者の外国役務提供

中　　国	外　　国

D 外国当事者の中国役務提供

役務提供者 → 役務作業場所（中国側）
役務提供者 → 役務引受者（外国側）

収入源泉地の原則＝非課税　　役務発生地の原則＝非課税

E 中国当事者の外国役務提供

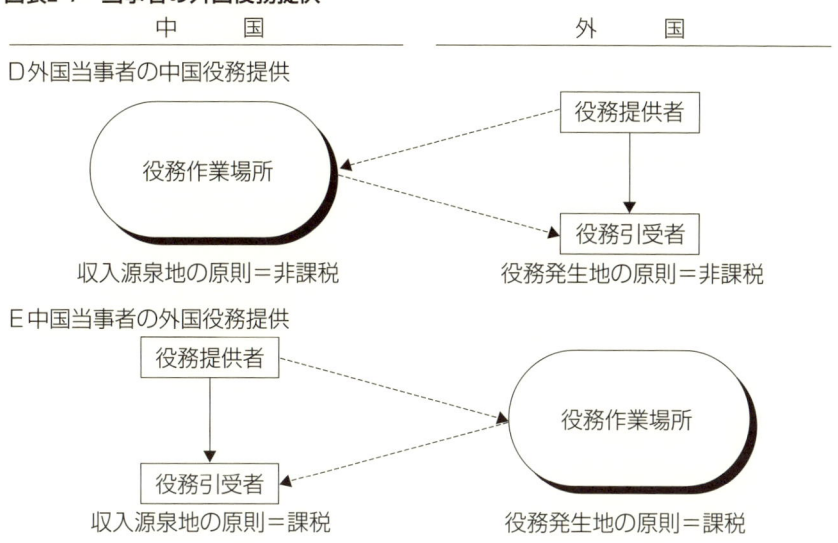

役務提供者 → 役務引受者（中国側）
役務提供者 → 役務作業場所（外国側）

収入源泉地の原則＝課税　　役務発生地の原則＝課税

る。中国のある電力会社が外国の設備メーカーに電力設備を発注したが，この設備メーカーは電力設備の生産を主に行っており，建設工事を伴う設備の据付工事を行うことができなかった。

このため外国の設備メーカーは，同国の建設会社と中国国内における電力設備の建設据付工事契約を締結して，外国建設会社が中国国内に所在する中国電力会社の発電所に設備を据付けた。

設備メーカーは建設据付工事契約に基づいて，建設会社に外貨で工事代金を支払った。このような建設据付工事については，役務の提供会社である建設会社と引受会社である設備メーカーが外国会社であるため，新細則では営業税が課税されない。旧細則では，役務発生地が中国国内であるため営業税が課税されていた。

Eの取引は，Dの取引と逆の関係にある。役務の提供者と引受者が中国国内に所在して，中国国外で役務が発生する取引であり，この取引類型を例示すれば，次のような取引が該当する。外国のある電力会社が中国の設備販売会社に電力設備を発注したが，この設備販売会社は電力設備の輸出入業務を主に行っており，建設工事を伴う設備の据付工事を行うことができなかった。

このため中国の設備販売会社は，中国の建設会社と中国国外における電力設備の建設据付工事契約を締結して，中国建設会社が中国国外に所在する外国電力会社の発電所に設備を据付けた。

設備販売会社は建設据付工事契約に基づいて，建設会社に人民元で工事代金を支払い，代金の受領により建設請負の専用発票を発行した。このような建設据付工事については，役務の提供会社である建設会社と引受会社である設備販売会社が中国企業であるため，旧細則では，役務発生地が中国国外であるため営業税が課税されていなかったものである。

このE取引については，財政部と国家税務総局が公布した「個人金融商品売買等の営業税の若干の免税政策に関する通知」によって，建設業と文化体育業に限って営業税が暫定的に免除されることとなった。

D取引は中国で営業税が非課税となるが，相手国において役務発生地の原則が採用されている場合には相手国においても非課税となり，課税の真空地帯が発生する可能性がある。逆に，E取引は中国で営業税が課税されるとともに，相手国においても同様に課税が行われ，国際的な二重課税となる可能性がある。

② 日本消費税の役務提供取引
1) 国内取引と国外取引

日本の消費税は，事業者が日本国内において対価を得て行った資産の譲渡，資産の貸付，役務の提供等に対して課税される。非居住者が行う資産の譲渡，資産の貸付，役務の提供であっても，それが事業として対価を得て行われるものであるときは，これらの行為は資産の譲渡等に該当する。課税対象となる国内役務提供は，その役務の提供が行われた場所で判定する。

役務の提供が行われた場所とは，現実に役務の提供があった場所として具体的な場所を特定できる場合にはその場所をいい，具体的な場所を特定できない場合であっても役務の提供にかかる契約において明らかにされている役務の提供場所があるときは，その場所をいう。

次に，役務の提供が国内と国内以外の地域（国外と保税地域）にわたって行われる場合には，図表2-8に掲げる判定基準によるものとされている。

図表2-8　国内と国外等にわたる役務提供

1	旅客または貨物の運送	出発地（発送地）または到着地
2	通信	発信地または受信地
3	郵便または信書便	差出地または配達地
4	保険	保険事業者の事務所等の所在地
5	情報の提供または設計	情報提供者または設計者の事務所等の所在地
6	生産設備等の建設または製造に関する調査，企画，立案，助言，監督，検査	生産設備等の建設または製造に必要な資材の大部分が調達される場所
7	上記以外で，役務提供場所が明らかではないもの	役務提供者の役務提供にかかる事務所等の所在地

　具体的な役務提供場所を特定できる場合，特定できない場合であっても契約で明記された役務提供場所がある場合には，これらの定められた場所により国内取引の判定を行い，役務提供が国内と国外等にわたる場合には，図表2-8の1から6の区分により国内取引の判定を行う。

　これらに該当しない場合で，役務提供場所が明らかにされていないもののほか，役務提供が国内と国外で連続して行われるものと同一の者に対して行われる役務の提供で役務提供場所が国内と国外の双方で行われるもののうち，その対価の額が合理的に区分されていないものについて，図表2-8の7により判定する。

　このように日本の消費税は役務提供場所（発生地主義）を原則として，具体的な役務提供地を特定できない場合は，契約において明らかにされている役務の提供場所とし，契約で明らかではない場合には，国内と国外にわたる取引について役務提供者の役務提供事務所の所在地等を役務提供場所として判定することとなっている。したがって，日本の国外で役務提供された取引については日本の消費税は課税されないので，国外で行われた役務提供の輸入取引に対して消費税は課税されない。

　この意味で，日本の消費税は中国の営業税の旧細則が採用していた役務発生地の原則と共通するものとなっており，新細則が採用した収入源泉地すなわち

役務の輸入者が所在することによる輸入取引の課税とは異なっている。ただし，中国の新細則が採用した役務の輸入取引課税は，日本の輸出免税措置により二重課税にはならない。

日本の消費税についてはこのほか輸出免税があり，事業者が日本国内において行う役務の提供のうち非居住者に対して行われる役務の提供については，日本国内で直接便益を享受するものを除いて，輸出類似取引として消費税が免除されている。すなわち日本国内で役務を発生させて国外の非居住者に提供した役務の輸出取引については輸出免税とされている。

非居住者に対する役務の提供で免税とならないものの範囲が次のように定められている。

1．国内に所在する資産に係る運送や保管
2．国内に所在する不動産の管理や修理
3．建物の建築請負
4．その他

なお，事業者が非居住者に対して役務の提供を行った場合に，その非居住者が日本国内に支店等を有するときは，その役務提供はその支店等を経由して役務提供を行ったものとして取り扱われる。ただし，次の要件のすべてを満たす場合は，非居住者に対する役務提供として免税する。

1．役務提供が非居住者の国外本店等の都の直接取引であり，国内支店等が役務提供に直接的にも間接的にもかかわっていないこと。
2．役務の提供を受ける非居住者の国内支店等の業務が，その役務提供にかかる業務と同種，あるいは関連する業務ではないこと。

2）　営業税と日本の消費税の比較

上述した中国の営業税と日本の消費税を対比させると図表2-9のような関係となる。

図表2-9　日中間の役務提供

類型	役務発生地	役務提供者	役務引受者	営業税	消費税	備考
A	中国	中国	中国	課税	非課税	純粋国内取引
B	中国	中国	日本	課税	非課税	輸出取引
C	中国	日本	中国	課税	非課税	引受者役務
D	中国	日本	日本	非課税	非課税	外国役務
E	日本	中国	中国	課税	課税	外国役務
F	日本	中国	日本	課税	課税	引受者役務
G	日本	日本	中国	課税	免税	輸入取引
H	日本	日本	日本	非課税	課税	純粋国外取引

　図表2-9の取引類型のうち，BとGは日中間の役務の輸出入取引であるが，中国はBの役務輸出取引について輸出免税の措置を採用していない。これに対して日本では輸入取引は国外発生役務として消費税は非課税となる。逆にGの役務輸入取引について中国では引受者が中国に所在することにより営業税を課税するが，日本では輸出類似取引として消費税を輸出免税している。なお，Gの取引のうち，文化体育業，娯楽業，サービス業の一部については営業税が不課税とされている。中国ではいずれに対しても営業税を課税しているが，日本で非課税または免税となるために二重課税の問題は発生しない。

　Cの取引については，日本の事業者が中国国内で役務を発生させていることから二重課税の問題は発生していない。Fの取引はCの取引と逆の関係にあるが，中国ではFの取引に対して課税しており，日本でも日本発生役務としてFの取引に対して課税するため，両国において二重課税の問題が発生する。なお，Fの取引については，建設業と文化体育業に限定して営業税が暫定的に免税とされている。

　Fの取引は，具体的には中国の事業者が日本国内において日本の企業に役務を提供する取引であり，日本の非居住者が行う役務提供事業も日本の消費税の課税対象になる。

　Dの取引は，日本の事業者が日本の会社に対して行う中国国内発生役務の提

供であり，役務の発生地が中国国内であるため日本の消費税は課税されない。同時に中国においても役務の提供者と引受者が国外に所在するため営業税は課税されない。日本企業間で取引が締結されて中国国内で役務が提供される場合に，日中間で同時に非課税となる。Eの取引はこれと逆の関係であり，中国企業間で取引が締結されて日本国内で役務が提供される場合に，日中間で二重課税が発生する。なお，EとFの取引については，建設業と文化体育業に限定して営業税が暫定的に免税とされた。

結論として，D取引は課税の真空地帯となり，EとFの取引については建設業と文化体育業を除いて，二重課税の問題が発生する。

③ 無形資産
1) 中国の営業税

営業税の税目注釈によれば，無形資産の譲渡とは，無形資産の所有権または使用権を譲渡する行為である。すなわち，中国営業税の無形資産の譲渡には，無形資産の所有権の譲渡と使用権の譲渡が含まれており，日本の消費税における無形資産の譲渡と貸付に該当する。

無形資産とは，実物形態を具有しない，かつ経済的利益をもたらすことのできる資産である。無形資産の譲渡には，土地使用権，商標権，特許権，ノウハウ（非特許技術），著作権，のれんの譲渡が含まれる。

土地使用権の譲渡とは，土地使用者が土地使用権を譲渡する行為をいい，土地所有者が土地使用権を払い下げする行為と土地使用者が土地使用権を土地所有者に返還する行為は，営業税を課税しない。土地のリースは無形資産の譲渡ではなく，サービス業のリースに該当する。

営業税の新細則では，無形資産の国内取引の区分原則について，譲渡した無形資産を引き受ける単位または個人が国内に所在することにより判定するものとしている。旧細則では，譲渡した無形資産を国内において使用することを判定基準としていたので，使用地主義の原則から譲受者所在地を判定基準とする原則に変更した。

新細則では，無形資産が実際に使用された場所に関係なく，譲渡した無形資産を実際に引き受ける単位または個人の所在地で営業税が課税される。通常の

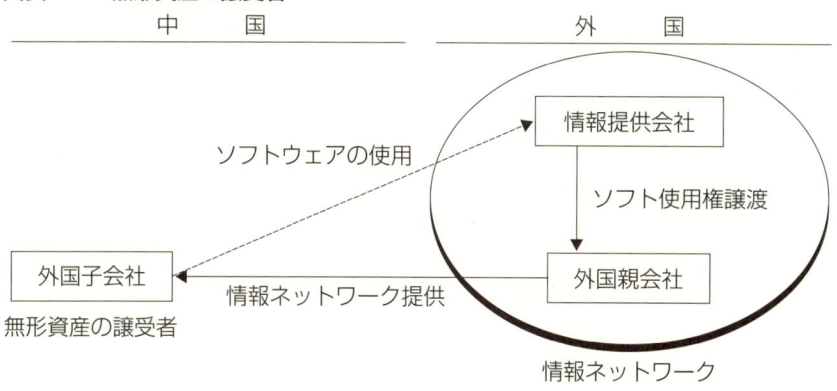

図表2-10　無形資産の譲受者

```
        中　　国           │           外　　国
                           │
                           │      ┌──────────┐
            ソフトウェアの使用 ←---  │ 情報提供会社 │
                           │      └──────────┘
                           │           │
                           │      ソフト使用権譲渡
                           │           ↓
┌──────────┐              │      ┌──────────┐
│ 外国子会社 │ ←──────────── │ 外国親会社 │
└──────────┘   情報ネットワーク提供   └──────────┘
無形資産の譲受者                │
                           │     情報ネットワーク
```

場合には，無形資産の譲受者の所在地とその使用地は同一となるが，国境を超える取引では，無形資産の譲受者の所在地，さらにその使用地が異なる場合もある。

例えば，外国親会社がワールドワイドの情報提供会社から情報提供サービスを受け入れる契約を締結して，外国親会社が情報提供会社の有するソフトウェア（無形資産）の使用権の譲渡を受け，その中国子会社に再譲渡してそのソフトウェアを外国のサイトを通して情報を取得する場合には，次のような関係が成立する。

ソフトウェアの譲受者は外国親会社であり，譲り受けたソフトウェアをさらに譲り受けて使用する会社は中国子会社であり，ソフトウェアの使用地は中国国外のサイトとなる。

営業税の納税者は課税行為を生じてかつ貨幣，貨物またはその他の経済利益を受け取る単位であるので，中国子会社に無形資産の使用権を譲渡した外国親会社または情報提供会社に営業税が課税されることとなる。

なお，中国子会社が負担するネットワーク費用は，外国親会社が一括して情報提供会社に支払いその中国子会社分を費用分担させる場合があり，また中国子会社が情報提供会社に直接費用を支払う場合もある。

中国の営業税は，無形資産の譲受者が所在する国で課税され，その課税行為を発生させて経済利益を受け取る単位または個人に営業税が課税される。

2) 国内役務と無形資産

2009年に国家税務総局は営業税の改正に伴って，下記に紹介する税務通知の営業税に係る内容を廃止した。この一部廃止規定は，営業税の国内役務と無形資産の譲渡に対する営業税の課税の変更に関するものであり，税務通知の廃止前と廃止後の営業税の課税関係を検討することにより，新細則の国内役務と無形資産の課税関係をより良く理解することができる。

税務通知では，次のようなグローバルなネットワークサービスに対する営業税の取り扱いが示されていた。

[事例] グローバルネットワークサービス

ドイツのA社は，グローバルなネットワークサービスシステムを確立しており，その全世界の子会社と「ITの運用サポート，メインナンスとコンサルタントサービス契約書」を締結している。ドイツA社は，中国国内にB社とC社を設立しておりこのサービス契約により，情報システムと関連のソフトの運用サポート，メインテナンスとコンサルタントサービスを提供している。

ドイツA社は，国内の情報システム会社にソフト使用料を支払っており，ドイツの国内と中国等に技術要員を雇用して派遣するサービス費用も支払っており，立て替えたソフト使用料と支払ったサービス費用を中国のB社とC社に請求して回収している。

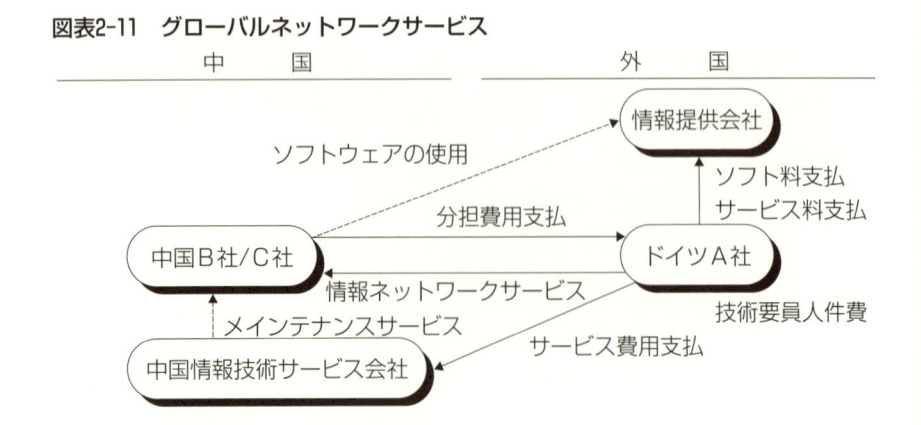

図表2-11　グローバルネットワークサービス

1 旧細則による国内役務課税

ドイツA社の上記業務は，情報システムを有する中国B社とC社に対して，その譲り受けた関連ソフトの正常な運用を含めて，サポート，メインテナンスとコンサルタントサービスを提供している。現行規定の中では技術サービス費用に関連して特許権使用料として合算して所得税を課税（源泉）する技術サービスとは，専有技術の譲受方式により発生する伝授，指導，教育訓練等の役務形式をいう。

したがって，ドイツA社が受け取るサービス費用は，異なる状況に応じて税務処理を行なわなければならず，国外で役務を提供した部分は営業税と企業所得税を課税しない。国内役務部分に属して取得する収入については，営業税と企業所得税を納付しなければならない。

2 旧細則による無形資産課税

ドイツA会社が立替払いした国外企業が提供したソフトのソフト料は，中国B社とC社がそのソフトを使用することによりA社にソフト使用料を支払っているが，無形資産の譲渡収入として営業税が，特許権使用料として企業所得税が課税される。その中で「財政部，国家税務総局の『中共中央と国務院の技術創新の強化，ハイテクの発展，産業化の実現に関する決定』の関連租税問題の貫徹に関する通知」が規定する営業税が免税となる技術譲渡の条件に適合するものについては，その通知の規定により営業税を免税とする。

3 新細則による国内役務課税時

旧細則では，国内役務は中国国内で発生する役務に営業税が課税されていたため，ドイツA社が受け取るB社とC社からのサービス料収入を中国国内役務と国外役務に合理的に区分して中国国内役務部分に対してのみ営業税が課税され，国外役務部分に対して営業税は課税されなかった。

旧細則では，このように国内役務と国外役務をその発生地により区分しなければならないが，上記事例のように国外の情報提供会社により提供される役務と国外親会社の技術要員による役務提供を国内役務と国外役務に区分することは容易ではない。

したがって，上記の税務通知では，企業は収入の合理的な区分を正確に行い，区分が合理的ではないかまたは実際に基づいて正確に区分できない場合

は，主管税務機関が合理的な割合を決定するものとされていた。このように旧細則では国内役務と国外役務の合理的な区分が困難であったため，役務発生地の原則が廃止されて，役務引受者所在地による収入源泉地課税に変更された。

新細則では，国内役務は役務の提供者または引受者のいずれかが中国国内に所在することとされたため，役務の提供を受けるB社とC社が中国国内に所在することから，その支払うサービス料総額が国内役務として営業税が課税されることとなった。

4 新細則による無形資産課税

旧細則では，無形資産の使用地で営業税が課税されていたが，実際には無形資産の使用地を決定することも容易ではない。最近のIT技術では，上記のようなグローバルな情報システムでは国外親会社または情報提供会社のサーバーにソフトウェアが組み込まれておりソフトウェアの使用地が中国国外に存在することも一般的となっている。したがって，無形資産の使用地で営業税を課税することは合理的ではなくなっており，無形資産の譲渡を引き受けた単位または個人の所在地で営業税を課税するものとした。

新細則では，譲渡した無形資産の引受者の所在地で国内取引かどうかを判定するため，上記事例ではソフトウェアの使用権を譲り受けたB社とC社が中国国内に所在することにより営業税が課税される。

2）日本の消費税

日本の消費税は，事業の対価を得て行われる資産の譲渡，資産の貸付，役務の提供に課税され，事業者は日本国内において行った課税資産の譲渡等について消費税の納税者となる。非居住者が行う資産の譲渡，資産の貸付，役務の提供であっても，それが事業として対価を得て行われるものであるときは，これらの行為は，資産の譲渡等に該当する。

資産とは，取引の対象となる一切の資産をいうから，棚卸資産，固定資産のような有形資産のほか，権利その他の無形資産が含まれる。このうち資産の貸付には，資産に係る権利の設定その他の者に資産を使用させる一切の行為が含まれる。また，資産に係る権利の設定とは，土地に係る地上権，地役権，特許権等の工業所有権に係る実施権もしくは使用権または著作物にかかる出版権の設定をいい，資産を使用させる一切の行為とは，例えば，次のようなものをい

う。

1. 工業所有権等の使用，提供または伝授
2. 著作物の複製，上演，放送，展示，上映，翻訳，編曲，脚色，映画化その他著作物を利用させる行為
3. 工業所有権等の目的になっていないが，生産その他業務に関し繰り返し使用し得るまでに形成された創作の使用，提供または伝授

資産の譲渡等には，その性質上事業に付随して対価を得て行われる資産の譲渡，資産の貸付，役務の提供を含むので，事業の用に供している建物，機械等の売却，利子を対価とする事業資金の預入れ，事業遂行のための取引先または使用人に対する利子を対価とする金銭等の貸付も資産の譲渡等に該当する。

これらの無形資産の譲渡または貸付については，国内取引の判定は次のとおり行われている。無形資産の譲渡または貸付が行われる時において，その無形資産が所在していた場所が国内にあるかどうかにより，その無形資産の譲渡または貸付が国内において行われたかどうかを判定するものとされている。

すなわち無形資産の譲渡または貸付の時の資産所在地により国内取引かどうかを判定する。ただし，鉱業権，特許権，著作権等については，図表2-12に掲げる場所により国内取引かどうかを判定する。

図表2-12　無形資産の国内取引の判定基準

無形資産	国内取引の判定基準
鉱業権もしくは租鉱権または採石権その他土石を採掘しもしくは採取する権利	鉱業権に係る鉱区もしくは租鉱権に係る租鉱区または採石権等に係る採石場の所在地
特許権，実用新案権，意匠権，商標権，回路配置利用権または育成者権（種苗の育成者権）	これらの権利を登録した機関の所在地，同一の権利について二以上の国において登録している場合には，これらの権利の譲渡または貸付を行う者の住所地
著作権（著作権，出版権，著作隣接権）または特別の技術による生産方式およびこれに準ずるもの	著作権等の譲渡または貸付を行う者の住所地

営業権または漁業権もしくは入漁権	これらの権利に係る事業を行う者の住所地
上記以外の資産でその所在していた場所が明らかでないもの	その無形資産の譲渡または貸付を行う者のその譲渡または貸付に係る事務所等の所在地

　事業者が国外において購入した資産を国内に搬入することなく他へ譲渡した場合には，その経理処理の如何を問わず，その譲渡は国内取引に該当しない。また，国内の事業者が国内の他の事業者に対して，対価を得て国外に所在するものとされる資産の譲渡または貸付をした場合には，その譲渡または貸付は国外において行われたこととなる。

　次に，無形資産の輸入取引と輸出取引については，有形資産と同じ取り扱いになるため，資産の譲渡，資産の貸付についての輸出入取引を検討する。まず，輸入取引については，保税地域から引き取られる外国貨物には消費税が課税される。

　保税地域とは，指定保税地域，保税蔵置場，保税工場，保税展示場，総合保税地域をいい，外国から日本に到着した貨物で輸入が許可される前の外国貨物は，保税蔵置場等に搬入された後に許可を受けて保税地域から引き取られる。

　保税地域から引き取られる外国貨物が消費税の課税対象となり，外国から特許権等の無体財産権の譲受または貸付を併せて受ける場合であっても，輸入取引の条件となっていないときは，その無体財産権は保税地域から引き取る外国貨物には該当しないことから，消費税の課税の対象とはならない。したがって無形資産の輸入取引は外国貨物の輸入ではないため消費税は課税されない。

　資産の輸出取引については，事業者が国内において行う課税資産の譲渡等のうち，本邦からの輸出として行われる資産の譲渡または貸付は消費税が免税される。この消費税が免税される輸出取引に類似するものとして輸出類似取引があり，輸出類似取引の中に非居住者に対する無形固定資産等の譲渡または貸付があり，下記の無形資産の非居住者に対する譲渡または貸付については輸出免税が適用されている。

3) 営業税と日本の消費税

上述した中国の営業税と日本の消費税を対比させると図表2-13のような関係となる。

図表2-13 国内取引の判定基準

無形資産	日本の消費税	営業税
鉱業権等	鉱区等の所在地	無形資産の譲受者の所在地
特許権等	登録機関の所在地	
	譲渡者または貸付者の住所地	
著作権等	譲渡者または貸付者の住所地	
営業権等	権利事業の事業者の所在地	
その他	無形資産の所在地	

例えば、日本の親会社が日本と中国で登録している特許権を中国子会社に使用許諾している場合には、日本の消費税では特許権の譲渡者または貸付者が日本に所在している場合には日本の国内取引に該当し、日本親会社が事業の対価として経済的利益（使用料）を享受しているので原則として消費税が課税されるが、非居住者に対する輸出類似取引として輸出免税が適用されるため、日本の消費税は課税されない。

これに対して、中国子会社は無形資産の使用権を譲り受けていることにより営業税の納税者となり、営業税の課税行為を発生させて経済的利益を享受する日本親会社が営業税の納税者となる。このように特許権の使用許諾行為は、日本では消費税が輸出免税となり、中国では営業税が課税される。

逆に、中国企業が日本企業に無形資産を譲渡した場合には、中国においては無形資産の譲受者（引受者）が所在しないことから営業税は課税されない。日本においては、外国貨物の輸入条件とされない無体財産権は外国貨物に該当しないことから無形資産の輸入時に消費税は課税されない。

④ 不動産の販売
1) 中国の営業税
　営業税の税目注釈では，不動産の販売とは，不動産所有権を有償譲渡する行為をいい，不動産とは移動できない，移動した後に性質と形状が改変する財産をいう。不動産の販売には，建物または構築物の販売，その他の土地付着物の販売が含まれる。

　建物または構築物の販売とは，建物または構築物の所有権を有償譲渡する行為であり，有限の財産権または永久の使用権の譲渡する方法で建物を販売する場合は，建物の販売とみなす。その他の土地付着物の販売とは，その他の土地付着物の所有権を有償譲渡する行為であり，その他の土地付着物とは，建物または建築物以外のその他の土地に付着した不動産をいう。

　単位が不動産を他者に無償贈与することは不動産の販売とみなす。不動産を販売する時に不動産とともに土地の使用権を一括譲渡する行為も不動産の販売として営業税を課税する。不動産のリースは不動産の販売ではなく，サービス業のリースに該当する。

　営業税の新細則では，不動産を譲渡するとは不動産を有償譲渡する行為をいい，有償とは，貨幣，貨物またはその他の経済利益を取得することをいう。不動産の譲渡は，販売またはリースした不動産が中国国内に所在する場合に，国内取引として営業税が課税される。

　土地使用権は不動産ではなく無形資産に属するが，無形資産の譲渡とは無形資産を有償譲渡することをいい，譲渡またはリースした土地使用権の土地が国内に所在する場合に，国内取引として営業税が課税される。

　営業税には，下記のようなみなし課税行為の規定もあり，これらのいずれか一つに該当する場合は営業税が課税される。

> 1. 単位または個人が不動産または土地使用権をその他の単位または個人に無償贈与すること。
> 2. 単位または個人が建設物を自己で新築（自己建設）した後に販売し，その発生した自己建設行為
> 3. 財政部，国家税務総局が定めるその他の状況

> 営業税の旧細則では，土地使用権は無形資産として使用地の原則により営業税が課税されていたが，新細則では土地使用権の土地が所在する場所が源泉地とされた。不動産については旧細則においても不動産の所在地が国内取引の判定基準となっており，新細則でも変更されていない。

2) 日本の消費税と中国の営業税

　日本の消費税は，資産の譲渡と貸付に対して課税されるが，土地と土地の上に存する権利の譲渡と貸付については，消費税は非課税取引とされている。消費税が課税されるのは，土地と借地権以外の不動産の譲渡と貸付である。

　中国では土地は国家の所有とされており，土地の所有権は国家に帰属するものとして取引対象とされていない。土地の所有権ではなく土地の使用権のみが取引の対象とされている。土地使用権の譲渡とは，土地使用者が土地使用権を譲渡する行為をいう。

　土地使用権についても元々は国家が土地使用権を有償で払い出すものであるから，土地所有者すなわち国家が土地使用権を払い下げする行為と土地使用者が土地使用権を土地所有者（国家）に返還する行為には，営業税は課税されない。

　営業税が課税されるのは民間の土地使用権の譲渡についてであり，土地使用権の譲渡は無形資産の譲渡として営業税が課税される。土地使用権の取引については使用期間が設定されている使用権自体の譲渡と土地使用権のリースすなわちリース取引が存在する。土地使用権のリース取引については無形資産の譲渡ではなく，営業税の課税役務であるサービス業の税目のリースとして，営業税が課税される。

　なお，個人の住宅については，日本の消費税では人の居住の用に供する家屋または家屋のうち人の用に供する部分について非課税取引とされている。中国においては，2010年1月1日から，個人が購入してから5年未満の普通住宅以外の住宅を対外的に売却した場合には，その売却収入全体に対して5％の税率で営業税が課税されるが，個人が購入して5年以上の普通住宅を対外的に売却した場合は，営業税は免税となる。個人が購入して5年以上の普通住宅以外の

住宅または5年未満の普通住宅を対外的に売却した場合は、その売却収入から購入建物の価額を減額した残額に対してのみ営業税の税率5％を乗じた営業税が課税される。

　土地使用権と不動産については中国の営業税では土地の所在地で国内取引を判定し、日本の消費税でも不動産の所在地で国内取引を判定するため、同一の基準によりそれぞれ国内取引の判定が行われる。

(3) 国際運輸業と物流企業

① 船舶運輸業務

　国務院の批准を受けて、1996年に財政部と国家税務総局が公布した「外国会社船舶運輸収入課税弁法」によれば、船舶運輸業務については、次のような課税関係が規定されている。

1) 中国国内の課税規定

　外国会社が船舶によって中国港湾から旅客、貨物または郵便物を積載運輸して出国させた場合は、その取得した運輸収入と所得について、営業税と企業所得税が課税される。運輸収入を取得した運送請負人を納税者とし、納税者には次のものが含まれる。

1. 買手が期間リース船舶を傭船した場合は、外国船舶リース会社が納税者となる。
2. 距離リース船舶は、外国船舶の船主が納税者となる。
3. 中国が賃借した外国籍船舶を期間リース方式で外国会社に再リースした場合は、外国会社を納税者とする。
4. 外国会社が中国籍船舶を期間リースした場合は、外国会社が納税者となる。
5. その他の外国籍船舶は、その船会社が納税者となる。
　　法により批准を受けて外国船舶代理業務を経営する会社は、税金を納付する源泉徴収者となる。なお、この源泉徴収義務者には、外国独資船舶業務会社、国際船舶代理社、国際貨物運輸代理会社とその他の国際海運運送費を対外支払いする単位と個人が含まれている。

2) 船舶運輸収入の納税額

　毎回の中国港湾から積載運輸した旅客，貨物または郵便物の出国毎に取得した収入総額により，4.65％の総合課税率で課税し，その内，営業税は3％，企業所得税は1.65％とする。収入総額とは，納税者が経営する船舶の毎回の積載運輸の中国港湾から始発した旅客，貨物または郵便物が目的地に到達するまでの貨物運輸収入の合計であり，いかなる費用または支出も控除することはできない。旅客運輸収入には，船舶料金収入と超過荷重荷物運送費，食事代，保険料，サービス料と娯楽費用等を含む。貨物運輸収入には基本運輸費用と各種の附加費用等の収入を含む。

3) 外国船舶会社の納税方法

　外国会社が船舶で中国港湾から旅客，貨物または郵便物を積載運輸して出国させた場合は，運送請負人の住所，船舶に掲げられた国旗，旅客運輸状況，運輸貨物の種類，運輸量と港湾到着日を外国船代理人に通知すると同時に，運送費用割合を外国船代理人に通知しなければならない。

　外国会社が船舶で中国港湾まで積載運輸した旅客，貨物または郵便物を出国させ，外国船代理人に運輸費用を計算させ代理回収させた場合は，外国船代理人が運輸費用を受け取った後に，総合課税率により直接納税者の収入総額から納付税額を代理控除しなければならない。

　外国会社が船舶で中国港湾まで積載運輸した旅客，貨物または郵便物を出国させ，外国船代理人を通さないで運輸費用を代理回収させた場合は，外国船代理人が総合課税率により税額を見積もって，納税者が船舶を停泊する前に見積税額と港湾使用料準備金を一括支払いするように通知し，外国船代理人が税額を代理回収しなければならない。

　外国会社が船舶で積載運輸した旅客，貨物または郵便物を出国させた場合は，外国船代理人は納税者の当該船舶の実際の積載運輸の出国旅客人数，貨物または郵便物の数量を申告すると同時に，その税務機関に運輸収入総額と納付税額，運輸付帯費用の決済証憑を通知する。

4) 国際運輸業の免税協定

　中国と外国が締結した条約が減税または免税を規定している場合は，条約の規定により執行する。条約とは，所得の二重課税回避に関する条約，海運企業

の運輸業務収入の相互免税の租税条約，海運協定とその他の関係する条約または交換公文をいう。

日中間では日中租税条約第8条により，当該一方の締約国の企業が船舶または航空機を国際運輸に運用することによって取得する利得については，当該一方の締約国においてのみ租税を課することができると規定されており，国際運輸企業の居住地国での課税のみが認められている。

5) 国際運輸役務の免税

2010年に，財政部と国家税務総局は，「国際運輸役務営業税免税に関する通知」を公布して，下記の国際運輸役務については，2010年1月1日から営業税を免税とした。

1. 国内において積載運輸した旅客または貨物を出国させること
2. 国外において積載運輸した旅客または貨物を入国させること
3. 国外において発生した旅客または貨物を積載運輸する行為

この免税通知は2010年1月1日から執行し，2010年1月1日からこの通知文書が到達した日までに課税した，免税を認めるべき営業税の税額は納税者がその後に納付すべき営業税の税額から控除するかまたは税金還付を認めた。

② 運輸代理業務

1) 無船運輸請負業務

2002年に国家税務総局と国家外貨管理局が公布した「外国会社船舶運輸収入租税管理および国際海運業の対外支払管理に関する補充通知」では，次のように，国際運輸代理会社が取得する代理費収入については国際運輸業の免税規定は適用されないことが規定されている。

国際運輸収入または所得の免税待遇を受けることができる場合とは，中国と外国が締結した二重課税回避に関する租税条約，海運企業の国際運輸収入の相互免除に関する協定，海運協定等に該当する締約国の居住者の身分を有する外国会社で，船舶で国際運輸業務を経営して取得する運輸収入または所得であり，国際運輸業務に属する収入または所得であり，各種の運輸代理会社が取得する代理費収入は含まないものとする。

2006年に国家税務総局が公布した「無船運輸請負業務に関係する営業税問題に関する通知」では，運輸代理業務を行う国際運輸代理会社等の業務収入について次のように規定している。

無船運輸請負業務とは，船舶を持たない運輸請負業務の経営者が運輸請負人の身分で運輸委託者の貨物の積載を引き受けて，自己のパッケージリストまたはその他の運輸証憑に署名し，運輸委託者から運送費を受け取り，国際船舶運輸経営者を通して国際海上貨物運輸を完了させ，運輸受託者が責任を有する国際海上運輸経営活動を承諾することをいう。

無船運輸請負業務は，営業税のサービス業の代理業の税目で営業税を課税する。営業税の納税者が無船運輸請負業務に従事し，その委託者から受け取ったすべての価額と価額外費用からその支払った海上運送費と通関，港湾雑費，荷卸費用を控除した後の残額を課税する営業額として営業税を申告納付する。納税者が無船運輸請負業務に従事した場合は，その無船運輸請負業務に従事して取得したすべての価額と価額外費用で委託者に発票を発行し，同時にその取得した当該納税者に発行された発票またはその他の合法的な有効証憑を営業税の控除証憑として差額で納付しなければならない。

2) 代理業務

代理業務の営業額については，国家税務総局が公布した「代理業営業税の課税根拠の確定問題に関する回答書」で次のように規定されている。

営業税の納税者が代理業務に従事した場合は，その委託者から受け取ったすべての価額と価額外費用から現行の租税政策が定める控除可能部分を減額控除した後の残額を課税営業額とする。

納税者が代理業務に従事した場合は，以下の証憑に基づいて，差額で営業税を課税する控除証憑としなければならない。営業税の減額控除項目が国内において発生した場合は，当該減額控除項目の代金支払証憑は必ず発票またはその他の合法的な有効証憑でなければならない。国外に支払った場合は，当該減額控除項目の代金支払証憑は必ず外貨支払証憑，外国の会社が署名した証憑または発行した公証の証明書でなければならない。

3) 代理通関業務

国家税務総局が公布した「代理通関業務の営業税課税管理に関係する問題に

関する通知」では，代理通関業務について，次のように規定している。

代理通関業務とは，輸出入貨物の荷受人，荷送人の委託を受けて，通関に関係する手続を代理で処理する業務をいい，営業税のサービス業の代理業の税目で営業税を課税する。納税者が代理通関業務に従事し，その委託者から受け取ったすべての価額と価額外費用から下記項目の金額を控除した後の残額を課税営業額として営業税を申告納付する。

> 1. 税関に支払った税金，証明費，報告遅延費，滞納金，検査費，証書発行費，電子通関プラットホーム費，倉庫保管費
> 2. 検査検疫単位に支払った三検査費，蒸費，消毒費，電子保険プラットホーム費
> 3. 事前記録単位に支払った事前記録費
> 4. 国家税務総局が定めるその他費用

納税者が代理通関業務に従事した場合は，その代理通関業務に従事して取得したすべての価額と価額外費用で委託者に発票を発行する。納税者が代理通関業務に従事した場合は，その取得した当該納税者に発行された発票またはその他の合法的な有効証憑を控除証憑として差額で営業税を課税しなければならない。

③ 物流企業

中国政府は現代物流企業の発展を促進させるために，国家発展改革委員会，商務部，公安部，鉄道部，交通部，税関総署，国家税務総局，中国民用航空総局，国家工商行政管理局の連名で2004年に「我国現代物流業の発展を促進させる意見の印刷発行に関する通知」を発布した。国家発展改革委員会と国家税務総局は，これに基づいて2005年に「実験物流企業に関係する租税政策問題に関する通知」を発布して，特定の物流企業（当初は37社，その後追加）を選別して実験的に物流企業の租税政策を適用した。

1) 営業税政策

実験物流企業が物流業務を展開する場合は，その収入の性質により区分計算する。運輸役務を提供して取得する運輸収入は交通運輸業の税目で営業税を課

税しかつ貨物運輸業発票を発行する。規定どおりにその営業税の課税収入を区分計算しない場合は，一律にサービス業の税目で営業税を課税する。

　実験物流企業が請け負った運輸業務をその他の単位に下請けしかつ統一して代金を受け取った場合は，当該企業が取得したすべての収入からその他運輸企業に支払った運送費を減額した後の残額を営業額として課税営業額を計算する。

　実験物流企業が請け負った倉庫業務をその他の単位に下請けしかつ統一して代金を受け取った場合は，当該企業が取得したすべての収入からその他の倉庫協力者に支払った倉庫保管費を減額した後の残額を営業額として課税営業額を計算する。

　営業額の減額項目の支払代金が国内において発生した場合は，当該減額項目の支払金額項目の証憑は必ず発票または税務機関の認可を受けた合法的な有効証憑でなければならない。国外に支払った場合は，当該減額項目の支払金額の証憑はかならず外貨支払証憑，または外国の会社が受取を署名した証憑，発行した公証の証明書でなければならない。

2)　貨物運輸業発票の増値税仕入税額控除

　増値税の一般納税者が貨物を外部購入し，課税貨物を販売して取得する実験企業が発行した貨物運輸業発票は，仕入税額控除を認める。

　控除が認められる貨物運輸金額は，実験企業が発行した貨物運輸発票上に明記された運輸費用，建設基金であり，装着荷卸費，保険料とその他の雑費は控除が認められない。貨物運輸発票は運送費と雑費を区分明記すべきであり，区分明記されていない場合については運送雑費として合算し控除を認めない。

3　外国投資商業企業

(1)　外国投資商業企業の設立認可

①　外国投資商業領域管理弁法

　2004年に「外国投資商業領域管理弁法」（8号令）が公布され，同年6月に執行され，同年12月から独資による商業企業の設立許可が認められるようにな

った。2005年上半期に入ってから審査批准手続も整備され，下半期から審査批准が通常ベースで行なわれるようになった。2006年3月から審査批准権限の一部が地方政府にも委譲された。以下，外国投資商業領域管理弁法の概要を紹介する。

1) 設立申請者

外国投資者すなわち外国の会社と企業およびその他経済組織または個人で，これらの外国投資者は良好な信用を有し，中国の法律と行政法規および関連規則に違反する行為があってはならないものとされている。また，比較的強力な経済的実力，先進的な商業経営管理経験および営業販売技術，広範な国際販売ネットワークを有する外国投資者が外国投資商業企業を設立することが奨励されている。

2) 経営活動の範囲

1．コミッション代理

貨物の販売代理商，仲介人または競売人もしくはその他卸売商が費用を受け取ることを通して契約をベースとして他人の貨物に対して販売と関連の付随サービスを行うこと。

2．卸売

小売商および工業，商業，機構等の顧客またはその他卸売商に対する貨物の販売と関連付属サービス

3．小売

固定的な場所においてまたはテレビ，電話，通信販売，インターネット，自動販売機を通して，個人または団体の消費使用に供給する貨物の販売と関連付属サービス

4．フランチャイズ経営

報酬またはフランチャイズ料を獲得するために契約の締結を通して他人にその商標，商号，経営モデル等の使用を授権すること。

3) 外国投資商業企業の条件

外国投資商業企業は次に掲げる条件に適合しなければならないものとされている。

1. 最低登録資本金は会社法の関連規定に適合しなければならない。
2. 外国投資企業の登録資本金と投資総額の関連規定に適合すること。
3. 外国投資商業企業の経営期限は原則として30年を超えないもの，中西部地区において設立する外国投資商業企業の経営期限は原則として40年を超えないものとする。

4) 店舗の条件

外国投資商業企業が開設する店舗は下記の条件に適合しなければならないものとされている。

1. 商業企業の設立申請と同時に店舗を開設申請する場合は，都市発展および都市商業発展の関連規定に適合しなければならない。
2. すでに設立認可された外国投資商業企業が店舗を増設申請する場合は，上記1.の要求に適合するほかに，下記の条件にも適合しなければならない。
   1 適時に外国投資企業連合年度検査に参加しかつ年度検査に合格しなければならない。
   2 企業の登録資本金の全額が払い込まれていること。

5) 許可業務

外国投資商業企業は許可を受けて下記の業務を経営することができる。

1. 小売業務に従事する外国投資商業企業
   1 商品小売
   2 自営商品輸入
   3 国内産品の仕入輸出
   4 その他関連付随業務
2. 卸売業務に従事する外国投資商業企業
   1 商品卸売
   2 コミッション代理（競売を除く。）
   3 商品の輸出入

4　その他関連付随業務

外国投資商業企業は他人にフランチャイズ方式で店舗の開設を授権することができる。また，外国投資商業企業は許可を受けて上記の一種類または数種類の販売業務に従事することができ，その経営する商品の種類は，契約書と定款に関連する経営範囲の内容の中に明記しなければならない。

6) 外国投資商業企業の設立と店舗開設の手続

外国投資商業企業の設立と店舗開設は，下記の手続により行い，外国投資者は認可証書を受領した日から1カ月以内に，「外国投資企業許可証書」に基づいて工商行政管理機関で登記手続を行わなければならない。

1. 外国投資商業企業の立案書，フィージビリティ・スタディ報告書および企業設立の第一次申請書と審査認可。
2. 別途規定するほか，外国投資商業企業を設立する予定の投資者は，店舗を開設申請する設立済外国投資商業企業の外国投資商業企業登録地の省級商務主管部門に申請書類を送付する必要がある。省級商務主管部門は報告された書類に対して初度審査を行った後に，全部の申請書類を受領した日から1ヶ月以内に商務部に報告する。

   商務部は全部の申請書類を受領した日から3ヶ月以内に認可の可否を決定し，設立認可する場合には「外国投資企業認可証書」を発行し，認可しない場合にはその理由を説明しなければならない。

   商務部は本規則により省級商務主管部門に上記の申請書類の認可を授権することができる。
3. 小売業務に従事する外国投資商業企業はその所在地の省級行政地区内において店舗を開設する場合は，下記の条件に適合し，かつ経営範囲がテレビ，電話，通信販売，インターネット，自動販売機および8号令で規定した規制商品（後述する9)規制商品）に関係しない場合に，省級商務主管部門がその認可権限内で認可しかつ商務部に届け出る。

   1　単一店舗の営業面積が3,000平米を超えず，かつ店舗数量が3社を超えない場合は，その外国投資者が設立した外国投資商業企業を通して開設した中国国内における同類店舗の総数が30社を超えないこ

と。
2 単一店舗の営業面積が300平米を超えず，かつ店舗数量が30社を超えない場合は，その外国投資者が設立した外国投資商業企業を通して開設した中国国内における同類店舗の総数が300社を超えないこと。
4．中外合弁と合作の商業企業の商標と商号の所有者が内資企業，中国自然人であり，かつ中国投資者が外国投資商業企業において支配権を有しており，当該外国投資商業企業の経営範囲が規則で規制した商品に関係しない場合は，その設立および店舗開設の申請書は企業所在地の省級商務部門がその認可権限内で認可する。省を跨って店舗を開設する場合は，さらに店舗開設所在地の省級商務主管部門の意見を徴求しなければならない。

商務部の授権を受けないで，省級商務部門は自ら許可権限を委譲してはならない。

7) 設立申請書類

外国投資商業企業の設立申請には，下記の書類を提出する。

1．申請書。
2．投資各当事者が共同で署名したフィージビリティ・スタディ報告書。
3．契約書と定款（外資商業企業は定款を提出するのみ。）およびその付属書類。
4．投資各当事者の銀行資本信用証明書，登記登録証明書類（写し），法定代表者証明書（写し），外国投資者が個人の場合は，身分証明書を提出しなければならない。
5．投資各当事者の会計士事務所の監査を受けた最近1年の監査報告書。
6．中国投資者が中外合弁，合作商業企業に出資予定の国有資産の評価報告書。
7．設立予定の外国投資商業企業の輸出入商品目録。
8．設立予定の外国投資商業企業の董事会構成員名簿および投資各当事者の董事の委託派遣書。

9．工商行政管理部門が発行した企業名称事前承認通知書。
10．店舗開設予定地の土地の使用権証明書類（写し）および（または）部屋賃貸協議書（写し），ただし開設予定の営業面積が3,000平米以下の店舗を除く。
11．店舗開設予定地の政府商務主管部門が発行した都市発展および都市商業発展の要求に適合する説明文書。
法定代表者以外が書類に署名した場合は，法定代表者の委託授権書類を提出する。

8) 店舗開設の申請手続

設立済みの外国投資商業企業が店舗開設を申請する場合は，下記の書類を提出する。

1．申請書。
2．契約書と定款の変更に関係する場合は，修正後の契約書と定款を提出しなければならない。
3．店舗開設に関連するフィージビリティ・スタディ報告書。
4．店舗開設に関連する董事会決議書類。
5．企業の最近1年の監査報告書。
6．企業の出資検証報告書（写し）。
7．投資各当事者の登記登録証明書（写し）と法定代表者証明書（写し）。
8．店舗開設予定地の土地の使用権証明書類（写し）および（または）部屋賃貸協議書（写し），かつ開設営業面積が3,000平米以下の店舗を除く。
9．店舗開設予定地の政府が発行した都市発展および都市商業発展の要求に適合する説明文書。
法定代表者以外が書類に署名した場合は，法定代表者の委託授権書類を提出する。

外国投資商業企業が締結した商標と商号の使用許可契約書，技術譲渡契約書，管理契約書，サービス契約書等の法律文書は，契約書付属文書（外資商業

企業は定款付属文書としなければならない）として一括送付しなければならない。

外国投資商業企業が店舗開設地の土地は，国家の土地管理に関する法律，行政法規の規定により，公開入札，競売，公開相場等の方式によって商業用地を取得しなければならない。

9) 規制商品

外国投資商業企業が下記の商品を経営する場合は，8号令の規定に適合するほかに，さらに下記の規定内容にも適合しなければならない。

外国投資商業企業が図書，新聞紙，定期刊行物を経営する場合は，「外国投資図書，新聞紙，定期刊行物流通販売企業管理規則」に適合しなければならない。

1．ガソリンスタンド経営による石油製品小売－建設計画，消防，環境保護に関する規定
2．薬品－薬品販売に関する管理規定
3．自動車－認可された経営範囲において経営

なお，農業副産物，農業生産手段の商業企業は地域，出資持分比率，投資額に制限はない。卸売に従事する外国投資商業企業は，2006年12月11日までは化学肥料，石油製品および原油を経営することはできない。また，小売に従事する外国投資商業企業は，2006年12月11日までは化学肥料を経営することはできない。さらに，卸売に従事する外国投資商業企業は，塩，タバコを経営することはできず，小売に従事する外国投資商業企業は，タバコを経営することはできない。

同一の外国投資者が国内の累計で30店を超える店舗を開設する場合，経営商品に図書，新聞，自動車（2006年11月にこの制限は撤廃予定），薬品，農薬，農業用フイルム，化学肥料，製品油，食糧，植物油，綿花等の商品を含む場合で，上記商品が異なるブランドで異なる供給者からのものである場合は，外国投資者の出資比率は49％を超えることができないものとされている。

10) 外国投資企業の国内投資と経営範囲の拡大

外国投資企業が国内において商業領域に投資する場合は，「外国投資企業の

国内投資に関する暫定規定」に適合し，かつ8号例を参照して処理する。

外国投資商業企業以外のその他の外国投資企業が，規則第3条に列記する経営活動に従事する場合は，8号令の規定に適合し，かつ法により相応の経営範囲に変更しなければならない。

11) 特別行政区

香港特別行政区，マカオ特別行政区の投資者，台湾地区の投資者は中国のその他の省，自治区，直轄市において商業企業を設立する場合は，下記の規定のほかに，8号令を参照して執行するものとされている。

1. 香港，マカオの商業サービス提供者が内地において小売企業を設立する地域範囲は地級市に拡大し，広東省では県級市に拡大する。
2. 香港，マカオの商業サービス提供者は8号令の関連条項により内地において自動車小売業務に従事する商業企業を設立することができるが，その申請前3年間の年平均販売額は1億米ドルより低くてはならない。申請1年前の資産額は1千万米ドルより低くてはならない。内地において設立する自動車小売企業の登録資本金の最低限度額は1千万人民元とし，中西部地区で設立する自動車小売企業の登録資本金の最低限度額は600万人民元とする。
3. 香港，マカオの永住的居住者の中の中国公民は内地の関連法律，法規および行政規定により個人工商業を設立して商業小売活動（フランチャイズ経営を除く）に従事することを許可し，その営業面積は300平米を超えることはできない。
4. 香港，マカオの商業サービス提供者はそれぞれ「内地と香港の更に緊密な経済貿易関係の構築に関する協定」および「内地とマカオの更に緊密な経済貿易関係の構築に関する協定」の中の「サービス提供者」に関する定義および関連規定の要求に適合しなければならない。

② 外国投資企業の流通経営範囲拡大

2005年4月に商務部から「外国投資非商業企業の流通経営範囲拡大に関連する問題に関する通知」が公布され，外国投資企業が商業領域の経営活動を行な

うための経営範囲の拡大に必要な申請手続と申請書類が整備された。経営範囲拡大の申請書類として「外国投資非商業企業の流通経営範囲増加申請表」，「投資性公司／地区本部流通経営範囲増加申請表」，「外国投資非商業企業／投資性公司流通経営範囲増加上申申請表」がある。

外国投資非商業企業が流通経営範囲を増加する場合は，企業の各出資者は法により企業契約書，定款を修正して，「外国投資非商業企業の流通経営範囲増加申請表」または「投資性公司／地区本部流通経営範囲増加申請表」を記載して，経営範囲拡大の法定手続により申請して，外国投資企業批准証書を受領する。

外国投資非商業企業が流通経営範囲を増加する場合は，具体的な流通方式すなわち卸売り，小売，コミッション代理を明確にして申請時に経営する商品目録リストを提出しなければならないものとされている。省級商務主管部門は「外国投資非商業企業／投資性公司流通経営範囲増加上申申請表」を商務部に報告する。

外国投資非商業企業が流通経営範囲を増加して小売店舗を開設する場合，および新規設立の外国投資企業の経営範囲に自社生産製品以外の流通業務が含まれる場合は，8号令の関連規定により審査批准を受けなければならないものとされている。

③ 審査批准権限の地方政府委譲

2005年12月に商務部は「地方部門に外国投資商業企業の審査批准を委託することに関する通知」を公布して，2006年3月から下記のとおり審査批准権限を省級商務主管部門と国家級経済技術開発区管理委員会に権限委譲することを決定した。権限委譲された地方の商務部門は審査批准後，商務部に届け出る。

1) 権限委譲された許可業務

地方政府部門に委譲された審査批准権限は次のものである。

1. 小売業務に従事する外国投資商業企業
   1. 商品小売
   2. 自営商品輸入

3　国内産品の仕入輸出
　　4　その他関連付随業務
2．卸売業務に従事する外国投資商業企業
　　1　商品卸売
　　2　コミッション代理（競売を除く。）
　　3　商品の輸出入
　　4　その他関連付随業務
3．フランチャイズ方式による店舗開設

2) 権限委譲されない許可業務

　下記の場合は，地方の商務部門が中央の商務部に報告して審査批准を受けなければならない。

1．経営方式がテレビ，電話，通信販売，インターネット，自動販売機等に関係する販売
2．流通商品が鋼材，貴金属，鉄鉱石，燃料油，天然ゴム等の重要な工業原材料に関係するもの，および上記の①9)規制商品であるもの
3．権限委譲された店舗の許可業務

　小売業務に従事する外国投資将棋用企業はその所在地の省級行政区域内または国家経済技術開発区内に開設する店舗は，下記の条件に適合するならば，地方部門がその審査批准権限内で審査批准して商務部に届け出るものとされている。

1．単一店舗面積が5,000平米を超えず，店舗数が3店舗を超えないで，その外国投資者が設立した外国投資商業企業を通して中国に解説した同類店舗の総数が30店を超えない場合
2．単一店舗面積が3,000平米を超えず，店舗数が5店舗を超えないで，その外国投資者が設立した外国投資商業企業を通して中国に開設した同類店舗の総数が50店を超えない場合
3．単一店舗面積が300平米を超えない場合

上記の審査批准権限の地方部門への委譲は，外国投資非商業企業が流通経営範囲を拡大する場合にも適用される。また，合併買収方式で外国投資商業企業を設立した場合には，国内外の企業が同一のマネジメントによって支配されている場合または実質的に支配しているものが同一人である場合は，商務部が報告を受けて批准しなければならない。

　もともと商務部が設立を批准した外国投資商業企業，および商務部の批准を受けて流通経営範囲を拡大した外国投資非商業企業の変更事項については，上記の審査批准権限に基づいて処理するものとされている。

(2) 保税区貿易商社

① 保税区企業

　2005年7月に商務部，税関総署から公布された「保税区および保税区物流園区の貿易管理に関連する問題に関する通知」（商資字〔2005〕76号）の内容を整理すると次のようになる。なお，通知にある保税物流園区とは，保税区内の一定の閉鎖的地域であり，港湾インフラが整備されて倉庫業と物流業の専門会社のみ存在している保税区の優遇政策が適用される地域である。以下，保税区と保税物流園区内の企業と個人を保税区企業等といい，保税区内を区内，保税区外の国内一般地域を区外という。

　まず76号通知の第1条では，対外貿易経営権と流通権について，保税区と保税物流園区の企業と個人は届出制度により対外貿易経営権を取得することができ，許可制度により流通権を申請することができることが規定されている。対外貿易経営権を取得した保税区企業等は，取引先が対外貿易経営権を持っているかどうかに関わらず，区外企業等（区外の企業と個人）と貿易活動を行なうことが認められた。

　これ以前は，保税区貿易商社は対外貿易経営権を取得することができず，保税区貿易商社は区外企業と取引する時には，対外貿易経営権を持っている中国内資の外国貿易公司を通して保税区貿易商社はその代理通関によって貨物を輸入していた。対外貿易経営権を取得した保税区貿易商社は自社通関により貨物を輸入することができるようになった。

　また，保税区内の貨物を区外企業に販売する時は，保税区の交易市場を通し

て増値税の専用発票を区外企業に発行して国内販売取引を行なわなければならなかったが，商業企業としての経営範囲拡大により，交易市場を通さずに自社で増値税専用発票を発行して国内販売を行なうことができこととなった。

　76号通知第1条では，対外貿易経営権の取得とともに中国国内で商品を流通させることのできる権利すなわち流通権を取得すれば，中国国内で流通活動に従事できることも規定されている。

　76号通知第2条では，まず初めに，原則論として保税区企業等が区外に製品を販売する場合と区外から製品を購入する場合には，輸出入管理，外貨管理，租税管理の関連規定を遵守することが規定されている。保税区は原則論としては国外扱いになっているため，区内と区外の製品売買は，輸出入取引に該当して通関手続，外貨管理，租税管理が必要とされている。

　次に，第2条第1号では，保税区と区外との間の輸出入貨物は税関の関連規定により輸出入手続が必要と規定されているが，これは前述したように保税区が国内一般地域である区外とは異なり国外の取扱いとなるので，輸出入取引については保税区と区外との間で通関手続が必要であることを指している。

　次に，保税区企業が対外貿易経営者の身分で貨物を国内または国外に流通させる場合は，その保税区企業の名義で通関手続と外貨管理手続である輸出代金の回収照合手続を行わなければならないことが規定されている。いままで，保税区貿易商社は外国貿易企業の名義により代理通関していたが，今後は対外貿易経営者として保税区貿易商社の名義で自ら通関手続と輸出代金の回収照合手続を行うことができるようになった。

　さらに，区外企業等が保税区企業等から貨物を内国貨物として購入する場合は，現行規定で処理することが規定されているが，これは国外と国内の輸出入貨物ではなく，中国国内の内国貨物として保税区内から区外へ売却する取引については，現行の保税区の関連規定により処理することを規定しているものである。すなわち，前述したように保税区貿易商社が自社通関して内国貨物とした後に，保税区から国内販売する場合には，人民元決済で増値税専用発票を区外企業に発行することになる。

　76号通知の第2条第2号は，輸出入許可証管理に関する事項であり，第3号は繊維製品の許可証管理に関する事項であるため，ここでは検討を省略する。

最後に第3条では，保税区内の企業の租税，輸出入，外貨管理についてはそれぞれの関連規定によるべき旨が規定されている。

② 増値税の輸出還付手続

　過去においては，保税区企業には対外貿易経営権のみならず，自営輸出入経営権さえも認められておらず，保税区企業には輸出入経営権は一切認められていなかった。したがって，中国の税務規定により輸出入経営権を持たない企業には増値税の輸出還付が認められていないため，保税区貿易商社に対しては増値税の輸出還付は認められていなかった。

　増値税の輸出還付とは，商製品を輸出した時に，その商製品を仕入または生産するために発生した仕入増値税を還付することである。日本の消費税では売上税を超過する仕入税があれば還付される制度となっているので，仕入消費税は仕入税額控除されるかまたは還付される仕組みとなっているが，中国では必ずしも仕入税が税額控除または還付されるとは限らない制度となっている。

　商務部と税関総署は2003年5月に，保税区企業に対して輸出入経営権を実験的に賦与する通知を公布した。上海の外高橋保税区では，2003年7月から段階的に中国内資企業の外国貿易流通経営権，内資生産企業の自営輸出入経営権，中外合弁対外貿易会社の外国貿易流通権，外国投資生産企業の自営輸出入経営権が認められるようになった。2004年11月以降は，保税区貿易商社に対しても対外貿易経営権の届出を受理するようになり，現在では対外貿易経営者としての保税区貿易商社が存在している。

　現行の税務規定によれば，対外貿易経営者となった企業等で，今まで増値税の税金還付登記を行っていない企業等は，増値税の還付を主管する税務局で増値税の還付認定手続を行なわなければならない。すなわち，対外貿易経営活動に従事する法人，その他組織と個人は，対外貿易法と対外貿易経営者届出登記規則にしたがって対外貿易経営者の届出登記を終了した日から30日以内に，下記の書類を持参して企業所在地の増値税還付を主管する税務局に届出を行い，「輸出貨物税金還付（免税）認定表」を記載して，輸出貨物税金還付（免税）認定手続を行なう必要がある。

> 1．対外貿易経営者届出登記証（届出登記専用印章のあるもの）
> 2．工商行政管理局の営業許可証
> 3．税務登記証
> 4．銀行の基本口座番号と税関の輸出入企業コード番号

　この認定手続を終了した企業等のうち，輸出製品を生産する能力のある対外貿易経営者は，その輸出した貨物は現行の生産企業の輸出貨物に実施されている「免税控除還付方法」の規定により，輸出税金還付（免税）が行なわれる。生産能力がない対外貿易経営者は，その輸出した貨物は現行の外国貿易企業の輸出貨物税金還付の規定により輸出税金還付免税が行われる。増値税の小規模納税者と認定された対外貿易経営者の輸出貨物は，現行の小規模納税者の輸出貨物の規定により，増値税と消費税が免税される。

　この税金還付の認定手続は，中国国内の対外貿易経営者に認められた基本的な手続であり，この基本的な認定手続は保税区貿易商社にも適用される。ただし，保税区貿易商社は生産能力を持たないため，輸出貨物税金還付（免税）認定手続を行った後は，生産企業の免税控除還付方法ではなく，中国内資の外国貿易企業と同じく免税還付方法が適用され，または小規模納税者である場合には小規模納税者に適用される免税方法が適用される。

③　小型商業貿易卸売企業

　2004年7月に，国家税務総局から「新設商業貿易企業の増値税課税管理の強化に関連する問題に関する緊急通知」が公布され，商業貿易企業の一般納税者の認定基準が厳しくなったが，この緊急通知に対する反発が大きかったことから，2004年12月に「新設商業貿易企業の増値税課税管理の強化に関連する問題に関する補充通知」が公布され，商業貿易企業の一般納税者の認定基準は大幅に緩和された。

　この補充通知で最も緩和されたのは既存の商業貿易企業であり，2004年6月30日前に税務登記し正常に経営している小規模納税者の商業貿易企業は，その実際の納税状況に基づいて年間販売額が実際に180万元に達した後，税務当局の審査を受けて一般納税者と認定することができ，指導期間の一般納税者の管

理は受けないものとされた。これにより，既存の保税区貿易商社は従来どおり一般納税者として取り扱われることとなった。

さらに，2010年に，国家税務総局は「増値税一般納税者納税補導期間管理弁法」を公布して，小型商業貿易卸売企業とその他一般納税者に対して納税補導期間管理を2010年3月20日から実施した。この管理弁法の公布によって，従来，保税区商社等の商業貿易企業に適用されていた上述の2つの税務通知，すなわち2004年の「新設商業貿易企業の増値税課税管理の強化に関連する問題に関する緊急通知」と「新設商業貿易企業の増値税課税管理の強化に関連する問題に関する補充通知」は廃止された。

「増値税一般納税者資格認定管理弁法」と「増値税一般納税者納税補導期間管理弁法」によれば，納税補導期間管理とは次のようなものである。

増値税の一般納税者のうち，下記の者については納税歩道期間管理が実施される。

> 1．一般納税者として新たに認定した小型商業貿易卸売企業
> 2．国家税務総局が定めるその他の一般納税者

小型商業貿易卸売企業とは，登録資金が80万元以下，従業員数が10人以下の卸売企業をいう。輸出貿易のみに従事する増値税専用発票を使用する必要のない企業を除く。卸売企業は，国家統計局の発布する「国民経済業種分類」における卸売業に関係する業種区分の方法で区分する。

その他一般納税者とは，下記の状況のいずれか一つに該当する一般納税者をいう。

> 1．増値税の脱税額が納付税額の10％以上を占めかつ脱税額が10万元以上であること
> 2．輸出税金還付を詐取した場合
> 3．増値税控除証憑を虚偽発行した場合
> 4．国家税務総局が定めたその他の場合

納税補導期間については，新規に一般納税者と認定された小型商業貿易卸売企業については補導期間は3ヶ月であり，その他の一般納税者については6ヶ

月である。

　補導期間の仕入税額控除については，納税者が増値税の専用発票控除綴り，税関輸入増値税専用納付書および運輸費用精算証票を取得した場合で，相互照合検査した後に，仕入税額を控除することができる。

　主管税務機関は定期的に相互照合検査の結果書を受領して，「検査結果アウトプットツール」を通して発票明細データと「検査結果通知書」をアウトプットして補導期間納税者に告知する。

　補導期間納税者は相互照合検査結果書に該当する増値税控除証憑の当期データに基づいて仕入税額の控除を申告し，相互照合検査結果書を受領していない増値税控除証憑は翌期の控除まで留保する。

　主管税務機関は補導機関の納税者に対して数量限度額制限を実行して専用発票を販売する。

◆ 第3章 ◆

増値税の輸出還付免税制度

1　輸出還付免税の関連法規

(1) 輸出還付免税

① 主要関連法規

増値税の輸出還付免税法規には，大別して，次の4種類のものがある。

1．輸出還付免税の総合法規
2．生産企業の免税控除還付法規
3．非生産企業の還付免税法規
4．輸出還付率と還付廃止法規

上記のうち，主な関連法規を掲げれば，次のようなものとなる。ただし，これらの関連法規は，その発布後に何度か一部条項の修正，廃止が行われており，現在有効な条項を確認する必要がある。

1) 輸出還付免税の総合法規

1．「輸出貨物還付免税管理弁法」
　　1994年2月18日　国家税務総局　国税発［1994］31号
2．「輸出税金還付の若干の問題に関する通知」
　　2000年12月22日　国家税務総局　国税発［2000］165号
3．「輸出貨物税金還付免税の若干の問題に関する通知」
　　2003年11月18日　国家税務総局　国税発［2003］139号

4．「輸出貨物税金還付免税管理の関連問題に関する通知」
　　2004年5月31日　国家税務総局　国税発［2004］64号
5．「輸出企業の増値税一般納税者から購入した輸出貨物の増値税専用発票管理に関する通知」
　　2004年6月4日　財政部，国家税務総局　財税［2004］101号
6．「輸出貨物税金還付免税の若干の具体的な問題に関する通知」
　　2004年7月10日　財政部，国家税務総局　財税［2004］116号
7．「輸出貨物税金還付免税管理の関連問題に関する補充通知」
　　2004年7月30日　国家税務総局　国税発［2004］113号
8．「輸出貨物税金還付免税の若干の問題に関する通知」
　　2006年7月12日　国家税務総局　国税発［2006］102号

2) 生産企業の免税控除還付法規

1．「輸出貨物の免税控除還付方法実施の更なる推進に関する通知」
　　2002年1月23日　財政部，国家税務総局　財税［2002］7号
2．「生産企業の輸出貨物の免税控除還付の税金管理操作規程」
　　2002年2月6日　国家税務総局　国税発［2002］11号
3．「生産企業が輸出するみなし自社生産製品に免税控除還付を実行する方法を明確にすることに関する通知」
　　2002年12月5日　国家税務総局　国税発［2002］152号
4．「輸出製品のみなし自社生産製品の税金還付関連問題に関する通知」
　　2002年12月17日　国家税務総局　国税函［2002］1170号

3) 非生産企業の還付免税法規

1．「中華人民共和国対外貿易法を貫徹し輸出税金還付免税方法を修正することに関する通知」
　　2004年7月21日　国家税務総局　国税函［2004］955号
2．「輸出貨物税金還付免税管理弁法（試行）」
　　2005年3月16日　国家税務総局　国税発［2005］51号
3．「外国貿易企業のみなし輸出国内販売貨物仕入税額控除に関係する問

題に関する通知」
2008年3月25日　国家税務総局　国税函〔2008〕265号

4) 輸出還付率調整と還付廃止法規

1．「輸出貨物の税金還付率の調整に関する通知」
2003年10月13日　財政部，国家税務総局　財税〔2003〕222号
2．「一部情報技術製品の税金輸出還付率の引上げに関する通知」
2004年12月10日　財政部，国家税務総局　財税〔2004〕200号
3．「一部の高消耗，高汚染，資源性製品の輸出を抑制することに関係する措置に関する通知」
2005年12月9日　国家発展改革委員会，財政部，商務部，国土資源部，税関総署，国家税務総局，環境保護総局　発改経貿〔2005〕2595号
4．「輸出貨物税金還付免税の若干の問題に関する通知」
2006年7月12日　国家税務総局　国税発〔2006〕102号

② **輸出還付免税の基本法規**

輸出貨物の税金還付免税管理弁法では，輸出還付免税計算の全体について，次のような体系で規定している。

1) 増値税と消費税の輸出還付免税

輸出入経営権を有する企業が輸出または代理輸出する貨物は，別途規定がある場合を除いて，貨物を輸出通関して財務上も販売処理した後に，関連証憑を持参して月次で税務機関に提出し承認を受ければ，増値税と消費税の還付または免除が認められる。

下記の企業の貨物は，増値税と消費税の還付または免除が特別に認められる。

1．対外請負工事会社が国外に搬出して使用する対外請負プロジェクトの貨物
2．対外修理組立業務を引き受ける企業が使用する対外修理組立の貨物

3．外国船舶供応会社，遠洋運輸供応会社が外国船舶，援用国際船舶に販売し外貨を受け取った貨物
4．国際金融組織または外国政府借款を利用して国際入札方式を採用する国内企業が落札して販売した機電製品，建設資材
5．企業が国内で仕入れて国外に搬出して国外投資とした貨物

2) 増値税と消費税の免税

下記の輸出貨物は，増値税と消費税が免税される。

1．来料加工で再輸出する貨物
2．避妊の薬品と用具，古書
3．巻煙草
4．軍事用品と軍隊系列企業が輸出した軍需工場で生産したかまたは軍需部門で調達した貨物

3) 税金還付が認められない貨物

国家が免税を規定する貨物は税金還付を行わない。

4) 還付する仕入税額の計算方法

輸出貨物の還付すべき増値税税額は，仕入税額により計算する。具体的な計算方法は下記のとおりである。

　1．非生産企業の還付税額計算

輸出企業が輸出貨物を個別に設置した在庫帳簿と販売帳簿に記載している場合は，輸出貨物を購入した増値税専用発票に明記された仕入金額と税額により計算しなければならない。

在庫と販売について加重平均仕入価格を採用して計算している企業は，異なる税率を適用している貨物別にそれぞれ下記の公式により計算することもできる。

$$還付すべき税額＝輸出貨物数量×加重平均仕入価格×税率$$

　2．輸出貨物の個別帳簿を持たない国内外販売兼営企業の還付税額計算

輸出企業が国内販売と輸出貨物を兼営し，輸出貨物が個別に帳簿を設定して

計算できない場合は，まず国内販売貨物について売上税額を計算し同時に当期仕入税額を控除した後に，下記の公式により輸出貨物の還付すべき税額を計算しなければならない。

1　販売金額×税率≧未控除の仕入税額
　　還付すべき税額＝未控除の仕入税額
2　販売金額×税率＜未控除の仕入税額
　　還付すべき税額＝販売金額×税率
　　翌期繰越控除仕入税額＝当期未控除の仕入税額－還付税額

販売金額とは，輸出貨物FOB価格と外貨レートで計算した人民元金額をいう。税率は当該貨物の税金還付を計算する税率をいう。

小規模納税者から購入する税金還付が特別に認められる輸出貨物の仕入税額は，下記の公式により計算して決定しなければならない。

$$仕入税額 = \frac{普通発票に記載された(増値税を含む)販売金額}{1+課税率} \times 還付税率$$

その他の輸出貨物の仕入税額は増値税専用発票に記載された増値税税額により計算し決定する。

5)　消費税の還付税額計算

外国貿易企業が輸出と代理輸出した貨物の還付すべき消費税税額は，従価定率法で消費税を計算課税している貨物に属する場合は，外国貿易企業が工場から貨物を購入した時に消費税を課税計算する価格で計算しなければならない。従量定額法で消費税を計算課税している貨物に属する場合は，貨物の購入と通関輸出した数量で計算しなければならない。その税金還付を計算する公式は下記のとおりである。

還付すべき消費税税額＝輸出貨物の工場販売額（輸出数量）
　　　　　　　　　　　×税率（単位税額）

輸出経営権を有する生産企業の自営輸出の消費税課税貨物は，その実際の輸

出数量に基づいて免税が認められる。

6) 還付免税の否認

輸出貨物の販売金額，仕入金額と税額が著しく高く偏っており正当な理由がない場合は，税務機関は税金還付または免税を処理することを拒絶する権利を有する。

7) 還付税率

輸出貨物の還付すべき増値税税額を計算する税率は，「中華人民共和国増値税暫定条例」がさだめる17％と13％の税率で執行しなければならない。小規模納税者から購入する特別に税金還付が認められる貨物については，6％の還付税率で執行し，農業生産者から直接購入する免税生産品は税金還付を行わない。

輸出貨物の還付すべき消費税税額を計算する税率または単位税額は，「中華人民共和国消費税暫定条例」に附属する「消費税税目税率（税額）表」により執行する。

企業が異なる税率の貨物を区分計算して申告し，適用税率の区分が明確ではない場合は，一律に低い適用税率で計算しなければならない。

8) その他の輸出還付免税申告手続

１．外国船舶と遠洋運輸供応会社

外国船舶供応会社，遠洋運輸供応会社が外国船舶，遠洋国際船舶に貨物を販売した場合は，月別に当地の輸出税金還付を主管する税務機関に「輸出貨物還付免税申告表」を提出し，同時に購入した貨物の増値税専用発票，消費税専用発票，外国販売発票と販売貨物発票，外貨収入証憑を提供する。

外国販売発票は必ず販売貨物の名称，数量，販売金額を記載しかつ外国船舶，遠洋国際船舶の船長の署名があって有効となる。

２．修理組立業務

生産企業が国外修理組立業務を引き受けた場合は，修理組立の貨物が再出国した後に，当地の輸出税金還付を主管する税務機関に「輸出貨物還付免税申告表」を提出し，同時に修理組立に使用した部品，原材料等の購入した貨物の増値税専用発票と貨物の出庫証，修理組立発票，修理組立貨物の再出国通関申告書，外貨収入証憑を提供しなければならない。その還付税額は部品，原材料等

の増値税専用発票と貨物出庫証により計算する。

外国貿易企業が国外修理組立業務を引き受けた後に生産企業に修理組立を委託した場合は，修理組立の貨物が再出国した後に，「輸出貨物還付免税申告表」を個別に記載し，同時に生産企業が発行した修理組立の増値税専用発票，外国貿易企業が外国企業に発行した修理組立発票，修理組立貨物の再出国通関申告書，外貨収入証憑を提供しなければならない。その還付税額は生産企業の修理組み立て増値税専用発票に記載された税額で計算する。

対外的に修理組立業務を請負う企業は，修理組立収入の税金還付免税手続を申請する時は，外国企業が署名した修理組立契約書とその他の規定する証憑を提出しなければならず，輸出外貨回収照合証（輸出税金還付専用）は提出しない。修理組立収入は輸出貨物通関申告書（輸出税金還付専用）上で明記された加工費と材料費の合計を基準とし，税金還付率は修理配送貨物の輸出税金還付率により執行する。

3．対外請負工事会社

対外請負工事会社が国外に搬出して対外請負工事プロジェクトに使用した設備，原材料，施工機械等の貨物は，貨物を通関輸出した後に，当地の輸出税金還付を主管する税務機関に「輸出貨物還付免税申告表」を提出し，同時に購入した貨物の増値税専用発票，輸出貨物通関申告書（輸出税金還付綴り），対外請負工事会社の契約書等の資料を提供しなければならない。

関連部門の批准を受けて対外経済合作経営権を有する対外請負工事会社が増値税の一般納税者ではない場合は，対外請負工事と関係する輸出貨物を購入したときは，貨物供給生産企業は対外請負工事会社が提供する対外経済合作経営権批准証書（写し）等の証憑に基づいて，税務機関に税収納付領収書（輸出貨物専用綴り）の発行を申請することができる。対外請負工事会社は税収納付領収書（輸出貨物専用綴り），普通発票または増値税専用発票とその他の規定の証憑に基づいて主管税務機関に対外請負工事に関係する輸出貨物の税金還付の処理を申請することができる。

増値税の一般納税者に属する生産企業が対外請負工事業務を展開して輸出する貨物は，現行の租税政策規定の特別に認められた税金還付範囲内に属するものであり，かつ規定により財務上で販売処理された場合には，自社生産貨物ま

たは自社生産貨物以外にかかわらず，統一して免税控除還付方法を実行する。国家が税金還付免税不許可と明確に規定した貨物に属する場合は，現行規定により課税する。上述の２種類の貨物の範囲内に属さない場合は，例えば生活用品等は免税方法を実行する。

4．国際金融組織と外国政府借款

国際金融組織または国外政府借款を利用して国際入札方式を採用するかまたは国内企業が落札して機電製品，建設資材を販売した場合は，企業が落札貨物について検収支払いした後に，当地の輸出税金還付を主管する税務機関に「輸出貨物還付免税申告表」を提出し，同時に下記の証明書と資料を提供しなければならない。

1 中国入札会社またはその他の国内入札組織が署名した落札証明書（正本）。
2 落札者と中国入札会社またはその他の国内入札組織が署名締結した貨物供給契約書。落札者が外国貿易企業である場合は，さらに落札者と貨物供給企業が締結した売買契約書（協議書）も提供しなければならない。
3 落札貨物の購入した増値税専用発票。落札貨物が消費税を課税されている場合は，さらに専用税票（生産企業が落札した場合は，課税消費税は生産段階で免税される）も提供しなければならない。
4 落札者が入札説明書の規定と貨物供給契約書により顧客に貨物を出荷するのに提供した貨物送り状。
5 落札プロジェクトを下請けした企業は，上述した証憑資料のほかに，さらに落札者が署名締結した下請契約書（協議書）。

国際金融組織借款は，暫定的に，国際通貨基金組織，世界銀行（国際復興開発銀行，国際開発協会を含む），国際連合農業発展基金，アジア開発銀行が発行した借款に限定する。

なお，輸出税金還付免税が認められる機電製品には，機械，電子，運送工具，光学機器，拡声器，医用昇降椅子，座具，体育設備，遊技場設備が含まれる。

外国政府借款と国際金融組織借款を利用して国際入札方式を採用して，国内企業が落札した機電製品または外国企業が落札して国内企業に下請けに出して供給した機電製品は，「外国投資プロジェクト免税不許可輸入商品目録」に記載した商品に属するならば，税金を還付（免税）することはない。その他の機電製品は現行の関連規定により税金を還付（免税）する。

5．国外投資

企業が，国内で仕入れて国外に搬送し国外投資した貨物は，貨物を輸出通関した後に，当地の輸出税金還付を主管する税務機関に「輸出貨物還付免税申告表」を提出し，同時に下記の証憑と資料を提供しなければならない。

1　対外貿易経済合作部（現商務部）とその授権単位が批准したその国外投資の文書（印影のある文書）
2　国外で処理した企業の登録登記の副本と関係する契約書の副本
3　輸出貨物の購入した増値税専用発票
4　輸出貨物通関申告書（輸出税金還付綴り）

企業が現物出資で国外に搬出した設備と部品（増値税控除範囲拡大政策を実行する企業が増値税控除範囲拡大政策を実行する前に購入した設備を含む）は，輸出税金還付（免税）政策を実行する。増値税控除範囲拡大政策を実行する企業が現物出資で国外に搬出した増値税控除範囲拡大政策を実行した後に購入した設備と部品は，単なる税金還付政策は実行せず，免税控除還付政策を実行する。

企業が現物出資で国外に搬出した設備と部品は，購入した設備と部品の増値税専用発票により税金還付（免税）を計算する。企業が現物出資で国外に搬出した自家用旧設備は，下記の公式で還付（免税）税金を計算する。

還付税額＝増値税専用発票に明記した金額（税額を含まない）
　　　　×設備未償却価額／設備原価×適用還付税率
設備未償却価額＝設備原価－減価償却額

企業が現物出資で国外に搬出した自家用旧設備は，「中華人民共和国企業所得税条例」が規定する主管税務機関に届け出た減価償却年数により減価償却を

計算し，かつ設備の未償却価額を計算しなければならない。税務機関は企業の自家用設備輸出の税金還付申告を受け付けた後に，「旧設備減価償却状況審査照合表」（付属書類参照）を記載して企業所得税管理に責任を有する税務機関に交付して審査して誤りがなかったならば税金還付を処理しなければならない。

9) 輸出還付免税の徴収管理

輸出貨物が還付免税処理された後に，通関戻し，国外貨物返品または国内販売転換が発生した場合，企業は所在地の輸出税金還付を主管する税務機関で申告手続を行い，還付免税された税金を追徴しなければならない。追徴した税額はすべて中央金庫に納入される。

輸出税金還付を主管する税務機関は税金還付を審査する過程で，経常的に企業に深く調査して関係する還付税金証憑と帳簿を照合し，その輸出貨物について疑問が発見された場合は，当該輸出貨物の営業状況について全面的な検査を行わなければならない。

企業は年度終了後3ヶ月以内に，前年度の輸出税金還付の状況について全面的に精算を行ない，精算結果は輸出税金還付を主管する税務機関に報告しなければならない。輸出税金還付を主管する税務機関は企業の精算報告書に対して審査を行い，還付過大は回収し，還付過少は補足する。企業の精算後は，輸出税金還付を主管する税務機関は企業が提出した前年度の輸出税金還付の申請を受理することはない。

(2) 生産企業

① 自社生産貨物

1) 自社生産貨物

生産企業とは，独立採算で，税務当局が増値税の一般納税者と認定し，かつ実際の生産能力を具有する企業と企業集団をいう。生産企業が自社生産貨物を自営輸出または外国貿易企業に代理輸出を委託した場合は，原則として，輸出還付免税に免税控除還付方法が適用される。

生産型企業集団会社（または本社工場）が構成員企業（または分工場）を代理して貨物を輸出した後に，企業集団（または本社工場）が主管税務機関に

「代理輸出証明書」の発行を申請した場合は，構成員企業（または分工場）は免税控除還付方法を実行することができる。

免税控除還付方法の免税とは，生産企業が輸出する自社生産貨物についてその生産企業が生産販売する段階の増値税を免税することをいい，控除とは，生産企業が輸出する自社生産貨物に消耗した原材料，部品，燃料，動力等に含まれている還付が認められるべき仕入税額を国内販売貨物の売上税額から控除することをいい，還付とは，生産企業が輸出した自社生産貨物の当月内に控除すべき仕入税額が納付税額よりも大きい場合の控除しきれない部分について税金を還付することをいう。

2) みなし自社生産貨物

次のいずれかに適合する製品は，自社で生産したものではないが，自社生産製品とみなして免税控除還付方法が適用される。

1．自社ブランド製品

生産企業が輸出した外部購入の製品は，同時に次の条件に適合する場合，自社生産貨物とみなして税金還付を処理することができる。

1 その企業が生産する製品と名称と性能が同じ場合
2 その企業の登録商標または外国企業が本企業に提供し使用する商標を使用する場合
3 その企業の自社生産製品を輸入する外国企業に輸出する場合

2．自社セット製品

生産企業が外部購入し，その生産企業が生産した製品と組み合わせて輸出する製品は，その企業の自社生産製品を輸入する外国企業に輸出した場合は，次に掲げる条件のいずれかに適合するならば，自社生産製品とみなして税金還付を処理することができる。

1 本企業が輸出した自社生産製品の補修に使用する工具，小部品，組合部品
2 本企業の加工または組立を経過しないで，輸出した後に本企業の自社生産製品と直接，組合わされて全体の製品となることができる場合

3．企業集団製品

同時に下記に掲げる条件に適合する場合は，輸出税金還付を主管する税務当局が企業集団の構成員企業に認定することができ，企業集団会社（または本社工場）の構成員企業が生産した製品を購入した場合は，自社生産製品とみなして税金還付（免税）を処理することができるものとされている。

1 県級以上の政府主管部門が企業集団の構成員企業として認可した企業，または集団会社が支配する生産企業。
2 企業集団会社およびその構成員企業が生産企業の財務会計制度を実行していること。
3 企業集団会社が関連の構成員企業の証明資料を輸出税金還付を主管する税務当局に送付すること。
4 輸出税金還付を主管する税務当局が認可した企業集団会社（または本社工場）の構成員企業（または分工場）から購入した製品であること。

4．委託加工回収製品

生産企業が委託加工し回収した製品は，同時に次に掲げる条件に適合する場合は，自社生産製品とみなして税金還付を処理することができる。

1 必ずその企業が生産する製品と名称と性能が同じか，またはその企業が生産する製品を使用して再に深加工委託（委託加工の深化すなわち下請委託加工）して回収した製品であること。
2 その企業の自社生産製品を輸入する外国企業に輸出すること。
3 委託者が執行するのが生産企業の財務会計制度であること。
4 委託者は受託者と必ず委託加工協議書を締結していること。

委託加工においては，主要原材料は必ず委託者が提供しなければならない。受託者は資金を立て替えず，加工賃を受け取るだけであり，加工費（代理で立て替えた補助材料を含む）の増値税専用発票を発行する。

3） みなし自社生産製品の申告

みなし自社生産貨物（製品）の申告手続は次のとおりである。

1. 税務当局に購入したみなし自社生産製品の増値税の税収納付領収書（輸出貨物専用）を提供する。
2. 貨物供給企業が生産企業に販売するか，または生産企業のためにみなし自社生産製品を加工した後は，税務当局に増値税税収納付領収書（輸出貨物専用）の作成発行を申請する。
3. 生産企業が税務当局に免税控除税金還付を申告する時は，当月の実際の輸出状況によりみなし自社生産製品の輸出額を明記しなければならない。
4. 当月の自社生産製品輸出額の50％を超えない場合は，主管税務当局が誤謬の有無を審査した後に，免税控除還付を処理する。
5. 当月の自社生産製品輸出額の50％を超える場合は，主管税務当局は関連規定に従って厳格に管理を行わなければならず，すべてのみなし自社生産製品の供給取引を事実審査し，納税状況が正確で誤りがなかった後に，省，自治区，直轄市または計画単列市の国家税務局の認可を受けた後に免税控除還付税金を処理する。
6. 生産企業が事実のとおりみなし自社生産製品輸出額を申告していない場合は，主管税務当局は関連規定により処罰を行うことができる。

② **免税控除還付方法の計算**

免税控除還付方法の計算式は次のようなものである。

1) 当期納付税額の計算

　　当期納付税額＝当期国内販売貨物の売上税額－（当期仕入税額
　　　　　　　　－当期免税控除還付税金の免税控除不能税額）

2) 免税控除不能税額

免税控除還付税金の免税控除不能税額
= 輸出貨物本船渡（FOB）価格 × 外貨の人民元レート
× （輸出貨物課税率 − 輸出貨物税金還付率）
− 免税控除還付税金の免税控除不能税額の控除額

免税控除還付税金の免税控除不能税額の控除額
= 免税購入原材料価格 × （輸出貨物課税率 − 輸出貨物税金還付率）

すなわち，

免税控除還付税金の免税控除不能税額
= （輸出貨物本船渡（FOB）価格 − 免税購入原材料価格）
× 外貨の人民元レート × （輸出貨物課税率 − 輸出貨物税金還付率）

この式を1)の式に代入すれば，次の要約計算式が得られる。

3) 要約計算式

当期納付税額 = 売上税額 − 仕入税額 + （輸出FOB価格
− 免税原材料部品価格）× （課税率 − 還付率）
× 外貨人民元レート

　実際の税額計算は1)と2)の計算式の順序で計算が行われるが，ここでは計算式の意味を理解するために3)の要約計算式で免税控除還付計算式を説明する。増値税は日本の消費税と同様の計算構造になっており，売上税から仕入税を控除した差額が納税額となる。要約計算式の前半部分はまさにこのような計算構造がそのまま示されている。

　次に，要約計算式の後半部分であるが，（輸出FOB価格 − 免税原材料部品価格）×（課税率 − 還付率）の式は，本来は原材料部品を購入または輸入したときに実際に支払った仕入税のうち還付されない部分を計算するものであり，（原材料部品価格 − 免税原材料部品価格）×（課税率 − 還付率）となるべきものであるが，生産企業では，輸出製品の加工に使用された原材料部品の価格とその仕入税額を把握集計することは困難であり，簡便的に輸入仕入価格の代わりに把握しやすい輸出FOB価格が使用されているものである。

すなわち，この式の後半部分は原材料部品価格×(課税率－還付率)であり，増値税の基本税率17％より低い還付率，例えば13％の還付率であれば差し引きの原材料部品価格の4％が納税額にプラスされ，輸出製品の製品原価となることを意味している。上記の計算式は全体がプラスであれば納税，マイナスになれば還付されるか，または翌月に繰り越されて仕入税額控除に使用されることを意味している。

後半部分は仕入税額の一部(課税率と還付率の差)が納税となることを意味しているが，(原材料部品価格－免税原材料部品価格)×(課税率－還付率)の式の意味は，例えば中国国内におい免税で購入した原材料部品または進料加工貿易により保税(免税)で輸入した原材料部品があれば，その保税(免税)部分については最後まで免税としなければならないため，課税率と還付率との差を納税しないように実際に支払われた原材料部品価格から免税で輸入された原材料価格を控除する計算となっているものである。

4) 月次計算の順序

次に，月次で行われる輸出還付免税の計算を説明するが，月次では前述の計算式1)と2)が使用される。さらに1)と2)の計算式を簡略化し，月次処理に必要な前期に控除還付が行われなかった前期留保税額を組み入れれば，次のような順序で計算することになる。

> 月次計算で使用する計算式
> 免税控除還付税額＝(輸出貨物FOB価格－免税原材料部品価格)
> 　　　　　　　　　×還付率
> 免税控除不能税額＝(輸出貨物FOB価格－免税原材料部品価格)
> 　　　　　　　　　×(課税率－還付率)
> 当期納付税額＝当期売上税額－(前期控除留保税額＋当期仕入税額
> 　　　　　　　－当期免税控除不能税額)

この前期控除留保税額とは，前期までの仕入税額のうち前期に税額控除または還付できずに，当期首に繰り越された控除還付税額である。当期納付税額計算に前期控除留保税額を織り込んで当期末控除留保税額を計算すれば，次のとおりである。

当期末控除留保税額
　　＝当期売上税額－当期仕入税額－当期免税控除不能税額
　　＋前期末控除留保税額

　毎月の還付免除の計算の中で，当期免税控除還付税額（当期に免税控除還付できる税額の上限金額）がその期末までに実際に繰り越された期末控除留保金額より大きい場合には，実際の控除還付税額である期末控除留保金額が還付される税額になる。
すなわち，

　　当期免税控除還付税額≧当期末控除留保金額であれば，
　　当期要還付税額＝当期末控除留保金額
　　当期免税控除税額＝当期免税控除還付税額－当期要還付税額

　逆に，当期免税控除還付税額がその期末までに実際に繰り越された当期末控除留保金額より小さい場合には，理論的な上限金額である期末控除留保金額が還付される税額になる。すなわち，

　　当期免税控除還付税額＜当期末控除留保金額であれば，
　　当期要還付税額＝当期免税控除還付税額
　　当期免税控除税額＝0

③ 免税方法

1）小規模納税者

　増値税の小規模納税者が輸出する自社生産貨物に対しては，免税方法が適用される。

2）課税消費品の輸出

　生産企業が課税消費品に属する自社生産製品を輸出した場合は，消費税の免税方法が適用される。輸出経営権を有する生産企業の自営輸出の消費税課税貨物は，その実際の輸出数量に基づいて免税が認められる。

(3) 還付免税申告と税金還付証憑

① 輸出企業の還付免税申告

国家税務総局が公布した「輸出貨物還付免税管理の関連問題に関する通知」によれば，生産企業と外国貿易企業を含む輸出企業の還付免税申告手続と関連する輸出税金還付証憑の提出と審査照合の手続は下記のとおり行われる。

増値税の輸出還付免税の適用を受けるためには，関連の税金証憑を税務当局に提出しなければならない。このような税金証憑を輸出税金還付証憑と呼んでいる。現在では輸出還付免税手続が電算処理化されているため，下記の輸出税金還付証憑の一部は，電算書類に変わっているものもあり，名称も一部変更されているものもある。

1) 輸出税金還付証憑

輸出企業は，輸出税金還付を主管する税務部門に輸出貨物の税金還付免税を申告する時は，輸出貨物の税金還付免税に関連する申告表および関連資料を提供するにあたって，次に掲げる紙の証憑も同時に提出しなければならない。

1. 増値税専用発票または普通発票
2. 輸出貨物通関申告書（輸出税金還付専用綴り）
3. 輸出外貨回収照合証

免税控除還付方法を実行する生産企業は，輸出貨物の輸出インボイスを提出し，外国貿易企業は購入した輸出貨物の増値税専用発票または普通発票を提出する。

外国貿易企業が購入した輸出貨物については，外国貿易企業は貨物を購入した後に規定により速やかに貨物供給企業に増値税専用発票または普通発票の発行を要求しなければならない。その貨物購入で発行した増値税専用発票が増値税の税額控除偽造防止システムで発行されたものであるならば，税金還付部門は外国貿易企業に発票発行日から30日以内に認証手続を処理するよう要求しなければならない。

2004年6月1日以後に輸出通関（輸出通関申告書上で明記された輸出日を基準とする）した貨物で，増値税専用発票が2004年6月1日以後に発行された場

合は，輸出企業が輸出税金還付を申請処理する時は，下記の小規模納税者と消費税課税貨物の規定を除いて，増値税専用税票の提出を免除する。

輸出企業が小規模納税者から購入し輸出する貨物は，その輸出税金還付は従来どおり増値税専用税票管理を実行する。輸出企業が輸出した消費税課税貨物は，その消費税専用発票管理規則は従来どおり国家税務総局の「輸出貨物消費税専用納付領収書の使用管理規則に関する通知」の関連規定により執行する。

外国政府借款および国際金融組織借款を利用して国際入札を採用し国内落札した機電製品，および外国投資企業が購入した国産設備で，増値税専用発票または普通発票が2004年6月1日以後に発行された場合は，落札企業，外国投資企業が税金還付を申請する時は，上記の小規模納税者と消費税課税貨物の規定を除いて，増値税専用税票の提出を免除する。

2）還付免税申告期限

輸出企業は貨物を通関輸出した日，すなわち輸出貨物通関申告書（輸出税金還付専用綴り）上に明記された輸出日を基準とする日から6ヶ月以内に，税金還付部門に輸出貨物の税金還付免税手続を申告処理しなければならない。期限を過ぎて申告しない場合は，別途規定するものおよび特別な理由によって地方政府市級以上の税務機関の認可を受けたものを除いて，その輸出貨物の税金還付（免税）申告を受理しないものとする。

輸出企業に下記の状況のいずれか一つがある場合は，上記の特別な理由に属するものとする。

> 1．不可抗力によって規定の期限内に関連の輸出税金還付免税の証憑を取得できなかったかまたは税金還付免税を申告できなかった場合
> 2．集中通関等の特殊な通関方式によって規定の期限内に関連の輸出税金還付免税の証憑を取得できなかった場合
> 3．その他経営方式が特殊なことにより規定の期限内に関連の輸出税金還付免税の証憑を取得できなかった場合

輸出企業で上記状況のいずれか一つがあるものは，規定の期限内に税務機関に書面により期限延長の申請書を提出し，地方の市級以上（市級を含む）の税務機関の批准を受けて，批准された期限内に税金還付免税を申告しなければな

らない。

　外国貿易企業が，貨物通関輸出日（輸出貨物通関申告書（輸出税金還付専用綴り）上に明記された輸出日を基準とする）から6ヶ月以内に主管税務機関税金還付部門に輸出税金還付の貨物を申告しない場合は，別途規定があるものと特別な理由が確実にあるもので，地方の市以上の税務機関が批准したものを除いて，企業は主管税務機関の課税部門に納税申告を行い，かつ売上税額を計上しなければならない。上記貨物が課税消費品に属する場合は，消費税の関連規定により申告を行なわなければならない）。

　入札機電製品および外国投資企業が購入する国産設備等のその他のみなし輸出貨物については，製品を購入して増値税専用発票を発行した日から180日以内に，税金還付部門で輸出貨物の税金還付（免税）手続を申告処理しなければならない。

3）　税金還付部門の受理

　税金還付部門は上記の申告期限内に，輸出企業の輸出貨物税金還付免税申告を受理し，かつ適時に関連の税金還付免税手続を完了しなければならない。

　輸出企業が輸出税金還付免税を申告する時は，税金還付部門は速やかに初度審査を受理し進めなければならない。初度審査照合を経て，輸出企業が提出した申告資料が正確で紙の証憑が完備しているならば，税金還付部門はその輸出貨物の税金還付免税申告を受理する。提出した申告資料が不正確で，紙の証憑が不備であるならば，税金還付部門は当該輸出貨物の税金還付免税申告を受理しないものとし，ただちに申告者に対して修正と補充資料の提出を要求しなければならない。

　輸出企業が提出する税金還付（免税）申告資料が正確で，紙の証憑が完備している場合は，申告期限終了前に，税金還付部門は関連する電子情報がないことまたは電子情報の不一致等を理由にして，輸出企業の税金還付（免税）申告を拒否して受理しないことはできないものとする。

4）　税金還付部門の審査照合

　税金還付部門は申告を受理した後に，審査照合を行う時に増値税専用発票の税務調査，共同調査の情報を利用して輸出税金還付免税を審査照合しなければならない。増値税専用発票の税務調査と共同調査の情報を受け取っていない場

合は，税金還付部門は事前に専用発票の認証情報を利用して輸出企業の輸出貨物税金還付免税を審査照合処理することができるが，速やかに関連の税務調査と共同調査情報を利用して再照合を行なわなければならない。再照合で誤謬があった場合は，速やかにすでに還付（免税）した税額を追徴して返還させなければならない。

5) みなし国内販売

生産企業が貨物を自営輸出または委託輸出して規定の期限までに税金還付免税を申告しなかった場合は，その課税主管部門は国内販売貨物とみなして課税する。

生産企業の輸出貨物は，輸出通関日から6ヶ月以内に税金還付免税手続を申告しない場合は，例えばその期限到来日を超過したその月の免税控除還付の申告時期に，税務機関はみなし国内販売貨物として課税することを暫定的に行なわないことができる。ただし，生産企業は翌月の免税控除還付の申告期限内に免税控除還付を申告しなければならず，依然として申告しないならば，税務機関は国内販売貨物とみなして課税しなければならない。

6) 申告期限の延長

輸出企業の輸出貨物の紙の税金還付証憑を逸失するか記載内容に誤謬があり，関連規定により補充または修正が可能な場合は，輸出企業は規定の申告期限内に，税金還付部門に輸出貨物税金還付（免税）申告処理を延期する申請表を提出し，認可を受けた後に，3ヶ月申告を延期することができる。

② 生産企業の免税控除還付申告

1) 生産企業の申告

生産企業が貨物を輸出通関して出国させ，かつ規定に従って輸出販売した後に，増値税の納税申告期限内に主管の国税機関に増値税の納税と免税，税額控除の申告を行い，納税申告の処理が完了した後に，毎月15日までに免税控除還付の申告処理を行わなければならない。税務機関は生産企業が申告した免税控除還付資料に対して，審査，承認，精算，検査を行わなければならない。

2) 生産企業の申告期限

生産企業の輸出貨物は，輸出通関日から6ヶ月以内に税金還付免税手続を申

告しない場合は、例えばその期限到来日を超過した当該月の免税控除還付の申告時期に、税務機関はみなし国内販売貨物として課税することを暫定的に行なわないことができる。ただし、生産企業は翌月の免税控除還付の申告期限内に免税控除還付を申告しなければならず、依然として申告しないならば、税務機関は国内販売貨物とみなして課税しなければならない。

3) 生産企業の分類管理

国税機関は、輸出貨物の生産企業に対する分類管理を実施しなければならない。A、B分類企業に対しては管理手続を簡略化することができ、C分類企業に対しては規定の手続により厳格に審査照合する。D分類企業に対しては厳格に審査し、輸出業務を確認した上で、仕入税額が真実であり誤りがなければ、免税控除還付を処理することができる。

③ 輸出外貨回収照合証

1) 外国貿易企業

外国貿易企業が増値税の一般納税者から購入して輸出した貨物については、外国貿易企業が税金還付部門に輸出貨物の税金還付免税を申告する時は、税収納付領収書(輸出貨物専用)または輸出貨物完税分割証を提出することはしない。ただし、外国貿易企業が購入して輸出する消費税の課税貨物と小規模納税者から購入して輸出する貨物等のその他の増値税の税額控除偽造防止システムの管理に入っていない貨物は、税収納付領収書(輸出貨物専用)または輸出貨物完税分割証をさらに提出しなければならない。

2) 輸出企業

輸出企業が委託輸出、国外援助輸出、対外請負工事、国外原料持出加工組立業務等の特殊な方式で輸出する貨物については、輸出企業が税金還付部門に輸出貨物の税金還付免税を申告するにあたっては、現行の関連する輸出貨物の税金還付免税の規定が要求するその他の関連証憑を提出しなければならない。

輸出企業が輸出貨物の税金還付免税を申告するにあたっては、輸出外貨回収照合証を提出しなければならないが、外貨決済期限に達していない場合は、輸出外貨回収照合証を提出しないこともでき、税金還付部門は現行の輸出貨物税金還付(免税)管理の関連規定により審査照合して税金還付(免税)手続を処

理する。

　輸出企業は貨物を通関輸出した日から6ヶ月以内に，所在地の税金還付主管部門に輸出外貨回収照合証（長期外貨回収を除く）を提出しなければならない。税金還付部門の審査照合を受けて，審査照合で誤謬が発見された場合および輸出企業が期限到来しても輸出外貨回収照合証を提出しなかった場合は，輸出貨物のすでに還付免税した税額は一律に追徴して返還させる。税金還付免税がまだ処理されていない場合は，税金還付免税の処理は行なわない。

　ただし，次に掲げる状況のいずれか一つがある場合は，発生した日から2年以内に，輸出企業が輸出貨物の税金還付免税を申告する時に，輸出外貨回収照合証を提出しなければならない。

1. 納税信用等級の評定がCクラスまたはDクラスとなった場合
2. 規定の期限内に輸出税金還付（免税）の登記を行なわなかった場合
3. 財務会計制度が整備されておらず，輸出税金還付免税を日常的に申告する時に，誤謬錯誤または不正確な状況が数多く発見された場合
4. 輸出税金還付免税の登記が行われて1年に満たない場合
5. 脱税と租税回避の申告漏れによる追徴課税，輸出還付税金の詐取，納税拒否，増値税専用発票の虚偽発行等の税金にかかわる違法行為記録があった場合
6. 租税の法律，法規および輸出税金還付免税管理規定に違反するその他の行為があった場合

　上記の状況のいずれか一つを有する輸出企業は，発生した日から2年以内に，税金還付部門は増値税専用発票の税務調査と共同調査の情報を利用して当該企業の輸出税金還付（免税）を審査照合しなければならない。

　上記4．については，2004年6月1日以降に輸出税金還付免税登記を処理した輸出企業は，初めに輸出税金還付免税を申告した日から2年間は輸出税金還付免税を申告する時は，輸出外貨回収照合証を必ず提出しなければならない。制度改正，組織再編および合併，分割等の原因により新たに設立され，かつ輸出税金還付免税登記を新たに行う輸出企業は，旧輸出企業に上記のいずれかの状況が存在しないならば，省級の税務機関の批准を受けて，税金還付免税を申

告するときに，輸出外貨回収照合証を提出しないことができ，事後審査照合を採用することができる。

上記1．について，納税信用等級評定が行なわれていない輸出企業については，省級の国家税務局税金還付部門は輸出企業納税信用等級暫定規則を制定して，これにより納税信用等級評定を行なうことができ，または税金還付部門が上記に列記するその他の状況により，輸出企業が申告した時に輸出外貨回収照合証を提出するかどうかを決定する。

国外顧客が代金の支払いを遅滞するかまたは代金を支払うことができない輸出貨物，および輸出企業が差額決済方式で決済を行なう進料加工輸出貨物は，外貨管理部門が輸出外貨回収照合証（輸出税金還付専用）を発行した場合は，輸出企業が現行の関連規定により税金還付免税手続の処理を申告することができる。

④ 税収納付領収書

1) 税収納付領収書の発行

税収納付領収書は生産企業が増値税を納付したときに税務当局から発行されるが，貨物を輸入したときにも税関から同様の増値税の税収納付領収書が発行される。税収納付領収書は増値税が納税されたことの証明書類である。また，輸出貨物完税分割証は，輸出貨物が分割して輸出されるときに分割に応じて発行されるものである。

税収納付領収書または輸出貨物完税分割証については，次のような規定もある。貨物供給企業が輸出企業または外国貿易企業に貨物を販売する場合は，貨物供給企業が所轄の税務当局で税収納付領収書を記載発行し，かつ国庫（銀行）の入金印押印を受けた後に，貨物供給企業が税収納付領収書の第2番目の綴り（領収書乙）を輸出企業または外国貿易企業に交付する。当該貨物が輸出された後に輸出企業は税金還付を申請する。

また，税収納付領収書は次の場合に発行される。

1．生産企業が輸出企業または外国貿易企業に販売し輸出した場合
2．農業生産加工企業が輸出企業または外国貿易企業に農業生産品または

農業生産品を原料に加工した工業品を販売して輸出した場合
3. プラント機電設備供給会社が輸出企業にプラント機電設備を販売し輸出に使用した場合
4. 進料加工の再委託加工回収品
非生産性輸出企業（外国貿易企業）が原材料を購入して生産企業に加工を委託しかつその委託加工貨物を回収して輸出した場合（来料加工は除く）

上記でいう生産企業とは，製造と加工業務を提供する企業をいうものとされ，市と県の外国貿易企業とは，輸出貨物の購入業務を経営する地方の市級の外国貿易企業と県級と市級の外国貿易企業を指し，直接の輸出入経営権を有する地方の市級の外国貿易企業と県級と市級の外国貿易企業を含むものとされている。また，プラント機電設備供給会社とは，省，自治区，直轄市および計画単列市と国家税務局が認可し認定したプラント機電設備供給会社をいう。

2) 税収納付領収書の不発行

次に掲げる状況のいずれか一つを有する場合は，税務当局は税収納付領収書と輸出貨物完税分割証を発行することができない。

1. 生産企業が販売する非自社生産貨物
2. 生産企業，市と県の外国貿易企業の農業生産品購入単位と基層供給販売会社およびプラント機電設備供給会社が非輸出企業に販売した貨物
生産企業，農業生産品購入単位と基層供給販売会社が非市県外国貿易企業に販売した貨物
3. 非生産企業，非市県外国貿易企業，非農業生産品購入単位，非基層供給販売会社，非プラント機電設備供給会社が販売した貨物。非生産性輸出企業が原材料を購入して生産企業に加工を委託しかつ回収して輸出した貨物を除く。
4. 輸出貨物が増値税を納付すべきであるが，未納付または増値税を納付していない貨物
5. 国家が税金還付不許可を定めた貨物，例えば原油，ディーゼル油，援助外輸出貨物，天然牛黄，麝香，銅および銅基合金，白金，糖，新聞

紙等
6．国家が不課税または免税を定めた貨物

⑤　代理輸出貨物証明書
1）　代理輸出企業

輸出企業がその他企業を代理して輸出した後は，別途規定するものを除き，貨物の輸出通関日から60日以内に輸出貨物通関申告書（輸出税金還付専用綴り），代理輸出協議書に基づいて，主管税務機関で「代理輸出貨物証明書」を作成して申請し，すみやかに委託輸出企業に送付しなければならない。資料が不備等の特別な理由により代理輸出企業が60日以内に代理輸出証明書を作成して申請することができなかった場合は，代理輸出企業は60日以内に書面により合理的な理由を提出しなければならず，地区の市および市以上の税務機関の審査批准を受けた後に，代理輸出証明書を作成し申請することを30日延期することができる。

2）　申告期限延長

代理輸出証明書の作成が遅れたことにより，委託輸出企業が規定の申告期限内に輸出税金還付を正常に申告できなくなり延期申告書を提出した場合は，委託輸出企業と主管税務機関税金還付部門は「国家税務総局の輸出企業が規定の期限内に輸出貨物の税金還付（免税）を申告しないことに関連する問題に関する通知」の規定により処理しなければならない。

3）　輸出外貨回収照合証

代理輸出企業は貨物通関日（輸出貨物申告書（輸出税金還付専用）上に明記された輸出日を基準とする）から180日以内に，代理輸出貨物証明書に署名した税務機関に輸出外貨回収照合証（ユーザンス回収を除く）を提出する。代理輸出貨物証明書に署名した税務機関は，代理輸出企業が輸出外貨回収照合証を期限内に提出しない場合および輸出外貨回収照合証の審査で誤りがあった場合については，発見後にすみやかに委託企業所在地の税務機関に文書で告知しなければならない。委託企業所在地の税務機関は当該貨物に対して国内販売として課税する。

⑥ 企業別の輸出税金還付証憑

下記の税金証憑のうち,輸出外貨回収照合証とは,輸出代金を回収した後に外貨管理当局から外貨回収金額の照合書類を受け取り,輸出代金が実際に回収されていることを確認するものである。

代理輸出貨物証明書とは,生産企業が外国貿易企業に代理輸出を委託したときに外国貿易企業が税務当局から発行された代理輸出貨物証明書を委託者である生産企業に提出し,この証明書を生産企業の輸出税金還付を主管する税務当局に提出することによって輸出還付手続が認められるものである。

税収納付領収書(税金還付専用)とは,生産企業が増値税を納付したときに税務当局が発行する納税証明書であり,生産企業が自営輸出による輸出税金還付を行う時,または外国貿易企業に代理輸出を委託する時に,この税収納付領収書(税金還付専用)を提出しなければならない。

輸出貨物完税分割証とは,輸出貨物を分割して輸出するときにその分割に応じた納税証明書である。

1) 生産企業の輸出税金還付証憑

1. 輸出貨物通関申告書(輸出税金還付専用)
2. 輸出インボイス
3. 輸出外貨回収照合証(輸出税金還付専用)または中長期外貨決済証明書
4. 代理輸出貨物証明書
5. 増値税専用発票
6. 国税機関が提出を要求するその他の証憑
   税収納付領収書(税金還付専用)または輸出貨物完税分割証

2) 輸出企業の自営輸出の輸出税金還付証憑

1. 輸出貨物増値税専用発票(税額控除綴り)または普通発票
2. 輸出貨物通関申告書(輸出税金還付綴り)
3. 輸出貨物販売明細帳
4. 輸出外貨回収照合証

5．税収（輸出貨物専用）納付書または輸出貨物税金完納分割証

3) 外国貿易企業の代理輸出

1．代理輸出貨物証明書
2．輸出貨物通関書類（輸出税金還付専用）
3．輸出外貨回収照合証（税金還付専用）
4．代理輸出協議書副本
5．販売明細表
6．税収（輸出還付専用）納付書または増値税完税分割証

4) 外国投資性公司の輸出税金還付証憑

1．輸出貨物販売明細表
2．輸出貨物増値税専用発票（税額控除綴り）
3．輸出貨物通関書類（輸出税金還付綴り）
4．輸出外貨回収照合証
5．税収（輸出貨物専用）納付書または輸出貨物完税分割証

(4) みなし国内販売

① 生産企業のみなし国内販売

　生産企業は，貨物の輸出通関日から6ヶ月を超えて輸出還付免税に関連する税金証憑を完全に受け取っていないか，または主管の国税機関に免税控除還付の申告手続を行っていない場合は，主管の国税機関は国内販売貨物とみなして課税計算する。すでに課税した貨物については，生産企業が輸出還付免税に関係する税金証憑を完全に受け取った後に，規定の輸出税金還付精算期間内に主管の国税機関に申告しなければならず，主管の国税機関の審査を受けて誤りがない場合は，免税控除還付手続を処理する。期限を経過して，申告しないかまたは申告したが審査検討を通過していない場合は，主管の国税機関は税金還付を処理しない。

　「輸出貨物税金還付（免税）管理の関連問題に関する通知」では，みなし国

内販売とみなし輸出について次のように規定している。

　輸出企業は貨物を通関輸出した日（輸出貨物通関申告書［輸出税金還付専用］上に明記された輸出日を基準とする）から6ヶ月以内に，税金還付部門に輸出貨物の税金還付（免税）手続を申告処理しなければならない。

　期限を過ぎて申告しない場合は，別途規定するものおよび特別な理由によって地方政府市級以上の税務機関の認可を受けたものを除いて，その輸出貨物の税金還付（免税）申告を受理しないものとする。

　生産企業が貨物を自営輸出または委託輸出して規定の期限までに税金還付免税を申告しなかった場合は，その課税主管部門は国内販売貨物とみなして課税する。なお，みなし国内販売については，「輸出貨物税金還付免税管理の関連問題に関する補充通知」では次のような規定もある。

　生産企業の輸出貨物は，輸出通関日から6ヶ月以内に税金還付免税手続を申告しない場合は，例えばその期限到来日を超過したその月の免税控除還付の申告時期に，税務機関はみなし国内販売貨物として課税することを暫定的に行なわないことができる。ただし，生産企業は翌月の免税控除還付の申告期限内に免税控除還付を申告しなければならず，依然として申告しないならば，税務機関は国内販売貨物とみなして課税しなければならない。

② 　輸出企業のみなし国内販売
1)　輸出企業の一般貿易貨物

　外国貿易企業と生産企業を含む輸出企業が，輸出した下記の貨物は，別途規定するものを除いて，国内販売貨物とみなして売上税額を計上するかまたは増値税を課税する。

> 1．国家が明確に規定した増値税を還付（免税）しない貨物
> 2．輸出企業が規定の期限内に税金還付（免税）を申告しない貨物
> 3．輸出企業が税金還付（免税）を申告したけれども規定の期限内に税務機関に関係する証憑を提出しない貨物
> 4．輸出企業が規定の期限内に「代理輸出貨物証明書」を作成申告しない貨物

5．生産企業が輸出した4種類のみなし自社生産貨物以外のその他の外部購入貨物

一般納税者が一般貿易方式で上記貨物を輸出した場合に売上税額を計算する公式は次のとおりである。

売上税額＝輸出貨物FOB価格×外貨人民元レート
　　　　÷(1＋法定増値税税率)×法定増値税税率

小規模納税者が上記貨物を輸出する場合の納付税額を計算する公式は次のとおりである。

納付税額＝(輸出貨物FOB価格×外貨人民元レート)
　　　　÷(1＋課税率)×課税率

上記の売上税額を計上すべき輸出貨物については，生産企業がすでに規定により免税控除還付の免税控除不能税額を計算して原価科目に振り替えた場合は，原価科目から仕入税額科目に振り替えることができる。外国貿易企業が，すでに規定により課税率と税金還付率との差額を計算して原価科目に振り替えた場合は，課税率と税金還付率との差額と未収輸出税金還付に振り替えた金額を仕入税額科目に振り替えることができる。

輸出企業が輸出した上記貨物が課税消費品である場合は，別途規定するものを除き，輸出企業が生産企業である場合は，現行の租税関連政策の規定により，納付消費税を計算しなければならない。輸出企業が外国貿易企業である場合は，消費税を還付しない。

2) **輸出企業の進料加工貿易**

輸出企業が進料加工貿易方式で輸出した税金還付免税が認められない貨物は，再輸出貨物のFOB価格と消耗した輸入原材料部品との差額により売上税額を計上するかまたは納付税額を計算しなければならない。

進料加工貿易方式で輸出した場合に規定の期限内で輸出税金還付を申告しない貨物は，輸出企業が再輸出貨物のFOB価格と使用消耗した輸入原材料部品との差額により売上税額を計上するかまたは納付税額を計算しなければならな

い。

　増値税の一般納税者が進料加工再輸出貿易方式で上記貨物を輸出する場合の納付税額を計算する公式は次のとおりである。

$$納付税額 = (輸出貨物 FOB 価格 \times 外貨人民元レート) \div (1 + 課税率) \times 課税率$$

　進料加工業務に従事する生産企業は，税関が審査発行した「進料加工登記手帳」を取得した後の初めの増値税の納税申告期限内に主管税務機関で「生産企業進料加工登記申告表」を処理しなければならない。原材料部品の輸入が発生した月に主管税務機関に「生産企業進料加工原材料部品輸入申告明細表」を申告処理する。同時に，主管税関から販売照合証明書を取得した後の初めの増値税納税申告期限内に主管税務機関で販売照合手続を申告処理する。期限を過ぎて申告処理しない場合は，税務機関は「中華人民共和国租税徴収管理法」の関連規定を参照して処罰を行った後に，関係手続を新たに処理する。

　3）　輸出企業の来料加工貿易貨物

　輸出企業が来料加工再輸出方式で税金還付免税が認められない貨物を輸出した場合は，継続して免税を認める。

　4）　新規輸出業務と小型輸出企業

　税金還付審査期間が12ヶ月である新規に輸出業務が発生した企業と小型輸出企業は，審査期間内に輸出した貨物は，一括して月次で計算した免税控除還付方法によりそれぞれ免税控除税額と還付税額を計算しなければならない。税務機関が審査して誤りのなかった免税控除税額については，現行の規定により国庫修正手続を処理することができ，審査して誤りのなかった還付税額については，暫定的に国庫還付を処理しない。

　小型輸出企業の各月累計の還付税額については，翌年度の1月に一括して税金還付を処理することができる。新規に輸出業務が発生した企業の還付税額については，税金還付審査期間満了後の月に，上記各月で審査して誤りのなかった還付税額について企業に一括して還付することができる。

　5）　代理輸出貿易

　輸出企業がその他企業を代理して輸出した後は，別途規定するものを除い

て，貨物の輸出通関日から60日以内に輸出貨物申告書（輸出税金還付専用），代理輸出協議書に基づいて，主管税務機関で「代理輸出貨物証明書」を作成して申請し，すみやかに委託輸出企業に送付しなければならない。資料が不備等の特別な理由により代理輸出企業が60日以内に代理輸出証明書を作成して申請することができなかった場合は，代理輸出企業は60日以内に書面により合理的な理由を提出しなければならず，地区の市および市以上の税務機関の審査批准を受けた後に，代理輸出証明書を作成し申請することを30日延期することができる。

代理輸出証明書の作成が遅れたことにより，委託輸出企業が規定の申告期限内に輸出税金還付を正常に申告できなくなり延期申告書を提出した場合は，委託輸出企業と主管税務機関税金還付部門は「国家税務総局の輸出企業が規定の期限内に輸出貨物の税金還付（免税）を申告しないことに関連する問題に関する通知」の規定により処理しなければならない。

なお，輸出企業が輸出貨物の税金還付の期限延長を申告した場合は，特定の場合を除いて，輸出企業は書面により合理的な理由を提出した場合は，地方の市以上の税務機関の照合批准を受けた後に，照合批准した期限内に税金還付免税の処理を申告することができる。

代理輸出企業は貨物通関日（輸出貨物申告書（輸出税金還付専用）上に明記された輸出日を基準とする）から180日以内に，代理輸出証明書に署名した税務機関に輸出外貨回収照合証（ユーザンス回収を除く）を提出する。代理輸出証明書に署名した税務機関は，代理輸出企業が輸出外貨回収照合証を期限内に提出しない場合および輸出外貨回収照合証の審査で誤りがあった場合については，発見後にすみやかに委託企業所在地の税務機関に文書で告知しなければならない。委託企業所在地の税務機関は当該貨物に対して国内販売として課税する。

③ 税金還付免税の取消処理

輸出企業が上記②の規定により増値税，消費税を計算納付する輸出貨物については，税金還付をあらためて処理することはない。すでに免税控除還付を計算した場合については，生産企業は申告納税月に免税控除還付税額を相殺減額

修正しなければならない。すでに輸出税金還付を処理した場合については，外国貿易企業は申告納税月に税務機関に還付済み税額を追加納付しなければならない。

④ 税金還付免税の申告期限

「輸出貨物税金還付（免税）管理の関連問題に関する通知」，「輸出企業が規定の期限内に申告しない輸出貨物税金還付免税に関連する問題に関する通知」，「輸出貨物税金還付免税管理の関連問題に関する補充通知」では，申告期限とその延長について次のように規定している。

1) 輸出企業

輸出企業は貨物を通関輸出した日（輸出貨物通関申告書［輸出税金還付専用］上に明記された輸出日を基準とする）から180日以内に，税金還付部門に輸出貨物の税金還付（免税）手続を申告処理しなければならない。

期限を過ぎて申告しない場合は，別途規定するものおよび特別な原因によって地方政府市級以上の税務機関の認可を受けたものを除いて，その輸出貨物の税金還付（免税）申告を受理しないものとする。

上記の特別な原因による申告期限の延長ついては，輸出企業に下記の状況のいずれか一つがある場合は，特別な原因に属するものとする。

1. 不可抗力によって規定の期限内に関連の輸出税金還付免税の証憑を取得できなかったかまたは税金還付免税を申告できなかった場合
2. 集中通関等の特殊な通関方式によって規定の期限内に関連の輸出税金還付免税の証憑を取得できなかった場合
3. その他経営方式が特殊なことにより規定の期限内に関連の輸出税金還付免税の証憑を取得できなかった場合

輸出企業で上記状況のいずれか一つがあるものは，規定の期限内に税務機関に書面により期限延長の申請書を提出し，地方の市級以上（市級を含む）の税務機関の批准を受けて，批准された期限内に税金還付免税を申告しなければならない。

さらに，輸出企業の輸出貨物のハードコピーの税金還付証憑を逸失するか記

載内容に誤謬があり，関連規定により補充または修正が可能な場合は，輸出企業は申告期限内に，税金還付部門に輸出貨物税金還付（免税）申告処理を延期する申請表を提出し，認可を受けた後に，3ヶ月申告を延期することができる。

輸出企業が輸出貨物の税金還付の期限延長を申告した場合は，輸出企業は書面により合理的な理由を提出した場合は，地方の市以上の税務機関の照合批准を受けた後に，照合批准した期限内に税金還付免税の処理を申告することができる。

なお，進料加工貿易方式で輸出した場合に規定の期限内で輸出税金還付を申告しない貨物は，輸出企業が再輸出貨物のFOB価格と使用消耗した輸入原材料部品との差額により売上税額を計上するかまたは納付税額を計算しなければならないものとされている。

2) **外国貿易企業**

外国貿易企業が，貨物通関輸出日（輸出貨物通関申告書［輸出税金還付専用］上に明記された輸出日を基準とする）から180日以内に主管税務機関税金還付部門に輸出税金還付の貨物を申告しない場合は，別途規定があるものと特別な原因が確実にあるもので，地方の市以上の税務機関が批准したものを除いて，企業は主管税務機関の課税部門に納税申告を行い，かつ売上税額を計上しなければならない。上記貨物が課税消費品に属する場合は，消費税の関連規定により申告を行なわなければならない。

外国貿易企業は上述の貨物に対して下記の公式で売上税額を計算するかまたは納付税額を計算する。

1．一般納税者の売上税額の計算公式

売上税額＝（輸出貨物のFOB価格×外貨の人民元レート）
　　　　÷（1＋法定増値税税率）×法定増値税税率

2．小規模納税者の納付税額の計算公式

納付税額＝（輸出貨物のFOB価格×外貨の人民元レート）
　　　　÷（1＋課税率）×課税率

3．みなし輸出貨物

入札機電製品および外国投資企業が購入する国産設備等のその他のみなし輸出貨物については，製品を購入して増値税専用発票を発行した日から180日以内に，税金還付部門で輸出貨物の税金還付免税手続を申告処理しなければならない。

(5) 非生産企業

① 対外貿易経営者

国家税務総局が公布した「中華人民共和国対外貿易法を貫徹し税金還付免税弁法を修正することに関する通知」によれば，対外貿易経営者の輸出還付免税については，次のような登記申告手続が必要とされている。

1) 輸出還付免税の認定手続

対外貿易経営活動に従事する法人，その他の組織と個人（以下，対外貿易経営者）は，対外貿易法と対外貿易経営者届出登記弁法の規定により届出登記を処理した後に，30日以内に届出登記が処理済でかつ届出登記専用印章が押印された対外貿易経営者届出登記表，工商営業許可証，税務登記証，銀行の基本口座番号と税関の輸出入企業コード番号等の書類を持参して，「輸出貨物税金還付（免税）認定表」を記載して，所在地の輸出税金還付を主管する税務機関で輸出税金還付（免税）認定手続を処理しなければならない。

2) 免税控除還付方法と還付免税方法

製品を生産し輸出する能力を具有する対外貿易経営者は，その輸出した貨物は生産企業の輸出貨物に実施している免税控除還付方法の規定により輸出税金還付免税を処理する。

生産能力を持たない対外貿易経営者に対しては，その輸出した貨物は外国貿易企業の輸出税金還付の規定により免税還付方法で輸出税金還付免税を処理する。

増値税の小規模納税者として認定された対外貿易経営者の輸出した貨物は，小規模納税者の輸出貨物の規定により，増値税と消費税を免税する。

3) 流通企業商品の輸出還付免税

外国貿易企業が流通企業から購入し直接輸出した貨物は，現行規定の手続と

順序で税金還付（免税）を行なうことが認められる。

　生産企業が流通企業から購入し直接輸出した貨物は，税金還付実験企業については自社生産貨物の輸出の規定により，免税控除還付方法（実験企業の名称と具体的な方法は別途通知）を実施する。税金還付実験企業以外については，その税金還付範囲は「国家税務総局の輸出製品を自社生産製品とみなして税金還付することに関連する問題に関する通知」の規定により継続して執行する。すなわち生産企業の自社生産製品とみなすことができる場合には，免税控除還付方法が適用できるが，自社生産製品とみなすことができない場合には輸出還付免税は行うことができない。

② 非生産企業の還付免税方法

　輸出貨物の還付すべき増値税税額は，仕入税額により計算する。具体的な計算方法は次のとおりである。

1) 個別計算による場合

　輸出企業が，輸出貨物を個別に設置した在庫帳簿と販売帳簿に記載している場合は，輸出貨物を購入した増値税専用発票に明記された仕入金額と税額により計算しなければならない。

　　　　還付すべき税額＝仕入金額×輸出税金還付率

2) 加重平均価格による場合

　在庫と販売について加重平均仕入価格を採用して計算している企業は，異なる税率を適用している貨物別にそれぞれ下記の公式により計算することもできる。

　　　還付すべき税額＝輸出貨物数量×加重平均仕入価格×輸出税金還付率

3) 国内販売と輸出販売の兼営

　輸出企業が国内販売と輸出貨物を兼営し，輸出貨物が個別に帳簿を設定して計算できない場合は，まず国内販売貨物について売上税額を計算し同時に当期仕入税額を控除した後に，下記の公式により輸出貨物の還付すべき税額を計算しなければならない。

1　販売金額×税率≧未控除の仕入税額
　　還付すべき税額＝未控除の仕入税額
2　売上金額×税率＜未控除の仕入税額
　　還付すべき税額＝販売金額×税率
　　翌期繰越控除仕入税額＝当期未控除の仕入税額－還付税額

販売金額とは，輸出貨物FOB価格と外貨レートで計算した人民元金額をいう。税率は当該貨物の税金還付を計算する税率をいう。

4）　小規模納税者からの購入貨物

小規模納税者から購入する税金還付が特別に認められる輸出貨物の仕入税額は，下記の公式により計算して決定しなければならない。

$$仕入税額 = \frac{普通発票に記載された(増値税を含む)販売金額}{1 + 課税率} \times 還付税率$$

その他の輸出貨物の仕入税額は増値税専用発票に記載された増値税税額により計算し決定する。

③　輸出貨物税金還付免税管理弁法

国家税務総局は「輸出貨物税金還付免税管理規則（試行）」を公布して輸出税金還付免税の認定と申告の手続を制定した。この管理規則が適用される者は輸出商であり，輸出商とは対外貿易経営者，輸出経営資格を持たないで輸出委託する生産企業，特定の税金還付免税の適用を受ける企業等と定義されている。輸出商が自営または輸出委託した貨物は，貨物を輸出通関して販売処理した後に増値税と消費税の還付と免税を受けることができる。

なお，国家税務総局が公布した「輸出貨物税金還付免税の若干の問題に関する通知」では，次のように規定している。

輸出企業は「輸出貨物税金還付（免税）管理規則（試行）」の関連規定により輸出税金還付（免税）認定手続を行わなければならない。輸出企業が認定手続を処理する前にすでに輸出した貨物は，輸出税金還付（免税）申告期限内に税金還付を申告したならば，規定により税金還付を批准することができる。輸

出税金還付（免税）申告期限を越えた場合は，税務機関は国内販売とみなして課税しなければならない。

1) 認定手続

認定手続については，対外貿易経営者は対外貿易経営者の届出登記を行った後に，また輸出経営権を持たない生産企業は，代理輸出協議書の締結日から30日以内に関係資料を持参して，「輸出貨物税金還付免税認定表」を記載して，所在地の税務機関で輸出税金還付免税認定手続を行わなければならない。

2) 申告と受理

輸出商は輸出税金還付証憑を収集して，輸出貨物の税金還付免税の電子申告システムで電子申告データを作成し，輸出貨物税金還付免税申告表を税務機関に提出して申告手続を行う。税務機関は初度審査を行い，申告表を含む申告資料，電子データ，税金還付証憑のハードコピーが完備していれば申告を受理する。資料等が完備していなければ，税務機関は申告を受理しないで修正と資料の補充を求める。

税務機関は申告を受理した後に，電子申告システムと税金還付率データファイルを利用して審査と批准を行なうが，電子データと輸出貨物税金還付免税申告表の一致，税金還付証憑の有効性等を重点的に審査する。特に，輸出税金還付免税証憑については次のように規定されている。

1. 輸出貨物通関申告書（輸出税金還付専用綴り）

輸出貨物通関申告書は必ず税関の検査済印章が押印され，輸出税金還付専用の文字が明記された原本（別途規定するものを除く）がなければならず，輸出通関申告書の税関コード，輸出商の税関コード番号，輸出期日，商品コード，輸出数量とFOB価格等の主要な内容が輸出貨物税金還付免税を申告する諸表と一致していなければならない。

2. 代理輸出証明書

代理輸出証明書上の受託者企業名称，輸出商品コード番号，輸出数量，FOB価格等は輸出貨物通関申告書（輸出税金還付専用）上の内容と相互に匹敵しかつ税金還付免税を申告する諸表と一致していなければならない。

3. 増値税専用発票（控除綴り）

増値税専用発票（控除綴り）は印章が完備し，改竄されていないものでなけ

ればならない。増値税専用発票（控除綴り）の発行時期，数量，金額，税率等の主要内容は税金還付免税を申告する諸表と一致していなければならない。

 4．輸出外貨回収照合証（または輸出外貨回収照合リスト，以下同じ）

輸出外貨回収照合証のコード番号，照合金額，輸出商の名称は対応する輸出貨物通関申告書上に明記された批准番号，FOB価格，輸出商の名称と匹敵するものでなければならない。

 5．消費税納付領収書（輸出貨物専用）

消費税納付領収書（輸出貨物専用）の各欄の記載内容は，対応する発票と一致していなければならない。課税機関，国庫（銀行）の印章は必ず完備しておりかつ要求に適合しなければならない。

3) 審査照合の重点

税務機関は，輸出税金還付証憑のコンピュータによる審査照合を行なうが，税金還付証憑の電子情報との突合の重点は次のとおりである。

 1．輸出通関申告書の電子情報

輸出通関申告書の税関コード，輸出時期，商品コード，輸出数量とFOB価格等の項目は，電子情報と突合して一致しているかどうか。

 2．代理輸出証明書の電子情報

代理輸出証明書のコード，商品コード，輸出時期とFOB価格等の項目は，電子情報と突合して一致しているかどうか。

 3．輸出外貨回収照合証の電子情報

輸出外貨回収照合証の番号等の項目は電子情報と突合して一致しているかどうか。

 4．輸出税金還付率の文献ファイル

輸出商が申告した輸出税金還付免税の貨物は，税金還付できる貨物に属しているかどうか，申告した税金還付率は輸出税金還付率の文献ファイルの中の税金還付率と一致しているかどうか。

 5．増値税専用発票の電子情報

増値税専用発票の発行時期，金額，税額，貨物購入者と貨物販売者の納税者識別番号，発票番号が増値税専用発票の電子情報と突合して一致しているかどうか。

6．消費税納付領収書（輸出貨物専用）の電子情報

消費税納付領収書（輸出貨物専用）の番号，貨物購入企業の税関コード，課税金額，実際納付税額，税率（税定額）等の項目が電子情報と突合して一致しているかどうか。

このような審査が終了した段階で，税務機関は関連の証明書を発行するものとされている。なお，輸出商が認定手続を行わない場合，輸出税金還付免税の会計帳簿，証憑，資料の設置，使用，保管を怠った場合，申告資料の提供を拒絶した場合，虚偽申告等について，租税徴収管理法による処罰が規定されている。

④ 外国貿易企業のみなし国内販売貨物

国家税務総局が公布した「外国貿易企業の輸出のみなし国内販売貨物の仕入税額控除に関係する問題に関する通知」では，外国貿易企業のみなし国内販売について次のように規定している。

外国貿易企業は貨物を購入した後に，国内販売または輸出に関わらず，取得した増値税専用発票を規定の認証期間内に税務機関で認証手続を行わなければならない。規定の認証期間内で認証手続を行わなかった増値税専用発票は，税額控除または税金還付を認めない。

外国貿易企業の輸出貨物は，規定の期限内に税金還付免税を申告しなかった場合または税金還付免税を申告したが規定に期限内に税務機関に関係証憑を追加提出しなかった場合，および規定の期限内に「代理輸出貨物証明書」の発行を申請しなかった場合は，規定の期限の終了日の翌日から30日以内に，外国貿易企業が課税貨物に対応する税金還付または税額控除が未処理の仕入増値税専用発票の状況に基づいて，仕入発票明細表（仕入増値税専用発票コード，番号，発交尾，金額，税額等を含む）を記載して，税金還付主管税務機関に「外国貿易企業輸出みなし国内販売課税貨物仕入税額控除証明書」（証明書）の発行を申請する。

税金還付または税額控除を処理した仕入発票は，外国貿易企業は税務機関に証明書の発行を申請することはできない。外国貿易企業が税金還付または税額控除を処理した仕入発票を税務機関に証明書の発行を申請した場合は，税務機

関は調査後に，増値税の現行関係規定により処罰を行い，情状が厳しい場合には公安部門に調査を移行する必要がある。

税金還付主管税務機関は，外国貿易企業の申請を受け付けた後に，外国貿易企業のみなし国内販売課税貨物の状況に基づいて，外国貿易企業が記載した仕入発票明細表に明記された状況について審査を行い，証明書を発行しなければならない。証明書は一式三連綴りであり，第1連綴りは税金還付主管税務機関が保存し，第2連綴りは税金還付主管税務機関が課税主管税務機関に転送し，第3連綴りは，税金還付主管税務機関が外国貿易企業に発行する。

このように税金還付または税額控除を処理した仕入発票については，外国貿易企業は税務機関に「証明書」の発行を申請することはできない。すなわち，外国貿易企業が輸出貨物を国内販売とみなされた場合には，みなし販売に対応する仕入税額について，税額控除の証明書を入手しなければ仕入税額控除を行うことができないものとされている。

(6) 取引形態と輸出税金還付

ここでは，取引形態に応じた輸出還付免税の計算を行うことにより，免税控除還付方法，免税還付方法，免税方法等がどのような取引に対してどのように適用されるかを具体的に検討する。

取引形態としては，①輸出入経営権のある生産企業の自営輸出，代理輸出，来料加工，進料加工，②対外貿易経営権のある外国貿易企業の自営輸出，小規模納税者からの仕入輸出，進料加工，来料加工，③輸出入経営権のない生産企業が自社生産貨物の代理輸出を委託した場合，④小規模納税義務者が自社生産貨物を自営輸出した場合，⑤対外工事請負経営権のある工事請負会社を取り上げた。

① 輸出入経営権のある生産企業

基本的な取引形態には次の4種類がある。

1. 自営輸出		自社生産貨物
2. 自営輸出		進料加工あり

3. 代理輸出　　自社生産貨物
4. 自営輸出　　来料加工

次に，これらの取引形態別に輸出税金還付を計算する。各取引形態別計算の前提条件はほぼ同一のものに設定している。

1) 自社生産貨物の自営輸出

前提条件　輸出売上高　70,000元
　　　　　国内売上高　30,000元（売上税＝30,000元×17％＝5,100元）
　　　　　仕入高　　　56,000元（仕入税＝56,000元×17％＝9,520元）
　　　　　前期留保額　2,000元，課税率＝17％，還付率＝15％

1．免税控除不能税額

　　免税控除不能税額＝（輸出価格70,000元－免税価格0元）×（課税率17％
　　　　　　　　　　－還付率15％）＝70,000元×2％＝1,400元

2．納付額または期末控除留保税額

　　納付税額＝売上税額5,100元－（前期留保税額2,000元
　　　　　　　＋当期仕入税額9,520元＋免税控除不能税額1,400元）
　　　　　　＝－5,020元（期末控除留保）

3．免税控除還付税額

　　免税控除還付税額＝（輸出価格70,000元－免税価格0元）×還付率15％
　　　　　　　　　　＝10,500元

期末控除留保税額5,020元＜免税控除還付税額10,500元
当期要還付税額＝期末控除留保税額5,020元
したがって，5,020元が当月に還付される税額である。

2) 進料加工を含む自営輸出

前提条件　輸出売上高　70,000元
　　　　　国内売上高　30,000元（売上税＝30,000元×17％＝5,100元）

　　　　国内仕入高　22,400元（仕入税＝22,400元×17％＝3,808元）
　　　　輸入仕入高　33,600元（仕入税＝10,080元×17％＝1,714元）
　　　　前期留保額　2,000元，課税率＝17％，還付率＝15％
　　　　（輸入原材料部品のうち課税仕入高は10,080元，進料加工による免税原材料部品は23,520元で，合計で輸入仕入33,600元）

1．免税控除不能税額

　　免税控除不能税額＝（輸出価格70,000元－免税価格23,520元）
　　　　　　　　　　　×（課税率17％－還付率15％）
　　　　　　　　　　＝46,480元×2％＝930元

2．納付額または期末控除留保税額

　　納付税額＝売上税額5,100元－｛前期留保税額2,000元
　　　　　　＋当期仕入税額5,522元（3,808元＋1,714元）
　　　　　　＋免税控除不能税額930元｝＝－1,492元（期末控除留保）

3．免税控除還付税額

　　免税控除還付税額＝（輸出価格70,000元－免税価格23,520元）
　　　　　　　　　　　×還付率15％＝6,972元

期末控除留保税額1,492元＜免税控除還付税額6,972元
当期要還付税額＝期末控除留保税額1,492元
したがって，当月に還付される税金は1,492元である。

3）　自社生産貨物の代理輸出

　輸出入経営権のある生産企業が自社生産貨物を代理輸出した場合にも免税控除還付方法が適用されるが，その生産企業の輸出税金還付の計算は上記1)の自社生産貨物の自営輸出と同じ結果となる。自営輸出と代理輸出の相違は，代理輸出の場合には代理輸出の受託者である外国貿易企業が代理輸出貨物証明書を委託者である生産企業に提出することにある。

4) 生産企業の来料加工

前提条件　加工賃収入　44,000元
　　　　　国内仕入高　22,400元（仕入税＝22,400元×17％＝3,808元）
　　　　　輸入仕入高　33,600元（全額が来料加工免税原材料部品）

　来料加工貿易においては免税方法が適用となるため、輸入原材料部品33,600元は免税となり、加工賃収入も免税となる。ただし、国内仕入高22,400元にかかる仕入税3,808元は、仕入税額控除も税金還付もできないため、加工製品のコストとなる。

② 外国貿易企業

外国貿易企業の取引形態は基本的に次のようなものがある。

1.	自営輸出	一般納税義務者仕入
2.	自営輸出	小規模納税義務者仕入
3.	自営輸出	進料加工再委託
4.	自営輸出	来料加工
5.	代理輸出	他社生産貨物

次にこれらの取引形態別の輸出税金還付を計算する。
外国貿易企業に適用される還付計算式は次のようなものである。

　　　当期要還付税額＝輸出商品の仕入金額×税金還付率

または

　　　当期要還付税額＝輸出貨物数量の合計×加重平均価格×税金還付率
　　　小規模納税義務者から仕入れた商品の場合
　　　当期要還付税額＝商品仕入高÷（1＋3％）×税金還付率3％

1) 一般納税義務者から仕入れた商品を自営輸出

前提条件　輸出売上高　70,000元
　　　　　国内売上高　30,000元（売上税＝30,000元×17％＝5,100元）

仕入高　56,000元
（輸出向仕入税＝39,200元×17％＝6,664元）
（国内向仕入税＝16,800元×17％＝2,856元）
前期留保額　2,000元，課税率＝17％，還付率＝15％

当期要還付税額の計算

　　当期要還付税額＝輸出商品の仕入金額39,200元×還付率15％＝5,880元

(注)　1　外国貿易企業は輸出貨物に対して在庫台帳と販売台帳を個別に設置し，輸出貨物の仕入金額と仕入税額を個別に計算しなければならない。
　　　2　貨物を仕入れた時に輸出販売か国内販売か確定できない場合は，一律に輸出在庫台帳に記帳し，国内販売された時に輸出在庫台帳から国内在庫台帳に転記する。税務当局は貨物の増値税専用発票または税金還付機関の発行した税金還付証明書を根拠として国内販売貨物の仕入税額控除を処理することができる。
　　　3　輸出貨物の在庫台帳と販売台帳について加重平均価格を採用して計算している企業は，異なる税金還付率を適用する貨物に，それぞれ次の公式により要還付税額を計算することができる。
　　　　　要還付税額＝輸出貨物数量の合計×加重平均価格×税金還付率

2) 小規模納税者から仕入れた商品を自営輸出

前提条件　小規模納税者から商品仕入16,800元，増値税の普通発票と輸出貨物専用増値税税収納付領収書を取得して輸出した。
　　　　　小規模納税者は生産者であり，当該商品の還付率は3％。

　　当期要還付税額＝商品仕入高16,800元÷(1＋3％)×3％＝489元

前述したように，外国貿易企業が小規模納税者から貨物を購入して輸出した場合には，下記の算式により仕入税額を計算し，次の還付率で輸出貨物の免税控除還付計算を行うものとされている。

$$仕入税額 = \frac{普通発票の増値税を含む販売金額}{1 + 課税率（3％）}$$

　　還付税金＝上記仕入税額×還付率

3) 外国貿易企業の進料加工

外国貿易企業が進料加工貿易を行っており，その加工生産を国内の加工企業に再委託した場合には，どのような輸出税金還付の計算になるか次の例示で紹介する。

前提条件　外国貿易企業

進料加工貿易方式で加工原材料（課税標準構成価格23,520元）を輸入，なお，進料加工による減税額（23,520元×17%＝3,998元×半減50%＝1,999元）　輸入時に税関は1,999元を課税，半減の1,999元を免税とした。

外国貿易企業は加工原材料を30,000元で加工企業に販売した。

外国貿易企業は加工後に35,000元で加工企業から加工製品を回収した。外国貿易企業は増値税専用発票と税収納付領収書（輸出貨物専用）を取得した。

外国貿易企業は加工製品を進料加工貿易方式で再輸出した。

輸入原材料部品の国内課税率17%

再輸出貨物の国内課税率17%

再輸出貨物の還付率13%

当期納付税額の計算

販売した輸入原材料部品の納付税額＝
売上税5,100元（輸入原材料部品の販売価格30,000元×17%）
－仕入税1,999元（税関が輸入原材料部品に実際に課税した増値税額）
＝3,101元

当期要還付税額＝
再輸出貨物の要還付税額4,550元（35,000元×13%＝4,550元）
－販売した輸入原材料の納付税額3,101元＝1,449元

外国貿易企業（輸出企業）は，進料加工貿易申告表を税金還付機関に提出して同意署名を受けた後に，この申告表を課税機関に提出する。国内販売して増

値税専用発票を作成するときに規定の税率によって販売原材料部品の増値税額を明記するが，課税機関はこの部分の販売原材料部品の販売発票に記載された納付税額5,100元は国庫に計上しない。

　税金還付機関は輸出企業の輸出税金還付時にこの金額を還付税金から控除する。輸入段階で減免された増値税は税金還付を計算するときにすでに減税された税額を控除しなければならない。

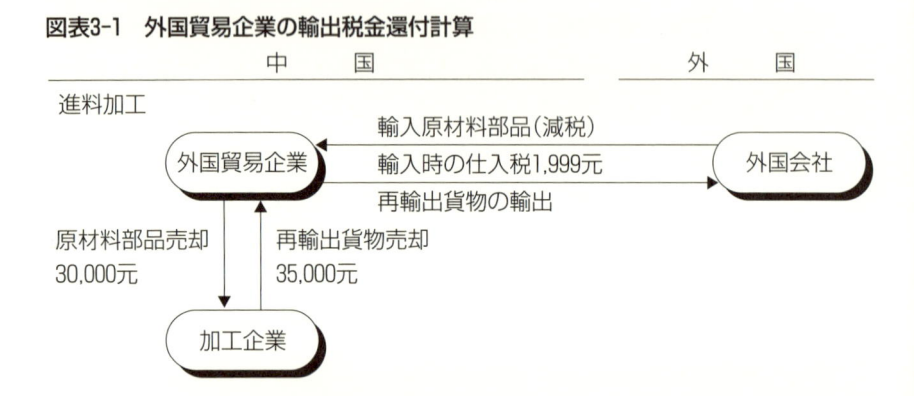

図表3-1　外国貿易企業の輸出税金還付計算

```
           中　　　国                         外　　　国
進料加工
                    ┌─────────┐  輸入原材料部品（減税）   ┌────────┐
                    │外国貿易企業│◀──────────────────────│外国会社│
                    │          │  輸入時の仕入税1,999元  │        │
                    └─────────┘  再輸出貨物の輸出       └────────┘
                         ▲ │
    原材料部品売却        │ │ 再輸出貨物売却
    30,000元             │ │ 35,000元
                         │ ▼
                    ┌─────────┐
                    │加工企業  │
                    └─────────┘
```

　なお，上記の方法は外国投資企業が進料加工貿易で他の外国投資企業に販売して再輸出した場合にも適用される。ただし，外国投資企業が来料加工貿易，進料加工貿易で加工貨物を外国投資企業以外に販売して再輸出した場合には，上記の方法は適用されず，規定どおり増値税を課税して，輸出後に免税控除還付方法で税金還付を処理するものとされている。

4）　外国貿易企業の来料加工

　外国貿易企業が来料加工貿易を行っており，国内の原材料メーカーから原材料部品を購入し，国内の加工工場に加工を委託した。外国貿易企業は原材料部品代金を支払う時に増値税の専用発票と税収納付領収書（輸出還付専用）を取得し，委託加工製品を回収し加工賃を支払う時に同じく加工賃の増値税専用発票と税収納付領収書（輸出還付専用）を取得した。

前提条件　外国貿易企業

　　　　　紡織品原材料23,520元を国内の紡織品工場から購入
　　　　　外国貿易企業は増値税専用発票と税収納付領収書を取得
　　　　　増値税専用発票の販売額は23,520元，仕入税額は3,998元
　　　　　外国貿易企業は紡織品原材料を服飾品加工工場に委託加工した。
　　　　　外国貿易企業は加工賃5,000元を支払い，増値税専用発票と税収納付領収書（輸出貨物専用）を取得。
　　　　　外国貿易企業は加工服飾製品を40,000元で輸出販売した。
　　　　　紡織品還付率15％，服飾品還付率17％

　　還付税額＝購入した加工原材料発票仕入金額23,520元×還付率15％
　　　　　　＋加工賃発票金額5,000元×17％＝3,528元＋850元＝4,378元

　外国貿易企業が生産企業に加工を委託して回収した後に輸出通関した貨物は，原材料の税金還付率と加工費の税金還付率によりそれぞれ還付税額を計算する。加工費の税金還付率は輸出製品の税金還付率によって確定する。

　原材料が進料加工によって輸入され，輸入段階で増値税の減免優遇を受けている場合は，すでに減額された税額を控除しなければならない。すなわち，実際に課税を受けた仕入価格で計算する。

③　輸出入経営権のない生産企業

輸出入経営権のない生産企業が自社生産貨物の代理輸出を委託する場合

前提条件　輸出売上高　　70,000元
　　　　　国内売上高　　30,000元（売上税＝30,000元×17％＝5,100元）
　　　　　仕入高　　　　56,000元（仕入税＝56,000元×17％＝9,520元）
　　　　　前期留保額　　 2,000元，課税率＝17％，還付率＝15％

　　当期納付税額＝売上税5,100元＋輸出価格70,000元×17％
　　　　－仕入税9,520元＝5,100元＋11,900元－9,520元＝7,480元
　　当期還付税額＝輸出価格70,000元×15％＝10,500元

（注）　輸出入経営権のない生産企業と生産企業集団が外国貿易企業または工業貿

易企業に自社製品の代理輸出を委託する場合に先納付後還付方法が適用される。

④ 小規模納税者

小規模納税者が自社生産貨物を自営輸出

前提条件　小規模納税者が自社生産製品16,800元を輸出した。
　　　　　小規模納税者は生産者であり，当該商品の還付率は3％
　　　　　小規模納税者が仕入れた原材料部品価格は9,400元で支払った仕入税額は1,598元

　　　　　納税額＝輸出売上高×0％(免税)＝0元

小規模納税者には免税控除還付方法の適用はなく，免税方法が適用されるため輸出税金還付はない。上記輸出販売が国内販売であれば16,800元×3％＝504元が納税額となるが，輸出販売のため免税とされる。仕入原材料部品にかかる仕入税1,598元は製品原価となる。

⑤ 工事請負会社

対外工事請負経営権のある工事請負会社

前提条件　対外工事請負収入70,000元
　　　　　国内購入鋼材価格56,000元（仕入税56,000元×17％＝9,520元）
　　　　　課税率＝17％，還付率＝15％

　　　　　当期還付税額＝国内購入鋼材価格56,000元×還付率15％＝8,400元

(注)　1　特別に税金還付が認められる企業
　　　　　対外工事請負工事会社
　　　　　対外修理組立修理業務引受企業
　　　　　外国輸送供給会社と遠洋輸送供給会社
　　　　　国際金融組織・外国政府借款利用の国際入札方式により国内で落札した企業
　　　　　国内で貨物を購入し国外に搬送して国外投資を行う企業
　　　　　免税店
　　　2　購入貨物の増値税専用発票に明記された販売金額により規定の還付率で還付税金を計算する。

⑥ 進料加工と来料加工

前項では,生産企業の自営輸出と代理輸出,外国貿易企業の自営輸出,来料加工,進料加工,小規模納税義務者,国外請負会社等について取引形態別に輸出税金還付制度を検討したが,本項では,免税控除還付方法の計算の仕組みを還付率と課税率の異同により具体的に検討し,さらに進料加工と来料加工との比較も具体的な数値で検討する。

比較計算のための前提条件を次のように設定する。

前提条件

売上高	100,000元	輸出割合70%
		(輸出高70,000元+国内売上高30,000元)
売上原価	70,000元	売上原価率70%
		(製造原価70,000元+期首期末製品0元)
製造原価	70,000元	材料費率80%(材料費56,000元+加工費14,000元)
仕入高	56,000元	国内調達比率40%
		(国内仕入22,400元+輸入33,600元)
販売管理費	12,000元	販売管理費率12%
		(営業利益=当期利益=8,000元)

(増値税の計算)

国内売上税額=国内売上高30,000元×17%=5,100元
輸出売上税額=輸出高(FOB価格)70,000元×0%=0元
国内仕入税額=国内仕入高22,400元×17%=3,808元
輸入仕入税額=輸入仕入高(CIF価格)33,600元×17%=5,712元

損益計算書					
売上高		輸出売上高	70,000元		
		国内売上高	30,000元		100,000元
売上原価	材料費	国内仕入高	22,400元		
		輸入仕入高	33,600元	56,000元	

加工費	14,000元	
期首期末棚卸資産残高	0元	70,000元
販売管理費		12,000元
当期利益		18,000元

1) 課税率と還付率が同率の場合

（税額計算）

当期納付税額＝国内売上税額5,100元－仕入税額合計9,520元（国内仕入税額3,808元＋輸入仕入税額5,712元）＋(輸出FOB価格70,000元－免税購入原材料価格0元)×(課税率17％－還付率17％)

＝国内売上税額5,100元－仕入税額合計9,520元

＝△4,420元（マイナスは還付）

（未納増値税勘定の状況）

輸出売上	0元	
国内売上	＋5,100元	
輸入仕入	－5,712元	
国内仕入	－3,808元	
還付	＋4,420元	
差引	0元	コスト増加なし

2) 課税率17％，還付率13％の場合

（税額計算）

当期納付税額＝国内売上税額5,100元－仕入税額合計9,520元＋(輸出FOB価格70,000元－免税購入原材料価格0元)×(課税率17％－還付率13％)

＝売上税額5,100元－仕入税額合計9,520元＋輸出FOB価格70,000元×4％

＝－4,420元＋2,800元＝△1,620元（マイナスは還付）

(未納増値税勘定の状況)

　輸出売上　　　　0元
　国内売上　　＋5,100元
　輸入仕入　　－5,712元
　国内仕入　　－3,808元
　還付　　　　＋1,620元
　差引　　　　－2,800元　コスト増加

　以上の計算のとおり，還付率が引下げられたことにより，(輸出FOB価格70,000元－免税購入原材料価格0元)×(課税率－還付率) 4％＝2,800元のコスト負担が増加している。

3) 進料加工の場合

(前提条件)

　課税率17％，還付率13％で，輸入仕入と輸出販売の70％が進料加工の場合
　免税輸入原材料価格　　23,520元　輸入仕入高33,600元×70％
　課税輸入原材料価格　　10,080元　輸入仕入高33,600元×30％
　国内仕入税額＝国内仕入高22,400元×17％　　　＝3,808元
　輸入仕入税額＝輸入仕入高(CIF価格) 10,080元×17％＝1,714元
　　　　　　　　　　　　　　　　　　　　　　　　5,522元

(税額計算)

当期納付税額＝国内売上税額5,100元－国内仕入税総額5,522元＋(輸出FOB
　　　　　　　価格70,000元－免税購入原材料価格23,520元)×(課税率17％－
　　　　　　　還付率13％)
　　　　　　＝売上税額5,100元－仕入税総額5,522元＋免税控除不能税額
　　　　　　　1,859元
　　　　　　＝1,437元(プラスは納税)

(未納増値税勘定の状況)

　輸出売上　　　　0元
　国内売上　　＋5,100元

輸入仕入　　−1,714元
国内仕入　　−3,808元
納付　　　　−1,437元
差引　　　　−1,859元　コスト減少

　以上の計算のとおり，進料加工においては，免税輸入原材料価格（23,520元）×（課税率17％−還付率13％）4％＝＋941元のコスト減少となっている。

4）来料加工の場合

（前提条件）

免税輸入原材料価格　　23,520元　輸入仕入高33,600元×70％
課税輸入原材料価格　　10,080元　輸入仕入高33,600元×30％
輸出製品原材料価格　　15,680元　国内仕入高22,400元×70％
内販製品原材料価格　　 6,720元　国内仕入高22,400元×30％

（増値税の計算）

国内売上税額＝国内売上高30,000元×17％＝5,100元
国内仕入税額＝国内仕入高6,720元×17％＝1,142元
輸入仕入税額＝輸入仕入高（CIF価格）10,080元×17％＝1,714元

（税額計算）

当期納付税額＝国内売上税額5,100元−仕入税総額2,856元
　　　　　　＝2,244元（プラスは納税）

（未納増値税勘定の状況）

輸出売上　　　　0元
国内売上　　＋5,100元
輸入仕入　　−1,714元
国内仕入　　−1,142元
納付　　　　−2,244元
差引　　　　　　0元　コスト負担なし

　以上の計算のとおり，来料加工では国内調達原材料部品があれば，その仕入

税額は原価計上される。通常の来料加工では国内売上がないため仕入税額が控除できず，仕入税額は全額がそのままコスト負担となる。

2　輸出還付率調整と輸出還付廃止

(1)　輸出還付政策

①　主要関係法規

輸出還付率の調整と還付廃止に関する法規は，大別して，基本法規，資源法規，還付率引下げと廃止法規，還付率引上げと還付復活法規に区分される。これらの法規の解説は次項以降で行う。

1) 基本法規

> 1．「輸出貨物の税金還付率の調整に関する通知」
>   2003年10月13日　財政部，国家税務総局　財税［2003］222号
> 2．「一部情報技術製品の税金輸出還付率の引上げに関する通知」
>   2004年12月10日　財政部，国家税務総局　財税［2004］200号
> 3．「一部の高消耗，高汚染，資源性製品の輸出を抑制することに関係する措置に関する通知」
>   2005年12月9日　国家発展改革委員会，財政部，商務部，国土資源部，税関総署，国家税務総局，環境保護総局　発改経貿［2005］2595号
> 4．「輸出貨物税金還付免税の若干の問題に関する通知」
>   2006年7月12日　国家税務総局　国税発［2006］102号

2) 資源法規

> 1．「黄金租税政策問題に関する通知」
>   2002年9月12日　財政部，国家税務総局　財税［2002］142号
> 2．「プラチナとその製作品の租税政策に関する通知」
>   2003年4月28日　財政部，国家税務総局　財税［2003］86号

3．「金成分を含む製品の輸出関係租税政策に関する通知」
　　2005年7月29日　国家税務総局　国税発［2005］125号
4．「金を含む製品の輸出に免税政策を実行することに関する補充通知」
　　2006年1月25日　国家税務総局　国税発［2006］10号
5．「白銀とその製作品の輸出と関係する税金還付に関する通知」
　　2008年1月2日　国家税務総局　国税発［2008］2号

3) 還付率引下げと廃止法規

1．「鉄合金の輸出税金還付取消しに関する補充通知」
　　2005年4月22日　財政部，国家税務総局　財税［2005］67号
2．「鋼材製品の輸出税金還付率の引下げに関する通知」（全文失効）
　　2005年4月27日　財政部，国家税務総局　財税［2005］73号
3．「一部製品の輸出税金還付率の調整に関する通知」
　　2005年4月29日　財政部，国家税務総局　財税［2005］75号
4．「ガソリン，ナフサの輸出税金還付に関する通知」
　　2005年8月25日　財政部，国家税務総局　財税［2005］133号
5．「一部の化学肥料品種の輸出税金還付の暫定的な停止を継続することに関する通知」
　　2005年12月29日　財政部，国家税務総局　財税［2005］192号
6．「ガソリン，ナフサの輸出税金還付を暫定的に停止することに関する通知」
　　2006年3月21日　財政部，国家税務総局　財税［2006］42号
7．「鋼材の輸出税金還付率の調整に関する通知」
　　2007年4月9日　財政部，国家税務総局　財税［2007］64号
8．「一部商品の輸出税金還付率の調整に関する通知」
　　2007年6月19日　財政部，国家税務総局　財税［2007］90号
9．「一部商品の輸出税金還付率の引下げ調整に関する補充通知」
　　2007年7月10日　財政部，国家税務総局　財税［2007］97号

4) 還付率引上げと還付復活法規

1. 「紡織品服装等の一部商品の輸出税金還付率の調整に関する通知」
   2008年7月30日　財政部，国家税務総局　財税［2008］111号
2. 「一部商品の輸出税金還付率の引上げに関する通知」
   2008年10月21日　財政部，国家税務総局　財税［2008］138号
3. 「労働集約型製品等の商品の増値税輸出税金還付率の引上げに関する通知」
   2008年11月17日　財政部，国家税務総局　財税［2008］144号
4. 「一部の機電製品の輸出税金還付率の引上げに関する通知」
   2008年12月29日　財政部，国家税務総局　財税［2008］177号
5. 「紡織品服装の輸出税金還付率の引上げに関する通知」
   2009年2月5日　財政部，国家税務総局　財税［2009］14号
6. 「軽紡電子情報等の輸出税金還付率の引上げに関する通知」
   2009年3月27日　財政部，国家税務総局　財税［2009］43号
7. 「一部商品の輸出税金還付率の更なる引上げに関する通知」
   2009年6月3日　財政部，国家税務総局　財税［2009］88号

② 2003年10月以前の輸出還付政策

　中国の増値税は1985年に創設され，1994年に改正施行された。改正の前後のいずれの増値税条例でも，企業が製品を輸出した時には，輸出売上にかかる増値税は免税とされていた。

　また，その輸出製品を生産するために仕入れた原材料部品等にかかる仕入増値税と輸入した原材料部品等にかかる輸入増値税は，国内売上増値税から控除されるか，控除できない場合には還付される輸出税金還付制度が組み込まれていた。

　旧増値税は中国企業のみが適用対象であり，1994年の税制改正で外資系企業にも増値税が適用されることとなった。しかしながら，改正前も改正後も，増値税の輸出税金還付の適用企業は中国企業のみであり，外資系企業には還付政策の適用はなかった。

その主な理由は，税務当局が中国企業に税金を還付していた状況において，増値税の専用インボイスに関わる虚偽発行，不正入手等が多発し，増値税の税収を超える還付税金が発生したため，財政上の理由から還付政策が一時的に停滞する事態が発生し，外資系企業への還付政策の適用が遅れたものである。

　税制改正の行われた1994年から1995年にかけて外資系企業の一部に対して還付政策が適用されることが明らかにされたが，増値税の徴収税額より還付税額の方が多いとの理由で実際には還付は行われていなかった。1995年には，財政上の理由から17％の税率が適用される物品の還付率が14％に引き下げられ，さらに1996年には還付率が14％から9％まで引き下げられた。

　当時の増値税の納税額の計算は，次のとおりであり，徴税率17％－還付率9％＝8％が企業の製品コストに付加された。

納税額＝国内売上税－｛仕入税総額－輸出価格×（徴税率17％－還付率9％）｝

　1996年前後には外資系企業に対しても還付の申告等が開始されるようになったが，実際の税金還付は遅々として進まなかった。1995年からの還付率の引下げと還付政策の遅滞により，中国企業と外資系企業はともに，増値税負担による製品コスト上昇のあおりを受けて，輸出競争力が落ち，1996年ごろから輸出実績も勢いを失った。

　上述した納税額の計算式からも理解できるように，税金還付率を17％に戻せば，不合理な税金負担は解消するはずであったが，1997年のアジア金融危機に端を発したアジア諸国の経済不安が続く中で，中国も増値税の税金負担との相乗効果により輸出不振がより深刻な事態となった。

　1999年に輸出振興策として還付率の引き上げを行い，それまで9％であった紡織機械，機電製品，農業機械，紡績原料，化学工業原料，農産物等を17％に戻し，その他の製品を15％まで戻した。この還付率の引き上げにより主力輸出貨物の還付率は17％となり，徴収税率と還付率の不合理は大方解消した。

　このように過去の増値税の還付率の問題は，不合理な税金コストの解消を目的としていたが，その経済的背景には中国の輸出振興政策が基本にあった。これに対して，2003年の還付率の引下げと一部製品の還付廃止措置は，単なる輸出振興政策だけの問題ではなく，過去に累積された未還付税金の計画的解消，

中央と地方の財政問題の解決，新たな産業構造調整政策に合致した輸出調整政策等の要素を含むものであった。

また，中国国内問題だけではなく，米国，日本に対する大幅な輸出黒字の抑制，国内における輸出外貨の買取による外貨準備高の急激な増加とそれに伴う人民元の切り上げ問題等が総合的に関係しており，財政，租税，外貨管理等の広範な対策の下に実行された。

③ 2003年10月の還付率引下げと還付廃止
1) 政策の変更

中国政府は，2003年に「輸出貨物の税金還付率の調整に関する通知」を公布して，増値税の輸出還付率の引き下げを発表した。通知が公表される直前の10月10日に，北京で「輸出税金還付システム改革工作座談会」が開催され，国務院の温家宝総理が輸出還付政策変更の意義を指摘している。

その要旨は，輸出税金還付が過去に充分に実施されなかった原因は，表面的には還付資金を全額負担していた中央政府の財政資金が，近時の輸出貿易の拡大に追いつかなかったことがあげられるが，その問題の本質は輸出税金還付システム自体の不合理性にあったとするものである。

輸出税金還付システムに存在する主要な問題として，当時の政府の産業構造調整政策に適合していないこと，輸出拡大により還付金が中央財政の引受能力を超えてしまったこと，現行の輸出税金還付システム自体が輸出競争力の強化，輸出構造の調整，輸出効率の向上という貿易体制の改革に不利であったことがあげられている。このような諸問題に総合的に対処するため，5つの新施策が打ち出された。

> 1．輸出税金還付率の構造的調整
>   輸出抑制と輸出奨励を還付率の引下げ率によって構造的に調整した。
> 2．還付資金の財政負担システム
>   輸出還付税金は，これまで中央政府財政が全額負担してきたが，増値税の税収が中央政府75％，地方政府25％の比率で納入されることか

ら，その還付資金も中央政府75％，地方政府25％の比率で負担させることとした。

　ただし，2003年の輸出還付税金の実績を基本数値として，その実績を越える部分についてのみ中央政府と地方政府で75：25の比率で負担させる。このように前年実績を基本数値として，その後の増加部分についてのみ一定比率で負担させる方法は，これまで中央政府と地方政府の財政負担の調整で頻繁に採用されている方法であった。

3．新たな還付資金の調達

　中央政府の還付資金に対する財政能力を高めるため，2003年から中央政府の輸入段階における増値税と消費税の税収増加は，輸出還付税金に充当された。

4．輸出製品構造の調整と貿易体制の改革

　輸出振興政策にとって重要な生産企業の自社製品の輸出と，外国貿易企業の代理輸出を促進するため，現在の輸出コストを引き下げて輸出競争力を高めるとともに，輸出税金還付率を調整して輸出構造を変革し，輸出効率を高める施策を行った。

5．繰越未還付税金の解決策

　2003年末までに累積した未還付税金の繰越高の累計金額はすべて中央政府が責任を持って財政負担した。2004年からは中央財政がその繰越金額全額について利息支払等の方法で解決を図った。

2）　具体的措置

2003年10月の還付率の引下げと還付廃止の具体的措置は次のとおりである。

1．還付率維持品

　産業政策上，重要な製品は従来どおりの17％を維持する。これらには，船舶と自動車およびその関連基幹部品，航空宇宙装置，NC制御装置，マシンニングセンター，プリント基板，鉄道軌道車輌，起重用機械，工事用機械，機械昇降用装置，建設機械，採掘用機械，プログラム制御装置，光通信装置，医療機器および器械，金属冶金鍛造設備等が含まれた。

農産物と農業加工品は当時の還付率5％と13％が維持され，鋼材，化学薬品等も当時の13％が維持された。
2．還付率引上品
　　輸出奨励のため5％から13％に引き上げられるものには，小麦粉，トウモロコシ粉，鴨と兎の肉類等がある。
3．還付廃止品
　　輸出抑制のため還付を廃止したものには，原油，航空オイル，灯油，ディーゼル油，燃料油，潤滑油，潤滑脂，原木，木材，紙パルプ，カシミヤ，希土類金属鉱，リン鉱石，天然黒鉛等があった。
4．還付率引下品
　　大幅引下品
　　（第1号）　11％に引下げ　ガソリン，未鍛造圧延亜鉛
　　（第2号）　8％に引下げ　未鍛造圧延アルミニウム，黄色リンおよびその他のリン，未鍛造圧延ニッケル，鉄合金，モリブデン鉱砂およびその精錬鉱等
　　（第3号）　5％に引下げ　コークス・半コークス，コークス製造用炭，軽重焼マグネシウム，蛍石，天然含水珪酸マグネシウム等

　　小幅引下品
　　（第4号）　上記以外　輸出税金還付率が17％と15％である貨物はその輸出税金還付率を一律に13％に引き下げる。課税率と税金還付率が等しく13％である貨物は，その輸出税金還付率は一律に11％に引き下げた。

　なお，2005年から中央政府と地方政府の還付税金の負担割合は75：25から92.5：7.5に変更された。増値税の輸出還付政策は2004年に過年度分の還付が行われたがこれは中央政府が負担した。2004年以降に発生した還付税額のうち25％は地方政府の負担とされていたが，各地方政府の財政能力には差異があり，一部地域では新たな還付問題の再燃も懸念されていた。したがって，2005

年8月に負担比率の調整に関する財政部と国家税務総局の通知が公布され，遡って2005年1月からの実施となった。

2004年の輸出還付率の引き下げは，輸出企業のコストと輸出価格の引き上げに影響し，製品の市場競争力に影響して，企業の利益を悪化させるデメリットがあった。

還付撤廃品と大幅引下品は，中西部地域の資源製品が多く，外資系企業への影響は小さいものであった。これに対して，輸出抑制品（小幅引下品）については，外資系企業の輸出採算に大きな悪影響を与えた。

④ IT製品の輸出促進と環境資源の輸出抑制
1) 2004年12月のIT製品還付率の引上げ

2004年11月1日から，国務院の批准を受けて，情報技術（IT）製品については，輸出促進のために輸出税金還付率が13％から17％に引上げられた。

輸出税金還付率が13％から17％に引上げられたIT製品には，集積回路，（一部の）ダイオード，移動通信ステーション，およびブロードバンド交換機，ネットワークパス，携帯（自動車）無線電話，その他マイクロデジタル式自動データ処理機，ネットワーク式マイクロコンピュータ，液晶でスプレイ，プラズマデスプレイ，ハードデスク，デジタル式自動データ処理機装置，その他メモリー部品，データ制御工作機械（具体的な製品は添付書類参照）が含まれた。

2) 2005年12月の高度消耗，高度汚染，資源性製品の輸出入抑制措置

2005年12月には，国務院常務会議に基づいて，高度消耗，高度汚染，資源性産品の輸出を抑制するために，2006年1月1日から，一部産品の加工貿易の禁止，一部製品の輸出還付政策の廃止，資源性産品の輸出数量の抑制が執行されることとなった。加工貿易が禁止された産品取引には，農薬の輸出，分散染料の輸出，木片，原木等の輸入，紙パルプの輸出，生皮の輸入，皮革製品の輸出，廃銅と銅精錬鋼の輸入取引等がある。輸出還付政策が廃止された産品には，コールタール，生皮，生毛皮等がある。資源性産品は，希土類は輸出数量規制，コールタールは輸出割当，製品油は加工貿易輸出の抑制，ガス・石炭・ディーゼル油は輸出規制等が行われた。

(2) 黄金プラチナ政策と白銀政策

① 黄金プラチナ政策

1) 2002年9月の黄金政策

財政部と国家税務総局は，2002年に金成分を含む製品に関係する租税政策いわゆる黄金政策を決定した。

> 1．国内取引免税と輸入免税
>   　黄金の生産と経営をする単位が，黄金と黄金砂金を販売する場合には増値税が免税とされ，黄金と砂金を輸入する場合は輸入段階の増値税が免税された。
> 2．黄金取引所
>   　黄金取引所の会員が黄金取引所を通して黄金を販売する場合は増値税が免税とされ，基準黄金の現物が分割引渡される場合は，増値税の即課税即還付政策が実行され，同時に都市擁護建設税，教育費附加が免税とされた。
> 3．黄金の輸出租税政策
>   　黄金が輸出された場合は税金還付が行われず，輸出した黄金装飾品の黄金原材料部分については税金還付が行われなかったが，加工増値部分については税金還付が行われた。この輸出還付政策は，次の2005年4月に引き継がれたが，2005年7月で廃止され，失効している。

2) 2003年4月のプラチナ政策

2003年4月28日に，財政部と国家税務総局は国務院の批准を受けて，下記のとおり，プラチナとその製品の租税政策を公布した。

> 1．輸入免税
>   　プラチナの輸入については，輸入段階の増値税を免税とする。
> 2．黄金取引所
>   　中博世金科貿有限責任会社が上海黄金取引所を通して輸入プラチナを販売する場合は，増値税の即課税即還付政策を実行する。

3．国内プラチナ生産企業

　　国内のプラチナ生産企業が自社生産自社販売するプラチナについても即課税即還付政策を実行する。

4．その他企業

　　プラチナ製品の加工企業と流通企業がプラチナとその製品を販売した場合は，現行規定で増値税を課税する。

5．プラチナの輸出政策

　　プラチナの輸出は税金還付しない。プラチナ製品の輸出については，プラチナの原材料部分の仕入増値税については輸出税金還付を実行せず，プラチナ製品の加工段階の加工費についてのみ規定の税金還付率により税金還付する。

3) 2005年の黄金政策

2005年5月から，黄金を主要原材料として加工した輸出製品（黄金価値が輸出製品の材料コストの50％以上を占める場合），例えばフッ化金，フッ化金酸液晶体または三フッ化金液晶体，AU-Si型ノーベル級電動フイルムは，「財政部，国家税務総局の黄金租税政策問題に関する通知」の関連規定により執行する。上記製品を輸出した場合は，黄金の主要原材料部分については税金還付せず，その仕入税金は製品原価に計上し，その他の原料とその加工した付加価値部分については，税金還付免税とした。この輸出還付政策は次の2005年7月で廃止されて失効している。

4) 2005年7月の黄金プラチナ政策

1．輸出免税政策と仕入税原価振替

　　輸出企業が金（黄金とプラチナを含む）成分を含む製品を輸出して増値税免税政策を実施した場合は，相応の仕入税額は税金還付または控除することなく，原価振替処理しなければならないものとされた。また，輸出免税政策を実行する金成分を含む製品の税関商品コード番号が特定された。

2．輸出免税手続

　　輸出企業は金成分を含む製品を輸出した後に，輸出税金還付免税が

規定する証憑を持参して月別に主管税務機関税金還付部門に「輸出包含金製品免税証明書申告表」(一式二綴り，第一綴りは企業保存，第二綴りは税金還付部門に提出) を記載して報告する。

税務機関の税金還付部門は輸出企業が提出した「輸出包含金製品免税証明書申告表」と規定の証憑に対して審査照合を行い，同時に審査システムを通して関連電子情報と審査照合する。税金還付部門が誤りなきことを審査した後に，「輸出包含金製品免税証明書」(一式四綴り，第一綴りは税金還付部門に提出，第二綴りは課税部門に提出，第三綴りは輸出企業が課税部門に提出して免税を申告し，第四綴りは輸出企業が保存する) を発行して，第二綴りを課税部門に提出して審査を受け免税を処理する。

輸出企業は税金還付部門が発行した「輸出包含金製品免税証明書」(第三綴り) を課税部門に持参して免税を申告し，課税部門は輸出企業の免税申告を税金還付部門が発行した「輸出包含金製品免税証明書」(第二綴り) と突号して照合審査した後に，免税手続を処理する。輸出企業は免税輸出貨物に相応する仕入税額を企業の原価科目に振替える。

3．輸出売上税の課税

輸出企業が規定の期限内に主管税務機関に免税を申告しない輸出包含金製品については，企業は関連規定により売上税額を計上しなければならない。

5) 2006年1月の黄金プラチナ政策

2004年下半期以来，金 (黄金とプラチナ) 成分を製品の輸出が異常に増加し，輸出税金還付の詐取問題が発生したため，黄金プラチナ政策に対して若干の調整が行われたが，2006年には，金を含む製品の輸出免税政策に関する補充通知が公布され，進料加工方法で黄金とプラチナの成分を含む製品は，増値税の輸出免税政策が執行されることが規定された。

② 白銀政策

2008年に国家税務総局から公布した「白銀とその製品の輸出に関係する税金還付に関する通知」によれば，2006年以来，白銀とその初級製品の輸出が異常に増加し，違法な現象が深刻化しているため，白銀とその初級製品の輸出について次のような政策が決定された。

1) 輸出企業が輸出する白銀とその初級製品

輸出企業が輸出する白銀とその初級製品については，輸出企業の所在地の税務機関が書簡による調査で確認した輸出した白銀産品と白銀産品を生産する主要原材料については十分に納税した場合には，税金還付を認める。税務機関が書簡による調査で確認した輸出した白銀産品と白銀産品を生産する主要原材料について，増値税の先納付後還付政策またはその他の増値税租税優遇政策を享受する場合とその他の納税が不足している場合には，税金還付せずに，輸出段階の免税を実行する。

2) 香港経由取引

白銀と白銀初級製品の輸出について，特に輸出が香港または香港仲介の産品である場合には，各地の税関は厳格に審査しなければならず，関係する証憑と電子情報の照合の他に，輸出企業または貨物供給企業が生産する産品についても実地調査照合を行わなければならない。

(3) 輸出還付政策の変遷

① 2005年以降の輸出還付政策

1) 国内資源の保護と輸出抑制

2005年4月には，国内資源の保護と輸出の抑制政策により，国務院の批准により，2005年5月1日から石炭，タングステン，錫，亜鉛，アンチモンおよびその製品の輸出税金還付率が8％に引き下げられた。同時に，希土類金属，塩化希土類，金属シリコン，モリブデン鉱とその精鉱，マグネサイト，フッ化カルシウム，ステアタイト，シリコン炭化物，木粒，木粉，木片等の輸出税金還付政策は廃止された。

同時に，2005年4月に鋼材の輸出税金還付率が17％から11％に引き下げられたが，2007年4月には，特殊鋼材と防錆鋼板，冷間圧延産品等の76商品の輸出

税金還付率は5％に引き下げられ，その他の83商品の鋼材は輸出税金還付が廃止された。

国務院の批准を受けて，2005年9月から12月までガソリンとナフサの輸出税金還付が暫定的に停止された。このガソリンとナフサの税金還付停止措置は，2006年3月以降も継続されることが決定した。2005年12月には一部化学肥料品の輸出税金還付の暫定的な停止が継続されることが決定した。

2) 2007年6月の政策変更

輸出還付政策の変更で最も影響が大きかった政策変更は，2007年に財政部と国家税務総局から公布された「一部商品の輸出税金還付率の調整に関する通知」である。この通知が発表された背景には，当時の貿易収支の急速な黒字拡大による米国との貿易摩擦だけではなく，中国国内の過剰流動性と人民元切上げの圧力が増大している状況があった。

当時の国際間の緊迫した状況を緩和するために，輸出の急速な増加を抑制して貿易収支を改善し，輸出商品構成を高付加価値化し，エネルギーを大量消費する商品，汚染度の高い商品，資源性商品の輸出を抑制することを目的として，輸出税金還付政策が調整された。

対象となった商品項目は全部で2,831項目，税関税則項目の約37％に及んだ。輸出還付免税政策の変更には，税金還付の廃止，還付率引下げ，税金還付政策から免税政策への変更の3つがあった。

まず，輸出税金還付が廃止された商品は，主にエネルギーを大量消費する商品，汚染度の高い商品，資源性商品の553項目で，絶滅危惧の動物と植物とその製品，塩，溶剤由，液化プロパン，液化石油ガス，肥料，塩化物，染料，金属炭化物，皮革等が含まれていた。

輸出税金還付率が引き下げられた商品は，主に貿易摩擦をもたらす商品で2,268項目に及んだ。引下げ後の還付率は5％，9％，11％となった。それまでの還付率の調整を踏まえた結果として，増値税の輸出税金還付率は17％，13％，11％，9％，5％の5段階となった。

5％　植物油，一部化学品，プラスチック，ゴム，その他皮革毛皮製品，
　　　紙製品，陶磁器，ガラス，貴金属，一部鉄鋼製品，その他の卑金属

	と製品他
9％	デーゼル機械，ポンプ，ファン，回転炉，コークス炉，昇降機他
11％	バッグ，アパレル，靴，羽毛製品，平削盤，立削盤，時計，玩具他

　税金還付政策から免税政策に変更された商品は10品目で，主にナッツ，油絵，版画，切手，印紙税票他となった。この政策変更による影響は小さいものであった。

　この税務通知の特徴は，これまでにない多数の品目にわたって増値税の輸出税金還付免税政策が廃止されたことであった。これまでにも若干の輸出還付廃止品目が公表されていたが，この税務通知は従来と異なって，エネルギーの大量消費，高度の汚染，資源性の商品に大幅に拡大された。

図表3-2　2007年の輸出還付免税政策の変更

対象品目	変更内容
大量消費，高度汚染，資源性の商品	輸出還付の廃止
貿易摩擦商品	還付率の引下げ
その他	免税政策

②　2008年7月以降の輸出還付政策

　2003年10月に発表された輸出還付政策は，増値税の輸出税金還付政策の全面的な実施と産業構造の変化による輸出構造の調整を強力に行うために，輸出を抑制する商品について輸出還付率の引下げと輸出還付の廃止が決定された。

　この輸出還付率の引下げと輸出還付の廃止の流れは，2006年7月に対米輸出黒字の減少と国内過剰流動性の解消，人民元の切上げ問題の回避を目的として2,300項目に及ぶ輸出還付率の引下げと還付廃止で頂点に達した。この輸出抑制措置は，後に中国企業の輸出に深刻な打撃を与えることになる。

　この間の輸出還付政策には，鋼材価格の上昇に対する鋼材商品の輸出抑制，原油価格の上昇に対するガソリンとナフサの輸出抑制，国内資源の保護と資源確保のための資源商品の輸出抑制の基本政策が継続的に実施されていた。

　しかし，2008年下半期以降は，サブプライムローンによる国際金融危機が中

国政府の輸出政策に次第に影響を与えるようになり，それまでの輸出抑制政策は根本的に転換されて輸出促進政策がその基本政策となった。2008年7月以降は，輸出税金還付の還付率の引上げと輸出還付廃止の取消しがその主な輸出還付政策となった。2008年7月以降の輸出還付政策を次に掲げるが，同一商品の輸出税金還付率が頻繁に引き上げられていることが分かる。

1) 2008年7月

一部の紡織品，服装品の輸出還付率を11％から13％に引き上げた。一部の竹製品の輸出還付率を11％に引き上げる。なお，同時に一部の農薬産品，白銀，一部の塗料産品，一部の電池産品等の輸出税金還付を廃止した。

紡織品，服装品の輸出税金還付率は2009年2月に，国務院の批准を受けて，15％に引き上げられ，2009年3月には16％まで引き上げられている。

2) 2008年10月

国務院の批准を受けて，一部商品の輸出税金還付率を引き上げた。一部の紡織品，服装品，玩具の輸出税金還付率は14％，日用と芸術用の陶器の輸出税金還付率は11％，一部のプラスチック製品の輸出税金還付率は9％，一部の家具の輸出税金還付率は11％と13％，その他の輸出税金還付率は9％，11％，13％に引き上げられた。

3) 2008年11月

国務院の批准を受けて，次の労働集約型商品の輸出税金還付率が引き上げられた。一部のフイルム製品，林業製品の輸出税金還付率は5％から9％に，一部の金型，ガラス皿の輸出税金還付率は5％から11％に，一部の水産品の輸出税金還付率は5％から13％に，箱，靴，帽子，傘，家具，寝具，灯火器具，時計等の商品の輸出税金還付率は11％から13％に，一部の機電製品の輸出税金還付率は9％から11％に，11％から13％に，13％から14％に引き上げられた（財税〔2008〕144号）。さらに，2009年6月に，靴，帽子，傘，毛皮製品，玩具，家具等の輸出税金還付率は15％に引き上げられた。

4) 2008年12月

国務院の批准を受けて，一部の機電製品の輸出税金還付率が引き上げられた。航空慣性導航機器，ジャイロスコープ，イオン射出測定器，核反応推，工業機器等の産品の輸出税金還付率は13％，14％から17％に引き上げられた。オ

ートバイ，ミシン，伝導体等の産品の輸出税金還付率は11％，13％から14％に引き上げられた。

5) 2009年3月

国務院の批准を受けて，軽紡，電子情報等の商品の輸出税金還付率が引き上げられた。CRTカラーテレビ，一部の電子部品，光デスク等の輸出税金還付率は17％に引き上げられた。一部のフイルム製品，毛皮衣服等の皮革製品，日用陶器，手紙等の紙製品，ブラウン管等のガラス製品，精密溶接管等の鋼材，単一結晶体チップ，アルミニウム材等の有色金属材料，金属家具等の商品の輸出税金還付率は13％に引き上げられた。

一部のプラスチック製品，木製品，車両のバックミラー等の輸出税金還付率は11％に引き上げられた。炭酸ナトリウム等の化学工業製品，建築陶磁器，衛生陶磁器，金具等，銅版帯材，一部の鋼鉄製品，アクセサリー首飾り等の商品の輸出税金還付率は9％に引き上げられた。

なお，2009年6月には一部のプラスチック材料，陶磁器，ガラス製品，一部の水産品等の輸出税金還付率は13％に引き上げられている。

6) 2009年6月

国務院の批准を受けて，一部商品の輸出税金還付率が引き上げられた。テレビ用発信設備，ミシン等の商品の輸出税金還付率は17％に，缶詰，ジュース等の農業加工品，靴，帽子，傘，毛皮製品，玩具，家具等の輸出税金還付率は15％に，一部のプラスチック材料，陶磁器，ガラス製品，一部の水産品等の輸出税金還付率は13％に，合金等の鋼材，鋼鉄構造体等の鋼鉄製品等の輸出税金還付率は9％に引き上げられた。

(4) 輸出還付廃止と輸出免税政策

① **輸出還付廃止と輸出免税政策**

2003年に公布された財政部と国家税務総局の「輸出貨物の税金還付率の調整に関する通知」以降の輸出税金還付政策について言えば，輸出還付政策には，輸出税金還付率の調整，輸出税金還付の廃止，輸出免税政策の適用の3つの基本政策がある。

輸出税金還付率の調整は，下記のとおり，生産企業については免税控除還付

方法によるものとされ，非生産企業については還付免税方法によるものとされている。輸出税金還付率が調整されるときには，生産企業については輸出売上の免税，仕入税額の税額控除または税額の還付が認められ，非生産企業については，輸出売上の免税と仕入税額の税額控除が認められる。

1) 生産企業の免税控除還付方法

  控除還付不能税額＝(輸出FOB価格－免税原材料部品価格)
        ×(課税率－還付率)
  当月控除還付税額＝(輸出FOB価格－免税原材料部品価格)×還付率
  当月納付税額＝国内売上税額－(仕入税額＋前月繰越控除留保税額
      －控除還付不能税額)

2) 非生産企業の還付免税方法

  当月還付税額＝輸出貨物の仕入金額×輸出税金還付率

  または

  当月還付税額＝輸出貨物数量×加重平均仕入価格×輸出税金還付率
  当月納付税額＝国内売上税額
     －(国内販売仕入税額＋前月繰越控除留保税額)

これに対して，輸出税金還付が廃止された場合には，生産企業については免税控除還付が認められなくなり，輸出売上については輸出売上税の課税が行われ，還付率が0となる結果，輸出貨物の販売額(輸出FOB価格－免税原材料部品価格)に課税率を乗じた金額がすべて控除還付不能税額となり，製品の原価に振り替えられることとなる。

非生産企業についても輸出売上について輸出売上税の課税が行われ，輸出貨物の仕入税額については全額が還付を認められないことになる。上記の算式は次のように修正される。

1) 生産企業の輸出還付廃止

  控除還付不能税額＝(輸出FOB価格－免税原材料部品価格)×課税率

当月控除還付税額＝（輸出 FOB 価格－免税原材料部品価格）
　　　　　　　　×還付率 0 ％＝0

当月納付税額＝国内売上税額＋輸出売上税額－（仕入税額＋
　　　　　　　前月繰越控除留保税額－控除還付不能税額）

2) 非生産企業の還付免税方法

当月還付税額＝輸出貨物の仕入金額×輸出税金還付率 0 ％＝0

または

当月還付税額＝輸出貨物数量×加重平均仕入価格
　　　　　　　×輸出税金還付率 0 ％＝0

当月納付税額＝国内売上税額＋輸出売上税額
　　　　　　　－（国内販売仕入税額＋前月繰越控除留保税額）

例えば，輸出還付率が17％であったものが輸出還付廃止となった場合には，上記の算式では，輸出売上税額が新たに計上され，還付率が 0 となるため控除還付不能税額が課税率17％で計算される。輸出売上税額は，次の計算式のように輸出 FOB 価格で計算され，輸出 FOB 価格に売上税が含まれていたとみなして計算する。

輸出売上税額＝（輸出 FOB 価格×外貨レート）
　　　　　　　÷（1＋法定増値税率）×法定増値税率

輸出売上の免税と仕入税額の控除還付の両方が撤廃される結果，政策変更による増値税負担は，輸出売上税（輸出 FOB 価格÷1.17×17％）と控除還付不能税額（輸出 FOB 価格×17％）の合計が増加することになる。

企業が進料加工を行っている場合は，控除還付不能税額の計算は再輸出貨物の FOB 価格と免税輸入した原材料部品価格との差額で売上税額を計上するものとされ，進料加工による保税部分まで追加課税されることはない。

次に，輸出免税政策については，二種類の輸出免税政策がある。一つは黄金，プラチナに対する黄金免税政策であり，もう一つは一般商品の免税政策で

ある。前述したように，黄金については，輸出売上は免税，国内販売も増値税は免税とされている。黄金とプラチナ成分を含む製品の輸出については，輸出売上は免税，黄金とプラチナの原材料部分の仕入税額については原価への振替が要求されている。なお，白銀の輸出取引については，増値税の先納付後還付方式が適用されている。

　一般商品で免税方式が適用されるものについては，その対象品目を見る限り仕入販売を行う輸出企業で，還付免税方法から免税方法への変更と判断される。非生産企業の免税還付方法の計算式は次のとおりであり，還付免税方法による税額計算式から免税方法への税額計算式の変更は次のとおりである。

1) **非生産企業の還付免税方法**

　　当月還付税額＝輸出貨物の仕入金額×輸出税金還付率

　　または

　　当月還付税額＝輸出貨物数量×加重平均仕入価格×輸出税金還付率
　　当月納付税額＝国内売上税額
　　　　　　　　－（国内販売仕入税額＋前月繰越控除留保税額）

2) **非生産企業の免税方法**

　　当月還付税額＝輸出貨物の仕入金額×輸出税金還付率０％＝０

　　または

　　当月還付税額＝輸出貨物数量×加重平均仕入価格
　　　　　　　　×輸出税金還付率０％＝０
　　当月納付税額＝国内売上税額
　　　　　　　　－（国内販売仕入税額＋前月繰越控除留保税額）

　免税方法は，輸出売上税は免税とされ，輸出貨物の仕入税額の還付計算が行われないため，還付免税方法から免税方法に変更された場合には，輸出免税はそのままで還付が行われないことになり，還付税額が消滅することにより増値税のコスト負担が増加する。結果的には，黄金とプラチナの成分を含む製品の

輸出に適用される黄金政策と同一の結果となる。

なお，最後に輸出還付が廃止された場合と輸出還付率が引き下げられた場合の変更による影響額を検討すれば，次のような結果となる。

前述したように，輸出還付が廃止された場合の影響額は次のような計算式になる。前半部分は輸出売上税の増加であり，後半部分は控除還付不能税額の増加部分である。

$$影響額 = 輸出FOB価格 \div (1+増値税課税率) \times 増値税課税率$$
$$+ (輸出FOB価格 - 免税原材料部品価格) \times 旧還付率$$

例えば，増値税の課税率が17%，変更前の還付率が13%で，輸出免税と仕入税額の控除還付の両方が廃止される場合には，政策変更による増値税負担は，輸出売上税（輸出FOB価格÷1.17×17%）と控除還付不能税額（輸出FOB価格×13%）の合計で増加することになる。

企業が進料加工を行っている場合は，控除還付不能税額の計算は再輸出貨物のFOB価格と免税輸入した原材料部品価格との差額で売上税額を計上するものとされているため，進料加工による保税部分まで追加課税されることはない。輸出企業が来料加工で税金還付免税政策が認められない貨物を輸出した場合には，継続して免税方法が認められている。

還付率が引き下げられた場合の影響額の計算式は次のとおりである。還付率の引下げ部分だけ税額が増加する。

$$影響額 = (輸出FOB価格 - 免税原材料部品価格)$$
$$\times (新還付率 - 旧還付率)$$

図表3-3　還付廃止と還付率引下げの比較

還付廃止
還付廃止の納税額計算式
納付税額＝輸出売上税額＋国内売上税額－仕入税総額＋控除還付不能税額 輸出売上税額＝輸出FOB価格÷(1＋増値税課税率)×増値税課税率 控除還付不能税額＝(輸出FOB価格－免税原材料部品価格)×増値税課税率
還付廃止の影響額の計算式

影響額＝輸出 FOB 価格÷(1＋増値税課税率)×増値税課税率＋(輸出 FOB 価格－免税原材料部品価格)×旧還付率
還付率の引下げ
免税控除還付方法の納税額計算式 納付税額＝国内売上税額－仕入税総額＋控除還付不能税額 控除還付不能税額＝(輸出 FOB 価格－免税原材料部品価格)×(課税率－還付率)
還付率引下げの影響額の計算式 影響額＝(輸出 FOB 価格－免税原材料部品価格)×(新還付率－旧還付率)

② 輸出還付廃止の税額計算

上記で説明した輸出還付廃止の税額計算について，関係する税務文献を次に紹介する。

1) 輸出企業の輸出還付廃止

輸出税金還付政策が廃止となり，輸出税金還付免税政策が適用されなった場合には，国家税務総局が公布した「輸出貨物税金還付免税の若干の問題に関する通知」が適用される。

この税務通知では，輸出還付廃止の場合だけではなく，下記のとおり，企業が所定の期限内に輸出税金還付免税を申告しなかった場合，申告したけれども必要な輸出税金還付証憑を提出しなかった場合，代理輸出した場合にその代理輸出貨物証明書を提出しなかった場合，生産企業が輸出税金還付免税の認められる自社生産貨物とみなし自社生産貨物以外の一般貨物を仕入れて販売した場合にも同様に適用される。

輸出企業が輸出した下記の貨物は，別途規定するものを除いて，国内販売貨物とみなして売上税額を計上するかまたは増値税を課税する。

1. 国家が明確に規定した増値税を還付（免税）しない貨物
2. 輸出企業が規定の期限内に税金還付（免税）を申告しない貨物
3. 輸出企業が税金還付（免税）を申告したけれども規定の期限内に税務機関に関係する証憑を提出しない貨物
4. 輸出企業が規定の期限内に「代理輸出貨物証明書」を作成申告しない貨物

5．生産企業が輸出した4種類のみなし自社生産貨物以外のその他の外部購入貨物

増値税の一般納税者が一般貿易方式で上記の貨物を輸出した場合は，次の計算式により売上税を計算するものとしている。

売上税額＝輸出貨物FOB価格×外貨人民元レート
　　　　÷(1＋法定増値税税率)×法定増値税税率

一般納税者が進料加工再輸出貿易方式で上記貨物を輸出する場合と小規模納税者が上記貨物を輸出する場合の納付税額を計算する公式は次のとおりである。

納付税額＝(輸出貨物FOB価格×外貨人民元レート)
　　　　÷(1＋課税率)×課税率

上記の売上税額を計上すべき輸出貨物については，生産企業がすでに規定により免税控除還付の免税控除不能税額を計算して原価科目に振り替えた場合は，原価科目から仕入税額科目に振り替えることができる。外国貿易企業が，すでに規定により課税率と税金還付率との差額を計算して原価科目に振り替えた場合は，課税率と税金還付率との差額と未収輸出税金還付に振り替えた金額を仕入税額科目に振り替えることができる。

輸出企業が輸出した上記貨物が課税消費品である場合は，別途規定するものを除き，輸出企業が生産企業である場合は，現行の租税関連政策の規定により，納付消費税を計算しなければならない。輸出企業が外国貿易企業である場合は，消費税を還付しない。

2）　輸出企業の進料加工貿易

輸出企業が進料加工貿易方式で輸出した税金還付免税が認められない貨物は，再輸出貨物のFOB価格と消耗した輸入原材料部品との差額により売上税額を計上するかまたは納付税額を計算するものとされている。

進料加工貿易方式で輸出した場合に規定の期限内で輸出税金還付を申告しない貨物は，輸出企業が再輸出貨物のFOB価格と使用消耗した輸入原材料部品

との差額により売上税額を計上するかまたは納付税額を計算する。

　進料加工業務に従事する生産企業は，税関が審査発行した「進料加工登記手帳」を取得した後の初めの増値税の納税申告期限内に主管税務機関で「生産企業進料加工登記申告表」を処理する。原材料部品の輸入が発生した月に主管税務機関に「生産企業進料加工原材料部品輸入申告明細表」を申告処理する。同時に，主管税関から販売照合証明書を取得した後の初めの増値税納税申告期限内に主管税務機関で販売照合手続を申告処理する。期限を過ぎて申告処理しない場合は，税務機関は「中華人民共和国租税徴収管理法」の関連規定を参照して処罰を行った後に，関係手続を新たに処理する。

3　輸出還付免税制度

(1)　対外貿易経営権と国内流通権

①　輸出入経営権と対外貿易経営権

　日本の会社は，特定の免許事業をのぞいて経営範囲を制限されることなく自由に経営範囲を定款に記載し登記を行えるが，中国の会社は企業形態と業種等によって経営範囲が法的に制限されており，規制された経営範囲以外の経営業務とその登記を行うことができない制度となっている。

　例えば，輸出入業務を経営する権利も，数年前まで特定の外国貿易企業，商業企業，外国投資企業等に限定的に付与されており，一般の中国内資企業は自ら輸出入業務を行うことはできなかった。中国がWTOに加盟した2001年頃からこのような輸出入経営権の規制緩和が行われたが，以下に述べるように，まだかなりの規制が行われていた。

　当時の輸出入経営権の政策では，輸出入経営権が与えられる企業は4種類に分類されている。流通分野の外国貿易企業，生産分野の生産企業（メーカー）と生産企業の輸出入公司，科学研究ハイテク分野の科学研究所とハイテク企業，商業・物資・供給分野の商業企業・物資供給企業・供給販売合作社である。なお，生産企業の輸出入公司は中国内資企業にのみ認められるもので，外国投資企業にはこのような輸出入公司は認められていない。

ただし、これらの企業であっても、例えば、公有制（国有企業と集団所有制企業）の生産企業は登記さえすれば輸出入経営権が与えられたが、私有制の生産企業は認可されなければ輸出入経営権は付与されなかった。科学研究所とハイテク企業はすべて登記すれば輸出入経営権が付与されたが、外国貿易企業、生産企業の輸出入公司、商業企業等は認可制度が適用されており、認可されなければ輸出入経営権は付与されなかった。

また、輸出入経営権の内容についてもかなり厳しい規制が行われている。例えば、すべての外国投資企業には原則として輸出入経営権が与えられたが、その輸出入経営権の範囲は、自社生産設備の輸入、自社製品を生産するための原材料・部品の輸入、自社製品の輸出、加工貿易に限定されており、これらの輸出入以外の一般貿易商品（他社商品、関連商品等）の輸出入を行うことはできない。外国貿易企業が行うような一般の商品・技術の輸出入業務、代理輸出業務、相対貿易、中継貿易、他社製品の加工貿易は認められていない。このような規制は現在でも行われている。外国貿易企業の輸出入経営権は、生産企業の自営輸出入経営権とは別格のいわゆる外国貿易権（対外貿易経営権）といわれるものである。

WTO加盟に伴って輸出入経営権の緩和措置が、2002年と2003年に輸出入経営資格基準の緩和として行われた。2003年には、中国内資企業の輸出入経営資格には対外貿易流通経営資格と生産企業自営輸出入資格の二つの資格が定められ、対外貿易流通経営資格は認可制度が継続して採用されたが、生産企業自営輸出入資格には届出制度が採用され、資本金が50万元以上等の一定の要件を満たす生産性内資企業は届出によって自営輸出入経営資格が与えられるようになった。

2004年4月に対外貿易法が改正されて、7月から貨物と技術の輸出入を行う対外貿易経営者は、中国政府商務部に届出を行うことにより、輸出入業務を行うことができるようになった。この改正はWTO加盟時の約束により加盟後3年以内（2004年12月11日まで）にすべての中国国内企業に対外貿易経営権を付与するものであり、対外貿易経営権（旧外国貿易権）は従来の認可制度から届出制度に変更されたものである。

② 国内流通権

　対外貿易経営権の開放と同時期に国内流通権についても改正が行われ，商務部から外国投資商業領域管理弁法（8号令）が2004年4月に公布された。従来，外国投資企業で商業分野に進出することができたのは，外国投資対外貿易公司と合弁商業企業，それに特定地域における認可制度によるスーパー，コンビニ，フランチャイズチェーン等の限られた企業のみであった。いずれも企業設立要件が厳しく規制されておりハードルが高かったため，少数の外資系企業しか進出することはできなかった。

　外国投資商業領域管理弁法では，外国の会社，企業およびその他経済組織または個人は，2004年6月から外国投資商業企業を設立することができ，12月には独資（外資100％）による商業企業の設立が認められた。

　外国投資商業企業の経営範囲には，コミッション代理（貨物の販売代理，仲介等），卸売（小売商，卸売商等への貨物の販売等），小売（固定場所，通信販売等による貨物の販売等），フランチャイズ経営（商標，商号，経営モデルの使用許可）が含まれている。外国投資商業企業の輸出入業務については，小売業務では自営商品の輸入と中国国内買付産品の輸出，卸売業務では商品の輸出入業務を行うことができる。ここで自営商品とは小売企業の経営範囲に規定されている商品を指している。

　2005年4月には，商務部から「外国投資非商業企業の流通経営範囲拡大に関係する問題に関する通知」が公布され，一般の外国投資生産企業も経営範囲を拡大して，国内流通権に属する卸売，小売，コミッション代理業務を行えるようになった。ただし，具体的な販売方式（卸売，小売，コミッション代理）を明確にして，申請時には経営商品目録を提出して，批准された商品目録以外は取り扱うことができないものとされた。

　この経営範囲拡大通知によって，外国投資生産企業は流通領域の経営業務を経営範囲に含めて批准を受け，分公司を各地域に設立することによって中国国内に販売網を設置することが可能となった。外商投資の非商業企業が流通権に関わる経営範囲の拡大を行い，さらに小売店舗を開設する場合と新設の外国投資企業の経営範囲に自社生産品以外の商品の販売業務を含める場合には，外国投資商業領域管理弁法（8号令）の関連規定に準じて審査を受けなければなら

ないものとされている。

　2005年7月には，商務部と税関総署が共同で「保税区および保税区物流園区の貿易管理に関連する問題に関する通知」（76号通知）を公布して，保税区商社も対外貿易経営権を有する外国投資商業企業となることが正式に認められた。

　まず76号通知の第1条では，対外貿易経営権と流通権について，保税区と保税物流園区の企業と個人は届出制度により対外貿易経営権を取得することができ，許可制度により流通権を申請することができることが規定されている。対外貿易経営権を取得した保税区企業等は，取引先が対外貿易経営権を持っているかどうかに関わらず，区外企業等（区外の企業と個人）と貿易活動を行なうことが認められた。

　従来は，保税区貿易商社は対外貿易経営権を取得することができず，保税区貿易商社は区外企業と取引する時には，対外貿易経営権を持っている中国内資の外国貿易公司を通して保税区貿易商社はその代理通関によって貨物を輸入していた。対外貿易経営権を取得した保税区貿易商社は自社通関により貨物を輸入することができるようになった。

　また，保税区内の貨物を区外企業に販売する時は，保税区の交易市場を通して増値税専用発票を区外企業に発行して国内販売取引を行なわなければならなかったが，保税区貿易商社は商業企業としての経営範囲拡大の批准を受けることにより，交易市場を通さずに自社で増値税専用発票を発行して国内販売を行なうことができることとなった。

　76号通知第1条では，対外貿易経営権の取得とともに中国国内で商品を流通させることのできる権利すなわち流通権を取得すれば，中国国内で流通活動に従事できることも規定されている。

　76号通知第2条では，まず初めに，原則論として保税区企業等が区外に製品を販売する場合と区外から製品を購入する場合には，輸出入管理，外貨管理，租税管理の関連規定を遵守することが規定されている。保税区は原則論としては国外扱いになっているため，区内と区外の製品売買は，輸出入取引に該当して通関手続，外貨管理，租税管理が必要とされている。

　次に，第2条第1号では，保税区と区外との間の輸出入貨物は税関の関連規

定により輸出入手続が必要と規定されているが，これは前述したように保税区が国内一般地域である区外とは異なり国外の取扱いとなるので，輸出入取引については保税区と区外との間で通関手続が必要であることを指している。

次に，保税区企業が対外貿易経営者の身分で貨物を国内または国外に流通させる場合は，その保税区企業の名義で通関手続と外貨管理手続である輸出代金の回収照合手続を行わなければならないことが規定されている。いままで，保税区貿易商社は外国貿易企業の名義により代理通関していたが，対外貿易経営者の資格を取得することにより対外貿易経営者としての保税区貿易商社の名義で自ら通関手続と輸出代金の回収照合手続を行うことができるようになった。

さらに，区外企業等が保税区企業等から貨物を内国貨物として購入する場合は，現行規定で処理することが規定されているが，これは国外と国内の輸出入貨物ではなく，中国国内の内国貨物として保税区内から区外へ売却する取引については，現行の保税区の関連規定により処理することを規定しているものである。すなわち，前述したように保税区貿易商社が自社通関して内国貨物とした後に，保税区から国内販売する場合には，人民元決済で増値税専用発票を区外企業に発行することになった。

(2) 輸出還付免税制度の概要

① 免税控除還付方法

増値税の輸出還付免税制度とは，輸出入経営権を有する生産企業の免税控除還付方法と非生産企業の免税還付方法，さらに委託加工や小規模納税者の免税方法等を総称する制度である。

まず，免税控除還付方法とは，輸出入経営権を有する生産企業に対して，輸出売上に対しては増値税を免税し，その輸出製品を生産するために仕入れた原材料部品にかかる仕入税を売上税から控除するか，控除しきれない場合に一定の還付率によって仕入税を還付する制度である。

免税還付方法とは，対外貿易経営権を有する外国貿易企業，商業貿易企業等の非生産企業に対して，輸出売上に対しては増値税を免税し，その輸出商品を仕入れたときに支払った仕入税を還付する制度である。

免税方法とは，委託加工貿易や対外貿易経営権を有する小規模納税者に対し

て，輸出売上に対して増値税を免除する制度である。

　免税控除還付方法はすべての輸出品に認められているわけではなく，図表の輸出還付免税制度に分類したように，輸出入経営権を有する生産企業で，自社で生産した製品を輸出した場合および外国貿易企業に代理貿易を委託した場合に適用されている。

　外国投資企業ばかりではなく，中国内資生産企業でも資本金50万元以上の一定の要件を満たす生産企業は，主管当局への対外貿易経営権を届け出て対外貿易経営権が認められれば，免税控除還付方法が適用される。

　対外貿易法と対外貿易経営者届出登記規則により，貨物の輸出入と技術の輸出入に従事する対外貿易経営者は，届出登記に必要な固定的な事務所の場所，管理，記録，技術サポート，メインテナンスの専門人員と商務部のシステムと連携する設備を所有していれば，商務部への届出登記により対外貿易経営者となることができる。

図表3-4　輸出還付免税制度

輸出入経営権または対外貿易経営権	免税控除還付方法	適用	生産企業	外国投資企業 中国内資企業	自営輸出	進料加工と保税区内生産企業含む
					代理輸出	
		適用除外	生産企業の輸出入公司		非自社生産製品の輸出	
	免税還付方法	適用	非生産企業	外国貿易企業	自営輸出 代理輸出	来料と進料加工を含む
				外国投資性公司	投資先企業の自社生産貨物	自営輸出
						代理輸出
					経営範囲内の仕入貨物	自営輸出
				輸出買付センタ	保税区外設立	外国投資性公司と同一
					保税区内設立	保税区企業と同一取扱
				商業企業	自営輸出	
				対外貿易公司	自営輸出	

			保税区貿易商社	自営輸出
適用除外		非生産企業	商業企業分店	分店輸出貨物
免税方法		来料加工貿易企業		
		小規模納税義務者		
輸出入経営権なし	中国内資企業	生産企業		先納付後還付方法
	保税区企業	貿易企業		免税還付方法適用外
		生産企業		先納付後還付方法
		倉庫運輸企業		免税還付適用外

　しかし，現状ではまだ輸出入経営権を持たない中国内資の生産企業も存在する。このような輸出入経営権を有しない生産企業には，免税控除還付方法は適用されない。これらの生産企業は，自社製品を外国貿易企業等に輸出を委託しなければならず，外国貿易企業によって輸出されることによって初めて免税控除還付の適用を受けることになる。

　輸出入経営権を有しない生産企業は，外国貿易企業に輸出を委託するときに，いったん国内販売として増値税を納税しなければならない。増値税の納税証憑を外国貿易企業等に提示して，外国貿易企業等が輸出を行った後に，外国貿易企業から輸出還付に必要な税務証憑を入手して，初めて免税控除還付の適用が行われる。このように輸出入経営権のない生産企業に対しては，増値税をいったん納税して，その後に還付の適用を受ける先納付後還付方法が適用されている。

　加工貿易を行っている外国投資企業についていえば，進料加工貿易を行っている生産企業に対しては免税控除還付方法が適用されているが，来料加工貿易を行っている外国投資企業に対して免税控除還付方法は適用されず，保税原材料部品と加工賃に対する増値税の免税のみが行われている。

　また，中国内資による生産企業の輸出入公司は輸出入経営権を持っており免税控除還付方法を適用できるが，輸出入公司が生産企業の自社生産製品以外の貨物を輸出した場合には，免税控除還付方法は適用されない。

② 免税還付方法

　生産企業ではなく，非生産企業に対しては免税と還付が認められる免税還付方法が適用されている。この方法は広い意味では免税控除還付方法に含まれるが，仕入税額控除が行われず，輸出商品売上に対しては増値税が免税され，その輸出商品の仕入にかかった仕入税に対して一定の還付率で還付が認められる方法である。免税と還付が認められるので免税還付方法とする。

　この免税と還付が認められる企業には，中国内資企業である対外貿易経営権を有する外国貿易企業と輸出入経営権を有する工貿企業のほかに，外国投資企業では，輸出入経営権または対外貿易経営権が認められている外国投資の投資性公司，輸出買付センター，商業企業，対外貿易公司，保税区貿易商社等が該当する。これらの外国投資による非生産企業に対する輸出の免税と還付については免税還付方法が適用される。

　2004年4月の対外貿易法によれば，対外貿易経営者は，「法により工商登記またはその他の営業許可手続を行って対外貿易法およびその他の関連法律，行政法規の規定により対外貿易経営活動に従事する法人，その他組織または個人」と定義された。

　すなわち，従来の対外貿易法が改正され，法人その他組織以外にも自然人個人にも対外貿易経営権が認められた。また，「貨物の輸出入または技術の輸出入に従事する対外貿易経営者は，国務院の対外貿易主管部門またはその委託する機構で届出登記を行わなければならない」ものとされ，従来の対外貿易経営権（旧外国貿易権）は認可制度から届出登記制度に改正された。

　現在では，対外貿易経営権の届出登記制度により，中国国内の一般地域だけではなく保税区においても対外貿易経営権を取得することができるようになった。

③ 免税方法と免税控除還付方法

　保税制度のひとつである来料加工貿易に対しては，免税控除還付方法の適用はなく，免税方法が適用されている。来料加工では，外国から原材料部品等が無償で支給され，加工製品も無償で輸出されるが，このような無償取引による保税取引は，有償取引を前提としている免税控除還付方法に適合しないものと

して，免税方法の適用となっているものである。

ここで免税方法とは，輸出取引に対して増値税を免税とするだけの意味であり，来料加工においては外国企業が加工貿易企業に支払う加工賃に対して増値税が免税となっている。したがって，来料加工貿易では仕入税の税額控除と還付は認められないことになり，中国国内で仕入れた原材料部品の仕入税は税額控除も還付も認められず，その仕入税を負担した加工貿易企業が加工コストに計上するしかない。

これに対して，原材料部品等を有償取引で輸入仕入し，加工製品も有償取引で輸出販売する進料加工貿易に対しては，免税控除還付方法が適用されている。進料加工貿易では国内で仕入れた原材料部品の仕入税を控除するかまたは還付することができる。また，保税で輸入した原材料部品については増値税が免税されており，輸出税金還付率が課税率より低い場合でも，保税輸入原材料部品については，実質的な税負担の軽減が行われている。

増値税の小規模納税義務者に対しても免税方法が適用されている。すなわち小規模納税義務者については輸出売上に対して免税が行われるだけであり，仕入税額控除もなければ増値税の還付もない。なお，輸出企業が小規模納税義務者から商品を購入して輸出した場合には，その仕入商品に係る仕入税額を計算して仕入税額控除または還付を行うことができるものとされている。

最後に，対外貿易経営権の届出をしていない加工生産企業，保税区貿易企業，倉庫運輸企業が輸出入経営権のない企業として分類されており，免税控除還付方法や免税還付方法が適用されない。

一般地域の輸出入経営権のない生産企業と同様に，保税区内で輸出入経営権のない加工生産企業は，輸出入公司に代理貿易を委託した段階で一旦増値税の申告納税を行い，輸出入公司が代理輸出した後に増値税の還付を申請する先納付後還付方法が適用されている。また，対外貿易経営権の届出を行なっていない保税区貿易企業や倉庫運輸企業も免税控除還付方法の適用はない。

(3) **企業別の輸出還付免税方法**

① **生産企業**

免税控除還付方法は，原則として生産企業が自社生産貨物を自営輸出する

か，または代理輸出を委託する場合に適用される。生産企業とは，所轄の税務当局が増値税の一般納税義務者と認定した独立採算の企業で，実際の生産能力を有する個別企業と企業集団会社の両方が含まれる。

　企業集団会社は主に中国内資企業に関係するもので，一般的には外資系企業は企業集団会社を構成することはない。中国内資企業である生産性の企業集団会社（または本社工場）がその集団構成員企業（または分工場）を代理して構成員企業の貨物を輸出した後に，企業集団会社（または本社工場）が税務当局に代理輸出貨物証明書の発行を申請して受領し，構成員企業（または分工場）がその代理輸出貨物証明書に基づいて免税控除還付方法を申告することができるものとされている。

　免税控除還付方法は，自社生産貨物の自営輸出と代理輸出すなわち生産企業が自社生産貨物の代理輸出を外国貿易企業に委託した場合の両方に適用がある。代理輸出において，免税控除還付方法の申告ができるのは自社生産貨物を輸出した輸出企業であり，代理貿易を受託した外国貿易企業ではない。

　生産企業が外国貿易企業に代理輸出を委託する場合は，外国貿易企業が税務当局から代理輸出貨物証明書の発行を受けて，その代理輸出証明書に基づいて代理輸出を委託した生産企業が免税控除還付方法の申告を行わなければならないものとされている。

　代理輸出において，代理輸出の委託者すなわち生産企業は，免税控除還付を申告する時に，原則として次の申告資料を提出しなければならない。なお，現在においては，免税控除還付申告は電算処理が進んでおり，次に掲げる書類のほとんどは電算書類となっており，正式な提出書類は後述するように若干変更されている。これらの書類は電算処理以前の提出書類であるが，税務当局の輸出税金還付の証拠書類に対する基本的な考え方が提出書類に要約されているので，参考に掲げたものである。

1．代理輸出貨物証明書
2．増値税専用発票（税額控除綴り）
3．輸出貨物通関申告書（輸出税金還付綴り）
4．外貨回収照合証（輸出税金還付綴り）

5．代理輸出協議書
6．輸出販売明細帳

　免税控除還付方法は，このような生産企業の自社生産貨物の自営輸出または代理輸出以外にも，生産企業が国外で修理・修理組立業務を引き受けた場合，国際金融組織または外国政府借款を利用して国際入札方式を採用して国内企業または外国企業が落札し，国内企業が下請生産した機電製品に対しても適用されている。

② 外国貿易企業

　外国貿易企業が商品を自営輸出した場合も，その国内仕入商品の仕入税について輸出還付が認められている。この外国貿易企業の輸出販売における増値税の免税，仕入商品の輸出販売による税金還付の制度は，生産企業の免税控除還付方法とは制度が異なるものであるが，大きな分類で言えば輸出税金還付が認められる免税控除還付方法に含まれるものと考えられ，ここでは免税還付方法に含めている。

　免税還付方法の適用が認められている外国貿易企業は，外国貿易経営権を有する外国貿易企業であり，外国貿易企業が自営輸出した場合に免税還付方法の申告を行うことになる。外国貿易企業の免税還付方法の仕組みについての詳細は後述するものとし，ここでは生産企業の免税控除還付方法と基本的にどのように異なるかを解説する。

　外国貿易企業は，国内販売と輸出販売に関して，商品仕入金額とその仕入税額を記帳した会計帳簿を作成しなければならないものとされている。外国貿易企業においては，輸出商品と国内販売商品は明確に会計帳簿で区分されていなければならない。すなわち商品別の仕入と販売の個別対応記録が必要であり，この個別対応により仕入税額控除と税金還付が行われるシステムとなっている。

　外国貿易企業においては，商品の個別管理を行い国内販売と輸出販売の帳簿を区分して作成し，仕入税額は仕入価格に還付率を適用して計算することが可能である。還付税金の計算式は次のとおりである。

還付税額＝輸出商品の仕入金額×還付率

なお，商品の種類も多く個別管理が困難な場合には，次のように還付率の異なる商品別に加重平均価格を適用することもできる。

還付税額＝輸出貨物数量の合計×加重平均価格×還付率

生産企業は仕入と販売が生産過程によって分断されており，販売に対応する仕入商品とその仕入税額を個別記録によって対応させることは困難であり，免税控除還付方法は，仕入税額の個別対応ではなく総額主義による月別の計算で行われるシステムになっている。

これに対して，外国貿易企業では国内販売と輸出販売は会計帳簿で明確に区分されており，輸出販売明細帳と輸出貨物在庫台帳が税金還付を申告する際の重要な会計帳簿となっている。外国貿易企業が免税還付方法を申告するときには，原則として次の関連書類が必要である。

1. 輸出販売明細帳
2. 増値税専用発票（税額控除綴り）
3. 輸出貨物通関申告書（輸出税金還付綴り）
4. 外貨回収照合証

外国貿易企業の輸出貨物は，必ず仕入金額と仕入税額を個別の帳簿を設けて記帳しなければならない。商品の購入時点で輸出販売か国内販売かが決定できない場合は，一律に輸出販売在庫台帳に記録しなければならない。国内販売が確定した時点でその商品を輸出貨物在庫台帳から国内販売貨物在庫台帳に転記するものとされている。

また，輸出販売商品と国内販売商品の仕入税額は個別に計算しなければならないが，個別に計算できないかまたは輸出販売貨物の仕入税額を明確に区分できない場合には，次の算式で輸出貨物の仕入税額を計算することもできる。

$$輸出貨物の仕入税額 = 当月の仕入税総額 \times \frac{当月輸出販売売上高}{当月総売上高}$$

③ 外国投資性公司

免税還付方法は原則的には外国貿易経営権を有する外国貿易企業にのみ認められるが，これらの企業に準ずるものとして，外国投資による投資性公司，輸出買付センター，商業企業，対外貿易公司に対しても免税還付方法の適用が認められている。なお，輸出買付センターについては，保税区外に設立された輸出買付センターは外国投資による投資性公司の同一の取り扱いに，保税区内に設立された輸出買付センターは，他の保税区企業と同一に取り扱うものとされている。

外国投資性公司の経営範囲には基本業務と関連業務がある。基本業務とは，商務部の認可を受けて会社設立時に自動的に認められる経営業務であり，関連業務とは，会社設立後に合法的に会社が運営されて違法記録がなく，登録資本金も3,000万米ドル以上が実際に払い込み済みであり，その投資先企業の投資にすでに使用されている場合に，商務部の認可を受けて認められる経営業務である。

1) 外国投資性公司の基本業務

外国投資性公司の基本業務は次のとおりである。

1. 国家が外国投資を許可する領域において法により投資を行うこと。
2. その投資先企業の書面による委託（董事会による全員一致決議を受けたもの）を受けて，その投資先企業に次に掲げるサービスを提供すること。
    1 当該企業が自己使用する機械設備，事務所用設備および生産に必要な原材料，組立部品，部品を国内外から購入することおよび国内外においてその投資先企業が生産した製品を販売するとともにアフターサービスを提供することに協力するかまたは代理すること。
    2 外貨管理部門の同意と監督の下で，その投資先企業間において外貨を均衡させること。
    3 その投資先企業のために製品の生産，販売および市場開拓の過程における技術支援，社員教育訓練，企業内部の人事管理等のサービス

を提供すること。
 4 その投資先企業が融資を探すことに協力し，および保証を提供すること。
3．中国国内において科学研究開発センターまたは部門を設立し，新製品およびハイテク（高度新技術）の研究開発に従事し，その研究開発の成果を譲渡し，関連する技術サービスを提供する。
4．その投資者のためにコンサルタントサービスを提供する。その関連会社のためにその投資と関連する市場情報，投資政策等のコンサルタントサービスを提供すること。
5．その親会社と関連会社のアウトソーシングサービスを引き受けること。

2) 外国投資性公司の関連業務

外国投資性公司は，所定の要件を満たすことにより，次の関連業務を行うことができる。

1．投資先企業の書面による委託（董事会の全員一致決議を受けたもの）を受けて，次に掲げる業務を展開すること。
 1 国内外市場で仕入販売の方式でその投資先企業が生産する製品を販売すること。
 2 その投資先企業のために運輸，倉庫等の総合サービスを提供すること。
2．国家の関連規定により，代理，仕入販売または輸出買付機構（内部機構を含む）を設立する方法で国内商品を輸出し，かつ関連規定により輸出税金還付を処理することができる。
3．投資先企業が生産する製品を購入して系統的に集約化した後に国内外で販売した場合で，投資先企業が生産した製品では完全に系統的な集約化の需要を満たすことができないならば，その国内外で系統的に集約化した組み合せ製品を仕入れることを許可するが，購入した系統的集約化組み合せ製品の価額は系統的集約化に必要なすべての製品の価額の50％を超えることはできない。

4. その投資先企業の製品の国内販売取次店，代理店および投資性公司，その親会社と技術譲渡契約書を締結した国内の会社，企業のために，関連する技術教育訓練を提供すること。
5. その投資先企業が生産を開始する前またはその投資先企業が新製品の生産を開始する前に，製品の市場開拓を行うため，投資性公司がその親会社から投資先企業が生産する製品と関連する親会社の製品を国内で試供販売すること。
6. その投資先企業のために機械および事務所設備のオペレーティングリースサービスを提供すること，または法によりオペレーティングリース会社を設立すること。
7. その親会社が生産する製品のためにアフターサービスを提供すること。
8. 国家の関連規定により，対外請負工事経営権を有する中国企業の国外工事請負に参画すること。

　なお，2006年に商務部から「外国投資により設立する投資性公司に関する補充規定」（商務部令第3号）が公布され，下記の関連業務も行うことができるようになった。

　関連条件に適合する投資性公司は，その投資先企業の生産投入前またはその投資先企業の新製品生産投入前において，製品市場開拓を行うために，関係する製品を輸入して国内で試験販売することができ，かつ国内のその他企業にその製品またはその親会社の製品の生産／加工を委託することができ，国内外において販売することができる。

　以上が外国投資性公司の基本業務と関連業務であるが，特に，関連業務の1．では，投資先企業の自社生産貨物を代理輸出販売することが認められており，関連業務の2．では他社製品を代理輸出または自営輸出することが認められている。

　外国投資性公司が投資先企業の自社生産貨物を代理輸出した場合は，その代理輸出した貨物に対して輸出税金還付が認められている。すなわち，その投資先企業は，代理輸出した外国投資性公司が税務当局から受け取る代理輸出証明

書に基づいて，輸出企業として免税還付方法を申告することができる。外国投資性公司がその認可された経営範囲内の貨物を仕入れて自営輸出販売した場合も，輸出企業として免税還付方法を申告することができる。

④ 外国投資性公司の地域統括本部

2004年11月に「外国投資設立の投資性公司に関する規定」が改正され，2006年5月にその補充規定が公布されて，外国投資性公司の地域本部の業務が明確になった。中国の投資性公司は，いわゆる持株会社の投資機能のほかに販社機能とコーポレート機能が合わさったものであるが，改正後の投資性公司の経営範囲は下記のとおりである。前述の外国投資性公司の基本業務と関連業務と重複するが，参考にその要約した業務を次に示す。

投資性公司の経営範囲

1) 基本業務
　1．投資業務。
　2．投資先企業に対するサービス提供。
　　1　自己使用設備の代理購入。
　　2　生産に必要な原材料，組立部品，部品の代理購入。
　　3　投資先企業の製品の代理販売。
　　4　アフターサービスの提供。
　　5　投資先企業間の外貨バランス。
　　6　投資先企業に対する技術・教育・人事管理サポート。
　　7　投資先企業に対するファイナンスサポート。
　3．研究開発センター等の設置。
　4．親会社に対するコンサルタントサービス。
　5．親会社と関連会社に対するアウトソーシングサービス。
2) 関連業務
　1．投資先企業に対するサービス提供。
　　1　投資先企業の製品の仕入販売。

2　投資先企業のために運輸，倉庫等の総合サービス提供。
 2．輸出買付センターの設置。
 3．投資先企業の製品によるシステム販売。
　　　投資先企業の製品で完全に系統的集約化を果たせない場合は，他社製品の仕入販売可。
 4．国内販売取次店，代理店，国内関連会社等に対する技術教育訓練の提供。
 5．新製品開拓のための親会社製品の国内における試供販売。
 6．投資先企業へのオペレーティングリースの提供またはオペレーティングリース会社の設立。
 7．輸入製品のためのアフターサービスの提供。
 8．中国企業の国外工事請負への参画。
 9．親会社製品の輸入と国内販売（小売を除く）。
3）地域本部業務
 1．上記1)基本業務と2)関連業務。
 2．多国籍会社とその支配関連会社の製品の輸入と国内販売（小売を除く）。
 3．投資先企業と多国籍会社の製品メインテナンスに必要な原材料部品等の輸入。
 4．国内外企業のアウトソーシングサービスの受入。
 5．物流配送サービス。
 6．財務公司の設立と財務サービスの提供。
 7．国外工事請負と国外投資，ファイナンスリース会社の設立。
 8．国内のその他の企業に製品の生産／加工を委託しかつ国内外で販売し，製品の全部を対外販売する委託加工貿易業務に従事すること。
 9．地域本部の投資性公司はオペレーティングリース業務とファイナンスリース業務に従事することができる。
 10．財務センターまたは資金管理センターの職能を行使するとともに地域本部として認定された投資性公司は，外貨管理機関の批准を受けて，国内の関連会社の外貨資金について集中管理を行い，国内の銀

行でオフショア口座を開設して国外関連会社の外貨資金と国内関連会社が外貨管理機関の批准を受けて国外貸付に使用している外貨資金を集中管理することができる。

11. その他

投資性公司の資本金は最低3千万米ドル以上とされており，資本金が全額払い込まれていなくとも会社が設立されていれば，上記①の基本業務は行なうことができる。上記2）の関連業務を行なうには，資本金が少なくとも3千万米ドル以上払い込まれており，その資本金が他の外国投資企業の新規設立の出資金，払込未了の出資金，増資の出資金，研究開発センターへの出資金，新規持分購入等の用途にすべて使用されていなければならない。

上記3）の地域本部とは，投資性公司の資本金が1億米ドル以上であること，または資本金が5千万米ドル以上でも投資先企業の資産総額が30億元以上，利益総額が1億元以上で，研究開発センターを設立している投資性公司は，多国籍会社地域本部として認定を受けることができ，基本業務と関連業務以外にさらに地域本部固有の業務も行なうことができるものである。

これらの業務を提供できる投資先企業とは，投資性公司単独で10％以上の出資先企業で投資性公司とその親会社である外国企業からの出資比率が合計で25％以上の外国投資企業をいう。また，地域本部の認定申請を行なう多国籍会社とは，投資性公司を設立した外国企業が所属する会社集団の親会社を指すものであり，地域本部の業務は投資性公司とその親会社のみではなくその会社グループの多国籍会社とその支配会社の製品をも取り扱うことができる。

投資性公司の経営業務のうち，増値税の輸出税金還付に関係する取引としては，投資先企業の自社生産貨物を投資性公司が代理輸出する取引と，システム販売等のために他社製品を代理輸出または自営輸出する取引がある。

投資性公司が投資先企業の自社生産貨物を代理輸出した場合は，その代理輸出した貨物に対して輸出税金還付が認められている。すなわち，その投資先企業は，代理輸出した投資性公司が税務当局から受け取る代理輸出証明書に基づいて，輸出企業（投資先企業）として免税控除還付方法を申告することができ

る。投資性公司がその認可された経営範囲内の貨物を仕入れて自営輸出販売した場合は，免税還付方法により輸出税金還付を行うことができるものとされている。

⑤ 外国投資輸出買付センター

輸出買付センターとは，外国出資者が中国国内で独資または合弁で設立する輸出買付業務に従事する外国投資企業である。外国投資輸出買付センターを設立する外国投資者は国を超えた販売ネットワークを持ち，輸出買付能力を具備するものでなければならず，合弁の中国側投資者は資本信用が良好であり，買付センターを設立する経済的実力を持っているものでなければならない。外国投資輸出買付センターの最低資本金は3,000万人民元であり，外国投資性公司が輸出買付センターを設立することもできる。

保税区外に外国投資輸出買付センターを設立する場合は，外国投資性公司が国内産品を輸出する場合の関連規定を参照して輸出税金還付を行うものとされている。前述したように，外国投資性公司が国内商品を自営輸出販売するときは外国貿易企業と同じ輸出税金還付処理が行われる。

保税区内に外国投資輸出買付センターを設立する場合は，現行の保税区内企業の輸出税金還付の規定により処理するものとされている。

また，外国投資輸出買付センターが輸入委託加工の再輸出業務に従事している場合は，合弁対外貿易公司が同類業務に従事する場合の関連規定に比準して，製品はすべて輸出されなければならず，原則として国内販売することはできない。もし特殊な状況があることにより輸出できないで国内販売する必要がある場合は，加工貿易の関連規定により国内販売手続を行わなければならないものとされている。

⑥ 外国投資商業企業と対外貿易公司

2004年4月16日に外国投資商業領域管理弁法が公布され，外国投資商業企業の経営活動には，卸売，小売，コミッション代理，フランチャイズ経営があり，小売業務には自営商品輸出，国内産品の仕入輸出が含まれており，卸売業務には，商品の輸出入が含まれている。外国投資商業企業を設立してこれらの

輸出入業務を行った場合には，免税還付方法が適用される。

免税還付方法は，輸出入経営権を有する内資の商業企業と外国投資の商業企業，対外貿易公司に適用される。旧商業合弁企業法には，合弁商業小売企業，台湾合弁企業および合弁フランチャイズチェーン企業があり，国産品を輸出した場合に免税還付方法が認められていた。

商業企業の自営輸出に対しては対外貿易公司の免税還付方法の関連規定が適用されるが，商業合弁企業の分店（分公司，分部門）については輸出貨物に対して輸出還付免税は認められていない。これは輸出還付免税制度の適用が本店（本部機構）に対してのみ与えられるものであって，分店（分公司，分支機構）に対してはこのような本部機能は与えられないことによる。

商業企業が仕入れた自営輸出の国産貨物の範囲は，商務部が認可した輸出経営範囲に限定されている。その認可された輸出経営範囲を超える輸出商品およびその他の企業の輸出を代理する業務に対しては，税金納付領収書（輸出貨物専用）は発行されず，輸出税金還付は認められない。中外合弁対外貿易公司が貨物を自営輸出した場合も，外国貿易企業の関連規定により輸出税金還付が認められている。

⑦ **小規模納税者**

小規模納税者とは，下記の基準に該当する増値税の納税者である。

1. 貨物の生産または課税役務の提供に従事する納税者，および貨物の生産または課税役務の提供に従事することを主とし，かつ貨物の卸売または小売を兼営する納税者で，年間増値税課税販売額が50万元以下である場合
2. 上記1．以外の納税者で，年間課税販売額が80万元以下である場合

貨物の生産または課税役務の提供に従事することを主とするとは，納税者が年間で貨物を生産または課税役務を提供する販売額の年間課税販売額に占める割合が50％以上であることをいう。年間課税販売額が小規模納税者の基準を超えるその他の個人も，小規模納税者となる。課税行為が経常的に発生しない企業は，小規模納税者として納税することを選択することができる。

小規模納税者が自社生産貨物を輸出した場合には，輸出税金還付（免税控除還付）は認められず，輸出販売に対する増値税が免税となるだけである。小規模納税者は販売時に増値税専用発票を発行できないため，得意先は仕入税額控除ができず，輸出企業が小規模納税者から商品を仕入れて増値税の普通発票を取得した場合は，その輸出企業はその仕入税額を税額控除または還付することができない。

　このため，輸出比率が高く生産・購入の特殊な要素を考慮して，特定商品については，特別に輸出企業に対して小規模納税者から仕入れた貨物について免税控除還付方法による仕入税額控除または輸出税金還付が認められている。

　輸出企業が小規模納税者から貨物を購入し輸出した場合には，下記の算式により仕入税額を計算し，次の還付率で輸出貨物の免税控除還付計算を行う。

$$仕入税額 = \frac{普通発票の増値税を含む販売金額}{1 + 課税率（3\%）}$$

　　還付税金＝上記仕入税額×還付率

　小規模納税者が加工企業に来料加工を委託した場合は，加工企業は税務局が発行した来料加工免税証明書に基づいて加工費の免税の適用を受けることができる。

⑧　ファイナンスリース企業

　2010年4月から，ファイナンスリース企業が船舶の所有権を国外企業に移転するファイナンスリース輸出を行った場合には，免税還付方法を試行的に適用し，輸出リース船舶の輸出売上は増値税を免税し，その購入した仕入税額は税金還付が認められる。消費税に係る課税消費品についても消費税の還付が認められる。具体的な還付手続は，2010年5月に国家税務総局から公布された「ファイナンスリース船舶輸出税金還付管理弁法」によるものとされている。

4 免税控除還付方法

(1) 納税申告と還付申告

① 申告手続の流れ

　国家税務総局が公布した「生産企業の輸出貨物の免税控除還付税金管理操作規程」では，生産企業の免税控除還付手続が具体的に記述されており，ここではその概要を紹介する。なお，当規程はその後の増値税法規の改廃により一部失効している部分もあるが，その主な内容は現在でも有効である。

　生産企業は，毎月の納税申告と還付申告を行わなければならない。輸出税金還付が行われる企業も，還付が行われない企業も申告手続は同様に行われるが，まず，増値税の納税に関する申告手続を行い，その後，還付に関する申告手続を行う順序となっている。

　図表は生産企業の申告準備作業から納税申告，還付申告の全体図を表したものである。生産企業はまず会社内部で申告準備資料を整備し，それに基づいて申告納税提出資料を作成する。増値税を取り扱う国家税務局は課税部門と還付部門に分かれており，納税申告は課税部門に行い，還付申告は還付部門に行って申告する。課税部門と還付部門のそれぞれで申告内容の審査が行われた後に，税金の還付機関がさらに審査を行い，還付が決定される。

図表3-5　納税申告と還付申告の手続

生産企業	1 申告準備資料の作成 ↓ 2 申告納税資料の作成（前月の認証資料で仕入税額計上） ↓
国家税務局課税部門	3 一括窓口に納税申告（申告期限は翌月1日から10日） ↓ 4 審査照合（みなし国内販売の課税） ↓
国家税務局還付部門	5 免税控除還付申告（申告期限は毎月15日） ↓

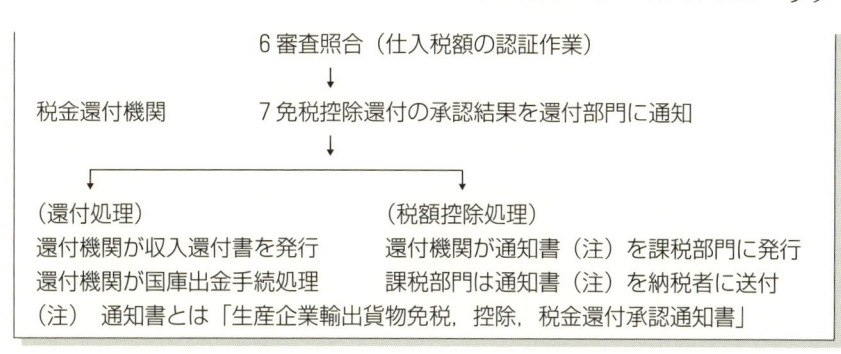

```
                    6 審査照合（仕入税額の認証作業）
                              ↓
税金還付機関      7 免税控除還付の承認結果を還付部門に通知
        ↓                     ↓
（還付処理）              （税額控除処理）
還付機関が収入還付書を発行    還付機関が通知書（注）を課税部門に発行
還付機関が国庫出金手続処理    課税部門は通知書（注）を納税者に送付
（注） 通知書とは「生産企業輸出貨物免税，控除，税金還付承認通知書」
```

その還付決定は還付機関から発行される「生産企業輸出貨物免税，控除，税金還付承認通知書」で確定する。この通知書が納税申告月の翌月に還付機関から課税部門に，さらに課税部門から申告納税者に渡されて，申告翌月に仕入税額の控除と還付が認められるシステムになっている。

したがって，「生産企業輸出貨物免税，控除，税金還付承認通知書」が税額控除または税金還付の重要な証拠書類になり，この通知書に基づいて税金還付は還付機関が収入還付書を発行して国庫からの出金処理が行われ，税額控除は翌月に納税者の申告によって認められることになる。

② **納税申告と還付申告**

次に，免税控除還付申告の全体の流れにそって，申告手続と税務当局の審査手続を紹介する。なお，以下の記述は前述の税務通知の翻訳に基づいており，やや読みにくい部分もあるが原文のまま掲載している。

```
免税控除還付申告の全体の流れ
 1．納税者の申告準備資料作成
 2．課税部門へ提出する申告納税必要書類
 3．課税部門の一括窓口に納税申告
 4．課税部門の審査照合
 5．還付部門に免税控除還付申告
 6．還付部門の審査照合
 7．還付機関の承認と還付通知
```

1) 納税者の申告準備資料作成

納税者は月次終了後に，下記の申告準備資料を整理し帳簿として装丁しなければならない。

1. 増値税専用発票控え綴り明細書と普通発票控え綴り明細書
2. 当期に控除申告した増値税専用発票控除綴り明細書
3. 税関の輸入貨物納税証憑，運送発票，農産物購入普通発票および廃棄物資購入普通発票の写し
4. 購入証憑の控え綴りまたは報告検査綴り
5. 代理控除代理納税税金証憑の控え綴り
6. 主管税務機関が規定するその他の準備資料

上記準備資料の留意事項は次のとおりである。

1. 作成した手書きの増値税専用発票および普通発票の控え綴りを製本する場合は，元の順番どおりに装丁する。作成したコンピューター版の増値税専用発票には，税額控除偽造防止システムが作成した増値税専用発票の控え綴りが含まれ，作成した順序の番号毎25枚毎に一冊に装丁しなければならず，25枚に不足するものは実際に作成した枚数で装丁しなければならない。
2. 税額控除証憑に属する証書については，取得した時期の順番に基づいて，証書の種類毎に25枚ごとに一冊に装丁し，25枚に不足するものは実際の枚数で装丁する。
3. 装丁する時は，税務機関が統一的に規定した「課税／税額控除証書総括帳簿表紙」（以下，表紙と称する。）を必ず使用し，かつ規定により表紙の内容を記載し，税務担当者および財務担当者がチェックし署名しなければならない。表紙を貼付した後は，元の増値税専用発票の表紙内容に書き込みをしてはならない。
4. 納税者の当月未使用の手書きの増値税専用発票は，暫定的にも表紙に追加装丁せず，2ヶ月間依然として未使用の場合には，主管税務機関がその残りの部分に鋏を入れて廃棄した月に表紙に追加装丁しなけれ

ばならない。

納税者が作成した普通発票および購入証憑は，その一冊の使用が完了した月に表紙に追加装丁する。

5. 表紙の内容には，納税者の名称，証書の枚数，金額，税額，当月の証書種類別の合計冊数およびその証書の番号，税額の所属する時期等を含み，具体的な様式は各省の一級国家税務局が制定する。

2) 課税部門へ提出する納税申告必要書類

生産企業が免税控除還付の申告を行う時に，課税部門に提出する納税申告必要書類は次のとおりである。

1．「増値税納税申告表（増値税一般納税者適用）」およびその「増値税納税申告表附属記載資料（表一），（表二），（表三），（表四）」
2．税額控除偽造防止システムを使用する納税者は，当期の納税情報を記録したICカード（明細データーをCDに記録した納税者は，データーを記録したCDも送付しなければならない。），「増値税専用発票控え綴り明細表」および「増値税専用発票控除綴り明細表」
3．「貸借対照表」と「損益計算書」
4．主管税務機関が規定するその他の報告必要資料
　増値税納税申告表（増値税一般納税者適用）」（主要表および附属表）
　税金還付部門が認証した前月の「生産企業輸出貨物免税，控除，税金還付申告総括表」

納税者は納税申告期限内に，すみやかにすべての必要報告資料の電子データーを主管税務機関に送付し，かつ主管税務機関は税法の規定に従って決定した期限内（具体的な時期は各省級国家税務局が決定する）に，送付が要求されている書類の報告必要資料（具体的な枚数は省の一級国家税務局が決定する）を主管税務機関に送付し，税務機関が検査受領した後に，一部を納税者に返却し，その残りを保存する。

3) 課税部門の一括窓口に納税申告

納税者は月次に免税控除還付の納税申告を行わなければならず，申告期限は

翌月の1日から10日までとし，最後の1日が法定休暇日となった場合は，1日順延する。毎月1日から10日までに連続して3日以上の法定休暇日があった場合は，休暇日の日数だけ順延する。

課税部門の窓口は納税申告書類の一括窓口審査をその場で行わなければならないものとされている。窓口審査は主に次の手順で行われなければならない。

1．納税者の納税申告資料およびその納税申告表の写しを受理
2．資料を認証した後に，申告窓口で発票と申告表の照合検討
3．申告窓口で納税申告表の記載項目欄の関係性について必要な論理的チェック実施

次に，一括窓口審査における留意事項は次のとおりである。

1．一括窓口における発票と申告表の照合検討業務

税務課税単位の納税申告書受理者は，納税者の納税申告資料およびその納税申告表の写しを受理し，資料を認証した後に，申告窓口で「発票と申告表の照合検討」業務を行い，さらに申告窓口で納税申告表の記載項目欄関係の必要な論理チェック業務を行なわなければならず，論理関係のチェック業務を行わないまま先に進めてはならない。論理関係が不一致な場合は，納税者に返却してあらためて記載させなければならない。

2．納税者の決算日と税額控除偽造防止発票作成サブシステムの税額申告期間

納税者の決算日と税額控除偽造防止発票作成サブシステムの税額申告期間が一致せず，税額申告データーと申告データーに不一致が発生する問題については，企業の決算日は必ず「企業財務会計報告書条例」の規定により決定しなければならない。

申告書を受理する時に不一致を発見した納税者は，税務機関がその翌月の申告時に必ず修正させなければならない。

翌月その申告納税を行う時に，この問題によって不一致となることが発見された場合は，納税申告書を納税者に返却しなければならず，その規定の決算日により売上税額を修正した後にあらためて納税申告を行い，かつ「租税徴収管理法」の関連規定により処罰を行う。

3．発票と申告表の照合検討結果が不一致な場合

「発票と申告表の照合検討」結果が不一致な「異常」な申告については，法定申告納税期限内に修正が完了した場合は，納税者が修正後にあらためて申告することができる。

法定納税申告期限内に修正完了が間に合わない場合（例えば月の上旬の最後の1日か2日で申告した場合）は，先にその納税申告書を受理し，同時にその期限に差額部分の追加申告を行うことができる。これによって期限を経過して申告した場合は，正当な理由がある場合には，税務機関は処罰を行わないことができる。

4．インターネット利用者

すでにインターネットを利用して税務機関に納税申告書を送付している地方では，納税者が申告結果を理解するために，ある問題は速やかに処理でき，その「発票と申告表の照合検討」業務は納税者が税務局の税務サービス室の納税申告窓口で税額控除偽造防止のICカードの写しを税務申告する時に，直接納税申告書を受理することにより写しを税務申告する担当者が処理し，一般的にはそのまま放置して処理してはならない。

インターネットを利用して税務機関に納税申告書を送付する納税者は，毎月の課税期間内に税額控除偽造防止システムのICカードによる税務申告を行う前に，いつでも税務機関に納税申告書の電子情報を送ることができる。

税務機関の納税申告書の受理者は，納税者の税額控除偽造防止システムのICカードの写しを受領する時に，すでにインターネットを通して送付された納税申告表と「発票と申告表の照合検討」を行い，これにより照合検討が一致した場合は，納税申告書を即受理することができる。

これにより不一致な場合には，直ちに原因を調査し，かつ処理を行い，または「比較異常処理対応」窓口に転送して処理する。プラットホームの情報により，「申告納税（納税申告表の写し）」窓口担当者は，コンピューター端末機を通して納税者のネット上の申告書の資料を読み取ることができる。

4）課税部門の審査照合

納税申告時に課税部門の窓口で一括審査が行われた後に，課税部門内部でさらに実質的な審査照合が行われる。課税部門の審査照合は次のような手順で行

われる。

> 1．増値税納税申告表の記載チェック
>   「増値税納税申告表」の中の「免税，控除，還付」税金の関連項目の記入が正確か否かを審査する。
> 2．みなし国内販売の課税
>   税金還付部門が提供した企業の通関輸出日から6ヶ月を超えて未回収の関連輸出税金還付証憑または税金還付部門に「免税，控除，還付」税金の申告手続が未処理の輸出貨物の情報に基づいて，規定により計算し課税する。
> 3．免税控除税額の国庫調整手続
>   税金還付機関が作成した「生産企業輸出貨物免税，控除，税金還付承認通知書」に基づいて正式文書で同級の国庫に通知し，免税控除税額の国庫調整手続を行う。

5) 還付部門へ免税控除還付申告

生産企業が貨物を通関して出国させ，かつ規定に従って輸出販売した後に，増値税の法定納税申告期限内に主管の国家税務機関に増値税の納税と免税，税額控除の申告を行い，増値税の納税申告の処理が完了した後に，毎月15日までに（休日に該当すれば順次延長），再度，主管の国家税務機関に「免税，控除，還付」税金を申告処理しなければならない。

生産企業が税金還付部門で「免税，控除，還付」の税金申告を行う時は，次に掲げる証憑資料を提供しなければならない。

> 1．「生産企業輸出貨物免税，控除，税金還付申告総括表」
> 2．「生産企業輸出貨物免税，控除，税金還付申告明細表」
> 3．課税部門の審査と署名を受けた当期の「増値税納税申告表」
> 4．進料加工業務がある場合は，このほかに次のものを記入しなければならない。
>   1 「生産企業進料加工登記申告表」
>   2 「生産企業進料加工輸入原材料部品申告表明細表」

3 「生産企業進料加工税関登記手帳照合申請表」
　　4 「生産企業進料加工貿易免税証明書」
　4．装丁製本した報告表および原始証憑
　　1 「生産企業輸出貨物免税，控除，税金還付申告明細表」
　　2 進料加工業務と関連する報告表
　　3 税関の検査済印章を押印した輸出貨物通関書類（輸出税金還付専用）
　　4 外貨管理部門の署名を受けた輸出外貨回収照合証（輸出税金還付専用）または関連部門が発行した中長期外貨回収証明書
　　5 代理輸出貨物証明書
　　6 企業が署名した輸出インボイス
　　7 主管税金還付部門が提出を要求するその他資料

6) 還付部門の審査照合

税金還付部門の審査照合手続は次のような手順で行われる。

1．仕入税額の認証

企業が当月に記載する専用発票の控除金額は，必ず前月に回収し，かつ認証を受けた専用発票控除綴り税額総額の金額でなければならない。これらの発票は前月10日から30日までに税務機関で認証を受けなければならない。

当月の申告期限内に認証されるのは，前月に回収された発票でなければならない。認証窓口または納税申告窓口の担当者は納税者の認証を行うときには，この点を注意しなければならない。

税務機関は増値税専用発票控除綴りを認証する時に，「増値税専用発票控除綴り認証リスト」一式二部をプリントアウトし，一部を企業に交付して翌月の増値税納税申告書記載資料として主管税務機関に報告させる。

一部を納税申告書受理部門に交付して仕入税額の審査に使用させる。

2．発票控え綴りの照合審査

税務機関は納税申告期限終了後に，納税者の作成した発票控え綴り（増値税専用発票と普通発票）とその申告した販売額に対して誠実に照合審査を行わなければならず，申告販売額が発票控え綴りの合計金額より小さい場合には，相

応の税額を追徴しなければならない。

なお，税金還付部門の審査権限は次のとおりである。

1. 生産企業の「免税，控除，還付」の申告を受理し，かつ輸出貨物の「免税，控除，還付」の税金証憑の内容と印章が完備，真実，合法，有効であるか否かを審査する責任を有する。
2. 生産企業の輸出貨物申告の「免税，控除，還付」税金の報告表の種類，内容および印章が完備，正確であるか否かを審査する。
3. 企業が申告した電子データーが関連部門が送信した電子情報（税関の通関証電子情報，外貨管理局の外貨照合証情報，中長期回収証明情報，代理輸出貨物証明情報等）と一致するか否かを審査する。
4. 輸出貨物の「免税，控除，還付」税金の審査上の疑問の事実確認と調整に責任を有する。
5. 「免税，控除，還付」税金の関連証憑の処理に責任を有する。
6. 企業が申告した「免税，控除，還付」税金の状況および輸出電子情報に基づいて，6ヶ月を超えて未回収の個別証憑部分と未処理の「免税，控除，還付」税金の申告手続の免税控除還付の輸出貨物の状況を課税部門に回答すること。
7. 輸出貨物の「免税，控除，還付」税金の資料の管理と書類整理，および「免税，控除，還付」資料は原則として最低10年の保管の責任を有する。
8. 生産企業の輸出貨物の「免税，控除，還付」税金の年度終了後に精算し，「免税控除還付精算通知書」を適時に税金還付機関に報告し，かつ課税部門に回答する責任を有する。

7) 還付機関の承認と還付通知

還付機関の承認手続と還付通知は次のような手順で行われる。

1. 税金還付機関は，承認結果を税金還付部門に回答送付し，還付処理が必要な場合は国家が指令した輸出税金還付指標の範囲内で「収入還付書」を作成し，国庫出金手続を処理する。

2．税額控除処理が必要な場合は，国家が指令した輸出税金還付指標の範囲内で「生産企業輸出貨物免税，控除，税金還付承認通知書」を課税機関に発行する。
3．税金還付機関は毎月10日前までに前月の「免税，控除，還付」税金の状況を会計部門と国庫の帳簿を照合した上で統計を総括して国家税務総局に報告する。
4．課税部門は「生産企業輸出貨物免税，控除，税金還付承認通知書」を受領した当月に，正式な文書で同級の国庫に通知し国庫調整手続（税額控除処理）を実施する。

税金還付機関の審査権限は次のとおりである。

1．「免税，控除，還付」税金の内外部門の電子情報の受入れ，整理仕訳および生産企業の「免税，控除，還付」税金のコンピューター管理システムの維持に責任を有する。
2．基層部分の税金還付部門が審査した「免税，控除，還付」税金の状況に対してサンプリングテストを行う責任を有する。
3．「生産企業輸出貨物免税，控除，税金還付承認通知書」の発行に責任を有し，生産企業の「免税，控除，還付」税金業務の要還付税額の国庫出金の処理に責任を有する。
4．課税企業の「免税，控除，還付」税金状況の統計，分析に責任を有し，かつ毎月10日前までに「生産企業輸出貨物免税，控除，税金還付統計月報」（添付書類8参照）を報告することに責任を有する。
5．課税企業の輸出貨物の「免税，控除，還付」税金の精算の組織化，検査，統計分析を行い，かつ時に応じて総局に年度終了後の精算報告書および附属表を集計して報告する責任を有する。

③ **申告と電算システム**
1）　電算システム

図表3-6で示したように，輸出税金還付の手続においては国家税務総局，税

関総署，国家外貨管理局の電算システムが密接に関係している。

図表3-6　主要な電算システム

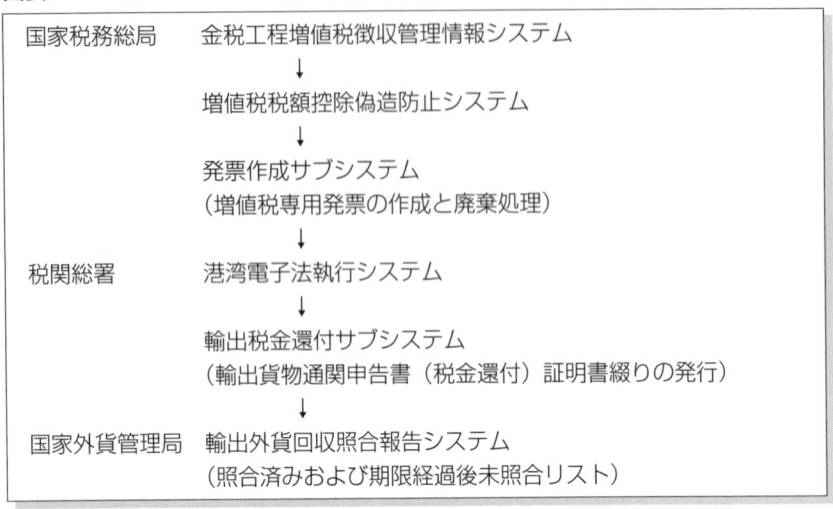

国家税務総局	金税工程増値税徴収管理情報システム ↓ 増値税税額控除偽造防止システム ↓ 発票作成サブシステム （増値税専用発票の作成と廃棄処理） ↓
税関総署	港湾電子法執行システム ↓ 輸出税金還付サブシステム （輸出貨物通関申告書（税金還付）証明書綴りの発行）
国家外貨管理局	輸出外貨回収照合報告システム （照合済みおよび期限経過後未照合リスト）

　国家税務総局においては，電算システムの全体として金税工程増値税徴収管理情報システムがそのサブシステムに増値税税額控除防止システムがあり，その中に増値税発票作成システムがある。このシステムにより増値税専用発票は電算処理で作成発行，廃棄処理されることになり，増値税専用発票の偽造を防止している。

　税関総署では，港湾電子法執行システムのサブシステムに輸出税金還付システムがあり，輸出貨物通関申告書（税金還付）証明書綴りが発行され，実際に貨物が輸出されたかどうかの実質的な照合が行われるシステムとなっている。

　国家外貨管理局でも輸出外貨回収照合報告システムにより照合済みおよび期限経過後未照合リストが発行されて，輸出代金の回収が済んでいるかどうかを電算データーで照合するシステムとなっている。

　一方，納税者サイドでは1999年末には，「増値税税額控除システム偽造防止管理規則」が公布され，増値税の一般納税義務者に対してコンピューターによる管理システムが適用されることとなった。この管理規則により，増値税の一般納税義務者は税額控除偽造防止システムを採用して，増値税専用発票を発行

する専用設備と一般設備を購入しなければならない。

　このシステムは増値税専用発票の偽造を防止するものであり，税務機関が認定し登記した一般納税義務者（税額控除偽造防止企業）に対して，専用発票を発行する専用設備（IC カード，カード読取器，関連ソフト等）と一般設備（パソコンとプリンター）を有償で供与するものである。

　このシステムを購入した一般納税義務者（税額控除偽造防止企業）は，システムにより発行された専用発票以外は使用できなくなり，手書きまたは他のコンピューターによる専用発票は使用できない。一般納税義務者（税額控除偽造防止企業）は，納税申告期限内に納税情報が含まれている IC カードと CD ファイルを税務機関に報告し，税務機関は仕入税額控除を行うための専用発票の認証を行う。認証の結果，認証不能，認証不合格等とされた専用発票については，仕入税額控除から除外される。

2）税額控除偽造防止システムの増値税専用発票

1．増値税専用発票の認証

　増値税一般納税義務者が控除を申請する税額控除偽造防止システムが作成する増値税専用発票は，専用発票作成日から90日以内に税務機関に認証を受けなければならず，そうでなければ仕入税額の控除は認められない。

　増値税一般納税義務者が認証を通過した税額控除偽造防止システムが作成する増値税専用発票は，認証通過した当月において増値税の関連規定により当期仕入税額を計算し，かつ控除を申告しなければならず，そうでなければ仕入税額の控除は認められない。

　企業が当月に記載する専用発票の控除金額は，必ず前月に回収し，かつ認証を受けた専用発票控除綴り税額総額の金額でなければならない。これらの発票は前月10日から30日までに税務機関で認証を受けなければならない。

　当月の申告期限内に認証されるのは，前月に回収された発票でなければならない。認証窓口または納税申告窓口の担当者は納税者の認証を行うときには，この点を注意しなければならない。

2．増値税専用発票の廃棄処分

　納税者が発票作成サブシステムを操作したが廃棄処分がうまく行かず，税額控除偽造防止システムの税額データーより申告データーが小さくなる問題があ

る。

　納税者が当月に書類の専用発票に対して廃棄処分を行ったが，発票作成システムの中の電子発票に対して廃棄処分操作を行わないかまたはうまく行かなかった場合は，当月の申告データーの金額が税額控除偽造防止システムのデーターより小さくなる。このような状況に対しては，税務機関は納税者にどのように廃棄処分を行うかを伝えて，錯誤が発生することを避けなければならない。

　納税者が申告表を記載する時に，必ずICカードの記録データーに対して自ら照合しなければならず，発票の廃棄処分がある場合は，電子発票に対して廃棄操作が行われないこともありうるので，申告金額がICカード金額より小さい時は，申告時に「説明」を付記しなければならない。

　納税者が客観的な原因により「二つの比較対照数値」が不一致な時も，「説明」を付記しなければならない。

　発票作成システムの中の発票控え綴りについて廃棄操作が行われなかったか，または廃棄処分がうまく行かなかった場合は，税務機関は登記を行い，納税申告を受理しなければならない。翌月に納税者は赤字の専用発票を作成する方式で発票作成システムの中でマイナスの発票を作成し，これによって当月の申告金額が税額控除偽造防止の税額申告データーより大きくなった場合は，税務機関は前期に記録された状況と照合を行い，照合一致した後に，納税申告を受理する。照合不一致の返品は納税者が調整し照合後に再申告する。

　3)　港湾電子法執行システムとの照合

　　税関の電算データーとの照合については，次のような規則がある。

> 1. 生産企業が税額控除偽造防止システムで申告した「輸出額」の電子データーと港湾電子法執行システムの輸出税金還付サブシステムの電子データー「輸出貨物通関書類（税金還付）証明書綴り」を照合する。
> 2. 照合の結果，次の場合は国内販売とみなして税関のFOB価格に基づいて売上税額を申告納付しなければならない。

　① 税務局に電子データーがなく，通関書類もなく，税関に電子データーがある場合

売上税額＝実際輸出 FOB 価格×外貨の人民元レート×増値税課税率
－免税控除還付税金の免税控除不能税額（原価振替済金額）

2　税務局に電子データーがあるが税務申告は未申告，税関に電子データーがある場合

売上税額＝輸出通関書類電子情報の実際輸出 FOB 価格
　　　　　×外貨の人民元レート×増値税課税率

上述のみなし国内販売による納付済み売上税額は，生産企業が輸出貨物の税金還付（免税）証憑を回収した後に，輸出税金還付精算期限内において，主管税金還付機関に税金還付を申請することができる。

4) 輸出外貨回収照合報告システムとの照合

国家外貨管理局の電算システムとの照合は，次のような手順で行われる。

1. 外貨局は毎月 5 日までに，システムからダウンロードした前月の照合データー（すでに照合したものと期限を過ぎても照合されていないものを含む。）を同級の税務部門に提供する。
2. 自動照合方式を実行する単位の照合データーについては，外貨管理局は照合報告システムの中でそれぞれの単位別に照合済みおよび期限経過後未照合リストを打ち出して，「輸出外貨回収照合業務の監督管理印」を押印して，税務部門に送付しなければならない。

(2) 免税控除還付方法の留意事項

① 免税控除還付方法の月次計算式

免税控除還付計算式は，次のとおりである。

納付税額の計算式

当月納付税額＝当月国内販売貨物売上税額－(前月末控除留保税額
　　　　　　＋当月仕入税額総額
　　　　　　－当月免税控除還付税金の免税控除不能税額)

免税控除不能税額の計算式

免税控除還付税金の免税控除不能税額＝
輸出貨物本船渡（FOB）価格×外貨の人民元レート
×（輸出貨物課税率－輸出貨物税金還付率）
－免税控除還付税金の免税控除不能税額の控除額
免税控除還付税金の免税控除不能税額の控除額＝
免税購入原材料価格×（輸出貨物課税率－輸出貨物税金還付率）

免税控除還付税額の計算式

免税控除還付税額＝
（輸出貨物本船渡（FOB）価格×外貨レート－免税購入原材料価格）
×輸出税金還付率

当期要還付税額と免税控除税額の計算式

当期期末控除留保金額≦当期免税控除還付税額であれば,
　当期要還付税額＝当期期末控除留保金額
　当期免税控除税額＝当期免税控除還付税額－当期要還付税額
当期期末控除留保金額＞当期免税控除還付税額であれば,
　当期要還付税額＝当期免税控除還付税額
　当期免税控除税額＝0

　増値税の仕入税額は増値税専用発票等の電算書類により審査照合が確認できなければ仕入税額控除ができないし，輸出通関申告書・外貨回収照合証等の輸出実績との電算上の審査照合も確認できなければ輸出税金還付が認められない。

　これらの審査照合が完了して税金還付機関が認証した「生産企業輸出貨物免税，控除，税金還付承認通知書」を国家税務局の課税部門に発行して，申告納付した翌月にこの通知書で認証された仕入税額について，仕入税額控除か税金還付が行われる。

　税金還付の計算に当たっては，当期要還付税額と免税控除税額の計算式によ

って，当月に還付される税額が確定する。この計算式によって，当月までに税金還付されなかった部分については，納付税額の計算式にある前月末控除留保税額として翌月に繰り越される仕組みとなっている。

　免税控除還付税額の計算式では，輸出価格に還付率を乗じて理論上の還付税金の限度額を計算している。最後に，免税控除還付税額（還付限度額）とその時点における当期期末控除留保金額（その月の実際の控除還付対象税額）を比較して，その限度範囲内の税額を還付するというものである。免税控除還付の計算は，このように絶えず控除還付対象税額（当期期末控除留保金額）を把握することが重要となる。

　免税控除不能税額の計算式の意味は，輸出税金還付計算においては課税率より還付率が低い貨物については，その差額だけ納税額が増加し，その増加した税額は仕入税額控除も還付もされないため，その企業の製品原価に算入されてコストになるということである。このうち，進料加工等により免税で輸入された原材料部品は免税効果を最後まで機能させるために納税計算には反映させないため輸出価格から控除する計算式となっている。

　なお，免税控除還付方法の計算に当たっては，はじめにこのような免税控除不能税額を求めなければならない。免税控除不能税額を差し引いた仕入税額が仕入税額控除または還付税額の対象になることになる。

② **免税控除還付計算上の留意事項**

　上記の免税控除還付方法の計算式に含まれる項目とその運用に当たっては，次のようなさまざまな留意事項があり，以下項目別に箇条書きする。

1) **輸出貨物本船渡（FOB）価格**

1．輸出インボイスの本船渡（FOB）価格を基準とする。
2．委託代理輸出の場合は，委託者が作成した輸出インボイスでも良い。
3．運送料，保険料，手数料等の輸出販売収入から控除が認められている金額を控除する。
4．申告金額と実際支払額に差額がある場合は，次回申告時に修正するか年度末一括修正する。

5. 輸出インボイスが実際の本船渡価格を事実のまま表示できない場合は，企業は実際の本船渡価格により主管の国家税務機関に申告を行い，主管税務機関が価格を査定する。

2) 免税で購入した原材料部品

1. 国内で購入した免税の原材料と進料加工免税で輸入した原材料部品を含む。
2. 進料加工免税で輸入した原材料部品の価格は課税標準構成価格である。
3. 進料加工免税原材料部品の課税標準構成価格＝貨物着岸渡（CIF）価格＋税関が実際に課税した関税＋税関が実際に課税した消費税

なお，中国国内購入免税原材料とは，「中華人民共和国増値税暫定条例」，「中華人民共和国増値税暫定条例実施細則」およびその他の関連規定の中で明記されているものであり，かつ規定により仕入税額として計上できない免税貨物を指している。

3) 免税控除還付税額

1. 輸出貨物の還付免税証憑，例えば税関の輸出貨物通関申告書（輸出税金還付専用），外貨管理局の輸出外貨回収照合証（輸出税金還付専用）または関連部門の中長期外貨回収照合証を提出できない場合は，免税控除還付の計算ができない。
2. 前月に輸出貨物の個別証憑が不完全で，当月に完全に回収した場合は，当月の免税控除還付の申告時に一括申告して免税控除還付の計算を行う。
3. 輸出販売額に還付税率を乗ずる場合は，当月の輸出個別証憑が完備しているものと前月以前の輸出貨物で当月に個別証憑を回収したものの税金還付部門の審査確認を受けた「生産企業輸出貨物免税控除還付承認通知書」の輸出貨物の人民元販売額に税金還付率を乗じて計算する。

第3章 増値税の輸出還付免税制度　345

4) 免税控除還付税金の免税控除不能税額

1．当月のすべての免税控除還付輸出貨物の人民元金額に課税率と還付率の差を乗ずる。
2．税金還付の個別証憑が完備されていないものも含むすべての人民元金額である。
3．免税控除不能税額が輸出貨物販売額に課税率と還付率の差を乗じた金額より大きい場合は，当月の免税控除不能税額は０で，その差額は翌月に繰り越すものとする。

5) 免税購入原材料価格の計算

　　免税控除還付税金の免税控除不能税額の控除額
　　　＝免税購入原材料価格×（輸出貨物課税率－輸出貨物税金還付率）

この計算式の適用に当たっては，次の実際消耗法と購入計算法がある。

1．実際消耗法
　　当期のすべての進料加工貿易方式による輸出貨物で，実際に費消した輸入原材料部品の課税標準構成価格に課税と還付の税率の差を乗じたものである。
　　原材料部品の輸入通関し製品を再輸出した後に，認可された輸出貨物の金額と進料加工登記手帳の実際の輸出数量に基づいて税関が審査照合した課税標準構成価格を計算する。
2．購入計算法
　　当期に購入したすべての輸入原材料部品の課税標準構成価格に課税と還付の税率の差を乗じたものである。
　　原材料部品を輸入通関して入庫した後に，輸入通関書類（輸入通関申告書）の輸入金額を換算して税関の課税標準構成価格を計算する。

6) 輸出済貨物の返品処理

1．本年度の輸出貨物に返品が発生した場合は，翌期において赤字（また

はマイナス金額）で輸出販売収入を減額して修正（または年度終了の精算時に修正）を行うことができる。
2. 前年度以前の輸出貨物に返品が発生した場合は，元の免税控除還付税額を追加納付しなければならず，追加納付税額＝返品貨物輸出本船渡価格（FOB価格）×外貨の人民元レート×輸出貨物税金還付率であり，追加税金の予算科目は「輸出貨物返品増値税」。
3. 返品貨物の個別証憑が整っていない等の原因により国内販売貨物としてすでに課税されている場合は，税金の追加納税は必要がない。

7) 返品，値引き，記載誤りの修正方法

増値税一般納税義務者に貨物の販売と課税役務の提供が発生し，増値税専用発票を作成した後に，貨物販売の返品，売上値引および元の青字の専用発票に記載誤り等の状況が発生した場合には，状況に応じてそれぞれ以下の方法で処理する。

1. 増値税専用発票の記帳処理前

売り手が青字の専用発票を作成した当月に買手の返品の領収書綴りと控除綴りを回収し，かつまだ記帳綴りを帳簿処理していない場合は，元の青字の専用発票について廃棄を行うことができる。領収書綴り，控除綴りが対応する控え綴り，記帳綴りとともに「廃棄処分」の字が明記され，かつ控え綴りの後面に順次貼付され，同時に税額控除偽造防止発票作成サブシステムの元の発票作成電子情報に対して廃棄処分を行う。

2. 増値税専用発票の記帳後

売り手がすでに記帳綴りを帳簿処理してしまった場合は，必ず税額控除偽造防止システムをとおしてマイナスの専用発票を作成して仕入税額を控除するための証憑としなければならず，すでに作成された青字の専用発票を廃止処分することはできず，赤字の普通発票で仕入税額を控除する証憑としてはならない。

3. 翌月以降の処理

売り手が青字の専用発票を作成した翌月およびそれ以降に買手の返

品の領収書綴りと控除綴りを回収した場合は，記帳綴りが帳簿処理されたかどうかに関係なく，一律に税額控除偽造防止システムを通してマイナスの専用発票を作成して仕入税額を控除する証憑とし，すでに作成された青字の専用発票を廃棄処分してはならず，赤字の普通発票は仕入税額を控除する証憑としてはならない。
4．買手が発票を返却できない場合

　買手が専用発票の領収書綴りと控除綴りを返却できないことにより，売り手が買手の所在地の主管税務機関が作成した「貨物購入返品または値引取立証明書」を回収した場合は，一律に税額控除偽造防止システムを通してマイナスの専用発票を作成して仕入税額を控除する証憑として，すでに作成された青字の専用発票を廃棄処分してはならず，赤字の普通発票で仕入税額を控除する証憑としてはならない。

8) 小型輸出企業

1．小型輸出企業と新たに輸出業務が発生した企業に発生する還付すべき税額は，税金還付の審査照合期間は12ヶ月とする。
2．税金還付審査期間を12ヶ月とする小型輸出企業が，年度の途中において発生した税金を還付すべき税額については，月次に税金還付の方法を実行せず，翌期に繰り越してその国内販売貨物の納税額から継続的に控除し，年度末にその控除未了部分に対して未処理税金を一括して処理する方法を採用する。
3．小型輸出企業の基準は，各省（自治区，直轄市）の国家税務局が企業の前納税年度の国内外の販売額の合計に基づいて，200万人民元以上，500万人民元以下の範囲内で，本省（自治区，直轄市）の実際の状況に照らしてすべての省（自治区，直轄市）で統一的な基準を確定する。
4．国内売上げの販売額の合計がはじめて500万人民元以上となり，かつ国外売上げの販売額がそのすべての販売額に占める割合が50％以上となった生産企業は，その日から12ヶ月内に税金還付を処理することが困難な場合には，厳格に掌握した上で，省，自治区，直轄市の国家税

務局の認可を受けて，月次で免税，控除，税金還付の方法の処理を統一的に実行することができる。

9) 新規の輸出業務

1. 新規に輸出業務が発生した生産企業は，その輸出業務発生日から12ヶ月以内は，当月要還付税額は計算しない。したがって，当月免税控除税額は当月免税控除還付税額となる。控除未了の仕入税額は継続的に繰り越され，第13ヶ月目から当月要還付税額を計算する。
2. 新たに輸出業務が発生した企業は，はじめに輸出業務が発生した日から12ヶ月以内に発生した税金を還付すべき税額は，月次に税金還付方法を実行せず，翌期に繰り越してその国内販売貨物の納税額から継続的に控除する方法を採用する。
3. 12ヶ月後に，その企業が小型輸出企業に属する場合は，小型輸出企業に関連する規定による。その企業が小型輸出企業以外に属する企業であるならば，統一的に月次に計算して免税，控除，税金還付の方法の処理を統一的に実行する。
4. 登録開業期間が一年以上の輸出業務新規発生企業（小型輸出企業を除く）は，当地の市税務機関の検査を受けて生産能力が確実にあり，かつある種の税行為および密輸と外貨簒奪等の違法行為がなければ，月次に免税，控除，税金還付の方法の処理を統一的に実行することができる。

10) 小型輸出企業と新規輸出業務の初回還付処理

　税金還付審査期間が12ヶ月である新規に輸出業務が発生した企業と小型輸出企業は，審査期間内に輸出した貨物は，一括して月次で計算した免税控除還付方法によりそれぞれ免税控除税額と還付税額を計算しなければならない。税務機関が審査して誤りのなかった免税控除税額については，現行の規定により国庫修正手続を処理することができ，審査して誤りのなかった還付税額については，暫定的に国庫還付を処理しない。小型輸出企業の各月累計の還付税額については，翌年度の1月に一括して税金還付を処理することができる。新規に輸

出業務が発生した企業の還付税額については，税金還付審査期間満了後の月に，上記各月で審査して誤りのなかった還付税額について企業に一括して還付することができる。

(3) 免税控除還付申告と会計処理

① 仮説例
1) 計算の順序

免税控除還付方法の計算は次の手順で行われる。

取引時	仕入税額の計算
	売上税額の計算
月末時	控除還付不能税額の計算
	当月納付税額または当月末控除留保税額の計算
	免税控除還付税額の計算
	当月要還付税額または当月免税控除税額の計算

2) 計算上の留意事項

免税控除還付の計算で通常発生する問題を掲げると次のようなものがある。

1．仕入税額

1 増値税専用発票が回収されていない仕入税額は計上できない。
2 増値税の一部を支払っていない場合には，実際に支払った増値税を計上。
3 支払ったが発票を回収していない場合は，発票を回収するまで計上不可。
4 増値税専用発票が間違っていた場合は，その発票の増値税額で計上する。
5 間違った発票の増値税金額を支払った場合は，その発票金額で計上。
6 実際に支払った増値税と発票が異なる場合は，発票を交換まで計上不可。

2．輸出還付税金証憑

輸出貨物の還付免税証憑，例えば税関の輸出貨物通関申告書（輸出税金還付専用），外貨管理局の輸出外貨回収照合証（輸出税金還付専用）または関連部門の中長期外貨回収照合証の提供がなく，生産企業輸出貨物免税控除還付承認通知書を取得できなければ，免税控除還付税額の計算はできない。

3．みなし国内販売

輸出時から6ヶ月を超えて，輸出税金還付証憑を回収できない場合，未申告部分，税関の電子データーと不一致等の場合は，みなし国内販売として売上税額の追加計上と免税控除還付税額の修正計算が必要，逆に，その後，輸出税金還付証憑を回収した場合は，再修正計算が認められる。

3） 仮定条件

次のような仮定条件を設定する。

1．外国投資企業
2．機電製品の生産販売
3．課税率17%，還付税率13%
4．進料加工は生産販売全体の70%
5．前期末控除留保税額は2,000元（前期で控除等できなかった増値税）
6．為替レートは仮定の数値である。

（取引の仮定）

図表3-7　取引関係

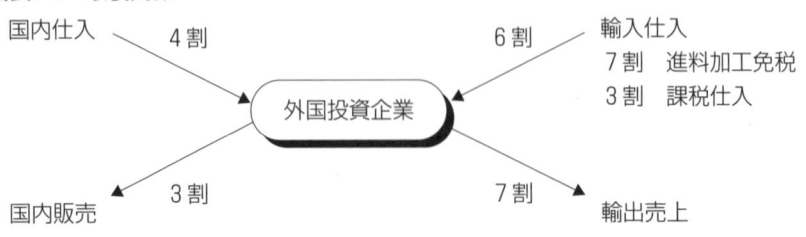

```
国内仕入 ──4割──→ ┌──────────┐ ←──6割── 輸入仕入
                    │ 外国投資企業 │         7割　進料加工免税
                    └──────────┘         3割　課税仕入
国内販売 ←──3割── 　　　　　　　──7割──→ 輸出売上
```

売上高100,000元　輸出割合70%　（輸出高70,000元＋国内売上高30,000元）
売上原価70,000元　売上原価率70%　（製造原価70,000元＋期首期末製品0元）

第3章　増値税の輸出還付免税制度　351

製造原価70,000元　材料費率80％　（材料費56,000元＋加工費14,000元）
仕入高56,000元　国内調達比率40％（国内仕入高22,400元＋輸入高33,600元）
販売管理費12,000元　販売管理費率12％（営業利益＝当期利益＝8,000元）

輸出入取引	免税輸入原材料部品	23,520元	輸入仕入高33,600元×70％
	課税輸入原材料部品	10,080元	輸入仕入高33,600元×30％
	国内仕入原材料部品	22,400元	
	国内製品販売	30,000元	
	輸出製品販売	70,000元	US＄8,750×＠8元＝70,000元

損益計算書
売上高		輸出売上高	70,000元		
		国内売上高	30,000元		100,000元
売上原価	材料費	国内仕入高	22,400元		
		輸入仕入高	33,600元	56,000元	
	加工費			14,000元	
	期首期末棚卸資産残高			0元	70,000元
販売管理費					12,000元
当期利益					18,000元

取引状況　取引は1月と8月で同額発生

1月	免税輸入原材料部品	11,760元	進料加工免税部分	
	課税輸入原材料部品	5,040元		
	国内仕入原材料部品	11,200元	増値税発票未取得	1,200元
	国内製品販売	15,000元		
	輸出製品販売	35,000元	認証　25,000元	
8月	免税輸入原材料部品	11,760元		
	課税輸入原材料部品	5,040元	進料加工免税部分	
	国内仕入原材料部品	11,200元	増値税発票　11,200元	
	国内製品販売	15,000元		

	輸出製品販売	35,000元	認証 25,000元
	国内仕入増値税発票	1,200元	1月分仕入増値税発票取得
	輸出製品販売	10,000元	輸出通関日より180日経過
9月	輸出製品販売	20,000元	1月分と8月分の個別証憑承認

② 月次計算
1) 1月取引の計算
１．仕入税額の計算

国内原材料部品仕入10,000元×17％＝1,700元（仕入先の増値税専用発票）
課税輸入原材料部品5,040元×17％＝856.8元（税関の代理徴収増値税専用納付
　　　　　　　　　　　　　　　　　　領収書）
仕入税額の合計＝仕入増値税1,700元＋輸入増値税856.8元
　　　　　　　＝仕入税総額2,556.8元
原材料の仕入合計＝11,200元＋16,800＝28,000元（仕入総額）

（注）　1　輸入原材料部品の課税標準構成価格＝輸入代金＋関税＋消費税。
　　　　2　関税等は無視した。
　　　　3　増値税専用発票および税関の納付領収書（完税証憑）のないものは計
　　　　　　上不可。

（会計仕訳）
（借方）仕入　　　　　　　28,000元　　　（貸方）銀行預金　　　　30,556.8元
　　　　未納税金－未納増値税
　　　　（仕入税額）　　　2,556.8元

２．売上税額の計算

　　　　国内製品販売　15,000元×17％＝2,550元
　　　　輸出製品販売　35,000元×0％＝0元
　　　　売上高の合計　15,000元＋35,000元＝50,000元

(会計仕訳)
(借方) 売掛金　　　　　　52,550元　　(貸方) 主要営業収入　　　50,000元
　　　　　　　　　　　　　　　　　　　　　　　未納税金－未納増値税
　　　　　　　　　　　　　　　　　　　　　　　(売上税額)　　　　2,550元

2) 1月の月末計算
1. 控除還付不能税額の計算

　　免税控除還付税金の免税控除不能税額の控除額
　　　＝免税購入原材料価格×(輸出貨物課税率－輸出貨物税金還付率)
　　　＝11,760元×(17％－13％)＝470.4元
　　免税控除還付税金の免税控除不能税額
　　　＝輸出貨物本船渡 (FOB) 価格×外貨の人民元レート
　　　　×(輸出貨物課税率－輸出貨物税金還付率)
　　　　－免税控除還付税金の免税控除不能税額の控除額
　　　＝35,000元（＄4,375×@8)×(17％－13％)－470.4元
　　　＝1,400－470.4元＝929.6元

(注)　1　免税控除不能税額の計算では，輸出貨物FOB価格はすべての輸出貨物価格による。
　　　2　輸出貨物の個別証憑のない部分10,000元も含まれる。
　　　3　免税控除還付税額の計算では個別証憑のない10,000元は除外される。
　　　4　免税控除不能税額は売上原価 (主要営業原価) に計上される。

(会計仕訳)
(借方) 主要営業原価　　　929.6元　　(貸方) 未納税金－未納増値税
　　　　　　　　　　　　　　　　　　　　　　　(仕入税額振替)　　929.6元

2. 当月納付税額または当月末控除留保税額の計算

　　当月納付税額
　　　＝当月国内販売貨物売上税額－(前月末控除留保税額
　　　　＋当月仕入税総額－当月免税控除還付税金の免税控除不能税額)

= 2,550元 − (2,000元 + 2,556.8元 − 929.6元)
= − 1,077.2元（未納税金は借方残高）

未納税金 − 未納増値税の勘定科目残高

（借方） 月初控除留保税額	2,000 元	（貸方） 売上税額	2,550 元
仕入税額	2,556.8元	仕入税額振替	929.6元
		月末控除留保金	1,077.2元
	4,557 元		4,557 元

3．免税控除還付税額の計算

免税控除還付税額
= (輸出貨物本船渡（FOB）価格×外貨レート
　− 免税購入原材料価格)×輸出還付率
= (25,000元 − 11,760元)×13% = 1,721.2元

（注）　1　免税控除還付税額の計算では，輸出貨物 FOB 価格は輸出貨物の個別証憑を完備したものに限られ，個別証憑のない部分等は計算に含められない。
　　　2　個別証憑を提出して，主管税務機関から「生産企業輸出貨物免税控除還付承認通知書」が発行された25,000元についてのみ免税控除還付が認められる。
　　　3　当月要還付税額または当月免税控除税額の計算
　　　　当月末控除留保金額1,077.2元＜当月免税控除還付税額1,721.2元であり，
　　　　当月要還付税額＝当月末控除留保金額1,077.2元＝1,077.2元
　　　　当月免税控除税額＝当月免税控除還付税額−当月要還付税額
　　　　　　　　　　　　＝1,721.2元−1,077.2元＝644元

（会計仕訳）
（借方）未収補助金　　　　　　　　　（貸方）未納税金 − 未納増値税
　　　（輸出還付増値税）1,077.2元　　　　　（輸出税金還付）　1,077.2元

未納税金－未納増値税の勘定科目残高

（借方）	月初控除留保税額	2,000 元	（貸方）	売上税額	2,550 元
	仕入税額	2,556.8元		仕入税額振替	929.6元
				輸出税金還付	1,077.2元
		4,556.8元			4,556.8元

3） 8月取引の計算

1．仕入税額の計算

1　通常処理

国内原材料部品仕入11,200元×17％＝1,904元（仕入先の増値税専用発票）
課税輸入原材料部品　5,040元×17％
　＝856.8元（税関の代理徴収増値税専用納付領収書）
仕入税額の合計＝1,904元＋856.8元＝2,760.8元（仕入税総額）
原材料の仕入合計＝11,200元＋16,800元＝28,000元（仕入総額）

（会計仕訳）

（借方）	仕入	28,000元	（貸方）	銀行預金	30,760.8元
	未納税金－未納増値税				
	（仕入税額）	2,760.8元			

2　増値税発票の取得処理

　　国内仕入増値税発票取得分　1,200元×17％＝204元

（注）　1　1月分国内仕入1,200元分の増値税を支払い，発票を取得して税務局に提出承認。
　　　 2　輸入原材料部品の課税標準構成価格＝輸入代金＋関税＋消費税。
　　　 3　関税等は無視。

（会計仕訳）
（借方）未納税金－未納増値税　　　　　（貸方）銀行預金　　　　　　204元
　　　　（仕入税額）　　　　204元

2．売上税額の計算

1　通常処理

　　　　国内製品販売　15,000元×17％＝2,550元
　　　　輸出製品販売　35,000元× 0 ％＝ 0 元
　　　　売上高の合計　15,000元＋35,000元＝50,000元

（会計仕訳）
（借方）売掛金　　　　　　　52,550元　　（貸方）主要営業収入　　　50,000元
　　　　　　　　　　　　　　　　　　　　　　　　未納税金－未納増値税
　　　　　　　　　　　　　　　　　　　　　　　　（売上税額）　　　　2,550元

2　みなし国内販売

　　　　輸出製品販売のみなし国内販売処理　10,000元×17％＝1,700元
　　　　免税控除不能税額の修正計算　　　　10,000元× 4 ％＝400元

（注）　1　1月分輸出製品販売は 6 ヶ月を超えて個別証憑を回収できず，未提出
　　　　　のためみなし国内販売として売上税額を計上しなければならない。
　　　　2　売上税の相手科目はその他未収入金とする。
　　　　3　輸出売上高の修正であり，免税控除不能税額の修正計算が必要である。

（会計仕訳）
（借方）その他未収入金　　　1,700元　　（貸方）未納税金－未納増値税
　　　　　　　　　　　　　　　　　　　　　　　　（売上税額）　　　　1,700元
（借方）未納税金－未納増値税　　　　　　（貸方）主要営業原価　　　　400元
　　　　（仕入税額振替）　　　　400元

4) 8月の月末計算
1. 控除還付不能税額の計算

　　免税控除還付税金の免税控除不能税額の控除額
　　　＝免税購入原材料価格×(輸出貨物課税率－輸出貨物税金還付率)
　　　＝11,760元×(17％－13％)＝470.4元
　　免税控除還付税金の免税控除不能税額
　　　＝輸出貨物本船渡（FOB）価格×外貨の人民元レート
　　　　×(輸出貨物課税率－輸出貨物税金還付率)
　　　　－免税控除還付税金の免税控除不能税額の控除額
　　　＝35,000元（＄4,375×＠8)×(17％－13％)－470.4元
　　　＝1,400－470.4元＝929.6元

（注）　1　免税控除不能税額の計算では，輸出貨物FOB価格はすべての輸出貨物価格による。
　　　　2　輸出貨物の個別証憑のないものも含める。

（会計仕訳）
（借方）主要営業原価　　　929.6元　　（貸方）未納税金－未納増値税
　　　　　　　　　　　　　　　　　　　　　　　（仕入税額振替）　　929.6元

2. 当月納付税額または当月末控除留保税額の計算

　　当月納付税額
　　　＝国内売上税総額（当月国内販売貨物売上税額
　　　　＋みなし国内販売の売上税修正）－｛前月末控除留保税額
　　　　＋仕入税総額（当月仕入税総額＋増値税発票取得分計上）
　　　　－（当月免税控除還付税金の免税控除不能税額
　　　　＋みなし国内販売の免税控除不能税額修正）｝
　　　＝4,250元（2,550元＋1,700元）
　　　　－｛0元＋2,964.8元（2,760.8元＋204）－529.6元（929.6元－400元）｝
　　　＝1,814.8元（プラスは納付税額）

(会計仕訳)
(借方) 未納税金－未納増値税　　　　　(貸方) 未納税金－未納付増値税
　　　（未納付増値税振替）1,814.8元　　　　　　　　　　　　　　1,814.8元

未納税金－未納増値税の勘定科目残高

(借方) 仕入税額	2,964.8元	(貸方) 売上税額	4,250 元
未納付増値税振替	1,814.8元	仕入税額振替	529.6元
	4,779.6元		4,779.6元

5) 9月の月末計算

1．みなし国内販売の修正

　　　8月みなし国内販売処理の修正　　　10,000元×17％＝1,700元
　　　8月免税控除不能税額の再修正計算　　10,000元× 4 ％＝400元

(注)　9月に輸出製品販売の個別証憑20,000元を主管税務局に提出して，生産企業輸出貨物免税控除還付承認通知書を受領したため，8月のみなし国内販売の戻し処理を行う。

(会計仕訳)
(借方) 未納税金－未納増値税　　　　　(貸方) その他未収入金　　1,700元
　　　（売上税額）　　　　1,700元
(借方) 主要営業原価　　　　400元　　　(貸方) 未納税金－未納増値税
　　　　　　　　　　　　　　　　　　　　　　（仕入税額振替）　　400元

2．控除還付不能税額の計算

　　　免税控除還付税金の免税控除不能税額
　　　　＝輸出貨物本船渡（FOB）価格×外貨の人民元レート
　　　　×(輸出貨物課税率－輸出貨物税金還付率)
　　　　－免税控除還付税金の免税控除不能税額の控除額

(注)　すでに計上済みのため，追加計上なし。

3．当月納付税額または当月末控除留保税額の計算

当月納付税額
 ＝当月国内販売貨物売上税額－みなし国内販売の売上税再修正
 －｛前月末控除留保税額＋当月仕入税総額
 －（当月免税控除還付税金の免税控除不能税額
 ＋みなし国内販売の免税控除不能税額の再修正）｝
 ＝－1,700元（0元－1,700元）－｛0元＋0元＋400元)｝
 ＝－1,300元（マイナスは還付税額，未納増値税は借方残高となっている。）

4．免税控除還付税額の計算

免税控除還付税額
 ＝（輸出貨物本船渡（FOB）価格×外貨レート－免税購入原材料価格）
  ×輸出貨物税金還付率
 ＝（20,000元－0元）×13％＝2,600元

(注) 個別証憑を提出して，主管税務機関から「生産企業輸出貨物免税控除還付承認通知書」が発行された部分20,000元について免税控除還付が認められる。

5．当月要還付税額または当月免税控除税額の計算
当月末控除留保金額1,300元≦当月免税控除還付税額2,600元であり，

 当月要還付税額＝当月末控除留保金額1,300元＝1,300元
 当月免税控除税額＝当月免税控除還付税額－当月要還付税額
        ＝2,600元-1,300元＝1,300元

(会計仕訳)
(借方) 未収補助金   (貸方) 未納税金－未納増値税
　　(輸出還付増値税)　1,300元　　　　(輸出税金還付)　　1,300元

未納税金 – 未納増値税の勘定科目残高

（借方）	0元	（貸方）売上税額	△1,700元
		仕入税額振替	400元
		輸出税金還付	1,300元
	0元		0元

③ 仮説例の検証

月次計算で使用した数値の合計により，全体として免税控除還付の計算を行って，その結果が月次計算と同じものになるかを検証する。

前提条件　機電製品の生産販売
　　　　　課税率17%，還付税率13%
　　　　　進料加工は生産販売全体の70%
　　　　　免税輸入原材料部品　23,520元　輸入仕入高33,600元×70%
　　　　　課税輸入原材料部品　10,080元　輸入仕入高33,600元×30%
　　　　　国内仕入原材料部品　22,400元
　　　　　国内製品販売　　　　30,000元
　　　　　輸出製品販売　　　　70,000元　US＄8,750×@8元＝70,000元

1）全体計算

1．仕入税額の計算

　　　　国内原材料部品仕入22,400元×17%＝3,808元
　　　　課税輸入原材料部品10,080元×17%＝1,713.6元
　　　　　　（税関の代理徴収増値税専用納付領収書）
　　　　仕入税額の合計＝仕入増値税3,808元＋輸入増値税1,713.6元
　　　　　　　　　　　＝仕入税総額5,521.6元
　　　　原材料の仕入合計＝22,400元＋23,520＋10,080元＝56,000元
　　　　　　（仕入総額）

(会計仕訳)
(借方) 仕入　　　　　　　56,000元　　　(貸方) 銀行預金　　　61,521.6元
　　　　未納税金－未納増値税
　　　　(仕入税額)　　　　5,521.6元

2．売上税額の計算

　　　国内製品販売　30,000元×17％＝5,100元
　　　輸出製品販売　70,000元× 0 ％＝ 0元
　　　売上高の合計　30,000元＋70,000元＝100,000元

(会計仕訳)
(借方) 売掛金　　　　　　105,100元　　(貸方) 主要営業収入　　100,000元
　　　　　　　　　　　　　　　　　　　　　　未納税金－未納増値税
　　　　　　　　　　　　　　　　　　　　　　(売上税額)　　　　5,100元

3．控除還付不能税額の計算

　　　免税控除還付税金の免税控除不能税額の控除額
　　　　＝免税購入原材料価格×(輸出貨物課税率－輸出貨物税金還付率)
　　　　＝23,520元×(17％－13％)＝940.8元
　　　免税控除還付税金の免税控除不能税額
　　　　＝輸出貨物本船渡(FOB)価格×外貨の人民元レート
　　　　　×(輸出貨物課税率－輸出貨物税金還付率)
　　　　　－免税控除還付税金の免税控除不能税額の控除額
　　　　＝70,000元($8,750×@8)×(17％－13％)－940.8元＝1,859.2元

(会計仕訳)
(借方) 主要営業原価　　　1,859.2元　　(貸方) 未納税金－未納増値税
　　　　　　　　　　　　　　　　　　　　　　(仕入税額振替)　　1,859.2元

4．当月納付税額または当月末控除留保税額の計算

当月納付税額
　　＝当月国内販売貨物売上税額－（前月末控除留保税額＋仕入税総額
　　　－当月免税控除還付税金の免税控除不能税額）
　　＝5,100元（30,000元×17％）－（2,000元＋5,521.6元（32,480元
　　　×17％）－1,859.2元）
　　＝－562.4

（会計仕訳）
（借方）未収補助金　　　　　　　　　（貸方）未納税金－未納増値税
　　　　（輸出還付増値税）　562.4元　　　　　　（輸出税金還付）　562.4元

未納税金－未納増値税の勘定科目残高

（借方）月初控除留保税額	2,000 元	（貸方）売上税額	5,100 元
仕入税額	5,521.6元	仕入税額振替	1,859.2元
		輸出税金還付	562.4元
	7,521.6元		7,521.6元

2）月次処理との比較

未納税金－未納増値税の勘定科目残高

（借方）月初控除留保税額	2,000 元	（貸方）売上税額	5,100 元
仕入税額	5,521.6元	仕入税額振替	1,859.2元
増値税納付	1,814.8元	輸出税金還付	2,377.2元
	9,336.4元		9,336.4元

（月次処理）

　　輸出税金還付2,377.2元－未納増値税1,814.8元＝（一括処理）562.4元

◆ 第4章 ◆

保税制度と加工貿易

1 保税制度

(1) 保税制度の概要

　現行の保税制度の概要を説明すれば次のとおりである。保税制度とは，税関の認可を経て輸入貨物を暫定的に課税留保する制度であり，税関が課税権を保留して監督する制度である。中国の保税制度の概要は図表4-1のとおりである。

図表4-1　保税制度の概要

保税区分	保税方法	主たる内容
保税場所	保税倉庫	税関が認可した貨物を保税する倉庫（工場）
	輸出監督倉庫	税関が輸出貨物を保税する監督管理倉庫
	保税工場	税関が認可した輸出貨物生産の専門加工工場
加工貿易	来料加工	原材料部品の無償支給と加工賃契約
	進料加工	原材料部品と加工製品の有償支給
	深加工結転	加工貿易企業間の製品の再加工輸出
	対外加工	中国国外で役務を提供する業務
	補償貿易	外国が技術設備を提供し製品等で代金返済
	来様加工	サンプルどおりに製品を加工
	来件加工	指定部品の提供を受け組立加工
保税区域	保税区	国務院認可の特定閉鎖地域

輸出加工区	国務院認可の経済技術開発区内の特定地域
保税物流園区	国務院認可の倉庫と物流の特定閉鎖地域
保税港区	国務院認可の港湾区と隣接する特定閉鎖地域
総合保税区	国務院認可の輸出加工区，保税物流中心と港湾機能を統合した特定閉鎖区域
保税物流中心	A型とB型があり，A型は保税倉庫物流専門企業の税関監督管理場所であり，B型は複数企業が利用する倉庫物流業務の税関監督管理場所である。
越境工業園区	国務院認可の輸出加工区政策を適用する特定閉鎖地域で珠海マカオ越境工業区の珠海園区のみ認可
辺境合作区	国務院認可の国境を超えた経済貿易区と合作の特定区域でウイグルのコルガス辺境合作区のみ認可

① 保税場所
1) 保税倉庫（保税輸入倉庫）

保税倉庫とは，税関が認可して設立した保税貨物およびその他の税関手続未了の貨物を保存する倉庫をいう。保税倉庫には公用型保税倉庫と自社使用型保税倉庫がある。公用型保税倉庫は倉庫業務を主管する中国国内の独立の企業法人が経営し，社会に保税倉庫サービスを専門的に提供するものである。自社使用型保税倉庫は，特定の中国国内の独立の企業法人が経営し，当該企業が自社使用する保税貨物を在庫保存するだけのものである。

保税倉庫には，特定用途または特定種類の商品を専門的に保管する専用型保税倉庫があり，専用型保税倉庫には液体危険物保税倉庫，予備資材保税倉庫，寄託販売保守修理保税倉庫およびその他の専用型保税倉庫がある。

予備資材保税倉庫とは，加工貿易企業が再輸出製品を加工するために輸入した原材料，設備およびその部品を保存在庫する保税倉庫を指し，保税する貨物は当該企業に供給されたものに限られる。

寄託販売保守修理保税倉庫とは，外国製品を保守修理するために輸入寄託販売部品を保存在庫する保税倉庫をいう。

2) 保税倉庫保管貨物

税関の認可を受けて保税倉庫に保管することのできる貨物は次のとおりであ

る。

1. 加工貿易の輸入貨物
2. 中継貨物
3. 国際航路船舶と航空機に供給する燃料，資材および保守用部品
4. 外国製品を保守するために輸入する寄託販売部品
5. 外国企業が暫定的に保管する貨物
6. 税関手続未了の一般貿易貨物
7. 税関が認可したその他の税関手続未了の貨物

3) 輸出監督管理倉庫

輸出監督管理倉庫とは，規定により輸出貨物許可証または認可書類を受領してすでに対外的に外貨決済を完了し税関に一部の輸出通関手続を完了した貨物を保管する専用倉庫を指す。当該倉庫内に保管される貨物は輸出監督管理倉庫貨物という。

輸出監督管理倉庫は，国家の認可を受けて対外貿易運輸業務，倉庫業務を経営する権利を有する企業と経済貿易主管部門の認可を受けて対外貿易倉庫経営権を有する外国投資企業が税関に申請書を提出して設立するものであり，倉庫会社による専用型保税倉庫である。

この倉庫内では保管貨物に対して加工を行ってはならない。倉庫内で仕訳，選別，商標貼付，包装替え等の簡単な加工を行う場合には，税関の許可を受けて税関の監督の下に行わなければならない。

規定により手続が終了して保管された貨物は，規定の期限内に国外に搬出されなければならず，国内販売に転用してはならない。

倉庫に保管する貨物の保存期限は6ヶ月であり，特殊な状況により税関に期限の延長を申請する場合は，最長で6ヶ月を超えることはできない。

4) 保税工場

税関が認可した輸出製品を生産するための専門加工工場である。

② 加工貿易
1) 来料加工

来料加工とは，輸入する原材料部品は国外の企業が提供し，経営企業は輸入に外貨支払いを必要とせず，国外企業の要求に従って加工または組立装着を行い，加工賃のみを受け取り，製造完成品は国外企業が販売する経営活動をいう。

2) 進料加工

進料加工とは，輸入する原材料部品は経営企業が輸入に外貨を支払い，製造完成品は経営企業が国外販売輸出する経営活動をいう。

3) 深加工結転

深加工結転とは，加工貿易企業が保税輸入原材料部品を加工した製品を他の加工貿易企業に転送してさらに加工した後に再輸出する経営活動を指す。また，深加工結転規則における定義は同様に，加工貿易企業が保税輸入原材料部品を加工した製品を他の直属税関管区内の加工貿易企業に転送してさらに加工した後に，再輸出する経営活動と規定されている。

用語の定義は以上のとおりであるが，簡単に言えば，各地域の税関に登記した加工貿易企業の間で加工製品を転送して再加工し最終的に輸出する，いわゆる転廠のことを指している。転廠はこれまで主に広東省で行われていたが，転廠を制度的に規定した深加工結転業務に関する管理規則が1999年に公布されてから，中国全土で行われるようになっている。

4) 補償貿易

外国企業が技術設備を無償で提供し，加工貿易企業が外国企業に指示された製品等を生産して外国企業に無償で提供し，設備代金を実質的に返済する貿易取引をいう。

③ 保税区域
1) 保税区

保税区とは，国務院の認可を受けて中国国内で税関が監督管理する特定の地域を指し，保税区に搬出入される貨物，運輸工具，個人携帯物品は，保税区税関監督管理規則によって監督管理される。保税区は，輸出入加工，国際貿易，

保税倉庫，商品展示等の機能を有する．

保税区には，大連保税区，天津港保税区，山東青島保税区，張家港保税区，上海外高橋保税区，寧波保税区，福州保税区，厦門象嶼保税区，広州保税区，珠海保税区，汕頭保税区，深圳保税区，深圳福田保税区，深圳汕頭角保税区，海口保税区がある．

2) 輸出加工区

輸出加工区とは，国務院の認可を受けて経済技術開発区内に設立される，税関が監督管理する特殊な閉鎖的区域を指し，輸出加工区に搬出入される貨物は輸出加工区監督管理暫定規則により監督管理される．

輸出加工区の機能は，輸出貨物のための加工貿易に限定されており，区内には輸出加工企業のほかは倉庫運輸企業が存在する．

国務院が正式に認可した輸出加工区は，遼寧大連輸出加工区，遼寧瀋陽輸出加工区，内蒙古フフホト輸出加工区，河北秦皇島輸出加工区，天津輸出加工区，北京天竺輸出加工区，山東煙台輸出加工区，山東威海輸出加工区，山東青島輸出加工区，山東済南輸出加工区，山東維坊輸出加工区，河南鄭州輸出加工区，陝西西安輸出加工区，安徽蕪湖輸出加工区，江蘇昆山輸出加工区，江蘇蘇州工業園区輸出加工区，江蘇蘇州高新区輸出加工区，江蘇鎮江輸出加工区，江蘇南京輸出加工区，江蘇連運港輸出加工区，江蘇南通輸出加工区，江蘇無錫輸出加工区，上海松江輸出加工区，上海青浦輸出加工区，上海漕河径輸出加工区，上海閔行輸出加工区，上海金橋輸出加工区，浙江杭州輸出加工区，浙江寧波輸出加工区，嘉興輸出加工区，福健厦門杏林輸出加工区，広東深圳輸出加工区，広東広州輸出加工区，広西北海輸出加工区，湖北武漢輸出加工区，四川成都輸出加工区，重慶輸出加工区，吉林琿春輸出加工区，新疆ウルムチ輸出加工区等がある．

3) 保税物流園区

保税物流園区は，保税区と港湾区を連動して倉庫産業と物流産業を飛躍的に発展させるための保税区域である．物流を専門とする保税物流園区内で設立された倉庫，物置場，検査場，操作場所では，工業生産加工場所と商業性の消費施設を建設することができない．ただし，流通を目的とする簡単な加工と付加価値サービスを付加することはできる．

保税物流園区内で認められる業務は，輸出入貨物等の保管，保管する輸出入貨物の流通性の簡単加工と付加価値サービスの附加，仲介貿易を含む輸出入貿易，国際的な買付・流通販売・配送，国際トランジット，検査とメインテナンス，商品展示，その他の国際物流業務等となっている。

保税物流園区内も，商業小売，加工製造，商品刷新，商品分割等の物流園区と関係ない業務を行うことはできない。

保税物流園区には，外高橋保税物流園区等がある。

4) 保税港区

保税港区は2007年10月から実施された保税制度であり，制度が確立された時点では上海，天津，大連，重慶が保税港区の建設を申請していた。保税港区は，国務院が批准した国家が対外的に開放した港湾区と隣接する特定地域内であり，港湾，物流，加工等の機能を有する税関の特殊監督区域である。

保税港区内で認められる業務は，輸出入貨物等の保管，国際仲介貿易を含む対外貿易，国際的な買付・流通販売・配送，国際トランジット，検査とアフターサービスのメインテナンス，商品展示，研究開発，加工，製造，港湾作業等となっている。

5) 総合保税区

総合保税区とは，既存の輸出加工区，保税物流中心と港湾機能が統合された特殊区域である。総合保税区の機能は，一箇所に集中して，保税加工，保税物流，輸出入貿易，仕入販売，金融サービス，検査メインテナンス，展示展覧等の機能が提供される一体化された区域である。

総合保税区は，税関の特定閉鎖区域のすべての機能が統合されたものであり，企業は区内で貨物の保税倉庫保管と加工，製造業務だけではなく，対外貿易等の業務も展開することができる。

総合保税区は，沿海地区で港湾を有する保税港区と同一の機能を有する内陸地区に設立される保税港区であり，保税港区監督管理弁法が準用される。

6) 保税物流中心

保税物流中心は，国務院の批准ではなく税関の批准による税関の監督管理区域で，保税物流中心（A型）は，中国国内の保税倉庫物流業務を専門的に従事する物流企業が，物流，仕訳，配送業務を行う税関の監督管理区域で，物流専

門企業が自己使用のために使用するものである。

これに対して保税物流中心（B型）は，中国国内の保税倉庫物流企業が経営するが，複数の保税倉庫物流企業がこれを活用する税関の一定の監督管理区域で，複数の物流企業に対して保税倉庫監督管理を行うものである。保税物流中心（B型）の機能も，物流，仕訳，配送業務である。

保税物流中心（B型）は保税倉庫と同じ監督管理を受け，自己使用物資と設備の輸入免税政策は享受することができないが，その他の優遇措置は輸出加工区と同じである。

保税物流中心には，蘇州工業園区保税物流中心，蘇州高度新技術区保税物流中心，南京龍潭保税物流中心，北京空港保税物流中心，上海西北物流園区保税物流中心，天津経済技術開発区保税物流中心，東莞保税物流中心，中山保税物流中心，広州空港保税物流中心，江陰保税物流中心，太倉保税物流中心，杭州保税物流中心，青島保税物流中心，日照保税物流中心，厦門火炬（翔安）保税物流中心，営口港保税物流中心，西安保税物流中心，成都保税物流中心，長沙金霞保税物流中心，南昌保税物流中心，山西方略保税物流中心等がある。

7) 越境工業園区

珠海越境工業園区は国務院が認可した唯一の税関特殊監督管理区域である。珠海越境工業園区では保税区の政策が実行され，中国国内の越境工業園区外の地区との間で行われる輸出入について輸出加工区の政策が適用される。

珠海越境工業園区の機能は，輸出加工，保税倉庫物流，国際貿易である。

8) 辺境合作区

国務院が認可した唯一のウイグル自治区のコルガス辺境合作区では，投資，貿易，人員の出入りが自由な高度に開放された総合的な国際貿易区域である。辺境合作区の機能は，国際中継貿易，配送，国際買付，仲介貿易，保税加工，保税物流と商品展示である。

租税優遇政策としては，中国側の区域に搬入するインフラ物資と自己使用設備は輸出とみなされて税金還付が実行される。国外から中国側区域に搬入されたインフラ物資と自己使用設備は関税と輸入増値税が免税とされる。区域内では保税区政策が適用される。

(2) 保税倉庫と輸出監督管理倉庫

① 保税倉庫管理規定

中国税関は「税関の保税倉庫と保管貨物に対する管理規定」を公布し、下記のとおり、保税倉庫についての管理規定を定めた。

1) 保税倉庫

保税倉庫とは、税関の批准を受けて設立する保税貨物とその他の税関手続未了の貨物を専門的に在庫する倉庫をいう。保税倉庫には公用型保税倉庫と自社使用型保税倉庫がある。公用型保税倉庫は倉庫業務を主管する中国国内の独立の企業法人が経営し、社会に保税倉庫サービスを専門的に提供するものである。自社使用型保税倉庫は、特定の中国国内の独立の企業法人が経営し、当該企業が自社使用する保税貨物を在庫保存するだけのものである。

保税倉庫には、特定用途または特定種類の商品を専門的に保管する専用型保税倉庫があり、専用型保税倉庫には液体危険物保税倉庫、予備資材保税倉庫、寄託販売保守修理保税倉庫およびその他の専用型保税倉庫がある。予備資材保税倉庫とは、加工貿易企業が再輸出製品を加工するために輸入した原材料、設備およびその部品を保存在庫する保税倉庫を指し、保税する貨物は当該企業に供給されたものに限られる。寄託販売保守修理保税倉庫とは、外国製品を保守修理するために輸入寄託販売部品を保存在庫する保税倉庫をいう。

2) 保税倉庫貨物

税関の批准を受けて保税倉庫に保管することのできる貨物は次のとおりである。

1. 加工貿易の輸入貨物
2. 中継貨物
3. 国際航路船舶と航空機に供給する燃料、資材および保守用部品
4. 外国製品を保守するために輸入する寄託販売部品
5. 外国企業が暫定的に保管する貨物
6. 税関手続未了の一般貿易貨物
7. 税関が認可したその他の税関手続未了の貨物

保税倉庫は，税関の批准を受けた保管貨物の範囲と商品種類で保税倉庫業務を展開することができる。

3) 保税倉庫の設立

保税倉庫を経営する企業は下記の条件を満たさなければならない。

1．工商行政管理部門の登録登記を受けて企業法人格を有すること。
2．登録資本金の最低限度額が300万人民元であること。
3．税関に税額を納付する能力があること。
4．保税貨物を専門的に在庫する営業場所を有すること。
5．特殊な許可商品の在庫を経営する場合は，規定の特殊許可証書を有すること。
6．予備原材料保税倉庫を経営する加工貿易企業は，年間輸出額が最低で1,000万米ドルであること。
7．法律，行政法規，税関の規章が定めるその他の条件。

4) 保税倉庫貨物の入庫

保税倉庫貨物が入庫するときは，荷送人またはその代理人が関係証票を税関に持参して貨物通関入庫手続を行い，税関は査定した保税倉庫の保管貨物の範囲と商品種類に基づいて通関入庫貨物の品種，数量，金額について照合審査を行い，入庫貨物に対して照合登記手続を行う。入庫貨物が輸入する港湾に保税倉庫の主管税関が所在しない場合は，税関の批准を受けて，税関の転送通関の規定によるかまたは港湾に所在する税関が関係手続を処理する。

保税倉庫貨物の在庫期限は1年とする。正当な理由が確実な場合には，税関の同意を得て延期することができる。特別な場合を除いて1年を超えることはできない。

5) 保税貨物の加工等

保税倉庫貨物は，包装，クラス分け，ラベル貼付，仕訳，組立等の簡単加工を行うことができるが，実質的な加工を行うことはできない。保税倉庫貨物は，税関の批准がなければ，みだりに売却，譲渡，抵当差入れ，留置，用途変更またはその他処分を行うことはできない。

6) 免税規定

下記の保税倉庫貨物は出庫時に法により関税と輸入段階代理徴収税金を免税する。

1．修理保証期間内の無償修理に使用した関係外国製品で無償補償貨物の関係規定に該当する部品
2．国際航空船舶と航空機器に使用するオイルと物資
3．国家が免税を規定するその他の貨物

7) 保税倉庫貨物の出庫

下記に該当する保税倉庫貨物は，税関の批准を受けて出庫手続を行うことができ，税関は関係の規定により管理と解除を処理する。

1．国外に搬出する場合
2．国内の保税区，輸出加工区に搬出する場合またはその他の保税倉庫に払い出して保税監督管理を継続的に実施する場合
3．加工貿易に転化して輸入する場合
4．国内市場に転入して販売する場合
5．税関が定めるその他の場合

8) 国内出庫手続，異地通関と集中通関

保税倉庫貨物を出庫して国内のその他の地方に搬出する場合は，荷送人またはその代理人が輸入通関申告書を記載して，出庫書類等の関係証票を付帯して税関で申告しなければならず，保税倉庫は税関で出庫手続を行いかつ税関が署名発行する通関申告書を根拠として貨物を発送しなければならない。

異地から保税倉庫貨物を払い出して出庫する場合は，保税倉庫主管税関で通関することができ，税関の規定により転送通関手続を行うことができる。

出庫する保税倉庫貨物の数量が少なく，頻繁に行われる場合は，税関の批准を受けて集中通関手続を行うことができる。

9) 国外出庫手続

保税倉庫貨物を出庫して国外に再搬送する場合は，荷送人またはその代理人が輸出通関申告書を記載し，出庫書類等の関係証票を付帯して税関で申告しな

ければならず，保税倉庫は税関で出庫手続を行いかつ税関が解除して署名発行した通関申告書を根拠として貨物を発送しなければならない。出国貨物の出国する港湾に保税倉庫主管税関が所在しない場合は，税関の批准を受けて，港湾税関で関係手続を行い，税関の規定により転送通関手続を行うことができる。

② 輸出監督管理倉庫

中国税関の「輸出監督管理倉庫に対する暫定管理弁法」によれば，輸出監督管理倉庫の管理は次のとおりである。

1) 輸出監督管理倉庫

輸出監督管理倉庫とは，規定により輸出貨物の許可証または批准書を受領して，対外的に買取による外貨決済を行って税関ですべての輸出税関手続を完了した貨物を保管する専用倉庫をいう。倉庫内に保管する貨物を輸出監督管理倉庫貨物という。

2) 輸出監督管理倉庫の設立

輸出監督管理倉庫を設立するには，国家の批准を受けて対外貿易運輸，倉庫業務を経営する権利を有する企業と経済貿易主管部門の批准を受けて対外貿易倉庫経営権を有する外国投資企業が税関で申請書を提出しなければならない。

輸出監督管理倉庫は，沿海の港湾と辺境の港湾においてのみ設立する。内地と税関の設立されていない場所では輸出監督管理倉庫は設立しない。

3) 輸出監督管理倉庫貨物

倉庫内においては保管貨物に対して加工を行うことはできない。必要な場合には，倉庫内でクラス分け，選別，ラベル貼付，包装の変更等の簡単加工を行い，税関の許可を受けて税関の監督管理の下で行わなければならない。

4) 入庫手続

輸出貨物を倉庫に入庫する時は，荷送人またはその代理人は税関で事実のとおり申告し，下記の証票を提出しなければならない。

1. 輸出貨物通関申告書，入庫貨物リスト，輸出通関申告書税金還付専用綴り
2. 対外的に締結した貨物輸出契約書

3. 該当する場合は輸出貨物許可証
4. 輸出貨物の荷受人が国内荷送人に委託した輸出監督管理倉庫の委託証明書
5. 国外の銀行が発行した信用状または外貨管理部門が発行した外貨決済照合確認証明書
6. その他の関係証票

5) 保管貨物の輸出

倉庫に保管した貨物を荷造運送して輸出した場合は，荷送人またはその代理人が税関に，当該貨物の入庫時の税関が署名発行した通関申告書と関係証票を提出して「出庫貨物リスト」を記載して荷造運送して輸出手続を処理する。倉庫代理人は，税関が署名発行した出庫貨物リストを根拠として関係貨物を引き渡し，税関の監督管理下で貨物を荷造運送して輸出する。

6) 転送通関

転送通関運輸方法を通して倉庫に保管した貨物または倉庫から荷造運送し輸出した貨物は，荷送人またはその代理人が弁法の関係規定と税関の転送通関貨物の規定により関係手続を行う。

7) 国内販売の禁止

規定により手続を行って倉庫に入庫した貨物は，規定の期間内に国外に搬出しなければならず，国内販売に転化してはならない。

(3) **加工貿易**

① **加工貿易の監督管理制度**

加工貿易の監督管理制度には，加工貿易の届出制度，銀行保証金台帳制度，単位消耗管理制度があり，その概要は図表4-2のとおりである。

図表4-2 加工貿易の監督管理制度

監督管理制度	管理の内容	分類
届出制度	商品別分類管理	禁止，許可，制限商品
	企業別分類管理	A，B，C，D分類
銀行保証金台帳制度	実転管理と空転管理	
	東部地域と中西部地域	
単位消耗管理制度	単位消耗管理	
	加工貿易登記手冊管理	

1) 税関による商品別と企業別の分類管理

商品別分類管理とは，中国の産業政策に基づいて加工貿易の商品構造をハイテク化，高付加価値化するために，税関が輸出入商品を禁止類，制限類，許可類に区分する制度である。

禁止類商品は対外貿易法が定める輸入禁止の商品と保税監督管理対象外の商品である。制限類商品は輸入材料の内外価格差が大きく税関が監督管理しにくい敏感商品であり，許可類商品は禁止類と制限類以外の商品である。

次に，企業別分類管理とは，加工貿易企業をA，B，C，Dの4つに分類する制度である。A類企業は，連続して6ヶ月間に密輸行為と規定違反行為の記録がない企業でその他の諸条件を満たす企業であり，現在では，A類企業のうち特に評価の高い企業をAA類企業として区分している。

B類企業は，基本的に法にしたがって加工貿易を展開し，連続した2年間に密輸行為と規定違反行為の記録のない企業で，A類企業の条件には適合しないが，C類企業とD類企業の条件が発生していない企業がB類企業に分類される。

C類企業は，対外経済貿易部門，税関総署の関係規定により税関が規定違反行為のあったと認定した企業である。D類企業は，密輸行為または3回以上の規定違反行為があったと税関が認定した企業で，D類企業に該当する場合は，加工貿易契約を届出することはできない。

2) 銀行保証金台帳制度

　中国では1995年から加工貿易の輸入原材料部品に対して銀行保証金台帳制度が実施されている。銀行保証金台帳制度とは，加工貿易企業が税関の審査批准した加工貿易契約に基づいて届け出した輸入原材料部品金額について，指定銀行（中国銀行支店）で加工貿易輸入原材料部品保証金台帳の開設を申請し，加工製品が所定の期間内にすべて輸出され，税関の消込照合を受けた後に銀行が保証金台帳の消込照合を行う制度である。

　銀行保証金台帳制度には実転管理と空転管理がある。銀行保証金台帳の実転管理とは，加工貿易企業が銀行保証金台帳を処理する時に，税関が徴収すべき関税と輸入増値税の合計額の100％または50％に相当する保証金を税関の指定する銀行口座に預け入れる。銀行保証金台帳の空転管理とは，このような保証金の預け入れが行われないことをいう。

　銀行保証金台帳の実転管理では，保証金の納付が発生するが，保証金の納付には実際の銀行口座による納付と銀行による税額保証金保証状の発行等がある。2000年から保証金の払い込みに代えて，加工貿易企業が事情により税額保証金の納付ができない場合は，中国銀行が加工貿易企業のために税関を受益者とする税額保証金保証状を発行して税関の届出手続を行うことができるようになっている。

　2007年7月には保証金台帳制度について大幅な変更が行われた。制限類商品に対する銀行保証金台帳の実転管理の強化，加工貿易の東部地区から中西部地区へのシフト，輸出制限管理が新たに規定されている。

　銀行保証金台帳の実転管理の強化については，東部地区のA類企業（AA類企業も含む）とB類企業については，輸入関税と輸入増値税の合計の50％に相当する保証金の納付が必要である。

　B類企業については従来から50％の保証金の納付が行われていたが，制限類商品が増加されたので新たに制限類商品に該当することとなったB類企業は50％の保証金の納付が必要となる。

　中西部地区のA類企業とB類企業については，保証金台帳の空転管理が行われている。B類企業は以前から50％の保証金の納付が行われていたので，逆に保証金の納付がなくなった。

Ｃ類企業は東部地区と中西部地区に関係なく，従来どおり100％の保証金の納付が必要であるが，新たに制限類商品に該当することとなったＣ類企業は100％の保証金の納付が必要となる。

　なお，上記の内容は2008年１月現在のものであり，その後に深刻化した世界金融危機による輸出悪化により，銀行保証金台帳の管理運用は幾度か緩和されており，実務に当たっては最新の管理運用の実態を確認する必要がある。

3) 銀行保証金台帳制度と保税区域

　銀行保証金台帳制度は一般地域で行われ，保税区域，保税工場等では実施されない。保税区内の加工企業が行う来料加工，進料加工業務についても銀行保証金台帳制度は実行されない。しかし，保税区企業が保税区外企業に加工業務を委託する場合は，その区外企業は所轄地域の税関に契約を届け出て加工貿易銀行保証金台帳制度を実行しなければならない。

　輸出加工区と保税港区の区内企業が行う加工貿易業務については，加工貿易銀行保証金台帳制度は適用されない。また税関はこれらの区内企業に対して加工貿易登記手冊制度も適用しない。保税物流園区では加工業務は行うことができないため加工貿易の銀行保証金台帳制度と加工貿易登記手冊制度は存在しない。

4) 単位消耗管理制度

　加工貿易によって取り扱われる保税貨物は加工貿易貨物と称され，これには輸入した原材料部品（原材料，補助材料，部品，組立部品，包装資材），加工製品，加工過程で発生した端材，残余材，副産物等がある。

　このうち輸入した原材料部品については，単位消耗管理弁法と呼ばれる管理規則があり，これにより単位消耗管理制度が定められている。単位消耗とは，加工貿易企業が正常な生産条件の下で加工生産する輸出製品１単位当たりに消耗する輸入原材料部品の数量をいう。

　この単位消耗管理制度は，保税倉庫工場（保税監督管理場所）と保税区域（保税監督管理区域）における加工貿易企業には適用されない。保税倉庫工場と保税区域については，それぞれの保税監督管理制度がありますので単位消耗管理制度を適用する必要がないからである。保税倉庫工場と保税区域以外の一般地域における加工貿易企業は，単位消耗の届出と申告を行う必要がある。

加工貿易企業が申告した単位消耗数量が税関の単位消耗基準内である場合は，税関は申告した単位消耗数量に基づいて保税原材料部品に対して消込照合を行う。申告した単位消耗数量が単位消耗基準を超える場合は，単位消耗基準の上限値または下限値に基づいて保税原材料部品に対して消込照合を行う。これらの消込照合作業は，次に述べる加工貿易登記手冊によって行われる。

5) 加工貿易登記手冊

加工貿易登記手冊とは，対外加工契約を締結した加工貿易企業が所轄の税関に加工貿易の届出を行い，税関が届出の審査を行って届出申請日から5日以内に加工貿易企業に発行する消込照合のための手帳である。

加工貿易登記手冊は，保税扱いで輸入された原材料，補助材料，部品，組立部品，包装資材の数量等が記録され，加工して再輸出されるまでの実際の使用数量と仕損数量の記録と照合される。

② 加工貿易監督管理弁法

2008年に修正された「中華人民共和国税関の加工貿易貨物に対する監督管理に関する弁法」によれば，現行の加工貿易の届出（備案），輸出入通関，加工，監督管理，照合手続は，次のように規定されている。

1) 加工貿易用語

１．加工貿易

加工貿易とは，経営企業が全部または一部の原材料補助材料，部品，組立品，包装資材（以下，原材料部品と称する）を輸入し，加工または組立装着を受けた後に，製造完成品を再輸出する経営活動をいい，来料加工と進料加工を含む。

２．来料加工

来料加工とは，輸入原材料部品は国外企業が提供され，経営企業は外貨支払いを必要としないで輸入し，国外企業の要求に従って加工または組立を行い，加工賃のみを受け取り，製造完成品は国外企業が販売する経営活動をいう。

３．進料加工

進料加工とは，輸入原材料部品は経営企業が外貨を支払って輸入し，製造完成品は経営企業が国外販売して輸出する経営活動をいう。

4．加工貿易企業

加工貿易貨物とは，加工貿易プロジェクトにおける輸入原材料部品，構成品と加工過程において発生する端材残材，不良品，副次品等をいう。

加工貿易企業には，税関の登録登記を受けた経営企業と加工企業を含む。

経営企業とは，対外的に加工貿易輸出入契約書を締結することに責任を負う各種の輸出入企業と外国投資企業，および来料加工経営許可証の獲得の批准を受けた対外加工組立サービス会社をいう。

加工企業とは，経営企業の委託を受けて，輸入原材料部品に対して加工または組立を行うことに責任を有し，かつ法人資格を有する生産企業，および経営企業が設立した法人資格を有しないが，相対的に独立計算を実行して工商営業許可証の処理を行った工場をいう。

5．単位消耗原材料数量

単位消耗原材料数量とは，加工貿易企業が正常な生産条件の下で加工した生産単位の輸出製品に消耗使用した輸入原材料部品の数量をいい，単位消耗と称する。

6．深加工結転

深加工結転とは，加工貿易企業が保税輸入原材料部品で加工した製品を別の加工貿易企業に転送してさらに加工した後に再輸出する経営活動をいう。

7．下請企業

下請企業とは，経営企業と加工契約を締結し，経営企業が委託する外注加工業務を引き受ける生産企業をいう。下請企業は税関で登録登記を受けなければならず，相応の加工生産能力を有しなければならない。

8．外注加工

外注加工とは，経営企業が自己の生産の特徴と条件による制限を受けることによって，税関の批准を受けて関係手続を処理し，下請企業に加工貿易貨物について加工を行い，規定の期限内に加工した後の製品を当該企業に回送して最終的に再輸出する行為をいう。

9．照合確認（核鎖）

照合確認とは，加工貿易の経営企業が加工して再輸出した場合または国内販売等の税関手続を行った後に，規定の証憑に基づいて，税関で監督管理の解除

を申請し，税関の審査，現物の照合調査を受けて，法律，行政法規，規章の規定に該当して，監督管理手続の解除を行うことを認める行為をいう。

2) 輸出入許可証

国家に別途規定のあるものを除いて，加工貿易の輸入原材料部品が国家の輸入制限に対する規定に属する場合は，経営企業は税関に輸入許可証の提出を免除する。加工貿易の輸出製造完成品が国家の輸出制限に対する規定に属する場合は，経営企業は税関に輸出許可証を提出しなければならない。

3) 加工貿易の届出

経営企業は加工企業所在地の主管税関で加工貿易貨物を処理する届出（備案）手続を行わなければならない。経営企業と加工企業が同一の直属税関が管轄する区域範囲に所在していない場合は，税関の異地加工貿易に対する管理規定により貨物届出手続を行わなければならない。

経営企業が加工貿易届出手続を行う場合は，下記の証憑を提出しなければならない。

1. 主管部門が署名発行した加工貿易業務を展開することに同意した有効批准文書
2. 経営企業が自ら加工能力を有する場合は主管部門が署名発行した「加工貿易加工企業生産能力証明書」
3. 経営企業が加工を委託する場合は，経営企業と加工企業が締結した委託加工契約書，主管部門が署名発行した加工企業の「加工貿易加工企業生産能力証明書」を提出しなければならない。
4. 経営企業が対外的に署名した契約書
5. 税関が提出を要求したその他の証明文書と資料

4) 輸出入と加工手続

経営企業が加工貿易貨物を輸入した場合は，国外または税関特殊監督管理区域，保税倉庫から輸入することができ，深加工結転方法を通して通関転送輸入することもできる。経営企業が加工貿易貨物を輸出した場合は，国外または税関特殊監督管理区域，輸出監督管理倉庫から輸出することができ，深加工結転方法を通して通関転送輸出することもできる。

経営企業は加工貿易手冊，加工貿易輸出入貨物専用通関申告書等の関係証憑を持参して加工貿易貨物の輸出入通関手続を処理しなければならない。

5) 深加工結転と再委託加工

経営企業は主管部門の批准を受けて，深加工結転業務を展開することができ，かつ税関の加工貿易深加工結転に対する管理規定により関係する手続を行う。

経営企業は税関の批准を受けて外注加工業務を展開することができる。下請企業は加工貿易貨物をその他企業に再外注して加工を行わせることはできない。

加工を外部発注した製品，剰余原材料部品と生産過程において発生した端材残材，不良品，副次品等の加工貿易貨物は，経営企業所在地の主管税関の批准を受けて，当該企業に回送しないことができる。

下記の状況のいずれか一つに該当する場合は，税関は加工業務の外注を批准しない。

1．経営企業または下請企業が汚職，規定違反にかかわり，税関の調査立案，内偵を受けて検査結果未了である場合
2．経営企業または下請企業の生産経営管理が税関の監督管理の要求に該当しない場合

経営企業と下請企業は共同で税関の監督管理を受けなければならない。経営企業は税関の要求に基づいて外注加工貨物の発送，加工，単位消耗，在庫等の状況を事実のとおりに報告しなければならない。

6) 非保税貨物の融通交換

加工輸出製品の急な需要により，税関の批准を受けて，経営企業は保税原材料部品と非保税原材料部品との間で融通交換することができる。保税原材料部品と非保税原材料部品との間の融通交換は同一企業に限られ，かつ同一品種，同一規格，同一数量，私利をむさぼらない原則を遵守しなければならない。来料加工の保税原材料部品は融通交換することはできない。

経営企業は加工工芸の必要から，非保税原材料部品を使用しなければならない場合は，事前に税関に非保税原材料部品の割合，品種，規格，型番，数量を

事実のとおりに申告し，税関が照合確認するときに，輸出製品の総消耗使用量から照合確認控除することを認める。

7) 保税原材料部品の返品処理

経営企業の輸入原材料部品が，品質問題，規格型番が契約と一致しない等の理由により，元の貨物供給業者に返還して返品交換を行う必要がある場合は，直接に港湾税関で通関手続を行うことができる。加工を受けた保税輸入原材料部品は返品交換することができない。

経営企業が加工貿易輸入原材料部品を国外に返品搬出した場合は，税関は関係する返送証憑を根拠として照合確認する。税関の批准を受けて，経営企業が加工貿易貨物を放棄する場合は，税関の放棄輸入貨物に対する管理規定により，税関は放棄を受けた関係証憑を根拠として照合確認する。

8) 照合確認解除制度

税関の批准を受けて，加工貿易プロジェクトにおける輸入原材料部品に保税監督管理を実行している場合は，加工製品を輸出した後に，税関は推定していた実際の加工再輸出の数量に基づいて照合確認を認める。規定により輸入時に税金を先納付した場合は，加工製品を輸出した後に，税関は推定していた実際の加工再輸出の数量に基づいて課税した税金を還付する。

経営企業は規定の期限内に輸入原材料部品を加工して再輸出し，かつ加工貿易手冊の最後の製品を輸出した日または加工貿易手冊の期限到来日から30日以内に税関で照合報告しなければならない。経営企業が対外的に契約を締結し事前に停止した場合は，契約の停止日から30日以内に税関に照合報告しなければならない。

経営企業は照合報告時に税関に輸入原材料部品，輸出製品，端材残材，余剰原材料部品，不良品，副次品および単位消耗等の状況を事実のとおり報告し，かつ税関に加工貿易手冊，加工貿易輸出入貨物専用通関申告書と税関が提出を要求するその他の証憑を提出しなければならない。

審査照合を受けた証憑が有効に整っている場合は，税関は照合報告を受理する。税関が受理しない場合は，書面により企業に理由を告知しなければならず，企業は規定により再照合報告しなければならない。

税関の照合確認は紙質の証憑による照合確認と電子データによる照合確認の

方法を採用することができ，必要な場合は工場に言って実地検査することかでき，企業は協力しなければならない。

税関は照合報告を受理した日から30日以内に照合確認を行い，特別な状況により延長が必要な場合は，直属税関長またはその授権を受けた隷属する税関長の批准を受けて30日延長することができる。

経営企業が生産過程において発生した端材残材，剰余原材料部品，不良品，副次品と被災した保税貨物は，税関の加工貿易の端材残材，剰余原材料部品，不良品，副次品と被災した保税貨物に対する管理規定により処理し，税関は関係証憑を根拠として照合確認する。

9) 国内転売

加工貿易保税輸入原材料部品または製品が国内販売に転用された場合は，税関は主管部門が国内販売を認めた有効な批准文書を根拠として，保税輸入原材料部品に対して法により税金を課税しかつ税金緩和付帯利息を加算する。輸入原材料部品が国家の輸入制限に対する規定に属する場合は，経営企業は税関に輸入許可証書も提出しなければならない。

10) 加工貿易手冊

経営企業は加工貿易手冊を遺失した場合は，すみやかに税関に報告しなければならない。税関は関係規定により処理した後に，遺失した加工貿易手冊を取り消す。

③ 加工貿易の保税政策

加工貿易における保税政策については，概要，次のような規定がある。

1) 来料加工

1．外国企業が提供する原材料，部品，組立部品，補助材料，包装資材に対しては輸入時の関税と増値税は免税される。
2．加工製品の輸出時の関税は免税であり，委託加工賃にかかる増値税，消費税も免税である。

2) 進料加工

1. 輸入する原材料部品は輸入時の関税と増値税が免税される。
2. 生産過程で消耗する触媒，促進剤，洗剤等の化学品は全額保税される。
3. 加工製品の輸出時の関税，増値税，消費税は免税とされている。

(4) 深加工結転

① 加工貿易の深加工結転

深加工結転とは中国語の直訳であり，日本語としては保税貨物の税関区を跨ぐ転送通関とも言うべきもので，いわゆる転廠加工として知られている中国独特の加工貿易の一形態である。深加工結転の定義は，来料加工と進料加工を行う加工貿易企業が，保税で輸入した原材料部品を使用して加工した製品を，他の直属税関管区内の加工貿易企業に転送通関して，さらに加工した後に再輸出する経営活動をいうものとされている。

中国税関が公布した「中華人民共和国税関の加工貿易保税貨物の税関区を跨

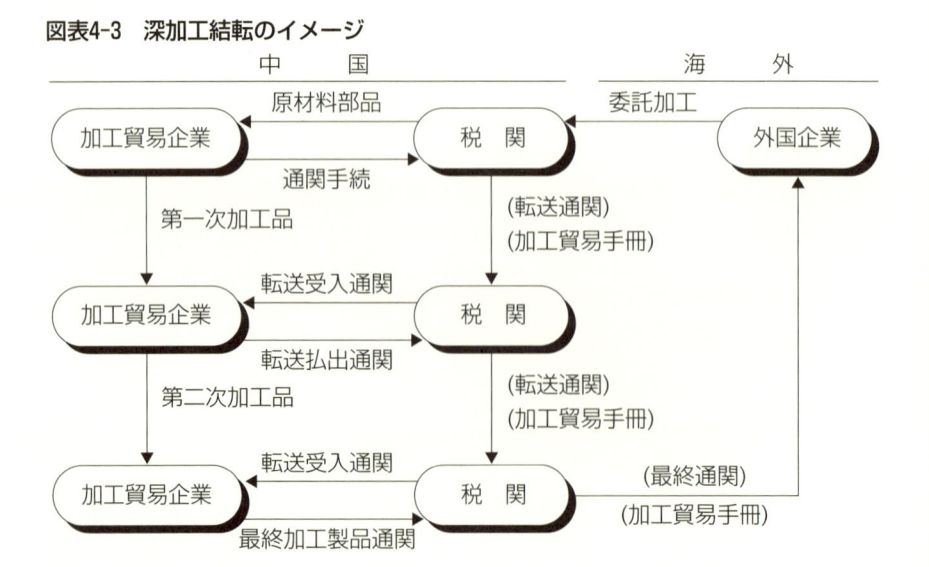

図表4-3　深加工結転のイメージ

ぐ深加工結転に関する管理弁法」によれば，加工貿易企業が保税で輸入した原材料部品を加工した製品を他の直属税関管区内の加工貿易企業に転送してさらに加工した後に再輸出する経営活動をいうものとされている。

1) 転送通関の届出手続

加工貿易企業が転送通関（結転）を展開する場合は，保税貨物の転入企業と転出企業がそれぞれの主管税関で転送通関計画を申告し，両方の主管税関に届け出した後に，貨物の発送と受入および通関手続を行うことができる。

転入企業と転出企業は，税関で転送通関計画を申告する時に，「中華人民共和国税関加工貿易保税貨物深加工結転申請表」を提出する。この申請書は，転出企業と転入企業で一対となっており，申請書の1部が転出企業の「加工貿易手冊」（ネットワーク監督管理手冊）の1部と一対となっている。ただし，転入企業の「加工貿易手冊」は複数部とすることができる。

加工貿易企業が転送通関を展開する場合には，「結転貨物発送受入貨物単」を記載する。この貨物単（貨物書）には，保税結転貨物の文字が明記され，転出企業と転入企業の名称，商品の名称，規格，数量，貨物発送受入時期，貨物発送受入単コード番号等の内容が記載され，毎回の貨物受入記録には主管税関に届出した結転専用名の印章が押印される。

2) 結転計画届出手続

転出企業は，申請書（一式4連綴り）に企業の転出計画を記載して転出地の税関に届出する。転出地の税関に届出した後に，申請書第1連綴りは自分で保存し，その他の申請書3連綴りを転入企業に引き渡す。転入企業は，転出地の税関に届出した日から20日以内に，申請書3連綴りを持参して自社の関係する内容を記載して，転入地の税関で届出手続を行う。

転入企業が20日以内に申請書を提出しないか，税関が申請書の内容が規定に該当しないことにより申請を認めない場合には，その申請書は廃棄処分される。転入地の税関が審査照合した後に，申請書第2連綴りは税関に保存され，第3連綴りと第4連綴りが転入企業と転出企業に交付され結転発送受入の登記と通関手続の根拠となる。

転出企業と転入企業が結転届出手続を処理した後に，双方の税関が申請書を審査照合した後に実際の貨物の発送と受入を処理することができる。転入企業

と転出企業の毎回の貨物の発送と受入の記録は「保税貨物実際結転状況登記表」に事実にしたがって登記され，企業の結転専用印章が押印される。結転貨物が返品される場合は，転入企業と転出企業が実際の返品状況を登記表に登記して，返品の文字を明記して企業の結転専用印章を押印する。

3) 通関手続

転出企業と転入企業は，貨物の発送と受入を実際に行った後に，結転通関手続を行う。転出企業と転入企業はそれぞれの転出地と転入地の税関で結転通関手続を行う。転出企業と転入企業は申請書を根拠として，分割通関または集中通関手続を行うことができる。企業は毎回，実際に貨物を受け払いした後に90日以内に通関手続を完了しなければならない。

転入企業は申請書と登記表を根拠として転入地の税関で結転輸入通関手続を行い，結転輸入通関後の第2営業日までに通関状況を転出企業に通知する。転出企業は転入企業の通知書を受領した日から10日以内に申請書と登記表を根拠として転出地の税関に結転輸出通関手続を行う。結転による輸入通関と輸出通関の申告価格は結転貨物の実際の取引価格とする。

一部の結転輸入通関申告書は一部の結転輸出通関申告書と一対であり，両者の申告番号，商品コード，数量，価格と手冊番号は一致しなければならない。結転貨物を分割通関する場合は，企業は申請書と登記表の原本と写しを同時に提供しなければならない。

4) その他の手続

結転企業が外貨で決済する場合は，税関は関係規定により通関申告書外貨照合確認証明綴りを発行する。主管税関が加工貿易の税関区を跨る結転に対してコンピュータ管理を実施する場合は，木々用はネットワークを通して結転届出を処理することができる。

深加工結転により，外国から保税で輸入された貨物は中国国内で税関区を跨て何度か加工され，保税のまま加工再輸出されることが可能となる。深加工結転は，来料加工貿易と進料加工貿易のいずれにおいても利用されている。

2000年末まではこのような深加工結転を行っていた一定の外国投資企業に対して，最終輸出に至るまでの国内販売について増値税を課税せず，国内仕入に

より発生する仕入税は仕入税額控除も還付も行われない不課税不還付政策が実施されていた。

2001年からすべての外国投資企業に対して免税控除還付方法が適用されることとなった。この結果，進料加工貿易を行っている企業は国内仕入にかかわる仕入税額控除を行うことが可能となった。ただし，現地の実情としては，一部の地域で従来どおりの不課税不還付政策もいまだに実施されているようである。

② 輸出加工区の深加工結転

税関は「中華人民共和国税関の輸出加工区貨物の区搬出深加工結転管理弁法」を公布して，輸出加工区から搬出される貨物の深加工結転の手続を規定した。

輸出加工区貨物の区搬出の深加工結転とは，輸出加工区の区内加工企業（転出企業）が「中華人民共和国税関の輸出加工区監督管理に対する暫定弁法」の関係規定により通関手続を処理し，当該企業が加工生産した製品を直接または保税倉庫企業を通してその他の輸出加工区，保税区等の税関の特殊監督管理区域の区内と区外の加工貿易企業（転入企業）に転入してさらに加工した後に再輸出する経営活動をいう。

転出企業は実質的な加工を受けていない保税原材料部品を区外に搬出して深加工結転を行うことはできない。

1） 結転手続

輸出加工区企業が深加工結転を展開するときは，転出企業が輸出加工区の管理委員会の批准回答書を根拠として，転出企業所在地の輸出加工区税関で税関届出手続を行った後に，貨物の実際の結転を行うことができる。

その他の輸出加工区，保税区等の税関の特殊監督管理区域に転入する場合は，転入企業がその所在地の管理委員会の批准回答書を根拠とする。輸出加工区，保税区等の税関の特殊監督管理区域外の加工貿易企業に転入する場合は，転入企業が商務（対外経済貿易）主管部門の批准回答書を根拠として，上記の規定により結転手続を行う。

転出企業と転入企業は，「貨物の分割発送，集中通関」の方法を採用して結

転手続を行うことができる。その他の輸出加工区，保税区等の税関の特殊監督管理区域に転入する場合は，転出企業と転入企業がそれぞれの所在地の主管税関で結転手続を行う。その他の輸出加工区，保税区等の税関の特殊監督管理区域外の加工貿易企業に転送する場合は，転出企業と転入企業が転出地の主管税関で結転手続を行う。

2) 転送通関運輸

輸出加工区貨物の区外搬出の深加工結転は，特別な場合を除いて，その他の輸出加工区，保税区等の税関の特殊監督管理区域に転入する場合は，転送通関運輸等の関係規定を比較参照して税関手続を処理する。

転出企業が生産する製品がその他の輸出加工区または保税区等の特殊監督管理区域に転送され，転送通関運輸監督管理方式を比較参照して結転手続を処理できない場合は，転出地または転入地の主管税関に相応する担保を提供した後に，企業が自ら運送する。

3) 申告手続

輸出加工区企業が加工生産する製品がその他の輸出加工区，保税区等の特殊監督管理区域外の加工貿易企業に転送される場合は，転出企業と転入企業は税関に結転計画を申告するときは，「中華人民共和国輸出加工区貨物区外搬出深加工結転申請表」を提出する。一部の申請表は一転出企業と一転入企業と一対であるが，転入企業については加工貿易手冊は複数とすることができる。

4) 結転計画届出手続

転入企業は，申請書（一式4連綴り）に企業の転入計画を記載して転入地の税関に届出する。転入地の税関に届出した後に，申請書第1連綴りは自分で保存し，その他の申請書3連綴りは転入企業に戻して転出企業に引き渡す。

転出企業は，転入地の税関に届出した日から30日以内に，申請書のその他3連綴りを持参して自社の関係する内容を記載して，転出地の税関で届出手続を行う。転出企業が税関に提出した申請書の内容が税関の規定に該当しない場合は，税関はその場でまたは申請書を受領検討した後5日以内に転出企業に補正する必要のあるすべての内容を初回告知する。受理が認められなかった場合は，「税関行政許可申請書不受理決定書」を制作発行し，申請人に法により行政不服申立てまたは行政訴訟を提起する権利を告知しなければならない。転出

企業と転入企業は新たに申告し届出手続を行わなければならない。

　転出地の税関が審査照合した後に，申請書第2連綴りは税関に保存され，第3連綴りと第4連綴りが転出企業と転入企業に交付され結転発送受入の登記と通関手続の根拠となる。

　転出企業と転入企業が結転届出手続を処理した後に，双方の税関が申請書を審査照合した後に実際の貨物の発送と受入を処理しなければならない。転出企業の毎回の貨物の発送記録は一式3連綴りの「輸出加工区貨物実際結転状況登記表」に事実にしたがって登記しなければならない。税関が転出地出口で登記表に署名明記した後に，貨物が区外に搬出される。

　5）　通関手続

　転出企業と転入企業は，毎回，貨物の発送と受入を実際に行った後に，転入企業が申請書，転出地出口で署名明記した登記表を根拠として分割または集中で通関手続を行うことができる。転出企業と転入企業は毎回の実際の貨物の発送と受入後に，実際の貨物の発送，受入の日から30日以内に当該貨物の通関手続を完了しなければならない。

　一部の結転輸入通関申告書は一部の結転輸出通関申告書と一対であり，転出企業と転入企業は税関の規定により事実のとおり正確に税関に結転貨物の品名，商品コード，規格，数量，価格等の項目を記載しなければならない。転出地と転入地の税関は申告データについて審査照合を行う。

　6）　返品と交換

　区内から転出した貨物が品質不一致等の原因により返品，交換が発生した場合は，転入企業が輸出加工区，保税区等の税関の特殊監督管理区域外の加工貿易企業である場合は，転出地の主管税関が返品，交換の関係規定により関係する手続を処理し，実際の返品，交換の状況を登記表に登記し返品，交換の文字を明記する。転入企業がその他の輸出加工区，保税区等の税関の特殊監督管理区域内の企業である場合は，転入企業，転出企業はそれぞれその主管税関で返品と交換の手続を処理する。

　区内から転出した貨物が品質不一致等の原因で区内に補修のため返品された場合は，上記の交換の規定により手続を行う。

7) 輸出インボイスと外貨決済

転出企業は，深加工結転方法で区外搬出した貨物については一律に輸出インボイス（輸出発票）を発行する。転入企業と転出企業が外貨建てで決済する場合は，税関は関係規定により通関申告書外貨照合確認証明綴りを発行する。

8) 国内販売

輸出加工区の区外搬出の深加工結転貨物はすべて加工再輸出しなければならず，特別の原因が確実にあって国内販売する必要がある場合または国内販売製品の生産に転用する必要がある場合は，区外加工貿易企業は国家の関係規定により手続を行わなければならない。

2　保税区域

(1) 保税区

税関総署から「保税区税関監督管理弁法」が公布され，保税区の監督管理規則が制定された。

① 保税区税関監督管理弁法

1) 保税区の概要

保税区とは国務院が認可し税関が管理監督する特定の区域である。現在のところ，国務院が正式に認可した保税区は上海浦東外高橋保税区，天津保税区に始まり，大連保税区，江蘇省張家港保税区，寧波保税区，広州保税区，汕頭保税区，青島保税区，厦門保税区，福州馬尾保税区，海南島海口保税区，深圳沙頭角保税区，深圳福田保税区，深圳塩田保税区等がある。

保税区の機能としては中継貿易，輸出加工，保税倉庫，輸出入貿易，商品見本市，国際金融等が掲げられ，保税区自体が経済特区，経済技術開発区内に設置されることが多いため経済特区等の優遇措置に加えて，外貨管理の自由度，関税と増値税の免税範囲の拡大，輸出入許可申請手続の免除，外貨決済の自由度，貿易会社設立等のメリットがある。

2) 主な優遇政策

保税区の優遇政策は，おおむね次のような政策が採られているが，各保税区

で異なるため実際の進出にあたっては個別の検討が必要である。

> 1. 保税区内に貿易，倉庫，輸出加工，輸送，金融，保険，輸入商品展示等の会社を設立できる。
> 2. 海外と保税区を搬出入する貨物の輸入関税，増値税，消費税の免税。
> 3. 保税区内で加工した製品を輸出する場合は，輸出許可証の取得は免除。
> 4. 保税区内と保税区外の貨物の搬出入は輸出入となるが，輸出にかかる増値税の免税，還付については海外への実際の輸出が条件となる。
> 5. 保税区内の企業が加工生産に使用する輸入原材料については保証金台帳制度の適用はない。
> 6. 保税区企業は保税区外の企業に輸出品の加工を委託できる。

3) 保税区の管理

保税区内には保税区行政管理機構と企業のみが設置される。安全保全人員を除いて，その他の人員は保税区内に居住することはできない。保税区は税関の検査制度を実行する。区内企業は税関とコンピューターネットを実施し，電子データーの交換を行う。

4) 加工貿易保証金台帳

税関は区内加工企業の進料加工，来料加工の業務に対して，加工貿易銀行保証金台帳制度を実行しない。非保税区企業に委託して加工業務を行った場合は，非保税区企業が当地の税関で契約登記届出手続を処理し，かつ加工貿易保証金台帳制度を実行する。

② 保税区取引の監督管理

1) 保税区と国外の取引

保税区と国外との間を搬出入する貨物は，荷受人，荷送人またはその代理人が税関で備案（届出）を行う。保税区と国外との間の搬出入貨物は，輸出割当管理を実行するものを除いて，輸出入割当，許可証管理を実行しない。

国外から保税区に搬入する貨物は，その輸入関税と輸入段階の租税は，法律，行政法規に別途規定のあるものを除いて，下記の規定により処理する。

> 1．区内の生産性の基礎施設建設項目に必要な機器，設備およびその他の基礎建設物資は免税を認める。
> 2．区内企業が自己使用する生産，管理の設備と自己使用する合理的数量の事務用品とその必要なメインテナンス部品，生産用燃料，建設生産工場，倉庫施設に必要な物資，設備は，免税を認める。
> 3．区内企業が輸出製品を加工するために必要な原材料，部品，組立品，包装資材は，免税を認める。

上記の範囲外の貨物または物品は，国外から保税区に搬入した場合は，法により納税しなければならない。中継貨物と保税区内に倉庫保管する貨物は保税貨物として管理する。

2) 保税区と非保税区との取引

保税区から非保税区に搬入する貨物は，輸入貨物として手続を行う。非保税区から保税区に搬入する貨物は，輸出貨物として手続を行う。税関は，保税区と非保税区との間で搬出入する貨物については，国家の関係する輸出入管理の規定により監督管理を実施する。

非保税区から保税区に搬入する区内に要求して使用する機器，設備，基礎建設物資と物品は，使用単位が税関に上記貨物または物品のリストを提出して税関の検査を受けた後に使用する。これらの貨物または物品が，輸入関税と輸入段階の租税をすでに納付している場合は，納税額を還付することはしない。

保税区の貨物が，非保税区港湾から輸出入された場合，または保税区内の貨物が別の保税区に搬出された場合は，まず税関に書面による申請書を提出して税関の批准を受けた後に，税関の通関転送運輸と関係規定により処理する。

3) 保税区内貨物の監督管理

保税区の貨物は区内企業間で譲渡，移転することができ，当事者の双方は譲渡，移転等の事項について税関に届出（備案）しなければならない。保税区内の中継貨物は区内倉庫または区内のその他の場所でクラス分け，選別，商標の貼り付け，包装方法の変更等の簡単加工を行うことができる。

区内企業が保税区内で国外商品と非保税区商品の展示活動を行った場合は，展示した商品は税関の監督管理を受けなければならない。

4) 保税区の加工貿易貨物管理

区内加工企業は税関で必要な原材料，部品を保税区に搬出する備案（届出）手続を処理しなければならない。区内加工企業が割当管理に属する輸出製品を生産する場合は，事前に国務院の関係部門の批准を受けなければならない。区内加工企業が加工する加工製品とその加工過程で生ずる端材残材を国外に搬出するときは，国家の関係規定により税関で手続を行わなければならない。法律，行政法規で別途規定があるものを除いて，輸出関税を免税する。区内加工企業が区内で加工して加工製品，副次品または加工過程で生じた端材残材を非保税区に搬出する場合は，国家の関係規定により税関で輸入手続を行い，法により納税しなければならない。

区内加工企業が国外から搬入した原材料，部品をすべて使用して加工した加工製品を非保税区に販売したときは，税関は輸入完成品として課税する。国外から搬入した原材料，部品を含めて加工した加工製品を非保税区に販売したときは，税関はその加工製品に含まれる国外から搬入した原材料，部品を課税する。含まれる国外から搬入した原材料，部品の品名，数量，価値の申告が事実ではない場合は，税関は輸入完成品として課税する。

5) 非保税区との委託加工

区内加工企業が非保税区企業に委託するかまたは非保税区企業から委託を受けて加工業務を行う場合は，事前に税関の認可を受けて，次に掲げる条件に該当しなければならない。

1. 区内において生産場所を所有していること，かつすでに正式な加工業務を展開していること。
2. 非保税区企業に委託した加工業務の主な工程は，区内で行われなければならない。
3. 非保税区企業に委託した加工業務の期限が6ヶ月以内であること，特殊な事情があり期限を延長する必要がある場合は，税関に期限延長を申請しなければならず，期限延長は6ヶ月を限度とする。非保税区における加工が完了した製品は保税区に戻さなければならない。非保税区から直接輸出する必要がある場合は，税関で確認照合手続を行わ

なければならない。
4. 非保税区企業の委託を受けて加工した場合は、区内加工企業が税関で委託加工の原材料、部品の備案（届出）手続を行い、委託加工した原材料、部品および製品は区内企業の原材料、部品および製品と区別して帳簿を設定し、かつそれぞれ使用しなければならない。加工が完了した製品は、非保税区企業に回送されなければならず、区内加工企業が税関で確認照合の届出（備案）を行う。

(2) **輸出加工区**

① **輸出加工区監督管理弁法**

国務院は、「税関の輸出加工区に対する監督管理暫定弁法」を公布し、下記のとおり、輸出加工区に対する規定を制定した。

1) 区内企業

区内に加工区管理委員会と輸出加工企業、専ら輸出加工企業の生産のために役務を提供する倉庫企業、および税関の認可を受けて専ら加工区内貨物の搬入と搬出に従事する運輸企業を設置する。

区内では商業小売、一般貿易、仲介貿易およびその他加工区と関係のない業務を経営することができない。

2) 保証金台帳と輸出割当管理

区内企業が加工貿易を展開するには加工貿易銀行保証金台帳制度は実施せず、税関は「加工貿易登記手帳」管理を実施しない。

加工区と国外の間を搬入、搬出する貨物は、輸出被動割当額管理を実行する以外は、輸出入割当額、許可証管理を実行しない。

3) 免税規定

国家は区内の加工製品に対して増値税を課税しない。

国外から加工区に輸入する貨物は、その輸入関税と輸入段階税は、法律、法規で別途規定する以外は、次に掲げる規定によって処理する。

1. 区内の生産性の基盤設備建設プロジェクトに必要な機器、設備および生産工場、倉庫施設を建設するのに必要な基礎建設物資は、免税を認

2．区内企業が生産に必要な機器，設備，鋳型およびその修理用部品は，免税を認める。
3．区内企業が輸出製品の加工に必要な原材料，部品，組立部品，包装材料および消耗性材料は，免税を認める。
4．区内企業と行政管理機構が自己使用する合理的数量の事務用品は，免税を認める。
5．区内企業と行政管理機構が自己使用する交通運輸工具，生活消費用品は，輸入貨物の関連規定により通関手続を行い，税関は規定により課税する。

　法律，法規で別途規定するものを除き，区内企業が加工する製造完成品およびその加工生産途中において発生する端材残材，副次品，廃品等を国外に販売する場合は，輸出関税を免税とする。

4）端材残材，不良品，廃品

　区内企業の加工製品と加工生産過程で発生する端材残材，不良品，廃品等は再輸出しなければならない。特殊な状況によって区外に搬入する必要がある時は，企業が申請して，主管税関が査定承認した後に，その使用価値評価にもとづいて課税する。許可証管理商品に属する場合は，税関で有効な輸入許可文書を発行しなければならない。

　商業価値のない端材残材と廃品は，区外に搬出して処分する必要がある場合は，管理委員会と環境保全部門の認可に基づいて，主管税関で区外搬出手続を行い，税関は輸入許可証を免除して，免税を認める。

5）国外販売機器等

　区内企業が国外に販売する機器，設備，鋳型等は，国家の現行の輸入政策および関連規定により処理する。

6）加工区内の貨物

　加工区内の貨物は区内企業間を譲渡，移転することができ，当事者双方は事前に譲渡，移転する貨物の具体的な品名，数量，金額等の関連事項を税関に届け出なければならない。

7) 照合確認

区内企業が輸出加工業務または倉庫業務を展開した日から，半年毎に当該企業の帳簿と関連証票を持参して，その主管する税関で一括照合確認手続を行う。

② 加工区と区外との取引

1) 区外搬出貨物

加工区から区外に搬出する貨物は，税関が輸入貨物に対する関連規定によって通関手続を行い，製造完成品として課税する。許可証管理商品に属する場合は，税関から有効な輸入許可文書を発行しなければならない。

2) 区外委託加工

区内企業は区外企業に製品加工を委託することはできない。特殊な状況の下で，技術，工芸が製品の要求に到達せず，区外の加工企業にある工程の加工を行うことを委託しなければならず，加工製品が原製品（区外搬出時）の基本形態と数量を変更しないことを保証する前提で，主管税関の税関長の認可を受けて，委託を引き受けた区外企業が暫時輸入貨物の管理規定を参照して，加工区主管税関に貨物と同等価値の保証金を納付した後に，区外搬出手続を行う。

区外企業に加工を委託する期限は6ヶ月であり，延期することはできない。加工が完了した後，加工製品（残材品，廃品を含む）は，区内に戻し，かつ元の区外搬出時に記載した区外委託加工申請書および関連証票に基づいて，加工区の主管税関に確認照合手続を行う。

3) 試運転，検査および展示

区内企業は主管税関の認可を受けて，区外で製品の試運転，検査および展示活動を行うことができる。試運転，検査および展示した製品は，税関の暫時輸入貨物に対する管理規定を参照して区外搬出手続を行う。

4) 機器等の区外修理

区内で使用する機器，設備，鋳型および事務所用品等は，区外に搬出して修理，試運転または検査を行う時は，区内企業または管理委員会は「輸出加工区貨物区外搬出修理検査連携証」に記載して，主管税関に申請書を提出して，主管税関の認可を受け，登記し，検査した後に，はじめて機器，設備，鋳型およ

び事務所用品等を区外に搬出して修理，試運転または検査を行うことができる。

区内企業が鋳型を区外に搬出して修理，試運転または検査する時は，残留する鋳型が生産する製品のサンプルは，税関に届け出て区内に戻す鋳型に対して検査を行う。区外に搬出する修理，試運転または検査する機器，設備，鋳型および事務用品等は，区外の加工生産と使用に用いることはできない。

5) 輸出通関申告書税金還付証明綴り

区外から加工区に搬入する貨物は，輸出とみなし輸出通関手続を行う。その輸出税金還付は，法律，法規が別途規定するものを除き，下記の規定により処理する。

1. 区外から加工区に搬入して区内企業に供給して使用する国産機器，設備，原材料，部品，組立部品，包装材料，および建設基礎設備，加工企業と行政管理部門の生産および事務用建物の必要な合理的な数量の基本建設物資等は，税関の輸出貨物に対する管理規定により通関手続を行い，輸出通関申告書税金還付証明綴りを発行する。区外企業が通関申告書の輸出税金還付証明綴りに基づいて税務部門に輸出税金還付手続を申請し，具体的な税金還付（免税）管理弁法は国家税務総局が別途通知する。
2. 区外から加工区に搬入して区内企業と行政管理機構に供給し使用する生活消費品，交通運輸工具等は，税関が輸出通関申告書税金還付証明綴りを発行しない。
3. 区外から加工区に搬入する輸入機器，設備，原材料，部品，組立部品，包装材料および基本建設物資は，区外企業が税関に上述の貨物または物品の明細書を提出して，かつ輸出通関手続を行わなければならず，税関の検査後に許可される。上述の貨物または物品がすでに輸入段階税を納付している場合は，還付返還は認められない。
4. 国内の技術が製品の要求に到達し得ないことにより，国家が輸出を禁止している商品または統一経営の商品が加工区内に搬入されてある工程の加工が行われる場合は，対外貿易経済合作部（現商務部）の認可

を受けて，税関が輸出原材料加工管理弁法を参照して監督管理を行い，その加工区に搬入した貨物は，輸出通関申告書税金還付証明綴りを発行しない。

6) 区外から加工区への貨物搬入

区外から加工区に搬入した貨物および物品は，加工区税関が指定する倉庫または地点に搬入して，区外企業が輸出通関申告書を記載して，かつ国内貨物購入発票，荷造証を持参して，加工区の主管税関で通関手続を行わなければならない。

区外から加工区に搬入した貨物は，すべて区内企業が実質的な加工を行った後に，国外に搬出することができる。

7) 加工区から区外販売

区内加工企業は，実質的な加工を受けていない輸入原材料，部品を区外に販売することはできない。区内で倉庫サービスに従事する企業は，倉庫の原材料，部品を区外企業に供給することはできない。

(3) **保税物流園区**

① **保税物流園区の概要**

税関総署から「税関の保税物流園区に対する管理規則」が公布され，2006年1月から施行されている。この管理規則のうち，外国企業と中国国内の区外企業に関連する部分についてその概要を紹介する。

1) 保税物流園区

保税物流園区とは国務院の認可を受けて，税関が閉鎖的管理を実施する特定区域，すなわち保税区内の特定区域または隣接する保税区内の特定港湾区域に設立され，現代国際物流業を専門的に発展させる税関の特殊監督管理区域をいう。現在のところ，上海外高橋港区内の1.03平方キロの閉鎖的園区が外高橋保税区物流園区とされている。

園区内に設立された倉庫，荷揚場所，検査場と業務の指揮調整操作に必要な場所には，工業生産加工の場所および商業的消費施設を建設することはできない。園区内では，商業小売，加工製造，再生，解体とその他園区と関係のない

業務を行うことはできない。

園区内では，次の業務を行うことができる。

1. 輸出入貨物とその他税関手続未了の貨物の保管
2. 保管貨物に対する流通性の簡単加工と付加価値サービス
3. 中継貿易を含む輸出入貿易
4. 国際買付，流通および配送
5. 国際トランジット
6. 測定検査，メインテナンス
7. 商品展示
8. 税関が批准したその他の国際物流業務

2）園区企業

園区企業は法人格を有し，「中華人民共和国税関の通関単位に対する登記管理規定」により税関で登記手続を行わなければならない。特別な状況では，区外法人が直属の税関の批准を受けて法により園区内に分支機構を設立することができる。

園区企業は税関への納税能力とその他法定義務を履行する能力を備えていなければならず，園区内に専門の事業場所を所有しなければならないものとされている。

② 保税園区取引の監督管理

1）園区と国外との間の搬出入貨物の監督管理

税関は，園区と国外との間を搬出入する貨物に対しては届出管理を行うものとされている。届出管理とは国外貨物が港に到着した時に，園区企業またはその代理人が積荷書類によって貨物を園区に搬送して，その後に入国貨物届出リストにより園区主管税関に申告手続を行うものである。なお，自己使用の輸入免税貨物，国際トランジット貨物等は届出管理の対象外である。また，園区と国外の間では輸出入許可管理は行われない。

下記の貨物が国外から園区に搬入される時は，保税手続が認められる。

1. 園区企業が業務を行うのに必要な貨物とその包装材料
2. 加工貿易の輸入貨物
3. 中継貿易貨物
4. 外国企業の一時保管貨物
5. 国際航空船舶と航空機に供給する物資とメインテナンス用の部品
6. 輸入委託販売貨物
7. 入国検査，メインナンス貨物及びその部品
8. サンプル加工貨物に供される展示品とサンプル品
9. 税関手続未了の一般貿易貨物
10. 税関が批准したその他の入国貨物

2) 園区から区外への搬出入貨物の監督管理

　園区と区外との間を搬出入する貨物は，園区企業または区外の荷受人，荷送人またはその代理人が園区主管税関で申告手続を行う。園区企業が区外で輸出入貿易に従事しかつ貨物が実際に園区に搬出入しない場合は，荷受人，荷送人の所在地の主管税関または貨物が実際に輸出入する港湾の税関で申告手続を行う。

　園区貨物の区外への搬入は輸入とみなして，園区企業または区外の荷受人またはその代理人が輸入貨物の関連規定により園区主管税関で申告し，税関は貨物が園区を搬出する時の実際の監督管理方法の関連規定により処理する。

　園区企業が税関区を跨ってまたは異地企業が税関区を跨って園区で貨物を引き取る場合は，園区主管税関で申告手続を行うことができ，税関規定により輸入振替通関手続を行うことができる。

　法律，行政法規，規章が集中通関できないと規定しているものを除いて，園区企業は少量で回数の多い貨物を搬出入する場合は，園区主管税関の批准を受けて集中通関手続を行うことができ，毎回の貨物の輸出入時に税関がその貨物の申告を受付ける日に実施された税率，為替レートを適用する。集中通関の期間は1ヶ月を超えることはできず，年度を跨って行うことはできない。

　園区から区外への貨物が免税に関するものである場合は，税関は輸入免税貨

物の関連規定により処理する。

3) 区外から園区への搬出入貨物の監督管理

区外貨物の園区への搬入は輸出とみなして，園区企業または区外の荷送人またはその代理人が園区主管税関で申告手続を行う。輸出関税を課税すべき商品に属する場合は，税関は関連規定により輸出関税を課税する。許可証管理に属する商品は，同時に税関に有効な輸出許可証を提出しなければならないが，法律，行政法規，規章が別途，輸出申告段階で輸出許可証の提出を規定している場合は除く。輸出税金還付の処理に使用する輸出貨物通関申告書の証明綴りの発行手続は下記の規定により行う。

1. 区外から園区に搬入して園区企業の業務展開に供される国際貨物とその包装材料は，園区企業または区外の荷送人またはその代理人が輸出貨物通関申告書を記載して，税関が輸出貨物の関連規定により処理し，輸出貨物通関申告書の証明綴りを発行する。貨物が振替通関輸出される場合は，積出地の税関が園区主管税関の振替通関貨物が園区に搬入したことを確認した電子回答メールを受け取った後に，輸出貨物通関申告書の証明綴りを発行する。
2. 区外から園区に搬入した元々の輸入貨物，包装材料，設備，インフラ物資等は，区外企業が税関に上記貨物または物品のリストを提出して，輸出貨物の関連規定により申告手続を行い，税関は輸出貨物通関申告書の証明綴りを発行せず，元々納付した関税と輸入段階の増値税と消費税は還付を認めない。

4) 保税貨物の取扱い

税関は，園区と税関特殊監督管理区域または保税監督場所との間を往来する貨物に対して，保税監督管理を継続的に実施し，輸出貨物通関申告書の証明綴りの発行を認めない。ただし，国内貨物が園区搬入または倉庫搬入段階で輸出税金還付制度をまだ行っていない税関特殊監督管理区域または保税監督管理場所から園区に貨物が転入された場合は，貨物の実際出国の関連規定により申告手続を行い，転出地の税関が輸出貨物通関申告書の証明綴りを発行する。

園区とその他税関特殊監督管理区域，保税監督場所との間の貨物の取引と振

替は，輸出入段階と国内流通段階の関連租税を課税しない。

(4) 保税港区

① 保税港区管理暫定弁法

税関総署は「中華人民共和国税関の保税港区管理暫定弁法」を公布した。この弁法では，保税港区とは，国務院が批准した，国家の対外開放する港湾港区とこれに関連する特定区域内に設立される，港湾，物流，加工等の機能を有する税関特殊監督管理区域をいうものとされている。この弁法は，保税港区の運輸工具，貨物，物品と保税港区内の企業と場所に対して監督管理を行うものである。

保税港区内で展開することができる業務は次のとおりである。

1．輸出入貨物とその他の税関手続未処理貨物の在庫
2．対外貿易，国際中継貿易を含む。
3．国際買付，流通と配送
4．国際中継
5．検査測定とアフターサービス，メインテナンス
6．商品展示
7．研究開発，加工，製造
8．港湾作業
9．税関の批准を受けたその他業務

保税区内企業法人格を有し，税関に税金を納付しその他の法定義務を履行する能力を持たなくてはならない。特別な場合は，保税港区の主管税関の照合批准を受けて，区外法人企業は法により保税港区内に分支機構を設立して，税関に届出することができる。

② 保税港区と国外を搬出入する貨物

1) 税関手続

保税港区と国外との間を搬出入する貨物は，保税港区の主管税関で税関手続を行わなければならない。搬出入する港湾が保税港区の主管税関の管轄区内に

所在しない場合は，保税港区の主管税関の批准を受けて，港湾税関で税関手続を行うことができる。

　税関は税港区と国外との間を搬出入する貨物に対して，届出（備案）制管理を実行し，国外から保税港区に搬入する貨物については保税を認めるが，下記の免税と課税の規定は除く。届出制を実行する場合は，貨物の荷送人，荷受人または代理人が事実のとおり搬出入貨物の届出リスト（備案清単）を記載して，税関に届け出る。

　2）免税貨物

　法律，行政法規が別途規定するものを除いて，下記の貨物は国外から保税港区に搬入した場合は，税関は輸入関税と輸入段階の税関の代理徴収課税を免税する。

1．区内生産性の基礎施設建設項目に必要な機器，設備と生産工場，倉庫施設の建設に必要な基礎建設物資
2．区内企業の生産必要な機器，設備，金型とそのメインテナンス用部品
3．区内企業と行政管理機構が自己使用する合理的数量の事務用品

　3）課税貨物

　国外から保税港区に搬入し，区内企業と行政管理機構に供した自己使用の交通運輸工具，生活消費用品は，輸入貨物の関係規定により通関手続を行い，税関は関係規定により輸入関税と輸入段階の税関の代理徴収税金を課税する。

　4）輸出免税

　保税港区から国外に搬出する貨物は輸出関税を免税する。ただし，法律，行政法規が別途規定するものを除く。

　5）輸出入割当

　保税港区と国外との間を搬出入する貨物は，輸出入割当額制度，許可証管理を実行しないが，法律，行政法規が別途規定するものを除く。同一の割当額，許可証のプロジェクトにおける貨物については，税関は区内搬入段階の割当額，許可証は，国外搬出段階で企業が発行した割当額，許可証の原本を要求することはない。

③ 保税港区と区外を搬出入する貨物

1）申告手続

保税港区と区外との間を搬出する貨物は，区内企業または区外の荷受人，荷送人が輸出入貨物の関係規定により保税港区の主管税関で申告手続を行う。課税が必要な場合は，区内企業または区外の荷受人，荷送人が貨物の区内搬出入時の実際の状態により税金を納付する。割当額，許可証管理の商品に属する場合は，区内企業または区外の荷受人がさらに税関で割当額，許可証を発行しなければならない。同一の割当額，許可証プロジェクトにおける貨物については，税関は国内搬入段階の割当額，許可証を経験している場合は，区外搬出段階で企業が発行した割当額，許可証の原本を要求することはない。

区内企業が区外で対外貿易業務に従事しかつ貨物が実際に保税港区を搬出入しない場合は，荷受人，荷送人の所在地または貨物が実際に搬出入する港湾の税関で申告手続を行うことができる。

2）税関監督管理貨物

税関の監督管理貨物が保税港区と区外との間を搬出入する場合は，保税港区主管税関は相応の保証を要求することができる。

3）端材残材と不良品

区内企業が加工生産過程において発生させた端材残材，廃品および加工生産，在庫，運輸等の過程において発生させた包装材料は，区内企業が書面による申請書を提出して税関の批准を受けた場合は，区外に搬出することができ，税関は区外搬出時の実際の状態により課税する。輸入割当額，許可証管理の商品に属する場合は，輸入割当額，許可証を免除する。「輸入禁止廃物目録」に記載されている廃物とその他の危険廃物を区外に出して処置を行う場合は，関係企業が保税港区行政管理機構とその所在地の市級環境保護部門の批准初頭の文書を根拠として，税関で区外搬出手続を行う。

区内企業が加工生産過程において発生させた不良品，副次品を区内で販売した場合は，税関が国内販売時の実際の状態により課税する。輸入割当額，許可証管理に属する場合は，企業は税関で輸入割当額，許可証を発行しなければならない。

4) 集中通関

税関の審査批准を受けて，区内企業は集中通関手続を行うことができる。集中通関を実行する区内企業は自然の1ヶ月内の申告リストデータについて集計を行い，輸出入貨物通関証に記載して，翌月末までに税関に集中通関手続を行う。集中申告に適用した通関リストの申告日に実施された税率，為替レート，集中通関は年度を跨って処理することはできない。

5) 輸出貨物通関申告書証明綴り

区外貨物が保税港区に搬入した場合は，貨物輸出の関係規定により納税手続を行い，かつ下記の規定により輸出税金還付に使用する輸出貨物通関申告書証明綴りを発行する。

1. 区外から保税港区に搬入して業務を展開する区内企業に供される国際貨物とその包装材料は，税関が輸出貨物の関係規定により処理し，輸出貨物通関申告書証明綴りを発行する。貨物が通関転送輸出された場合は，始発地税関が保税港区主管税関の転送貨物が保税港区に搬入された電子回答を確認した後に輸出貨物通関申告書証明綴りを発行する。
2. 区外から保税港区に搬入して保税港区行政管理機構と区内企業に供されて使用される国産の基礎建設物資，機器，荷卸設備，管理設備，事務用品等は，税関が輸出貨物の関係規定により処理し，輸出貨物通関申告書証明綴りを発行する。
3. 区外から保税港区に搬入して保税港区行政管理機構と区内企業に供されて使用される生活消費用品と交通運輸工具は，税関は輸出貨物通関申告書証明綴りを発行しない。
4. 区外から保税港区に搬入する元々輸入した貨物，包装材料，設備，基礎建設物資等は，区外企業が税関に上記貨物または物品のリストを提供し，輸出貨物の関係規定により申告手続を行い，税関は輸出貨物通関申告書証明綴りを発行せず，元々納付した関税，輸入段階の税関代理徴収税金は還付を認めない。

6) 区内展示貨物

　保税区主管税関の批准を受けて，区内企業は保税港区総合事務区の専用の展示場所で商品の展示活動を開催することができる。展示した貨物は，税関で届け出て税関の監督管理を受けなければならない。区内企業が区外のその他地方で商品の展示活動を開催する場合は，税関の臨時入国貨物に対する管理規定を比較参照して関係する手続を行わなければならない。

7) 区外委託加工

　区内企業が金型，原材料，半製品等を区外に搬出して加工を行う場合は，外注加工を展開する前に，下請加工契約書または協議書，下請企業の営業許可証の写しと区内企業が署名確認した下請企業の生産能力状況等の資料を根拠として，税港区主管税関で外注加工手続を行う。

　区外企業に加工を委託する期限は6ヶ月を超えることはできず，加工が完了した後の貨物は，期限まで保税港区に回送しなければならない。区外で外注加工を展開して発生させた端材残材，廃品，不良品，副産品は保税港区に回送せず，税関は実際に状態により課税しなければならない。区内企業は区外搬出時の区外委託加工申請書と関係する証票を根拠として，税関で照合検査解除手続を行う。

④ 保税港区内の貨物

1) 区内貨物

　保税港区内貨物は自由に流通移転できる。区内企業が貨物を譲渡，移転する場合は，双方の企業がすみやかに税関に譲渡，移転する貨物の品名，数量，金額等の電子データ情報を申告しなければならない。

2) 保証金台帳と照合確認

　区内企業は加工貿易銀行保証金台帳と契約確認照合制度を実行せず，税関は保税港区内の加工貿易貨物に対して単位消耗基準管理を実行しない。区内企業は業務を展開する日から，定期的に税関に貨物の区内搬入，区外搬出と在庫状況を申告する。

3) 在庫貨物

　保税港区貨物は在庫期限を設定しない。ただし，在庫期限が2年を超える場

合は，区内企業は毎年税関に届け出しなければならない。

4) 輸出貨物通関申告書証明綴り

税関は，保税港区とその他の税関特殊監督管理区域または保税監督管理場所との間を往来する貨物に対して保税監督管理を実行し，輸出税金還付を処理するのに使用する輸出貨物通関申告書証明綴りを発行しない。ただし，貨物が国内貨物の区域（倉庫）搬入段階の輸出税金還付制度を実施していない税関特殊監督管理区域または保税監督管理場所から保税港区に転入した場合は，貨物の実際の国外離脱とみなして，通関転出地の税関が輸出税金還付の処理に使用する輸出貨物通関申告書証明綴りを発行する。

保税港区とその他の税関特殊監督管理区域または保税監督管理場所との間を流通移転する貨物は，輸出入段階の関係租税を課税しない。

保税港区とその他の税関特殊監督管理区域または保税監督管理場所との間を往来する貨物を運送する運輸工具は，税関の監督管理の要求に適合しなければならない。

5) 直接輸出入と保税港区搬出入

保税港区を通して直接輸出入する貨物は，税関が輸出入の関係規定により監督管理を実行する。貨物を輸出する荷送人またはその代理人は，貨物が保税港区に到着する前に税関で申告することができる。輸出貨物が保税港区に到着し，税関が申告を受け付けて通関終了を許可した後に，関係規定により輸出貨物通関申告書証明綴りを発行する。

6) 総合保税区

国務院の批准を受けて設立した内陸地区の保税港区機能を有する総合保税区は，保税港区管理暫定弁法を参照して管理が行われる。

(5) 保税区域の外貨管理

① 外貨管理弁法

1) 保税監督管理区域外貨管理弁法

2007年に国家外貨管理局から「保税監督管理区域外貨管理弁法」（弁法）が公布された。この外貨管理弁法はそれまでに公布されていた下記の保税区域の外貨管理規定を統一したものであり，保税区域の種類に関わらず統一的な規定

内容となっており，それまでの外貨管理規制を緩和したものとなっている。過去に国家外貨管理局から公布されていた下記の規定は2007年10月1日付けで廃止された。

1．「輸出加工区外貨管理暫定弁法」
2．「保税区外貨管理弁法」
3．「保税区企業の国外会社から購入し区内倉庫に在庫する貨物に関係する外貨送金問題に関する回答書」
4．「保税区自動車配送企業の外貨購入問題に関する回答書」
5．「保税区企業の国内区外企業の外貨振込問題に関する回答書」
6．「海口保税区企業の通関輸入項目における外貨購入に関係する事項に関する回答書」
7．「保税物流園区の外貨管理に関係する問題に関する通知」

保税監督管理区域外貨管理弁法でいう保税区とは，保税区，輸出加工区，保税物流園区，保税港区および総合保税区，越境工業区等の税関が封鎖監督する特定区域をいう。保税物流中心（A型とB型），ダイヤモンド取引所等はこの外貨管理弁法を参照して適用するものとされている。

2）決済通貨と届出手続

区内と国外との間の経済取引は，別途規定があるものを除いて，外貨建てで決済しなければならない。区内と国内保税監督管理区域外（国内区外）との間の貨物貿易項目における取引は，人民元建てで決済することができ，外貨建てで決済することもできる。貨物貿易項目における従属費用の決済通貨は商業慣例により処理する。サービス貿易項目における取引は人民元建てで決済しなければならない。

区内企業の貨物貿易の外貨収支は，貨物保税状態に対応する税関監督管理方式に基づいて，異なる外貨管理政策を実施する。商務主管部門において対外貿易経営権の届出登記を行った後に，貨物の貿易経営活動に従事する区内企業は，国内区外の関係規定により所在地の外貨局で「対外外貨支払輸入単位名簿」と輸出外貨回収照合届出登記手続を行わなければならない。

3) 外貨の経常項目と資本項目

区内企業の経常項目外貨収入の人民元転による決済とサービス貿易項目における外貨転による送金は，国内区外の関係規定により処理する。

区内機構の資本項目における外貨取引は，国内区外の関係外貨管理規定により処理する。外国投資者が区内機構の清算により取得した資産は，外貨局の審査批准を受けた後に国外に送金または国内に再投資することができる。中国投資者が取得した資産は，すみやかに国内区外に回収して関係規定により処理しなければならない。

4) 外貨決済銀行

銀行は，区内企業のために外貨の購入または外貨の人民元転の手続を処理した後に，外貨登記証明書の相応する欄に意見を記載しかつ規定により関係証憑と商業書類を保存して事後調査に備えなければならない。

外貨局は定期または不定期に銀行とその他の区内機構の外貨収支と外貨の経営状況について監督検査を行い，本弁法に違反する場合には，「中華人民共和国外貨管理条例」とその他の外貨管理規定により処罰を行う。「中華人民共和国外貨管理条例」とその他の外貨管理規定に規定または処罰方法がなく，標準規定が明確ではない場合は，警告を与え，批評を通報し，3万元以下の罰金に処する。本弁法の規定に従わないで，外貨の人民元転または外貨購入業務を処理した場合は，銀行が直接に外貨の人民元転または外貨の購入を処理する権利を暫定的に停止するかまたは取り消すこともできる。

② 保税区域と国外区外の取引

区内企業は国外または国内区外に貨物代金を支払う場合は，下記の形式のいずれか一つに該当する場合は，取引が合法的で，真実であることを証明する有効証憑と商業書類を銀行に持参して処理しなければならない。

1) 国外輸入取引

直接国外から輸入する場合，または区内または国内区外から国外企業の貨物を購入する場合は，外貨口座からまたは外貨を購入して国外に支払うことができる。

2) 国外輸出取引

国外と輸出契約を締結し，貨物が国内区外企業によって輸出通関された場合は，国外貨物代金は区内企業によって外貨が回収された後に，当初の通貨で国内区外企業に振り替えることができる。

3) 国内区外からの購入取引

国内区外企業から貨物を購入した場合は，直接これに支払うことができ，銀行は規定により国内区外企業のために外貨の人民元決済または振込入金手続を行う。

4) その他の国外または国内区外への支払

「対外外貨支払輸入単位名簿」上の区内企業が貨物代金を異地で支払う場合は，規定により輸入外貨決済届出手続を行わなければならない。

③ **輸出入代金照合手続**

1) 輸入代金支払照合手続

区内企業が国外に対して貨物代金を支払う場合は，弁法が別途規定するものを除いて，輸入外貨決済照合を行う必要はない。

区内企業が輸入貨物通関申告書（進口貨物報関単）を根拠として国外に支払うかまたは入国備案リスト（進境備案清単）を根拠として外貨を購入して国外に支払う場合は，外貨決済銀行は規定により電子ファイル帳簿の照合記録，備案決済等の手続を行わなければならない。

区内企業が貨物の着払い以外の方法で外貨を購入して国外に貨物代金を支払う場合は，規定の期限内に外貨決済銀行で輸入貨物通関申告書または入国備案リストの正本を提出し，銀行は上述の規定により相応の手続を処理しなければならない。規定の期限内に提供できない場合は，外貨決済銀行は四半期終了後3営業日内に区内企業名簿を所在地の外貨局に報告しなければならず，所在地の外貨局は1件別に外貨収支の真実性を審査する。

2) 輸出代金回収手続

区内企業は国外に貨物を輸出し，税関で保税貨物の出国備案を処理する場合は，外貨回収後に輸出外貨回収照合を行う必要はない。税関で非保税貨物の輸出通関を行う場合は，区内企業は国内区外の関係規定により外貨局で輸出外貨

回収照合を行わなければならない。

④ 国内取引
1) 区内企業間取引

区内企業間の取引は，契約書または協議書，発票等の取引が合法で真実であることを証明する有効証憑と商業書類を持参して，人民元またはその銀行の外貨口座から支払わなければならない。

2) 国内区外企業の区内貨物の購入

国内区外企業が区内貨物を購入した場合は，有効証憑と商業書類を根拠として区内企業に支払うことができ，直接に国外に支払うことができ，その他の国内区外の貨物所有権を有する企業に支払うこともできる。国内区外の貨物所有権を有する企業は，前述の国内区外企業の外貨を受け取った後に，規定により入金通知または外貨決済明細書等の証憑を根拠として照合手続を行わなければならない。

3 保税区域と増値税

(1) 保税倉庫と輸出監督管理倉庫

① 入庫即税金還付暫定管理弁法

保税監督管理倉庫に関する税務文献は，下記のとおりであり，2005年に深圳とアモイ地区の輸出監督管理倉庫に対して入庫即税金還付政策が始めて適用され，輸出監督管理倉庫への貨物の入庫について即輸出税金還付が認められた。2007年には，深圳とアモイの実験を総括して，現代物流と地域経済の発展に与える影響を考慮して，入庫即税金還付政策の実験範囲を拡大し，南京，黄浦，江門，昆明，ウルムチの税関区で，管理弁法の条件に該当する輸出監督管理倉庫に適用した。2008年には，これをさらに全国展開した。

1.「深圳，アモイ税関区の条件に該当する輸出監督管理倉庫に入庫税金還付政策を行う実験に関する通知」

2005年1月10日　署加発［2005］39号　税関総署，国家税務総局
2.「輸出監督管理倉庫の入庫税金還付政策の実験範囲を拡大することに関する通知」
2007年12月5日　署加発［2007］494号　税関総署，国家税務総局
3.「第2次輸出監督管理倉庫の入庫税金還付政策の実験を拡大することに関する通知」
2008年12月5日　署加発［2008］506号　税関総署，国家税務総局

　上記1．では，「輸出監督管理倉庫貨物入庫即税金還付暫定管理弁法」が定められており，次にその内容を紹介する。

1)　入庫税金還付政策の適用条件

　入庫税金還付政策を享受する輸出監督管理倉庫は，一般の輸出監督管理倉庫条件を具備するほかに，下記の条件を具備する必要がある。

1. 輸出監督管理倉庫を経営する企業の経営状況が正常で，密輸または重大な規定違反行為がなく，税関に納税額を納付する能力を具備していること。
2. 前一年度の入庫貨物の実際の出庫出国率が99％より低くないこと。
3. 入庫貨物に対して全工程のコンピュータ管理を実行し，税関の監督管理の要求に適合するコンピュータ管理システムを有すること。
4. 深加工結転に使用する貨物を保管できないこと。
5. 税関の監督管理の要求に適合する隔離施設，監督管理施設とその他の必要な施設を有すること。

2)　輸出貨物通関申告書（輸出税金還付専用綴り）

　国内貨物を入庫税金還付政策を実行する輸出監督管理倉庫に預け入れてかつ輸出通関手続を終了した後に，主管税関は輸出企業に「輸出貨物通関申告書（輸出税金還付専用綴り）を発行する。

　転送通関運輸方式で輸出監督管理倉庫に預け入れた輸出貨物は，運送始発地の税関が，輸出監督管理倉庫の主管税関の貨物の実際入庫を確認した転送通関照合電子配送証明書を受け取った後に，輸出企業に「輸出貨物通関申告書（輸

出税金還付専用綴り)」を発行しなければならない。

上記輸出貨物の転送通関証の電子情報は，電子港湾執法管理システムに入力されなければならず，国税部門の適時の審査に資することにより，輸出税金還付免税を審査批准する。

3) 輸出義務

輸出監督管理倉庫に預け入れた輸出貨物は，税関が定める期限内に出国輸出しなければならない。

4) 国内販売

税金還付輸出専用通関証を発行した入庫貨物は，原則として再通関して国内販売は認められず，特別な理由により返品または国内販売に変更することが確実に必要な場合は，下記により関係手続を処理する。

１．返品，通関戻し貨物

返品，通関戻し貨物については，輸出企業は必ず登録地の主管税務部門に証明書を申請し，その貨物が輸出税金還付が未処理であること，または還付税額が主管税務部門に返還されたことを証明しなければならない。企業は関係する証明資料と輸出通関証を根拠として主管税関に関係手続の処理を申請し，主管税関は企業が提供する証明資料について主管税務部門の誤りなきことの審査照合を受けた後に，処理することを認める。

転送通関入庫貨物の返品を申請する場合は，輸出企業が運送始発地の税関と企業登録地の主管税務部門の関係証明資料と輸出通関証を根拠として主管税関で関係手続を行わなければならない。

２．国内市場販売

国内市場販売に変更した場合は，主管税関は国内貨物の再輸入貨物の関係規定により管理と検査を行わなければならない。

３．規制

年間の税金還付，返品貨物は出国貨物の１％を超えることはできない。

② 進料加工貿易免税証明書

国家税務総局が公布した「保税倉庫と輸出監督管理倉庫から払い出す原材料部品に関係する租税処理弁法に関する回答書」によれば，進料加工貿易企業が

輸出監督管理倉庫から保税原材料部品を払いだした場合には，進料加工貿易における「進料加工貿易免税証明書」が発行できないものとしている。これは輸出監督管理倉庫からの払出は国外輸出を前提としていることによるものである。これに対して，保税輸入倉庫の払出貨物については，「進料加工貿易免税証明書」を発行できるものとしている。上記の税務文献の規定は次のとおりである。

保税倉庫とは税関の批准を受けて設立する保税輸入貨物とその他の税関手続が終了していない貨物を在庫する倉庫を指し，輸出監督管理倉庫とは，規定により輸出貨物許可証または批准文書を受領し，対外的に売却して外貨決済しかつ税関ですべての輸出手続を終了した貨物を在庫する専用倉庫を指す。保税倉庫に在庫している輸入原材料部品，輸出監督管理倉庫に在庫している輸出貨物の実際の状況を考慮して，企業が国外の外国企業から購入して，税関の保税倉庫から払い出しかつ税関の進料加工手冊を処理した原材料部品について進料加工貿易免税証明書の発行を認めることに同意する。企業が税関の輸出監督管理倉庫から払い出す原材料部品は，進料加工貿易免税証明書の発行を認めない。

(2) 輸出加工区

① 輸出加工区税収管理暫定弁法

国家税務総局は，2000年に「輸出加工区税収管理暫定弁法」を公布し，輸出加工区の租税管理を次のように規定した。

1) 輸出加工区と区外との間の取引

輸出加工区から区外に運送される貨物は，税関が輸入貨物の関連規定に従って輸入通関手続を行い，かつ通関した貨物に対して増値税，消費税を課税する。輸出加工区の区外企業が輸出加工区に搬入する貨物に対して輸出とみなし，税関は輸出通関手続を行い，輸出貨物通関申告書（輸出税金還付専用綴り）を発行する。区外企業とは，輸出入経営権を有する内資生産企業をいう。

2) 輸出貨物通関申告書（輸出税金還付専用綴り）

区外企業が輸出加工区の区内企業に販売し，かつ輸出加工区に搬入して区内企業に供給して使用する国産設備，原材料，部品，組立部品，包装材料，および建設基礎設備，加工企業と行政管理部門が生産する事務用不動産の基本建設

物資(水道,電気,ガスを含まない)は,区外企業が税関の発行する輸出貨物通関申告書(輸出税金還付専用綴り)とその他現行規定の輸出税金還付証憑に基づいて,税務機関に税金還付免税処理を申告することができる。

区外企業が区内企業,行政管理部門に販売し,かつ輸出加工区に搬入して供給し使用する生活消費品,交通運輸工具は,税関が輸出入貨物通関証(輸出税金還付専用綴り)を発行せず,税務部門は税金還付免税処理を認めない。

区外企業が区内企業,行政管理部門に販売し,かつ輸出加工区に搬入して供給し使用する輸入機器,設備,原材料,部品,組立部品,包装材料および基本建設物資は,税関が輸出貨物通関申告書(輸出税金還付専用綴り)を発行せず,税務部門は税金還付(免税)を認めない。

区外企業が区内企業に販売し,かつ輸出加工区に搬入して区内企業の使用に供給した税金還付免税を実行している貨物に対しては,区外企業は税関の規定にしたがって輸出貨物通関申告書を作成しなければならず,輸出貨物通関申告書の「運輸方式」欄は「輸出」(運輸方式は「輸出加工区」と総称する)としなければならない。

3) 輸出インボイス

区外企業が輸出加工区に販売し,かつ搬入する貨物に対しては,一律に輸出販売インボイスを作成し,増値税専用発票または普通発票を発行することができない。

4) 区内企業間の取引と区内の輸出

区内企業が区内で加工,生産した貨物は,貨物を直接輸出する場合と区内企業に販売する場合に属するならば,増値税,消費税を免税する。区内企業が輸出する貨物については税金還付を行うことは認めない。

5) 区外から区内への委託加工

区内企業が区外企業に委託して製品の加工を行った場合は,一律に税金還付免税を認めない。

② 保税物流機能実験の輸出加工区

国家税務総局は,2007年に「保税物流機能実験輸出加工区に関係する租税問題に関する通知」を公布して,国務院の批准を受けた,江蘇省昆山,浙江省寧

波，上海市松江，北京市天竺，山東省煙台，陝西省西安，重慶市等の7つの輸出加工区については，保税物流機能の実験を展開しているが，継続して「国家税務総局の『輸出加工区税収管理暫定弁法』の印刷発行に関する通知」と現行のその他の関係規定により執行するものとした。

保税物流機能の実験とは，具体的には，研究開発，検査測定，メインテナンス業務の実験であるが，これらの業務の必要性がある7つの輸出加工区では，保税物流機能等の実験を展開した後においても輸出加工区の租税管理が継続して適用されている。

(3) **保税港区と保税物流園区**

① **保税物流園区と輸出加工区管理規定**

国務院は，2003年に「国務院弁公庁の上海外高橋保税区と外高橋港区の連動試行に同意することに関する回答書間」を公布して，上海外高橋保税区と外高橋港区の連動試行に同意し，外高橋港区内において1.03平方キロの土地を払出して閉鎖的園区を進めており，外高橋保税区物流園区とした。

国家税務総局は，保税区と連動する保税港区を有する保税物流園区について，2004年に「国家税務総局の保税区と港区の発展連動に関連する租税問題に関する通知」を公布して，次のように保税物流園区に輸出加工区管理規定を適用して，区外から保税港区または保税園区に搬入する貨物に対して輸出とみなして輸出税金還付を認めることを決定した。

1) 輸出税金還付

保税物流園区の区外企業が物流園区に搬入する貨物については輸出とみなし，区外企業は税関が署名発行した輸出貨物通関申告書（輸出税金還付専用綴り）およびその他規定する証憑に基づいて主管税務機関に税金還付免税の処理を申請する。区外企業とは，輸出入経営権を有する企業（外国貿易企業・工業貿易企業，外国投資企業と輸出入経営権を有する生産企業），および輸出入経営権を有する企業に輸出通関を委託した輸出入経営権のない生産企業をいう。

2) 適用規定

保税物流園区の主管税務機関は，区外企業の税金還付（免税）の申請書を受理した後に，「国家税務総局の『輸出加工区租税管理暫定規則』の印刷発行に

関する通知」等とその他の関連文献の規定に厳格に従って、誤謬なきことを審査した後に、税金還付を処理する。

保税物流園区内企業が貨物を販売し、貨物を輸出し、および貨物を委託加工した場合は、その租税政策と租税管理方法は「国家税務総局の『輸出加工区租税管理暫定規則』の印刷発行に関する通知」を参照して執行する。

② 洋山保税港区と珠海アモイ越境工業区珠海園区

国家税務総局は2006年に「洋山保税港区等の税関監督管理特殊区域に関係する租税問題に関する通知」を公布して、下記のとおり、洋山保税港区と珠海アモイ越境工業区珠海園区に輸出加工区管理暫定規定を適用して、区外からこれらの保税港区と保税園区に搬入する貨物について輸出とみなして輸出税金還付を認めるものとした。

1) 輸出税金還付

洋山保税港区と珠海アモイ越境工業区珠海園区は輸出加工区の租税政策を享受する。すなわち国内貨物が港区または園区に搬入された場合は輸出とみなして税金還付を実行し、港区または園区内企業の貨物の取引は増値税、消費税を課税しない。具体的な政策は、「国家税務総局『輸出加工区税収管理暫定弁法』の印刷発行に関する通知」等の関係規定を比較参照して執行する。

2) 水道、電気、ガス

国内貨物が港区または園区に輸出された場合、港区または園区の区内企業が水道、電気、ガス（気体）を消耗使用した場合は、現行政策が定める輸出貨物に適用する輸出税金還付率により執行する。

(4) 保税物流中心

① 蘇州工業園区保税物流中心

財政部、国家税務総局は、2004年に「国内貨物の蘇州工業園区税関保税物流中心（B型実験）搬入の税金還付を認めることに関する通知」を公布して、保税物流中心（B型）の実験を開始して、下記のとおり、国内貨物が保税物流中心（B型）に搬入されることを輸出とみなして輸出税金還付を認めた。

国内貨物の蘇州工業園区税関保税物流中心（B型実験）搬入を輸出とみなし

て，輸出税金還付政策を享受し，税関の規定により輸出税金還付通関申告書を署名発行する。企業は，通関申告書の税金還付綴りを根拠として輸出税金還付を主管する税務部門に輸出税金還付免税手続の処理を申請する。具体的な税金還付管理弁法は国家税務総局が税関総署と別途制定する。

蘇州工業園区税関保税物流中心（B型実験）内の貨物が内地に搬入された場合は，輸入とみなして，税関は貨物が蘇州工業園区税関保税物流中心（B型実験）を搬出するときに，貨物の実際の状態により，関係する政策規定によりみなし輸入貨物に対して輸入通関と課税免税または保税等の検査手続を行う。

② 保税物流中心（B型実験）租税管理弁法

国家税務総局は2004年に「保税物流中心（B型実験）租税管理弁法」を公布して，下記のとおり規定した。

1) 保税物流中心（B型実験）

保税物流中心（B型実験）とは，税関総署が批准し，多数の物流企業が実施する保税倉庫管理について閉鎖された税関監督管理区域をいう。

2) 輸出入通関手続

物流中心外企業が物流中心に通関輸入する貨物は輸出とみなして，税関が輸出通関手続を行い，輸出貨物通関申告書（輸出税金還付専用綴り）を署名発行する。物流中心外企業が物流中心から搬出する貨物は，税関が輸入貨物の関係は規定により輸入通関手続を行い，通関した貨物は現行の輸入貨物の関係規定により輸入段階の増値税，消費税を課税または免税する。物流中心外企業とは，外国貿易企業，外国投資企業と内資生産企業をいう。

3) 輸出税金還付免税

物流中心外企業が物流中心内企業に貨物を販売した場合，または物流中心外企業が国外企業に貨物を販売した後に，国外企業が貨物を物流中心内企業の倉庫に搬入した場合は，物流中心外企業は輸出インボイス，輸出貨物通関申告書（輸出税金還付専用綴り），増値税専用発票，輸出外貨回収照合証（輸出税金還付専用綴り）等の証憑を根拠として，現行の関係規定により税金還付免税の処理を申告する。

物流中心外企業が物流中心内企業に販売して物流中心に搬入して物流中心内

企業の使用に供した国産の機器，荷卸設備，管理設備，検査測定設備，包装材料は，物流中心外企業が輸出インボイス，輸出貨物通関申告書（輸出税金還付専用綴り），増値税専用発票，輸出外貨回収照合証（輸出税金還付専用綴り）等の証憑を根拠として，現行の関係規定により税金還付免税の処理を申告する。

物流中心外企業が物流中心内企業に販売して物流中心に搬入して物流中心内企業の使用に供した税金還付免税を実行する貨物については，物流中心外企業が税関の規定により輸出貨物通関申告書を記載しなければならず，輸出貨物通関申告書の「運輸方式」欄は「物流中心」とする。

4) 輸出税金還付免税の対象外

物流中心外企業が物流中心内企業に販売して物流中心に搬入してそれが使用する生活消費品，交通運輸工具については，税関は輸出貨物通関申告書（輸出税金還付専用綴り）の署名発行を認めず，税務部門は税金還付免税の処理を認めない。

物流中心外企業が物流中心内企業に販売して物流中心に搬入してその使用に供する輸入した機器，荷卸設備，管理設備，検査測定設備，包装材料については，税関は輸出貨物通関申告書（輸出税金還付専用綴り）の署名発行を認めず，税務部門は税金還付免税の処理を認めない）。

5) 物流中心への販売貨物の発票

物流中心外企業が販売して物流中心に搬入した貨物は，一律に輸出インボイス（輸出販売発票）を発行し，増値税専用発票または普通発票を発行することはできない。

6) 物流中心内企業

１．物流中心内企業の加工，販売，輸出

物流中心内企業が物流中心内で加工した貨物については，貨物が直接輸出される場合または物流中心内のその他の企業に販売される場合は，増値税，消費税を免税する。物流中心内企業が輸出した貨物については，税金還付免税の処理を認めない。

２．物流中心企業間と輸出加工区間

物流中心企業間または物流中心と輸出加工区，加工区港湾と連動する間の貨

物の取引，移動は流通段階の増値税，消費税は免税する。
3．物流中心内企業のその他税金
物流中心内企業のその他の租税問題は，現行の関係租税法律，法規の規定により執行する。

③　保税物流中心（B型実験）の拡大適用
財政部，国家税務総局は，2007年に「保税物流中心（B型実験）の拡大実験期間に適用する租税政策に関する通知」を公布して，保税物流中心（B型実験）の適用範囲を蘇州工業園区保税物流中心の他に，蘇州高度新技術区と南京龍潭保税物流中心（B型），北京空港保税物流中心（B型）等の実験拡大期間に批准設立した保税物流中心（B型）に拡大した。その主な内容は下記のとおりである。

1）　輸出税金還付免税

国内貨物の物流中心搬入を輸出とみなして，輸出税金還付政策を享受し，税関の規定により輸出税金還付通関申告書（輸出税金還付専用綴り）を署名発行する。企業は，通関申告書の税金還付綴りを根拠として輸出税金還付を主管する税務部門に輸出税金還付免税手続の処理を申請する。

2）　内地搬入

保税物流中心内の貨物が内地に搬入された場合は，輸入とみなして，税関は貨物が物流中心を搬出するときに，貨物の実際の状態により，関係する政策規定によりみなし輸入貨物に対して輸入通関と課税免税または保税等の検査手続を行う。

3）　保税物流中心（B型実験）租税管理弁法の適用

上記の政策が定める具体的な租税管理事項は，「国家税務総局の『保税物流中心（B型実験）租税管理弁法』の印刷発行に関する通知」の規定により執行する。

④　上海西北物流園区等の17の保税物流中心
2008年に，税関総署，財政部，国家税務総局，国家外貨管理局は連名で「上海西北物流園区等の17の保税物流中心の設立に関する回答書」を公布して，下

記の17の保税物流中心の設立と輸出税金還付免税の適用，保税物流中心（B型実験）租税管理弁法の適用等を決定した。

上海西北物流園区保税物流中心，天津経済技術開発区保税物流中心，東莞保税物流中心，中山保税物流中心，広州空港保税物流中心，江陰保税物流中心，太倉保税物流中心，杭州保税物流中心，青島保税物流中心，日照保税物流中心，厦門火炬（翔安）保税物流中心，営口港保税物流中心，西安保税物流中心，成都保税物流中心，長沙金霞保税物流中心，南昌保税物流中心，山西方略保税物流中心等がある。

(5) 国内仕入材料と保税区域

① 国内仕入原材料の輸出税金還付免税

中国政府は，日米欧等に対する大幅な輸出超過による急激な外貨準備高増加と人民元の切上げ圧力等に対処するため，2003年10月に輸出還付率の引下げと一部廃止を決定した。その後も相継いで輸出還付率を引下げる商品範囲を拡大し，輸出還付廃止商品の範囲も拡大した。

しかし，2007年から米国を中心とする世界的な金融危機が発生して2008年には世界経済が深刻な不況に突入した結果，これまでの輸出抑制政策を基本的に転換して輸出拡大政策を促進する状況に至った。輸出還付率は逆に引き上げられることになり，多くの商品について還付率が調整された。

同時に，これまでの輸出還付政策を廃止した鋼材，アルミ材，有色金属材料等については，中国国内の輸出加工区，保税港区，総合保税区等に搬入した国内仕入材料に対して，特別に輸出還付免税措置を適用することとした。

財政部，税関総署，国家税務総局は，2008年に「国内仕入材料の輸出加工区等の税関特殊監督管理区域への搬入に税金還付政策を適用することに関する通知」を公布して，下記のとおり，輸出税金還付が取り消された製品皮革，鋼材，アルミ材と有色金属材料（鋼片，インゴット，電解アルミ，電解銅等の金属加工初級品）等の原材料が，輸出加工区等の税関特殊監督管理区域に搬入された時に，輸出税金還付を認める特別措置を発表した。

1) 輸出加工区等の搬入時に輸出税金還付が認められる原材料

区内生産企業が国内で仕入れて輸出製品の生産に使用した輸出税金還付が取

り消された製品皮革，鋼材，アルミ材および有色金属材料（鋼片，インゴット，電解アルミ，電解銅等の金属加工初級品）等の原材料については，区域搬入時に増値税の法定課税率で税金還付が認められる。

2) 対象となる税関特殊監督管理区域

保税加工機能を有する輸出加工区，保税港区，総合保税区，珠海マカオ越境工業区（珠海園区）およびコルガス国際辺境合作中心（中国側が配備した区域）にのみ適用される。

3) 対象とならない取引

１．基礎建設物資

輸出税金還付が取り消された区域に搬入して建設区と企業の工場建物に使用された基礎建設物資については，区域搬入時に税関がカード登記手続を処理し，税金還付しない。上記貨物は国外輸出することはできず，区域内で使用が完了しない場合は，税関が区域外への退出を監督管理する。ただし，国外から区域内に搬入された基礎建設物資は，国内の区外に運送された場合は，税関の税関特殊監督管理区域に対する管理の関係規定により通関納税手続を処理しなければならない。この政策はすべての税関特殊監督管理区域に適用する。

２．実質的に加工しない原材料

区内生産企業が国内で仕入れた原材料を実質的に加工しなかった場合は，区内の非生産企業（例えば，倉庫物流，貿易等の企業）に転売，直接出国および保税方式での区域搬出することはできない。この規定に違反した場合は，税金の詐取と脱税の税金の関係規定により処理する。輸出税金還付を享受する原材料が実質的な加工を受けることなく区域から搬出されて国内に販売された場合は，規定により各種の輸入段階の税金を課税する。実質的加工基準は，「中華人民共和国輸出入貨物原産地条例」の実質的改変基準により執行する。

３．区内非生産企業の国内仕入原材料

区内の非生産企業（保税の物流，倉庫，貿易等の企業）が国内で仕入れて区域に搬入した原材料は輸出税金還付免税政策を享受できない。

② 輸出税金還付証憑

国家税務総局が公布した「国内区外貨物の税関特殊監督管理区域搬入に関係

する問題に関する通知」によれば，輸出税金還付証憑は次のとおり取り扱われる。

1) 輸出税金還付証憑

区外企業は税関が署名発行した上記規定に該当する輸出貨物通関申告書（輸出税金還付専用綴り）とその他の現行規定の輸出税金還付免税証憑を根拠として，税務機関で税金還付免税を申告することができる。税務機関は誠実に審査した後に，増値税法定課税率で税金還付を認める。

区外企業が増値税小規模納税者に属する場合は，その販売した上記貨物は現行規定により免税方法を実行する。

2) 基礎建設物資

国内区外の区域に搬入して税関特殊監督管理区域と区内企業の工場建物の基礎建設に使用された基礎建設物資は，輸出通関申告書を署名発行しない。区外企業が区内に販売した上記貨物については税務機関が規定により課税し，輸出税金還付は行わない。

3) 輸出税金還付免税の報告

区内生産加工企業は四半期ごとに「税関特殊監督管理区域の輸出関税不課税および税金還付貨物審査批准表」を主管国家税務局に提出し，半年毎に1回（7月10日までと1月10日まで），税金還付免税貨物の使用状況を当地の国家税務局に提出しなければならない。上記の税金還付免税の貨物については，税務機関は区内に搬入した企業に実地調査を行う権限を有する。

③ 輸出税金還付率の調整

輸出税金還付が取り消された製品について，その後に輸出抑制政策から輸出促進政策に転換されたことに伴って，輸出税金還付が取り消された製品について輸出税金還付が復活した場合には，下記のとおり，調整後の輸出税金還付率が適用されることとなった。

財政部，税関総署，国家税務総局は，「国内仕入材料の税関特殊監督管理区域搬入に租税政策を適用することに関する通知」を公布して，次のように規定した。

区内生産企業が国内で仕入れた原材料について，「税関特殊監督管理区内生

産企業国内仕入区域搬入税金還付原材料リスト」の中に列記されている製品について，区内搬入は増値税法定課税率で税金還付を認めるとは，輸出税金還付を取り消した製品をいう。上記製品の輸出税金還付率が調整された後は，調整後の輸出税金還付率を執行しなければならない。

4　加工貿易と保税区

(1)　来料加工貿易

①　加工貿易の保税政策

中国の委託加工には，来料加工と進料加工がある。来料加工は外国から原材料部品等が無償で支給されて保税（免税）で輸入される。その加工製品も免税で輸出される。来料加工の特徴は委託加工賃の受け払いによる決済である。

進料加工では，外国から有償で原材料部品等が支給されるが，来料加工と同じように原材料部品等は保税（免税）で輸入される。加工製品も有償取引で輸出されるが，加工製品の輸出販売に対しては一般の輸出貨物と同様に免税控除還付方法が適用される。

外国投資企業と外国貿易企業は来料加工貿易と進料加工貿易方式で輸入した貨物について，関税および輸入段階の増値税と消費税は免税されている。来料加工では委託加工賃にかかる増値税は免税となり，進料加工では委託加工貨物にかかる増値税と消費税は輸出売上として免税されるが，仕入税額が発生している場合には仕入税額控除と税金還付が行われる。

1)　保税政策

加工貿易における保税政策は，次のとおりである。

>　1．来料加工
>　　1　外国企業が提供する原材料，部品，組立部品，補助材料，包装資材
>　　　に対しては輸入時の関税と増値税は免税される。
>　　2　加工製品の輸出時の関税は免税であり，委託加工賃にかかる増値
>　　　税，消費税も免税である。

2．進料加工
1　輸入する原材料部品は輸入時の関税と増値税が免税される。
2　生産過程で消耗する触媒，促進剤，洗剤等の化学品は全額保税される。
3　加工製品の輸出時の関税，増値税，消費税は免税とされている。

2）　来料加工貿易の免税手続

　輸出企業は，来料加工貿易で原材料部品を免税輸入した後に，税関が発行した来料加工輸入貨物通関申告書および来料加工登記手帳（来料加工貿易手冊）を根拠として，輸出税金還付部門に来料加工貿易免税申請表を提出し来料加工免税証明書の発行を受ける。次に，課税部門にこの来料加工免税証明書を持参して，加工または来料加工貨物および加工賃にかかる増値税と消費税の免税を申請する。

　輸出企業は委託加工貨物を輸出した後に，輸出企業は来料加工輸入貨物通関申告書および税関が照合した来料加工登記手帳，外貨回収照合証に基づいて輸出税金還付機関で輸出貨物の審査照合手続を行わなければならない。

　審査照合期限を過ぎても照合しない場合は，輸出税金還付部門は税関と課税部門とともに免税した増値税と消費税の追徴と処罰を行うことができるものとされている。以上の手続により，来料加工における無償支給原材料部品と委託加工賃は免税処理される。

　来料加工で再輸出する貨物は増値税と消費税が免税される。

図表4-4　来料加工の免税手続

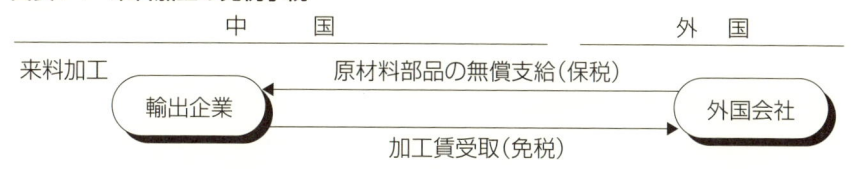

	中　　国		外　　国
来料加工	輸出企業	←原材料部品の無償支給（保税）― ―加工賃受取（免税）→	外国会社

税関	来料加工輸入貨物通関申告書と来料加工登記手帳の発行
税金還付部門	上記書類を根拠に来料加工免税証明書の交付引渡し
税金課税部門	来料加工免税証明書で加工貨物と加工賃の免税申告

税金還付部門　来料加工輸入貨物通関申告書と来料加工登記手帳と輸出外貨回収照合証の照合審査

3）　小規模納税者の来料加工再委託

小規模納税者がその他の加工企業に来料加工業務に従事することを委託した場合は，税務機関に来料加工免税証明書の発行を申請し，加工企業は来料加工免税証明書に基づいて委託加工賃の免税手続を行うことができる。

図表4-5　小規模納税者

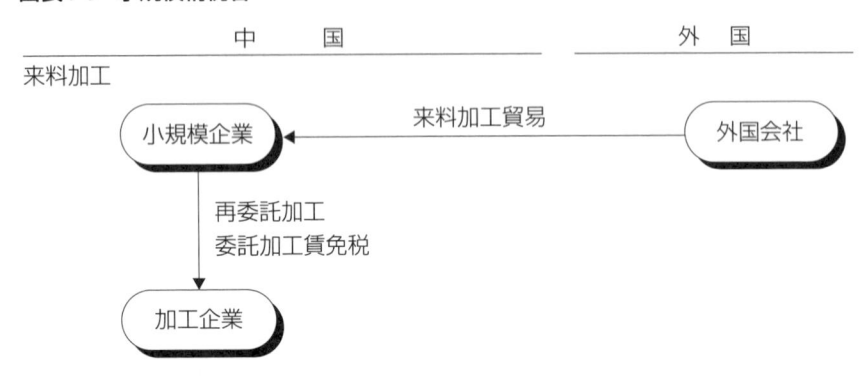

中　　国	外　　国

来料加工

小規模企業 ←―来料加工貿易――→ 外国会社

↓ 再委託加工
　委託加工賃免税

加工企業

4）　委託加工費と還付率

輸出企業の来料加工輸出貨物の加工費に対して輸出貨物に対応する税金還付率により税金還付を処理しなければならない。

外国貿易企業の委託加工輸出製品は，原料の税金還付率と加工費の税金還付率は，それぞれ還付税額を計算し，加工費の税金還付率は輸出製品の税金還付率により確定しなければならない。

② **外国貿易企業の来料加工**

外国貿易企業が来料加工貿易を行っており，国内の原材料メーカーから原材料部品を購入し，国内の加工工場に加工を委託した。外国貿易企業は原材料部品代金を支払う時に増値税の専用発票と税収納付領収書（輸出還付専用綴り）を取得し，委託加工製品を回収し加工賃を支払う時に同じく加工賃の増値税専用発票と税収納付領収書（輸出還付専用綴り）を取得した。次に，具体的な計

算例で還付税額の計算を検討する。

前提条件　外国貿易企業。
　　　　　紡織品原材料23,520元を国内の紡織品工場から購入。
　　　　　外国貿易企業は増値税専用発票と税収納付領収書を取得。
　　　　　増値税専用発票の販売額は23,520元，仕入税額は3,998元。
　　　　　外国貿易企業は紡織品原材料を服飾品加工工場に委託加工した。
　　　　　外国貿易企業は加工賃5,000元を支払い，増値税専用発票と税収納付領収書（輸出貨物専用）を取得。
　　　　　外国貿易企業は加工服飾製品を40,000元で輸出販売した。
　　　　　紡織品還付率15％，服飾品還付率17％。

還付税額＝購入した加工原材料発票仕入金額23,520元×還付率15％
　　　　　＋加工賃発票金額5,000元×17％＝3,528元＋850元＝4,378元

　外国貿易企業が生産企業に加工を委託して回収した後に輸出通関した貨物は，原材料の税金還付率と加工費の税金還付率によりそれぞれ還付税額を計算する。加工費の税金還付率は輸出製品の税金還付率によって確定する。

　原材料が進料加工によって輸入され，輸入段階で増値税の減免優遇を受けている場合は，すでに減額された税額を控除しなければならない。すなわち，実際に課税を受けた仕入価格で計算する。

(2) 進料加工貿易

① 生産企業の進料加工貿易

　外国投資企業と外国貿易企業が行う進料加工貿易では，図表4-6のように外国から有償支給される原材料部品等は保税（免税）されて輸入され，加工製品の輸出販売に対しては免税控除還付方法が適用される。

　生産企業が進料加工貿易方式で輸入する原材料，部品を加工して再輸出する場合は，免税控除還付方法により税金を計算するが，生産企業が下記に述べる進料加工貿易登記申告表を規定どおりに申請処理していない場合は，その加工再輸出貨物について生産企業は免税控除還付の申告を行うことはできないもの

とされている。

図表4-6　進料加工

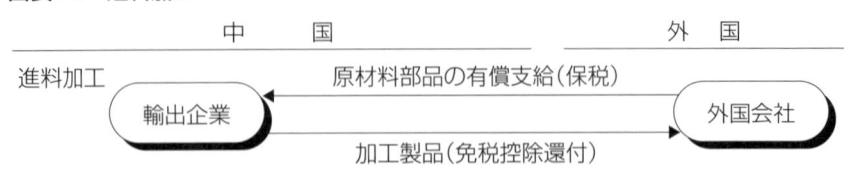

	中　国		外　国
進料加工	輸出企業	←原材料部品の有償支給（保税） →加工製品（免税控除還付）	外国会社

1) 生産企業の進料加工登記

　国家税務総局が公布した「生産企業の輸出貨物の免税控除還付管理操作規程（試行）」によれば，生産企業の進料加工による輸出還付免税手続は次のとおりである。

　進料加工業務を行う生産企業は，税関で進料加工登記手帳を申請受領して，税金還付部門で生産企業進料加工登記申告表を作成して進料加工貿易の登記を行う。次に，輸入する原材料部品について，税金還付部門で生産企業進料加工輸入原材料部品申告明細表を作成して審査を受けた後に，生産企業進料加工貿易免税証明書の発行を受ける。

　最後に，加工製品が輸出された後に，税関で照合した進料加工登記手帳と生産企業進料加工業税関登記手帳照合申請表を税金還付部門に提出して，生産企業進料加工貿易免税証明書との照合を行う。

　国家税務総局が公布した「輸出貨物税金還付免税の若干の問題に関する通知」でも，次のように申告期限が定められている。

　進料加工業務に従事する生産企業は，税関が審査発行した「進料加工登記手帳」（進料加工貿易手冊）を取得した後の初めの増値税の納税申告期限内に主管税務機関で「生産企業進料加工登記申告表」を処理しなければならない。原材料部品の輸入が発生した月に主管税務機関に「生産企業進料加工原材料部品輸入申告明細表」を申告処理する。

　同時に，主管税関から販売照合証明書を取得した後の初めの増値税納税申告期限内に主管税務機関で販売照合手続を申告処理する。期限を過ぎて申告処理しない場合は，税務機関は「中華人民共和国租税徴収管理法」の関連規定を参照して処罰を行った後に，関係手続を新たに処理する。

上述した業務の流れを要約すれば，図表4-7となる。

図表4-7　進料加工業務の登記と手続

税関	進料加工登記手帳の発行
	↓
税金還付部門	生産企業進料加工登記申告表の提出と税務機関の署名
	加工貿易認可証（三枚綴り）
	輸入契約書写し
	輸出契約書写し
	生産企業進料加工輸入原材料部品申告明細表に記入
	生産企業進料加工貿易免税証明書の発行
	↓
税関	進料加工登記手帳の最終照合
	生産企業進料加工税関登記手帳照合申請表の提出
	↓
税金還付部門	進料加工登記手帳原本と上記申請表を持参し照合
	生産企業進料加工貿易免税証明書の新規発行と合算

2)　申告手続

具体的な手続は次の手順で行われる。

1．生産企業と外国貿易企業の進料加工登記

進料加工業務を展開する企業は，初回の進料加工を行う前に，進料加工貿易契約書，税関が検査発行した「進料加工登記手帳」を税金還付部門に持参して，「生産企業進料加工登記申告表」を記入して登記届出手続を行わなければならない。

2．生産企業進料加工貿易免税証明書の取得

進料加工業務を展開する企業は，税金還付部門に免税控除還付税金の処理を申告する時は，「生産企業進料加工輸入原材料部品申告明細表」を記入しなければならず，税金還付部門は規定により審査した後に，「生産企業進料加工貿易免税証明書」を発行する。

3．実際消耗法と購入法

進料加工貿易では輸入原材料部品について実際消耗法と購入法のいずれかを採用する。実際消耗法は原材料部品の実際消費量に応じて輸入免税貨物を処理

する方法であり，購入法は原材料部品の購入数量に応じて輸入免税貨物を処理する方法である。

実際消耗法を採用した場合の「生産企業進料加工貿易免税証明書」は，当期のすべて（個別証憑が整っていない部分を含む）の進料加工貿易方式の輸出貨物が費消した輸入原材料部品の課税標準価格により計算して「生産企業進料加工貿易免税証明書」を発行する。

購入法を採用した場合の「生産企業進料加工貿易免税証明書」は，当期のすべての購入した輸入原材料部品の課税標準価格により計算して「生産企業進料加工貿易免税証明書」を発行する。

4．進料加工業務の照合

生産企業の「進料加工登記手帳」の最終の1件の輸出業務が税関において照合された後は，「進料加工登記手帳」が税関によって回収される前に，手帳の原本と「生産企業進料加工業税関登記手帳照合申請表」を持参して税金還付部門に進料加工業務照合手続を行う。

税金還付部門は輸入原材料部品と輸出貨物の実際発生状況に基づく「進料加工登記手帳」の照合後の「生産企業進料加工貿易免税証明書」を発行し，当期に発行した「生産企業進料加工貿易免税証明書」と合算して計算を行う。

② 非生産企業の再委託進料加工

1） 輸出企業の再委託進料加工

輸出企業が生産企業に加工を委託して回収した後に貨物を輸出した場合は，購入加工貨物の原材料等の発票と加工費の発票に基づいて規定により税金還付を処理する。原材料等が進料加工貿易に属して輸入段階増値税が減税されている場合で減税された税額を控除する場合は，税金還付を計算しなければならない。

輸出企業は進料加工貿易方式で原材料部品を減税輸入してその他企業に転売して加工させる時は，事前に進料加工貿易申告表を記載して輸出税金還付部門に報告して同意署名を受けた後に，この申告表を課税部門に送付届出し，かつこれに基づいて増値税専用発票を作成する時に，規定の税率によって販売原材料部品の税額を明記することができ，輸出企業を主管する課税税務機関はこの

図表4-8 輸出企業の輸出税金還付

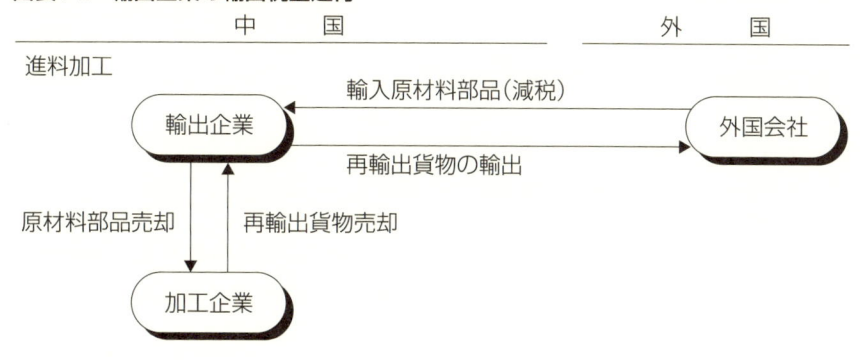

```
          中        国                            外    国
進料加工
                    輸入原材料部品(減税)
       ┌────────┐ ←──────────────────── ┌────────┐
       │輸出企業 │                         │外国会社│
       └────────┘ ────────────────────→ └────────┘
          ↑ ↓        再輸出貨物の輸出
原材料部品売却  再輸出貨物売却
       ┌────────┐
       │加工企業│
       └────────┘
```

部分の販売原材料部品の販売発票上に明記された納付税額を計算課税して国庫入金しないものとし，主管税金還付主管機関は輸出企業が輸出税金還付を処理する時に，税金還付額から控除する。

輸入原材料の加工再輸出貨物は次に掲げる公式で税金還付を計算する。

輸出還付税額＝輸出貨物の要還付税額
　　　　　　－売却した輸入原材料部品の納付税額
売却した輸入原材料部品の納付税額＝売却した輸入原材料部品金額
　　　　　　　　　　　　　　　　×税率－税関が輸入原材料部品に
　　　　　　　　　　　　　　　　実際に課税した増値税税額

2) 外国貿易企業の再委託進料加工

外国貿易企業が価格を評価する加工方式を採用して進料加工再輸出業務に従事する場合は，規定により進料加工免税証明書の処理を行わないならば，相応する再輸出製品については，外国貿易企業は税金還付免税処理を申請することができない。

外国貿易企業が従事している進料加工の再輸出貨物は，税金還付部門が輸入原材料部品の仕入控除税額を計算するときには，輸入原材料部品の課税税率が再輸出貨物の税金還付率より小さいか等しい場合には，輸入原材料部品の課税税率により税額控除を計算する。輸入原材料部品の課税率が再輸出貨物の税金還付率より大きい場合には，再輸出貨物の税金還付率で税額控除を計算するも

のとされている。

輸入原材料部品の仕入控除税額の計算

輸入原材料部品の課税率≦再輸出貨物の還付率→輸入原材料部品の課税率
輸入原材料部品の課税率＞再輸出貨物の還付率→再輸出貨物の還付率

次に，外国貿易企業が進料加工貿易を行っており，その加工生産を国内の加工企業に再委託した場合には，どのような輸出税金還付の計算になるか計算例で紹介する。

図表4-9　外国貿易企業の輸出税金還付計算

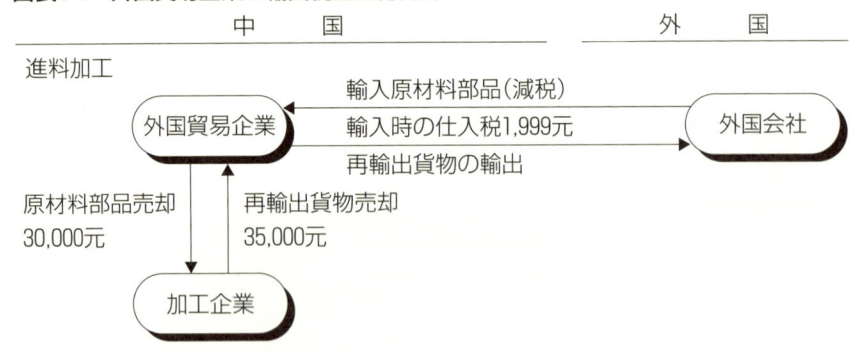

```
              中    国                              外    国
進料加工
                    輸入原材料部品（減税）
         外国貿易企業  輸入時の仕入税1,999元    外国会社
                    再輸出貨物の輸出

原材料部品売却  再輸出貨物売却
30,000元      35,000元

              加工企業
```

前提条件　外国貿易企業。

　　　　　進料加工貿易方式で加工原材料（課税標準構成価格23,520元）を輸入，なお，進料加工による減税額（23,520元×17％＝3,998元×半減50％＝1,999元）　輸入時に税関は1,999元を課税，半減の1,999元を免税とした。

　　　　　外国貿易企業は加工原材料を30,000元で加工企業に販売した。

　　　　　外国貿易企業は加工後に35,000元で加工企業から加工製品を回収した。外国貿易企業は増値税専用発票と税収納付領収書（輸出貨物専用）を取得した。

　　　　　外国貿易企業は加工製品を進料加工貿易方式で再輸出した。

　　　　　輸入原材料部品の国内課税率17％。

再輸出貨物の国内課税率17％。

再輸出貨物の還付率13％。

当期納付税額の計算

販売した輸入原材料部品の納付税額＝売上税5,100元（輸入原材料部品の販売価格30,000元×17％）－仕入税1,999元（税関が輸入原材料部品に実際に課税した増値税額）＝3,101元

当期要還付税額＝再輸出貨物の要還付税額4,550元（35,000元×13％＝4,550元）－販売した輸入原材料の納付税額3,101元＝1,449元

　外国貿易企業（輸出企業）は、進料加工貿易申告表を税金還付機関に提出して同意署名を受けた後に、この申告表を課税機関に提出する。国内販売して増値税専用発票を作成するときに規定の税率によって販売原材料部品の増値税額を明記するが、課税機関はこの部分の販売原材料部品の販売発票に記載された納付税額5,100元は国庫に計上しない。

　税金還付機関は輸出企業の輸出税金還付時にこの金額を還付税金から控除する。輸入段階で減免された増値税は税金還付を計算するときにすでに減税された税額を控除しなければならない。

　なお、上記の方法は外国投資企業が進料加工貿易で他の外国投資企業に販売して再輸出した場合にも適用される。ただし、外国投資企業が来料加工貿易、進料加工貿易で加工貨物を外国投資企業以外に販売して再輸出した場合には、上記の方法は適用されず、規定どおり増値税を課税して、輸出後に免税控除還付方法で税金還付を処理するものとされている。

(3) 保税区と加工貿易

① 保税区から区外への委託加工

　保税区外の輸出企業が加工貿易を展開しており、輸入原材料部品を保税区内の企業から購入している場合は、現行の進料加工と来料加工の租税政策により執行することができるものとされている。

　ただし、保税区税関監督管理弁法によれば、保税区内の委託企業は下記の条

件に適合しなければならず，原則として保税区内の生産企業でなければ保税区外に委託加工を行うことはできない。したがって，対外貿易経営権を持たない保税区貿易商社は保税区外に委託加工を行うことはできない。これに対して，対外貿易経営権を有する外国貿易企業は，区外に委託加工することができる。

> 1. 委託企業が区内で生産場所を所有し，正式に加工業務を実施していること。
> 2. 委託加工業務の主要工程は区内で実施されなければならない。
> 3. 委託加工期限は6ヶ月以内，期限延長も6ヶ月を限度。
> 4. 委託完成品は保税区に戻すこと，保税区外から直接輸出する場合は税関の照合確認が必要。

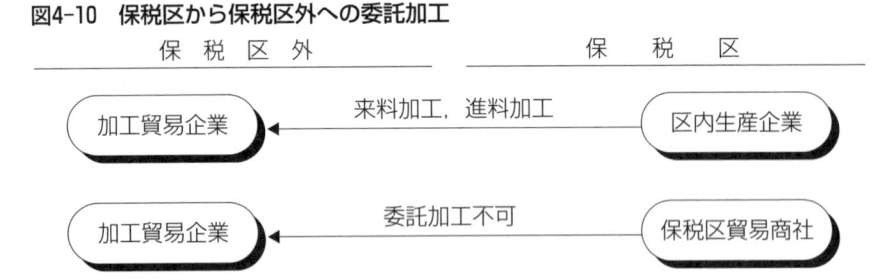

図4-10　保税区から保税区外への委託加工

保税区外		保税区
加工貿易企業	◀── 来料加工，進料加工 ──	区内生産企業
加工貿易企業	◀── 委託加工不可 ──	保税区貿易商社

② 保税区外から保税区への委託加工

　保税区外企業の委託を受けて保税区内で加工した場合は，保税区内の加工企業が税関で委託加工の原材料，部品の届出手続を行い，委託加工した原材料部品と製品は区内企業の原材料，部品および製品と区別して帳簿を設定し，かつそれぞれ使用しなければならない。加工が完了した製品は，保税区外企業に回送されなければならず，保税区内の加工企業が税関で販売処理し届出する。

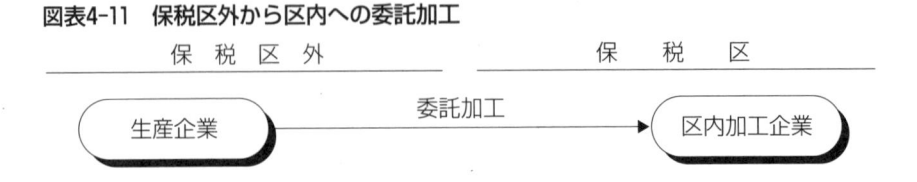

図表4-11　保税区外から区内への委託加工

保税区外		保税区
生産企業	── 委託加工 ──▶	区内加工企業

③ 国内調達の区外委託加工

輸出税金還付の処理が認められた区内企業が，区外企業から貨物を購入し外高橋保税区税関を通過した後に，再度，来料加工貿易，進料加工貿易の方法でその貨物を区外に通過させて加工した後に回収して再輸出した場合は，輸出税金還付は認められない。

図表4-12　区外委託加工

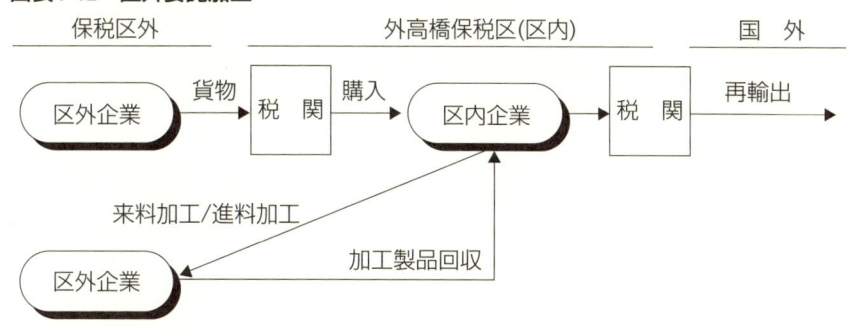

```
保税区外          外高橋保税区(区内)          国 外

区外企業 ──貨物──→ 税関 ──購入──→ 区内企業 ──→ 税関 ──再輸出──→
                                    ↑
          来料加工/進料加工           │
区外企業 ←──────────加工製品回収──────┘
```

(4) 保税区と輸出還付免税

① 保税区搬入と輸出還付免税

1) 保税区の輸出通関手続と届出（備案）手続

中国税関が発布した「保税区の輸出入貨物に対する備案制度の施行に関する公告」によれば，次のとおり，保税区では国内区外から保税区に搬入される貨物については輸出通関制度が適用され，保税区から国外に搬出される貨物については届出（備案）制度が適用されている。

図表4-13　保税区の通関手続

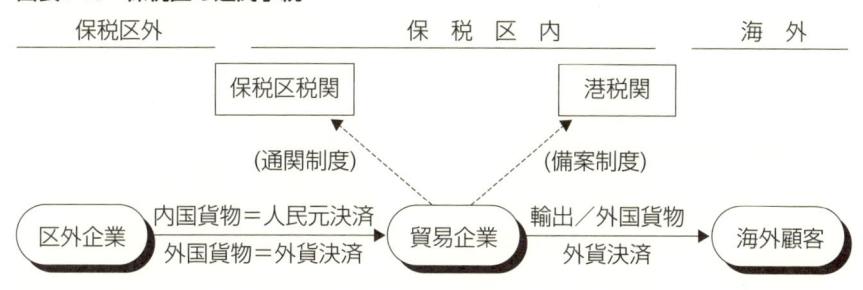

```
  保税区外              保 税 区 内              海 外

                 保税区税関          港税関

                 (通関制度)         (備案制度)

区外企業 ──内国貨物＝人民元決済──→ 貿易企業 ──輸出／外国貨物──→ 海外顧客
         外国貨物＝外貨決済                   外貨決済
```

保税区の通関制度と備案制度

通関制度　保税区と国内区外の貨物の搬出入，区内企業が輸入する設備等

備案制度　加工貿易の保税原材料部品，仲介貨物，倉庫貨物，国外搬出貨物

　1997年から税関は保税区企業の輸出入貨物に対して備案制度と通関制度を結合した申告制度を実行する。すなわち保税区内の加工貿易に入国が必要な原材料部品，仲介貨物，倉庫貨物と保税区が国外に搬出する出国貨物に対しては備案制度を試行する。保税区と非保税区の間を搬出入する貨物と区内企業が輸入する自己使用の合理的数量の機器設備，管理設備，事務用品と業務人員が必要とする自己使用の合理的数量の課税物品に対しては通関制度を実行する。

2)　輸出税金還付証憑

　保税区外から保税区に搬入しただけの貨物は輸出とはみなされず，保税区から国外に搬出された時に輸出として処理することができ，下記のように輸出通関申告書の輸出税金還付専用綴りが増値税の輸出還付の根拠証憑とされている。

　財政部，国家税務総局が公布した「輸出貨物税収の若干の問題に関する補充通知」では，保税区から国外に搬出される貨物について，下記のとおり，輸出税金還付証憑として輸出通関申告書の輸出税金還付専用綴り（現在では証明綴りと称されている）等が必要とされた。

　保税区内企業が区外の輸出入経営権を有する企業から貨物を購入した場合は，区外の貨物供給企業が保税区内企業に「増値税（または消費税）税収専用納付書」または「分割証」を提出しなければならず，保税区内企業はこの部分の貨物を輸出または加工再輸出した後に，当該貨物の専用納付書または「分割証」，保税区へ搬送した「輸出貨物通関申告書」および保税区から通関出国した「輸出貨物通関申告書（輸出税金還付綴り）」，外貨決済書（輸出外貨回収照合証（輸出税金還付専用綴り）を提供しない場合に可能）およびその他関連証憑に基づいて申告して税金還付を処理する。

3)　保税区倉庫貨物の国外搬出

　国家税務総局は，「輸出税金還付の若干の問題に関する通知」を公布して，次のとおり，外国企業が保税区内の倉庫に保管している貨物については，倉庫企業の輸出届出（備案）リストと輸出企業の輸出貨物通関申告書（輸出税金還

付専用綴り，現在では証明綴り）を根拠として，輸出税金還付免税を行うものとしている。

保税区外の輸出企業が外国企業に販売する輸出貨物は，外国企業が貨物を保税区内の倉庫企業に在庫している場合で，出国時に倉庫企業が通関手続を処理した場合には，保税区外の輸出企業は貨物を保税区に搬入した輸出貨物通関申告書（輸出税金還付専用綴り），倉庫企業の輸出届出（備案）リストおよびその他規定の証憑を根拠として，税務機関に税金還付を申請することができる。保税区税関は上述の貨物が全て出国した後に，はじめて貨物を搬入した保税区の輸出貨物通関申告書（輸出税金還付専用綴り）を発行することができる。

② 輸出入経営権と外国貿易経営権
1） 保税区内生産企業

保税区内の生産企業が区外の輸出入経営権を有する企業から原材料，部品等を購入して製品に加工して輸出する場合は，保税区税関が発行した出国届出（備案）リストおよび規定の証憑に基づいて，税務機関で免税，控除，税金還付を申請することができる。

保税区税関は，貨物が出境した後に貨物が保税区に搬入された日付に基づいて輸出貨物通関申告書（輸出税金還付専用綴り）を署名発行していたが，輸出企業が税金還付申告する時に税金還付申告期限を超えてしまい税金還付免税を行なうことができなくなる問題が発生していた。この問題を解決するために，国家税務総局は輸出貨物に適合する場合については，輸出企業は最後の輸出貨

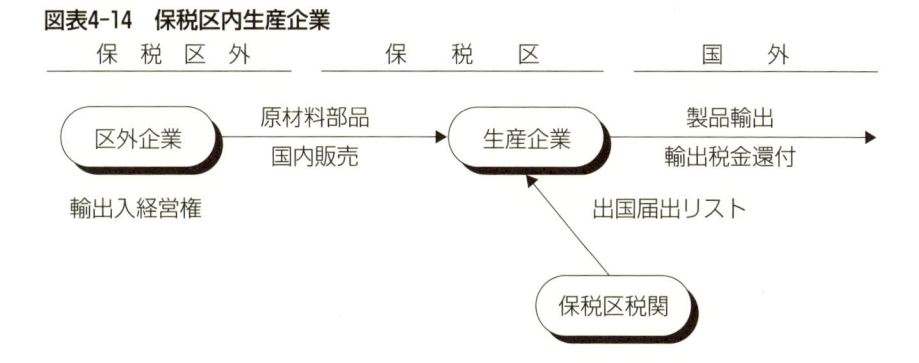

図表4-14　保税区内生産企業

保　税　区　外	保　税　区	国　外

区外企業 —原材料部品／国内販売→ 生産企業 —製品輸出／輸出税金還付→

輸出入経営権

保税区税関 —出国届出リスト→ 生産企業

物の届出リスト上の税関が明記した輸出日を，税金還付免税を申告する基準日とすることができるとの規定を公布した。

2) 保税区内の輸出入公司（中国内資の外国貿易企業）に代理輸出委託

輸出税金還付の処理が認められた区内企業が，税金還付が可能な貨物を他の輸出税金還付を処理することができる区内貿易企業に代理輸出を委託する場合は，委託者が輸出税金還付を処理する。

図表4-15　保税区内企業の代理輸出委託

```
        保　税　区　外    |    保　税　区    |    国　　外
  ┌─────────┐  貨物搬送   ┌─────────┐   輸出入経営権を有する
  │ 区外企業 │ ─────────→ │ 生産企業 │   生産企業が委託者
  └─────────┘  国内販売   └─────────┘   輸出税金還付を処理
  輸出入経営権を有する区外企業         │
                             代理輸出貿易委託
                                      ↓
                              ┌─────────┐   代理輸出
                              │ 輸出入公司│ ─────────→
                              └─────────┘
```

図表4-16　区外企業が代理輸出委託

```
        保　税　区　外      |    保　税　区    |    国　　外
  ┌─────────┐  国内販売     ┌─────────┐   輸出
  │ 区外企業 │  増値税専用発票 │ 輸出入公司│ ─────────→
  └─────────┘  税収納付領収書 └─────────┘
```

区外企業が輸出入経営権を有する区内輸出入公司に代理輸出を委託した場合は，区内企業が区外から購入し輸出税金還付が認められる貨物については，区外企業が必ず増値税専用発票を発行して区内企業に交付し，区内企業の輸出税金還付証憑としなければならない。

区内企業が輸出入公司である場合には，つぎのような輸出税金還付証憑等が必要となる。なお，地域により輸出税金証憑は若干異なるものがある。

> 1. 輸出貨物購入の増値税専用発票と増値税の税収納付領収書および輸出通関時に発行された国外輸出インボイス
> 2. 保税区税関の押印済みの実際に出国した輸出貨物通関申告書（輸出税金還付綴り）と実際に出国した輸出貨物と対応すべき税関が発行した区外企業が提供する保税区に搬入した時の輸出貨物通関申告書
> 3. 外貨管理部門が発行した輸出外貨回収照合確認書（輸出税金還付専用）またはその他の外貨決済証明書
> 4. 輸出インボイスおよび販売明細帳（税金還付審査検査時に提供）
> 5. 税金還付のコンピューター処理による登記表およびその他関連証憑
> 6. 税務機関が提供を要求するその他の証憑

また，区内企業は輸出貨物の帳簿を設置しなければならない。輸出税金還付の処理が認められた区内企業の輸出貨物は，個別に帳簿を設置して購入金額と仕入税額を計算しなければならず，購入した貨物が輸出かまたは区内外の国内販売（内販）のいずれに使用されたか適時に確定できない場合は，かならず輸出在庫台帳を記帳して，区内販売時に輸出在庫台帳から国内販売在庫台帳に振り替えなければならない。

3）対外貿易経営権のない保税区貿易商社

輸出税金還付の処理が認められた貨物であっても，区外企業が対外貿易経営権のない区内企業に代理貿易輸出を委託して貨物を出国した場合は，税金還付免税の処理は認められない。

図表4-17　対外貿易経営権のない保税区貿易商社

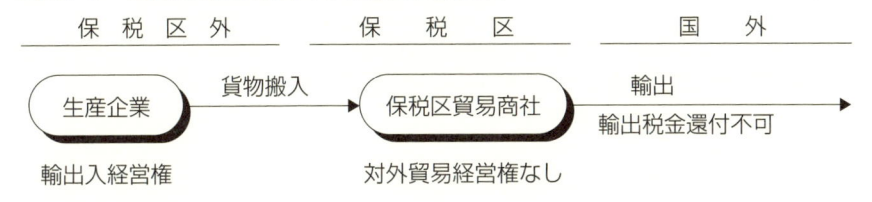

```
   保 税 区 外        保 税 区         国 外
 ┌─────────┐  貨物搬入  ┌──────────┐   輸出
 │ 生産企業 │─────────▶│保税区貿易商社│──────────▶
 └─────────┘           └──────────┘   輸出税金還付不可
  輸出入経営権          対外貿易経営権なし
```

4）保税区内の進料加工企業

保税区内の進料加工企業が国外から輸入した原材料部品は，保税区税関が署

名発行した税関保税区入国貨物届出リストに基づいて生産企業進料加工貿易免税証明書等の証書を処理することができるものとされている。この免税証明書により輸出税金還付を処理する。

5) 区外輸出企業の保税区倉庫保管

保税区外の輸出企業が外国企業に販売する輸出貨物は，外国企業が貨物を保税区内の倉庫企業に在庫している場合で，出境時に倉庫企業が通関手続きを処理した場合は，保税区外の輸出企業は貨物を保税区に搬入した輸出貨物通関申告書（輸出税金還付専用綴り），倉庫企業の輸出届出明細票およびその他規定の証憑を根拠として，税務機関に税金還付を申請することができる。保税区税関は上述の貨物が全て出境した後に，はじめて貨物を搬入した保税区の輸出貨物通関申告書（輸出税金還付専用綴り）を発行することができる。

図表4-18　保税区内倉庫保管貨物

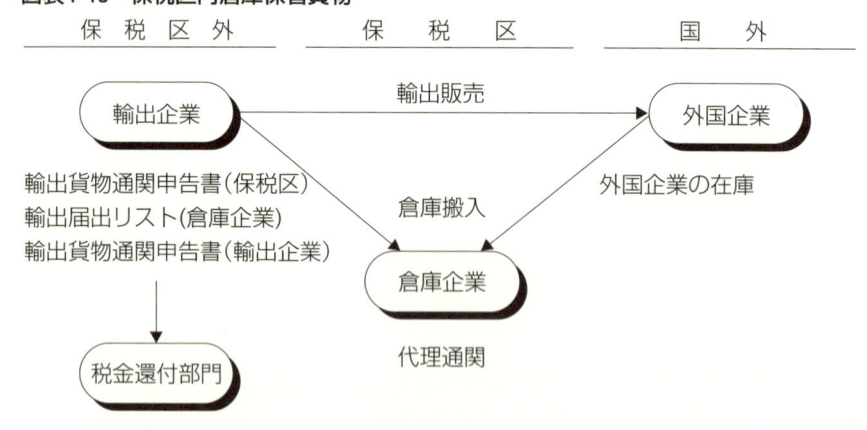

| 保 税 区 外 | 保 税 区 | 国 外 |

輸出企業 →輸出販売→ 外国企業

輸出貨物通関申告書(保税区)
輸出届出リスト(倉庫企業)
輸出貨物通関申告書(輸出企業)

倉庫搬入 → 倉庫企業 ← 外国企業の在庫

代理通関

税金還付部門

(輸出税金還付)
倉庫企業が出国の通関手続を処理した後に
1．貨物を保税区に搬入した時点の輸出貨物通関申告書
2．倉庫企業の輸出届出(備案)リスト

↓

保税区税関の輸出貨物通関申告書(輸出税金還付専用綴り)，全貨物の出国後に発行

6) 対外貿易経営権を有する保税区貿易商社

現行規定で，保税区内企業が輸出入経営権または対外貿易経営権を取得する

申請類型は，おおむね，次のとおりである。

1. 内資企業の外国貿易流通経営権の取得
2. 内資生産企業の自営輸出入権の取得
3. 中外合弁対外貿易会社の外国貿易流通経営権の取得
4. 外国投資生産型企業の自営輸出入権の取得
5. 保税区の企業と個人の対外貿易経営権の取得

　保税区貿易商社も対外貿易経営権を取得することができ，同時に，商業企業の経営範囲を取得することができるようになった。国家税務総局は，「保税区内輸出企業の輸出税金還付に関連する問題に関する回答書」で，対外貿易経営権を有する保税区内輸出企業に対して，輸出税金還付を処理することを認めた。これは，それまで対外貿易経営権の賦与が認められていなかった保税区貿易商社について，従来の処理では，保税区貿易商社は外国貿易経営権を有する外国貿易会社に輸出貨物の代理輸出を委託しており，保税区貿易商社は自ら輸出税金還付免税の処理ができなかった。対外貿易法の改正により保税区貿易商社も対外貿易経営権を取得することができるようになり，下記のとおり，輸出税金還付免税の処理が認められた。

　「対外貿易経営者届出登記規則」施行後の保税区内輸出企業が国内区外で輸出通関業務を処理することができる実際の状況を考慮して，総局は保税区内輸出企業の国内区外の輸出貨物に対して，現行の輸出税金還付に関連する管理規則にしたがって税金還付を処理することに同意する。

索引

あ

IT産業プロジェクト……………………161
青字専用発票……………………32,37
赤字専用発票……………29-32,36-38
赤字増値税専用発票発行通知書………35
赤字発行申請……………………29-35
暗号文の誤記……………………26
委託加工…………116,119,143,393,433
委託加工回収製品…………………244
委託加工貨物……………………143
委託加工品…………………113,118
一般納税者………………21,28,68,69
一般納税者の簡易課税………………126
一般納税者の資格認定……………71,74
売上代金取立証憑………………………7
売上取引……………………………135
売上値引…………30,33,87,88,101,346
売上返品………………………30,33,87
運送費用……………………………153
運輸代理業務………………………214
運輸発票………5,6,43,46,47,49-51
運輸費用金額………………………83
運輸費用精算証票……………………83
営業額………………………………98,99
営業税…………………………2,42,43
営業税課税役務………………………59
営業税暫定条例………………………56
営業税暫定条例実施細則……………57
営業税税目税率表……………………97,98
営業税税目注釈………………………177
営業税の課税役務………65,85,95,191
営業税の課税項目…………65,85,94
営業税の課税対象……………………2
営業税の税率…………………………97
営業税の納税期限……………………104
営業税の納税者………………………94
営業税の納税場所………………104,105
営業税の免税項目…………………101-103
営業税非課税役務……………………67
役務仕入……………………………133
役務の輸出入取引………………193,194
役務発生地の原則……………………59
越境工業園区………………………369
園区企業……………………………399
黄金プラチナ政策…………………293-295
卸売…………………………………218

か

外国役務提供……………………196,197
外国政府借款………………………240
外国政府借款および国際金融組織借款プロジェクト………………………160,174
外国船舶会社………………………213
外国投資企業の流通経営範囲拡大……224
外国投資商業企業………218-220,309,325
外国投資商業領域管理弁法（8号令）…217
外国投資性公司……………………319
外国投資性公司の関連業務………320-322
外国投資性公司の基本業務………319,320
外国投資性公司の地域統括本部…322-325
外国貿易企業……253,265,271,275,317,426,431
外国貿易企業の進料加工……………277
外国貿易企業の来料加工……………278
外国貿易経営権……………………437
外資研究開発センター…………169-174
外注加工……………………………379
買付発票（買付証憑）……………5,54,55
価額外費用……………………80,99,109

科学技術用品	172	虚偽発行	41
加工	60, 61, 363	金銀首飾り	145
加工貿易	378	銀行保証金台帳制度	374-377
加工貿易監督管理弁法	378	金融商品売買の免税規定	188
加工貿易企業	379	金融保険業	2, 94, 179
加工貿易手冊	383	区外委託加工	396, 406, 435
加工貿易登記手冊	378	経済利益の流入	9, 10
加工貿易の届出	380	結転手続	387
加工貿易の届出制度	374, 375	兼営	57, 66, 67, 88, 97, 109
加工貿易プロジェクト	161, 163	研究開発機構	159, 172
加工貿易保証金台帳	391	建設業	2, 67, 94, 97, 178
課税起算点	89, 103	建設業統一発票	45
課税構成価格	113	建設業の営業額	99
課税消費品	59	建設工事中の不動産	85
課税部門の審査照合	333	源泉徴収義務者	92, 105
貨物	60	現物出資	133
貨物運輸役務	47	現物出資受入	151
貨物運輸業者	46, 50	現物配当	155
貨物運輸業発票	48, 217	減免税項目の兼営	103
貨物購入発票	50	工事請負会社	280
貨物の販売	2, 61, 62	控除還付不納税額	353, 357, 358, 361
貨物引換証	7	控除固定資産増値税	150
為替レート	81, 101, 111	控除制限	122
簡易課税政策	121, 123	控除綴り	13, 14, 31, 39
還付申告	328, 329	控除不能仕入税額	83, 86, 88, 129
還付廃止	289-292	控除予定仕入税額	77
還付部門	334	交通運輸業	2, 3, 48, 94, 177
還付免税申告	249	購入計算法	345
還付免税方法	266	購入法	429
企業集団会社	316	合法有効証憑	100
企業集団製品	244	小売	218
偽造防止税額控除システム	21, 22, 25	合理的な損耗	33, 84
寄託販売	125	港湾電子法執行システム	338, 340
記帳	12, 13	小型商業貿易卸売企業	75, 230, 231
記帳綴り	13	小型輸出企業	262, 347
逆鞘利益返還行為	38, 39	国外投資	241
行政事業性料金	189	国際運輸役務	51, 214
強制申請手続	72	国際運輸業	213

索引

国際貨物運輸代理業発票…………45
国際金融組織……………………240
国内役務課税……………………205
国内役務の区分原則………59,190
国内仕入材料……………………421
国内仕入取引……………………132
国内流通権…………………307,309
穀物供給企業………………………53
個人消費……………………………86
国家発展奨励プロジェクト………161
固定事業者…………………………91
固定資産……………………87,128
固定資産役務……………………153
固定資産建設……………………152
固定資産仕入税額…………149,150
固定資産仕入税額控除…57,87,128
固定資産純額……………………130
固定資産の贈与受入……………150
コミッション代理………………218
娯楽業………………………2,95,183
混合販売…………………67,88,96
混合販売行為…………………57,66

さ

サービス業………………2,48,95,184
再委託加工………………………381
再委託進料加工……………430,431
最高発行限度額管理……11-12,21,22
仕入税額控除…2,5,8,49-51,76,82,121,157
仕入税額控除証憑………………129
仕入税額の認証…………………335
自己使用消費品……………………86
自己使用済の固定資産…………124
自己使用品………………………117
自作農産品…………………………52
自社生産貨物の自営輸出………273
自社生産貨物の代理輸出………274

自社生産貨物の販売……………125
自社発行納税義務者………………47
下請企業…………………………379
失効専用発票………………………28
実際消耗法…………………345,429
社内機構間取引……………………63
社内使用…………………………134
上海西北物流園区………………421
収益認識基準………………8,93,94
従価定率法…………111,113,114,115
重大技術設備装置……………164-169
重大技術設備装置産業…………158
集団福利と個人消費…………65,155
集中通関…………………………405
収入金額と原価の測定可能性……10
収入源泉地の原則…………………59
修理組立業務……………………238
修理整備……………………………60
従量定額法……………………111,112
受託加工…………………………147
受託代理販売……………………145
小規模納税者……5,20,21,24,42,58,68,82,124,236,276,280,326,426
小規模納税者の簡易課税………126
小規模納税者の基準………………69
小規模納税者の納税期限…………90
照合確認…………………………379
照合確認解除制度………………382
消費税暫定条例……………………57
消費税暫定条例実施細則…………57
消費税税目税率表…………107-109
消費税納付領収書………………270
消費税の還付税額計算…………236
消費税の税率……………………107
消費税の納税期限………………115
消費税の納税者…………………106
商品の継続的管理権………………10
商品別分類管理…………………375

初級農産品……………………………53
白地の発票……………………………17, 19
深加工結転………366, 379, 381, 384, 387
新規輸出業務………………………262, 348
審査批准権限………………………225-227
進料加工……273, 281, 283, 366, 378, 384, 424, 428
進料加工貿易…………………………261, 427
進料加工貿易免税証明書……………413
税額控除偽造防止発票作成サブシステム
……………………………………332
税額控除証憑…………………………28
税収納付領収書………………………255-257
税関監督管理貨物……………………404
税関代理徴収…………………………92
税関輸入増値税専用納付書…………83
税込販売額……………………………81
生産……………………………………115
生産企業…………242, 252, 260, 315, 427
生産企業進料加工貿易免税証明書…429
生産企業の分類管理…………………253
生産企業の輸出還付廃止……………301
生産企業の来料加工…………………275
税引販売額……………………………110
政府性基金……………………………189
税務報告………………………………24
前期控除留保税額……………………247
専業発票…………………………5, 17, 42, 43
全国普通発票…………………………43
先照合後控除…………………………28
先納付後還付方法……………………148
船舶運輸業務…………………………212
船舶運輸収入…………………………213
専用発票………5, 11, 19, 22, 30, 42, 43
専用発票の管理………………………76
専用発票の虚偽発行…………………41
専用発票の廃棄………………………29
専用発票の廃棄処分…………………37

専用発票の発行………………………23-25
専用発票の紛失………………………39, 40
総合保税区……………………………368, 407
増値税………………………………1, 2, 7, 60
増値税一般納税者資格認定管理弁法…75
増値税一般納税者の認定……………70
増値税貨物運輸発票…………………3
増値税還付政策………………………159
増値税偽造防止税額控除システム…11-12
増値税控除範囲拡大実験……122, 123, 130
増値税暫定条例………………………56, 86, 87
増値税暫定条例実施細則……………56
増値税税額控除システム偽造防止管理規則………………………………………338
増値税税額控除証憑…………………83
増値税専用発票……3, 6, 10, 13-15, 20, 21, 31, 53, 83, 269
増値税専用発票使用規定……………11, 38
増値税専用発票の認証………………339
増値税専用発票の廃棄処分…………339, 340
増値税の一般納税者…………………79, 124
増値税の課税役務……………………2, 85
増値税の課税項目……………………61, 85
増値税の課税対象……………………1-2
増値税の小規模納税者………………134
増値税の税率…………………………78, 79
増値税の納付期限……………………90
増値税の納付税額……………………6
増値税の免税項目……………5, 84, 85, 88, 89
増値税の輸出還付……………………229
増値税非課税役務……………………65, 85
増値税非課税項目……………………65, 84, 85
贈与……………………………………146, 155
蘇州工業園区…………………………417
ソフトウェア…………………………203
存根……………………………………12, 13

た

対外請負工事会社	239
対外貿易経営権	307, 310
対外貿易経営者	266, 312, 314
対外貿易公司	325
対外貿易法	308
代理業	184
代理業務	215
代理通関業務	215
代理発行納税義務者	48, 49
代理販売精算書	7
代理輸出	316
代理輸出貨物	148
代理輸出貨物証明書	257, 269
代理輸出企業	257
代理輸出貿易	262
建物または構築物の販売	210
棚卸資産	85
単位	60, 94
単位消耗管理制度	374, 375, 377, 378
単位消耗原材料数量	379
中古貨物の簡易課税	127
中古貨物の販売	125
中国国内役務	59
中古固定資産	5, 123
中古固定資産の販売	156
中古固定資産のみなし販売額	127
中西部プロジェクト	161
長期投資	154
重複認証	26
通関制度	436
通関代理業発票	46
通関手続	386, 389
手数料方式による代理販売	63
電算システム	337, 338
転送通関	374, 385
転送通関運輸	388

当期納付税額	247
当期末控除留保税額	248
当月末控除留保税額	357, 359, 362
投資行為	65
土地使用権の譲渡	186, 202

な

76号通知	227, 310
日本の消費税	1-4, 198-203, 206, 209, 211
入庫税金還付政策	412
任意申請手続	73
認証	25-29
認証一致後	40
認証一致の赤字発行	34, 36
認証期間	36, 37
認証不一致	26, 30
認証不合格	26
認証不合格の赤字発行	35
認証不能	25, 30, 37
認証不能の赤字発行	34, 36
認証前の赤字発行	34, 36
ネットワークサービス	204
ネットワーク費用	203
年間課税販売額	69
農業生産者	52-55
農産品	5
農産品買付統一発票	55
農産品買付発票	5, 6, 53, 83
農産品販売専用発票	55
農産品販売発票	53
納税義務の発生時期	7, 92, 93, 105, 106, 118, 119
納税申告	328, 329
納税申告必要書類	331
納税場所	90, 117
納税補導期間	231
納税補導期間管理	75, 76

納付税額 80

は

廃棄条件 29,30
配当行為 65
白銀政策 296
発票 4,12,13
発票管理弁法 11,47
発票管理法規 18,19
発票購入受領簿 15,17
発票購入簿 22
発票綴り 12-14,31,39
発票登記簿 17
発票の管理 10-11
発票の検査 18
発票の誤記 31-33
発票の発行 16-17
発票の保管 17,18
販売額 80,89
販売品 117
販売方式による代理販売 62
汎用低額発票 44
汎用手書発票 44
汎用プリンタ発票 44
備案制度 436
非課税項目 154
非企業性単位 72
非固定事業者 91
非生産企業 135,266
非生産企業の還付税額計算 236
非生産企業の還付免税方法 267,268,302
非正常損失 33,84,86
付加価値税 1
複合課税法 112,113,114,115
普通発票 5,6,11,43,55
物流役務単位 48
物流企業 216
物流中心外企業 418

物流中心内企業 419
不動産 85,87,128,187
不動産開発企業 141
不動産贈与の免税規定 188
不動産の販売 2,85,140,186,210
不動産販売統一発票 45
フランチャイズ経営 218
文化体育業 2,95,182
便益（報酬） 8,9
辺境合作区 369
包装物 110,138,142,146
保険業発票 45
補償貿易 366
保税貨物 401
保税貨物の加工 371
保税監督管理区域外貨管理弁法 407
保税区 366,390,433,435,436
保税区域 208,363
保税区企業 227,311
保税区倉庫貨物 436
保税区倉庫保管 440
保税区内生産企業 437
保税区の加工貿易貨物管理 393
保税区貿易商社 227,310,439,440
保税港区 368,402,416
保税工場 365
保税制度 363
保税倉庫（保税輸入倉庫） 364,370,371,411
保税倉庫貨物 370
保税倉庫貨物の出庫 372
保税倉庫貨物の入庫 371
保税倉庫保管貨物 364
保税場所 363
保税物流圏区 367,398,416
保税物流中心 368,420
保税物流中心（B型実験） 418
補導期間の予納増値税 77

ま

みなし営業額‥‥‥‥‥‥‥‥‥‥‥ 100,101
みなし課税行為‥‥‥‥‥‥‥‥‥‥‥‥‥ 96
みなし国内販売‥252,259-261,350,356, 358
みなし国内販売貨物‥‥‥‥‥‥‥ 271,272
みなし自社生産貨物‥‥‥‥‥‥‥‥‥ 243
みなし販売‥‥‥‥‥‥‥‥‥‥‥‥ 64,137
みなし販売額‥‥‥‥‥‥‥‥‥‥‥‥‥ 81
みなし販売行為‥‥‥‥‥‥‥‥‥‥ 61-65
未納営業税‥‥‥‥‥‥‥‥‥‥‥‥‥ 140
未納消費税‥‥‥‥‥‥‥ 141,142,145,148
未納税金‥‥‥‥‥‥‥‥‥‥‥‥‥‥‥ 77
未納税金科目‥‥‥‥‥‥‥‥‥‥‥‥ 131
未納税金－未納増値税(仕入税額)‥‥‥ 77
未納増値税‥‥‥‥‥‥‥‥‥‥‥ 132,136
未納増値税科目‥‥‥‥‥‥‥‥‥‥‥ 132
無形資産‥‥‥‥‥‥‥‥‥‥‥‥‥‥ 202
無形資産課税‥‥‥‥‥‥‥‥‥‥‥‥ 205
無形資産の譲渡‥‥‥‥‥‥‥‥ 2,185,202
無償贈与‥‥‥‥‥‥‥‥‥‥‥‥‥‥‥ 65
免税還付方法‥‥‥‥‥‥‥‥ 137,311,314
免税控除還付申告‥‥‥‥‥‥‥‥ 252,349
免税控除還付税額‥‥‥‥ 247,344,354,359
免税控除還付税金‥‥‥‥‥‥‥‥‥‥ 246
免税控除還付方法‥‥‥‥136,230,243,245, 266,311,314,315,341,349
免税控除不能税額‥‥‥‥‥‥ 246,247,344
免税購入原材料価格‥‥‥‥‥‥‥ 344,345
免税項目‥‥‥‥‥‥‥‥‥‥‥‥‥‥ 154
免税農産品‥‥‥‥‥‥‥‥‥ 52-54,57,134
免税不許可商品‥‥‥‥‥‥‥‥‥‥‥ 166
免税方法‥‥‥‥‥‥‥‥‥‥ 248,303,314

や

郵便電話通信業‥‥‥‥‥‥‥ 2,94,180,181
輸出外貨回収照合‥‥‥‥‥‥‥‥‥‥ 338
輸出外貨回収照合証‥‥ 253-255,257,270
輸出外貨回収照合報告システム‥‥‥ 341
輸出買付センター‥‥‥‥‥‥‥‥‥‥ 325
輸出加工区‥‥‥‥‥‥‥ 367,387,394,415
輸出加工区税収管理暫定弁法‥‥‥‥ 414
輸出貨物税金還付免税管理弁法‥ 268-271
輸出貨物通関申告書‥‥‥ 250,269,412,414
輸出貨物通関申告書証明綴り‥‥ 405,407
輸出貨物本船渡(FOB)価格‥‥‥‥ 343,344
輸出監督管理倉庫‥‥‥‥‥‥ 365,373,411
輸出還付税金証憑‥‥‥‥‥‥‥‥‥‥ 350
輸出還付政策‥‥‥‥‥‥ 285-289,296-300
輸出還付廃止‥‥‥‥‥‥‥‥‥‥ 300-305
輸出還付免税‥‥‥‥‥‥‥‥‥‥ 233-242
輸出還付免税申告‥‥‥‥‥‥‥‥‥‥‥ 91
輸出還付免税制度‥‥‥‥‥‥ 135,311-313
輸出企業‥‥‥‥‥‥‥‥‥‥ 253,264,430
輸出企業の進料加工貿易‥‥‥‥‥‥ 306
輸出企業の輸出還付廃止‥‥‥‥‥‥ 305
輸出税金還付証憑‥‥‥‥‥‥‥‥ 249,258
輸出代金回収手続‥‥‥‥‥‥‥‥‥‥ 410
輸出取引‥‥‥‥‥‥‥‥‥‥‥‥‥‥ 135
輸出入許可証‥‥‥‥‥‥‥‥‥‥‥‥ 380
輸出入経営権‥‥‥‥‥‥‥‥‥‥ 307,437
輸出入経営権のない生産企業‥‥‥‥ 279
輸出免税‥‥‥‥‥‥‥‥‥‥‥‥‥‥ 117
輸出免税政策‥‥‥‥‥‥‥‥‥‥‥‥ 300
輸入‥‥‥‥‥‥‥‥‥‥‥‥‥‥ 116,119
輸入課税消費品‥‥‥‥‥‥‥‥‥‥‥ 117
輸入貨物‥‥‥‥‥‥‥‥‥‥‥‥ 82,147
輸入貨物の納税期限‥‥‥‥‥‥‥‥‥ 90
輸入設備増値税政策‥‥‥‥‥‥‥‥‥ 174
輸入設備の転売‥‥‥‥‥‥‥‥‥‥‥ 175
輸入設備免税規定‥‥‥‥‥‥‥‥‥‥‥ 58
輸入設備免税政策‥58,158,159,161,164
輸入増値税専用納付書‥‥‥‥‥‥‥‥ 28
輸入代金支払照合手続‥‥‥‥‥‥‥‥ 410
輸入取引‥‥‥‥‥‥‥‥‥‥‥‥‥‥ 133

輸入品……………………………115,118

ら

来料加工……175,281,284,366,378,383,
　424,426
来料加工組立工場………………………175
来料加工再委託…………………………426

利益返還収入……………………………38
リスク……………………………………8,9
流通経営範囲拡大………………………309
流通権……………………………………310
流通税……………………………………1
連合運輸業務……………………………48

[著者略歴]

近藤義雄（こんどう よしお）

- 1972 年　早稲田大学大学院商学研究科修士課程修了
- 1974 年　監査法人勤務
- 1978 年　公認会計士登録
- 1986 年　北京駐在（2 年 3 ヵ月）
- 2000 年　監査法人退職
- 2001 年　近藤公認会計士事務所開業

[主な著書]

- 『中国事業の会計税務』[2010 年改訂版] 蒼蒼社，2010 年
- 『中国現地法人の経営・会計・税務』[第 4 版] 中央経済社，2006 年
- 『中国増値税の仕組みと実務』[第 2 版] 中央経済社，2005 年
- 『中国の企業所得税と会計実務』中央経済社，2005 年
- 『中国現地法人の資本戦略』中央経済社，2004 年
- 『中国進出企業Ｑ＆Ａ』蒼蒼社，2003 年
- 『中国現地法人の企業会計制度―日中対訳』日本国際貿易促進協会，2002 年
- 『中国投資の税務戦略』東洋経済新報社，1997 年
- 『中国投資の実務』[第 4 版] 東洋経済新報社，1996 年

近藤公認会計士事務所
ホームページ　http://homepage2.nifty.com/kondo-cpa/

中国増値税の実務詳解

2010 年 7 月 13 日　初版第 1 刷発行

著　者　近藤義雄

発行者　千倉成示

発行所　株式会社 千倉書房
〒 104-0031 東京都中央区京橋 2-4-12
TEL 03-3273-3931 ／ FAX 03-3273-7668
http://www.chikura.co.jp/

印刷・製本　藤原印刷株式会社

© Yoshio Kondo, 2010 Printed in Japan
ISBN 978-4-8051-0953-3　C3034

JCOPY 〈(社) 出版者著作権管理機構 委託出版物〉

本書の無断複写は著作権法上での例外を除き禁じられています。複写される場合は，そのつど事前に，(社) 出版者著作権管理機構（電話 03-3513-6969, FAX 03-3513-6979, e-mail: info@jcopy.or.jp）の許諾を得てください。